AF419911

Fuentes Históricas y Genealógicas de
Tucumán del siglo XIX:

Catálogo de Informaciones Matrimoniales de Leales

Extracto de los expedientes de 1826 a 1900

Gerardo L. Flores Ivaldi

Flores Ivaldi, Gerardo Luciano
   Fuentes históricas y genealógicas de Tucumán del siglo XIX: catálogo de informaciones matrimoniales de Leales: extracto de los expedientes de 1826 a 1900 / Gerardo Luciano Flores Ivaldi. - 1a ed. - San Miguel de Tucumán: Gerardo Luciano Flores Ivaldi, 2023.
   284 p.; 23 x 16 cm.

   ISBN 978-987-88-8011-2

   1. Genealogía. 2. Historia Argentina. 3. Historia de la Provincia de Tucumán. I. Título.
   CDD 929.10982

Copyright © 2023 Gerardo L. Flores Ivaldi

Todos los derechos reservados.

Introducción

Las informaciones matrimoniales, o también llamadas expedientes matrimoniales, que corresponden al curato de Leales, se encuentran custodiadas en el Archivo del Obispado de la Santísima Concepción, en la ciudad de Concepción de la Provincia de Tucumán. Los libros parroquiales de Leales empiezan a partir de la creación del curato de "Los Juárez" en 1780, sin embargo, los expedientes matrimoniales más antiguos que se conservan son de 1826, fecha para la cual el curato ya era conocido con el nombre de "Leales". Hasta el año 1900 se conservan en total 1327 expedientes, todos ellos fueron catalogados en este trabajo. La colección no está completa ya que hay varias lagunas, en algunos casos de varios años.

En este catálogo los expedientes se ordenaron cronológicamente. Se realizó un extracto de cada uno, asignándole un número según la fecha de elaboración. En los extractos se trató de reflejar toda la información relevante que se pueda obtener del documento original. Los pretendientes declaran su filiación, su estado civil y, en los casos que exista, el parentesco que los une, ya sea por consanguinidad o por afinidad. Los interesados presentan dos o más testigos para probar su libertad para poder contraer matrimonio.

Al final del trabajo se encuentra un índice de todos los pretendientes a contraer enlace cuyas informaciones se han conservado. El número que se lee luego de cada apellido y nombre, corresponde al número de expediente asignado en este catálogo.

Gerardo L. Flores Ivaldi
San Miguel de Tucumán, noviembre 2022

Gerardo L. Flores Ivaldi

Abreviaturas

Se han usado las siguientes abreviaturas:

c.m.: contraer matrimonio
D.: Don
Da.: Doña
h.l.: hijo/a legítimo/a
h.n.: hijo/a natural
h.a.: hijo/a adoptivo/a
T.: Testigo/s

En los casos donde había una rotura del papel, o lo escrito fue ilegible, se puso "…".

Primera Parte: 1826-1839

1. En Leales, el 1 de enero de 1826. Se presentó Julián Alzogaray, de este curato, en el lugar de Quilmes, h.l. de Francisco Alzogaray, difunto y de María de la Cruz Herrera. Pretende c.m. con Sabina Salas, de este curato, del mismo lugar de Quilmes, h.n. de María Teresa Salas. T: Francisco Solano Acuña, vecino de Quilmes y José Francisco Soria, vecino de Esquina, mayor de 25 años.

2. En Santa Rosa, el 2 de enero de 1826, se presentó Martín Serrano, vecino de El Naranjito, h.l. de Juan Serrano, difunto y de María Mercedes Sánchez. Pretende c.m. con María Tomaza Sánchez, h.l. de Marcos Sánchez y de Paula Pérez, vecinos de El Naranjito. T: José Santos Frías, vecino de Cóndor Huasi y Segundo Pérez, vecino de El Naranjito, ambos mayores de 25 años.

3. En Santa Rosa, el 20 de enero de 1826, se presentó Manuel Valdez, vecino de Los Brito, h.n. de Tomasina Valdez. Pretende c.m. con Úrsula Espinosa, vecina de la Isla de Los Brito, h.l. de Felipe Espinosa y de Dominga ¿Medina? T: Manuel Medina y Agustín Valdez, ambos mayores de 25 años y vecinos de La Isla de Los Brito.

4. En Leales, el 3 de febrero de 1826 se presentó Martín Serrano, h.l. de Juan Serrano, difunto y de Mercedes Sánchez, difunta. Pretende c.m. con Tomaza Sánchez, h.l. de Marcos Sánchez y de Paula Pérez. Los pretendientes se encuentran ligados por un impedimento por consanguinidad en segundo grado. (Tomasina Sánchez ha tenido un hijo el cual falleció siendo niño). T: Isidro Bermúdez y Bernardo Gallardo.

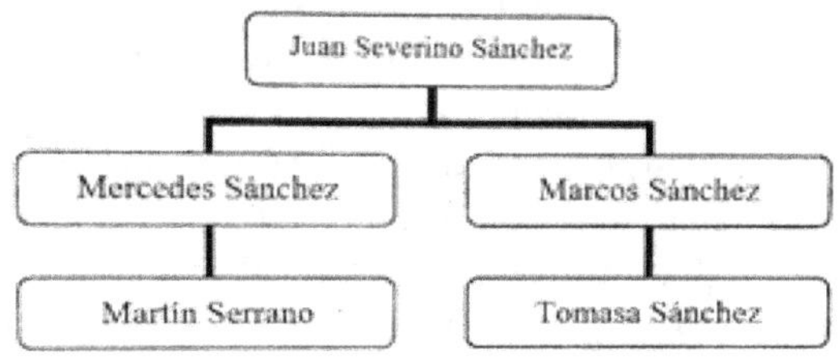

5. En los Puestos, el 26 de abril de 1826, se presentó Pedro Pablo Valdez, viudo de María Monteros, residente en Yana Payana. Pretende c.m. con Casimira Herrera, h.l. de Mariano Herrera y de Micaela Díaz. T: Hipólito Valdez y …

6. En los Puestos, el 11 de marzo de 1826, se presentó Juan Esteban Cabrera, residente en Yuto Yacu, h.l. de Félix Cabrera y de ¿Agustina? Robles. Pretende c.m. con María Bernarda Galván, del mismo vecindario, h.l. de Hermenegildo Galván, difunto y de Pascuala Aguirre. T: Benedicto Nieva, vecino de El Pozo de la Iglesia y D. Valentín Núñez, también vecino de El Pozo de la Iglesia.

7. En ... el ... Se presentó Francisco Salazar, vecino de Los Romanos, huérfano criado por D. Bernardo Salazar. Pretende c.m. con María de la Concepción Rivadeneira, h.l. de Juan Pablo Rivadeneira, difunto y de María Dolores... T: Martín Sosa, vecino de Los Puestos, mayor de 25 años.

8. En Los Puestos, el 20 de julio de 1826. Se presentó Francisco Sotelo, vecino de Misqui, h.l. de Pedro Antonio Sotelo y de Bernarda Figueroa. Pretende c.m. con María Juana Cardozo, vecina del mismo lugar, h.l. de Hipólito Cardozo y de Martina Padilla. T: Toribio Corbalán, de Los Puestos, y Leonardo Rodón, de Cabra Misqui, ambos mayores de 25 años.

9. En ... el ... Se presentó Ambrosio González, vecino de El Naranjito, h.l. de Luis González y de Bartola Salazar. Pretende c.m. con Juana María Juárez, de El Naranjito, h.l. de Ramón Juárez y de Lorenza Figueroa. T: Carlos Valdez y Juan Pedro Guerrero, vecinos de El Naranjito, mayores de 25 años.

10. En ... el 14 de septiembre de 1826. Se presentó Juan Ramón Vélez, h.l. de Juan Antonio Vélez y de Victoria Lazarte. Pretende c.m. con Da. Magdalena Aguirre, vecina del Pozo de la Iglesia, h.l. de D. Francisco Aguirre y de Da. Isabel Núñez. T: Anselmo Aguirre y Victoria Suárez.

11. En ... el ... se presentó Ignacio Morillo, quien Pretende c.m. con Ramona Díaz, el cual confesó un impedimento de afinidad ilícito de primer grado.

12. En Río Hondo, el 20 de noviembre de 1826. Se presentó Pedro Cardozo, h.l. de Simón Cardozo, difunto y de Mercedes Burgos, vecinos de Río Hondo. Pretende c.m. con María Dorotea Aguirre, h.l. de Felipe cruz Aguirre y de Mercedes Tapia, vecinos de Río Hondo. T: D. Santiago Díaz, y D. Hilario Juárez, vecinos de Río Hondo mayores de 25 años.

13. En Leales, el 20 de noviembre de 1826. Se presentó José María Carrizo, vecino de La Esquina, h.l. de Martín Carrizo y de Jacinta Centeno. Pretende c.m. con María Andrea Ruiz, h.l. de José Domingo Ruiz, difunto y de Mercedes Pérez, vecinos de La Equina. T: Mariano Pérez, vecino de La Esquina y Bernardo Argañaráz, vecino de Quilmes, ambos mayores de 25 años.

14. En Leales, el 18 de diciembre de 1826. Se presentó Juan Celestino Pedraza, h.l. de Francisco Pedraza y de Bonifacia Ardiles, vecinos de Cuchi Huasi. Pretende c.m. con María Molina, h.l. de Segundo Molina y de Tomasina Castilla, vecinos de Balderrama, en el curato de Monteros. T: Lorenzo Bulacio y Blas Arrieta, vecinos de Leales, mayores de 25 años.

15. En Leales, el 2 de febrero de 1827. Se presentó D. Antonio González, h.l. de D. Julián González y de Da. Dominga Pérez, vecinos de Mista. Pretende c.m. con Da. Manuela Heredia, hija de Da. María Heredia, residentes de "La Ciudad" (San Miguel de Tucumán). T: José María González y Fortunato Pereira, vecinos de Mista y mayores de 25 años.

16. En Río Hondo, el 19 de febrero de 1827. Se presentó Toribio Lizárraga, vecino de La Isla de Los Brito, h.l. de Pedro Martín Lizárraga y de María Inocencia Chávez. Pretende c.m. con Honoria Medina, h.n. de ... Medina. T: Julián Gómez y Juan Esteban Medina, vecinos de la Isla de Los Brito, mayores de 25 años.

17. En Leales, el 14 de febrero de 1827. Se presentó Olegario Toscano, h.l. de Martín Toscano, difunto y de Celia Ibarra, vecinos de Leales. Pretende c.m. con María Juana Ruiz, viuda de José Matías Rojas. T: Celestino Ponce y Blas Arreta, vecinos de Leales, mayores de 25 años. Los T. declaran que era público y notorio que María Juana Ruiz había tenido trato ilícito con Feliz Toscano, del cual había tenido varios hijos. Feliz Toscano es primo de Olegario Toscano. Resultando de esto un impedimento por afinidad ilícita en segundo grado.

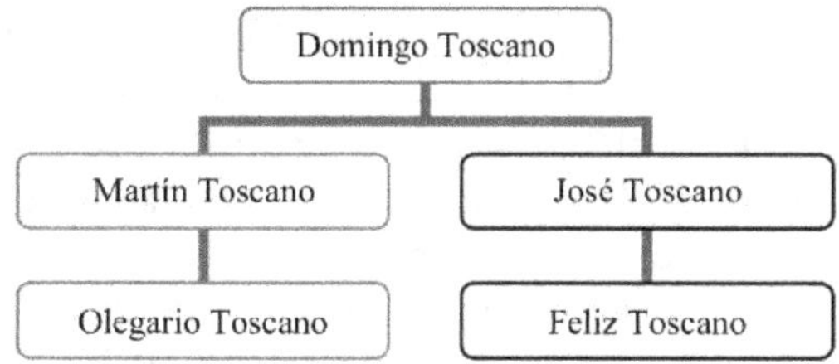

18. En Leales, el 2 de marzo de 1827. Se presentó José Ignacio Ruiz, h.l. de José Francisco Ruiz y de María Juárez, vecinos de Cóndor Huasi. Pretende c.m. con María Ignacia Décima, viuda de Esteban Medina, vecina de Cóndor Huasi. T: D. Miguel Gómez y Manuel Ignacio..., vecinos de Cóndor Huasi, mayores de 25 años.

19. En Laguna Blanca, el 16 de junio de 1827. Se presentó Tomás Manuel Lizárraga, h.n. de Ignacia Lizárraga, vecino de Laguna Blanca. Pretende c.m. con Pascuala Ponce, h.l. de Eugenio Ponce y de Cayetana Rojas, del mismo vecindario. T: Antonio Brito y D. Rafael Juárez. Los pretendientes se encuentran unidos por un parentesco de tercer grado por consanguinidad. (Documento trunco)

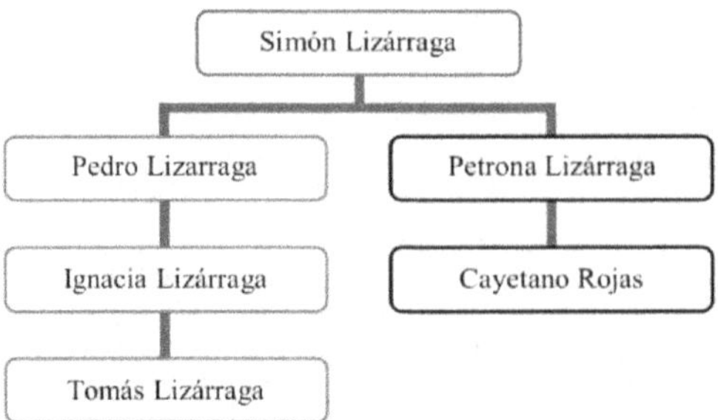

20.   En Leales, el 28 de julio de 1827. Se presentó Antonio Heredia, h.l. de Bonifacio Heredia y de Felipa Valenzuela, vecinos de Leales. Pretende c.m. con María Lescano, h.n. de Josefa Lescano, vecina de Leales. T: Juan Simón Peralta, vecino de Leales y Agustín Leguizamón, vecino de Los Juárez, ambos mayores de 25 años.

21.   En Leales, el 10 de julio de 1827. Se presentó Tomás Peralta, h.l. de Tomás Peralta y de Felipa Valenzuela. Pretende c.m. con Pastora Agüero, h.l. de Policarpo Agüero y de Prudencia Guzmán, vecinos de Leales. T: León Castro y Guillermo Campos, vecinos de Leales.

22.   En Leales, el 8 de julio de 1827. Se presentó Fermín Roldán, viudo de María Heredia, vecino de Río Hondo Pretende c.m. con Manuela Brito, h.l. de Tomás Brito y de Ramona Correa, vecinos de Graneros. T: Juan José Pacheco, vecino de Río Hondo y José Feliz Arias.

23.   En los Puestos, el 20 de agosto de 1827. Se presentó Francisco Rodríguez, vecino de Las Palmita, h.n. de María Rodríguez, difunta. Pretende c.m. con María del Rosario Roldán, h.l. de Juan Roldan y de Pascuala Aguirre, vecinos del mismo lugar. T: Mariano Décima, vecino de El Tala y José Santos Acosta, vecino de las Palmitas.

24.   En Leales, el 6 de agosto de 1827. Se presentó Apolinario Acosta, h.n. de María Luisa Acosta, vecinos de Los Juárez. Pretende c.m. con Rosario Solórzano, h.l. de Bartolo Solórzano y de María Tomasina Peralta, vecinos de Los Costillas. T: Damián Leal y Juan Santos Leguizamón, vecinos de Los Juárez, mayores de 25 años.

25.   En Leales, el 2 de agosto de 1827. Se presentó Salvador Almirón, h.n. de Victoria Almirón. Pretende c.m. con Dominga Zelaya, h.l. de Manuel Zelaya y de María Paula Gómez, vecinos de Chañar Muyo. T: Antonio Correa, vecino de Chañar Muyo y Laureano Romano, vecino de Los Medina.

26.   En Leales, el 2 de septiembre de 1827. Se presentó Manuel Jiménez, h.l. de Anacleto Jiménez y de Gregoria Juárez. Pretende c.m. con Mercedes Zelaya, h.l. de Manuel Zelaya y de Pascuala Gómez, difunta. T: José Domingo Acosta y José Matías ... vecinos de Cuchihuasi.

27. En Río Hondo, el 20 de septiembre de 1827. Se presentó Marcelino Vallejos, h.l. de Clemente Vallejos y de Cornelia Lazarte. Pretende c.m. con Catalina Lazarte, h.n. de Liberta Lazarte, vecinos de Río Hondo. T: Tomás Orellana y José Ponce, vecinos de Río Hondo.

28. En Los Puestos, el 2 de noviembre de 1827, se presentó Lorenzo Ferro h.l. de Gaspar Ferro y de Simona Sosa, vecinos de Las Barrancas. Pretende c.m. con Juliana Lazarte, h.n. de ¿Ana? T: Miguel Ruiz, vecino de Marapa y Hermenegildo Argañaráz, vecino de Río Hondo.

29. En Río Hondo el 21 de noviembre de 1827. Se presentó Victoriano Correa, h.l. de Filiberto Correa, difunto y de ... Juárez. Pretende c.m. con Tomaza Orellana, h.l. de Tomás Orellana y de Manuela Ibarra. T: ... y Francisco Díaz, vecinos de Río Hondo.

30. En ... el 19 de noviembre de 1827. Se presentó José Décima, h.l. de Luis Décima, difunto y de María Cristina Aguirre. Pretende c.m. con Rufina Sosa, h.l. de Bartolo Sosa y de Manuela ¿Plasencia? T: José Agustín ¿Ponce?, vecino de El Rincón y Tiburcio Díaz, del mismo vecindario.

31. En Río Hondo, el 24 de diciembre de 1827. Se presentó Francisco Cornelio Aguirre, vecino de la Isla de los Brito, h.l. de Juan José Aguirre, difunto y de María Bernarda Caro, difunta. Pretende c.m. con Eugenia Valdez, h.n. de Dionisia Valdez. T: Marcelino Lizárraga y Francisco Borja Lizárraga, vecinos de la Isla de Los Brito, mayores de 25 años.

32. En Leales, el 3 de diciembre de 1833 se presentó Modesto Acosta, h.n. de María Acosta. Pretende c.m. con Estefanía Gómez, h.l. de D. Francisco Gómez y de Da. Manuela Díaz. T: José Ignacio Medina, mayor de 22 años e Indalecio Quipildor, mayor de 20 años.

33. En Chicligasta el 30 de enero de 1834. El Maestro D. Juan Damaseno Santillán certifica que D. José León Lizárraga, de este curato, h.l. de D. Feliz Lizárraga, difunto y de Da. Bernardina Gonzáles, difunta, ha producido información para casar con Rudecinda Aragón, vecina del curato Los Juárez, h.l. de D. José Lino Aragón y de Da. Dolores Guerrero. Sin Impedimentos.

34. En Leales, el 31 de julio de 1834. Se presentó José Tomás Medina, h.l. de Andrés Medina y de María Santos Ruiz. Pretende c.m. con Alejandra Díaz, h.n. de ... T: D. Gregorio ... y Juan Silverio Lazarte.

35. En ... el ... Se presentó Diego Ruiz h.n. de María Juana Ruiz pretende casar con Leonarda Ibarra h.n. de Casimira Ibarra. T: José Francisco ... mayor de 37 años y ... Páez.

36. En ... el 12 de julio de 1834. Se presentó D. Bernardo Campero, viudo de Asunción Soria, vecinos de Leales. Pretende c.m. con Da. Mercedes Zamorano, h.l. de D. José Zamorano y de ... Tienen un impedimento de tercer grado de consanguinidad. (No se aclara el parentesco) T: ... y D. Juan Antonio Ruiz.

37. En ... el 23 de enero de 1834 se presentó José Manuel Pérez, vecino de Quilmes, viudo de Isabel Paz. Pretende c.m. con Eusebia ¿Salimo? h.l. de Bernardo Salimo y de María Juana Ruiz, vecinos de Quilmes. T: Luis Silva, de 68 años y José Domingo Amaya, de 32 años.

38. En ... el 20 de mayo de 1835 se presentó D. Bernardino Acosta, h.n. de Da. Josefa Acosta. Pretende c.m. con Da. Antonia López, h.l. de D. Ignacio López y de Da. Rosario Giménez. T: D. José Zelaya, y D. Apolinar Acosta, mayores de 25 años.

39. En ... el ... se presentó Justo Teves, hijo adoptivo de Francisco Teves y de Juana T... vecinos de los Juárez. Pretende c.m. con ¿Francisca? Gómez, h.n. de ¿María? Gómez. Testigo: Pedro Pablo Acosta

40. En ... el 29 de agosto de 1834 se presentó Lorenzo Justiniano Abrego, h.l. de Juan Bautista Abrego y de Silveria Benítez. Pretende c.m. con ... Moyano, h.l. de ... y de Micaela ¿Berón?

41. En San Joaquín de las Trancas el 2 de julio de 1834, se presentó D. Clemente Leal, h.l. de D. Manuel Leal y de Da. Borja Torino. Pretende c.m. con Carmen Machaca, h.l. de Ramón Machaca y de María Mercedes Sánchez.

42. En Leales, el 28 de agosto de 1828, se presentó Santiago Ponce, h.l. de Vicente Ponce y de Margarita Sosa, vecinos de Leales. Pretende c.m. con Gregoria Herrera, h.l. de Nolasco Herrera y de Manuela Gómez. T: D. Fermín Toscano, vecino de Leales, mayor de 25 años y ...

43. En Leales, el 18 de marzo de 1834. Se presentó Teodoro Gutiérrez, h.l. de Juan José Gutiérrez y de Tomasina Juárez. Pretende c.m. con Vicenta Juárez, h.l. de Matías Juárez, difunto y de Tránsito Medina. T: D. Mariano Gramajo, de 34 años y D. Bernardino Cevallos, de 40 años.

44. En ... el 2 de septiembre de 1834, se presentó José Indalecio Quipildor, h.l. de Domingo Quipildor y de Rosa Ponce, difunta, vecinos de Leales. Pretende c.m. con Manuela Mendoza, h.l. de ... Mendoza y de Juana Rosa Aráoz. T: ... y Francisco Gramajo, vecinos de Leales, mayores de 25 años.

45. En ... el 6 de febrero de 1835 se presentó D. Sebastián Lescano, h.l. de D. Bruno y de Doña ..., vecino de Vinará, Santiago del Estero y residente en Leales hace más de 10 años. Pretende c.m. con Catalina Romano, h.l. de D. Dionisio Romano, difunto y de Da. ¿Bernarda? Acosta. T: Melchor Corbalán de 38 años y Dionisio Acosta de cincuenta y ...

46. En ... el 7 de febrero de 1835. Se presentó D. Francisco Solano Brito, h.l. de D. Lorenzo Brito, difunto y de Da. Manuela Carrasco, difuntos. Pretende c.m. con Da. Leonarda Soria, h.l. de D. Juan Antonio Soria, difunto y de Da. Lorenza Gómez. T: Pedro Pablo Rojas de 42 años y Julián Castro, de treinta y vecinos de Leales.

47. En Leales, el 29 de mayo de 1835, se presentó Juan Roldán, h.l. de Juan Antonio Roldan y de Pascuala Aguirre, vecinos de Leales. Pretende c.m. con Silveria Juárez h.l. de José Juárez y de Hilaria Zotelo. T: Pedro Aguirre, mayor de 25 años y ...

48. En Leales, el 22 de junio de 1835. Se presentó Lázaro Lizárraga, h.n. de Ignacia Lizárraga. Pretende c.m. con Celedonia Núñez, h.l. de ¿Martín? Núñez y de Lorenza Parfán. Impedimento de tercer grado de consanguinidad. T: D. Nicolás Zelaya, de 60 años y D. Miguel Gómez, de 60 años, ambos de Leales.

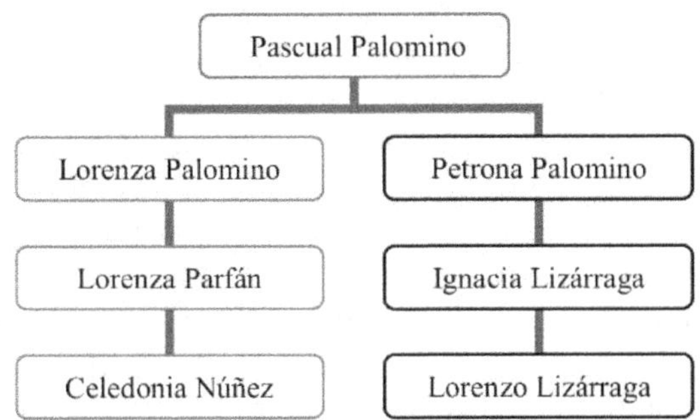

49. En Laguna Blanca, el 13 de agosto de 1835. Se presentó José Francisco Salas, h.l. de Genuario Salas y de Bernardina Ruiz, vecinos de Condorhuasi. Pretende c.m. con Fermina Frías, h.l. de Calixto Frías y de Francisca Borja Molina, vecinos de Condorhuasi. T: José Miguel Lizárraga, vecino de Laguna Blanca y D. Alejo Juárez, vecino de Talacocha, ambos mayores de 25 años.

50. En Leales, el 17 de julio de 1836. Se presentó Justino Figueroa, h.l. de Mariano Figueroa y de Candelaria Lazarte. Pretende c.m. con Josefa ¿Argañaráz?, h.l. de Sebastián ... y de Candelaria ...

51. En la parroquia de Simoca el 22 de mayo de 1836. Se presentó D. ¿Mariano? Gómez, viudo de Da. Bernardina Ruiz. Pretende c.m. con Da. Faustina Medina, h.l. de D. Andrés Medina y de Da. Santos Ruiz, vecinos de Leales. (El *4 de marzo de 1811. En la Parroquia de los Puestos, se casó y veló a Andrés Medina, hijo legítimo de Domingo Medina y de María Nieves Díaz, vecino de Los Sandovales, en el curato de Chicligasta con María Santos Ruiz, hija legítima de Manuel Ruiz, difunto y de Estegania Argañarás, vecina de Los Lunarejos. Testigos: Antonio Lucena, vecino de Chicligasta y Pedro Aguirre, vecino de Los Puestos. (L f51))*

52. En Leales, el 10 de septiembre de 1836. Se presentó Claudio Leguizamón, h.l. de Agustín Leguizamón y de Petrona ... Pretende c.m. con Josefa Leal, h.l. de Prudencio Leal y de María Lambertín, vecinos de

Monteros. T: Feliz Figueroa y Bernabé Juárez, vecinos de Los Juárez, mayores de 25 años.

53. En Leales, el 22 de octubre de 1836. Se presentó D. Feliz Mariano Zelaya, h.l. de D. Juan de Dios Zelaya y de Da. Micaela Alderete, vecinos de Leales. Pretende c.m. con María Isabel Cantos, h.l. de Ceferino Cantos y de Magdalena Sosa. T: Antonio Correa de 40 años y Juan Francisco Brito mayor de 25 años.

54. En Leales, el 20 de noviembre de 1836. Se presentó Pedro Celestino Lazarte, viudo de Cipriana Aguirre, vecinos de los Puestos. Pretende c.m. con Faustina Concha, h.n. de Basilia Concha. T: Juan Asencio Nieva, vecino de El Campo Azul, de 40 años y José Décima, mayor de 25 años, vecino de El mismo lugar.

55. En ... el ... de febrero de 1837. Se presentó Cipriano Lobo, h.n. de Da. Josefa Lobo, vecinos de Leales. Pretende c.m. con Da. Petrona Montero, h.n. de Da. Petrona Montero, vecinas de Leales. T: D. José Toscano y D. Ramón Núñez, vecinos de Leales, mayores de 25 años.

56. En Laguna Blanca, el 22 de mayo de 1837. Se presentó Celedonio Figueroa, h.n. de Juana María Figueroa, vecina de Las Talas Largas. Pretende c.m. con María Roldán, h.l. de Lázaro Roldán, difunto y de Da. Trinidad Serrisuela, vecinos del mismo lugar. T: Felipe Lizárraga, vecino de Cuchiyacu y Bernardino Mateo Centeno, vecino de Laguna Blanca, mayor de 25 años.

57. En Leales, el 24 de enero de 1837. Se presentó D. Nicolás Quintana, h.l. de D. José Ignacio Quintana y de Da. María Molina, vecinos de Chañarmuyo. Pretende c.m. con Da. Eustaquia Romano, h.n. de Da. Francisca Romano, vecinos de Los Lunarejos. T: Juan Guardia, vecino de Los Lunarejos y Narciso Nieva, vecino de Centurión, mayores de 25 años.

58. En Leales, el 18 de febrero de 1837. Se presentó D. Juan Manuel Zelaya, h.l. de D. Juan Manuel Zelaya y de Da. Casilda Romano, difunta, vecinos de Leales. Pretende c.m. con Da. Melchora Vallejo, h.l. de D. Juan Vallejo, difunto y de Da. María Jiménez, vecinos de los Costilla, en el Curato de Monteros. T: D. Francisco Navarro, de 26 años, vecino de Leales y D. Cipriano Lobo, de 39 años, vecino de Leales. (A la vuelta hay una nota que dice: "Estos se casaron en Monteros")

59. En Leales, el 2 de marzo de 1837. Se presentó José Feliz Figueroa, viudo de Tomasina Villa, vecino de Quilmes. Pretende c.m. con Ana Jiménez, h.l. de Prudencio Jiménez, difunto y de Melchora Jaime, vecinos de El Cortaderal. T: Mariano Gómez, vecino de Los Gómez de 39 años y Viviano Gómez, vecino de Río Colorado, de 29 años.

60. En Leales, el 4 de abril de 1837. Se presentó D. Lorenzo Ruiz, h.n. de Da. Juana Ruiz, vecinos de Leales. Pretende c.m. con Da. Toribia Zamorano, h.l. de D. Paulino Zamorano y de Da. Andrea Zelarayán, vecinos de Leales. T: D. Andrés Lezcano, de 36 años y Celestino Ponce, de 50 años, vecinos de Leales.

61.   En Leales, el 2 de abril de 1837. Se presentó Gaspar Jiménez, h.l. de Anacleto Jiménez, difunto y de Gregoria Décima, vecinos de Cuchihuasi. Pretende c.m. con Clara Rojas, h.n. de Faustina Rojas, vecinos de Cuchihuasi. T: Eusebio Navarro, vecino de Cuchihuasi e Ildefonso Juárez, vecino de El Saladillo, mayor de 25 años.

62.   En Los Juárez, el 2 de abril de 1837. Se presentó Juan Antonio Medina, h.l. de Gervasio Medina y de Petrona Ponce. Pretende c.m. con María Cipriana Medina, h.l. de Gregorio Medina y de María Alderete, vecinos de Los Zelaya. T: Juan Santos Leguizamón, vecino de los Juárez y Juan Leal, vecino de Los Medina, mayores de 25 años.

63.   En Leales, el 27 de octubre de 1837. Se presentó José Francisco Páez, h.l. de Mariano Páez, difunto y de Simona Salazar, vecinos de Las Palmitas. Pretende c.m. con Faustina Rodríguez, h.l. de Juan Rodríguez, difunta y de María ... T: Francisco Sotelos de 27 años y Juan Pedernera, de 25 años, vecinos de Las Palmitas.

64.   En Leales, el 18 de agosto de 1837. Se presentó Eustaquia Cevallos, h.n. de María Viclo. Pretende c.m. con Dorotea Valdez, h.l. de Hipólito Valdez y de Catalina Herrera, vecinos de Santa Gustapallana. T: Marcos Valdez, de esta jurisdicción, de 30 años y Juan de Dios Roldan, de Santapallana, de 29 años.

65.   En Leales, el 1 de noviembre de 1837. Se presentó Tomás José Contreras, h.l. de José Lorenzo Contreras y de Prudencia A...., vecinos de La Ceja. Pretende c.m. con María Isabel Medina, h.l. de Juan Gregorio Medina y de María Alderete, vecinos también de La Ceja. T: Pedro Quintana, de La Ceja, de 60 años y Marcos Ponce, de 35 años, vecino de El Saladillo.

66.   En Leales, el 16 de noviembre de 1837. Se presentó José Manuel Córdoba, h.l. de Mariano Córdoba y de Feliciana Rodríguez, difuntos. Pretende c.m. con Da. Natalia Villagra, h.n. de Dominga Villagra. T: ...

67.   En Leales, el 28 de noviembre de 1837. Se presentó Juan Villalobo, h.l. de Jacinto Villalobo, difunto y de ¿Francisca? Mansilla. Pretende c.m. con María Soria h.n. de ¿Anacleta? Soria, de esta feligresía. T: Ramón Núñez de 26 años e Inocencio Toscano, de 22 años.

68.   En Leales, el ¿26? de noviembre de 1837. Se presentó Manuel Jiménez, viudo de Mercedes Zelaya, vecino de Cuchihuasi. Pretende c.m. con Bonifacia Fernández viuda de Domingo ... T: José María Ramírez de 31 años y Juan Leguizamón de 30 años.

69.   En Leales, el 29 de noviembre de 1837. Se presentó Miguel Avedaño, viudo de Simona Carrasco, vecino de La Ceja. Pretende c.m. con

Marcelina Ponce, h.l. de Juan Ponce y de Antonia Gómez. T: José Maldonado, de 20 años y Jacinto Acosta, de 25 años, vecinos de la Ceja.

70. En Laguna Blanca, el 17 de diciembre de 1837. Se presentó D. Juan Rojas, h.l. de D. Bernardino Rojas y de Da. Pascuala Alderete, difuntos. Pretende c.m. con Da. Petrona Serrisuela, h.l. de D. Bernardino Zerrizuela y de Da. Olegaria Ponce, difunta. T: Juan … de 30 años y D. Mateo Delgado, de 31 años, vecinos de Río Colorado.

71. En Leales, el 10 de diciembre de 1837. Se presentó José María Agüero, viudo de Cesaria Toledo, vecino de Leales. Pretende c.m. con Ana María Albornoz, viuda de Javier Lizárraga, vecina de Los Puestos. T: Bernardo Sid, de 70 años y Pedro Jiménez de cuarenta y … vecino de Cuchihuasi.

72. En Leales, el 17 de enero de 1738. Se presentó Pantaleón Aguirre, viudo de Tomasina Roldán, vecino de Leales. Pretende c.m. con María Carmen Pérez h.l. de Vicente Pérez, difunto y de María Moreno. T: Olegario Toscano, vecino de Leales y Cipriano Lobo.

73. En Los Puestos, el 28 de mayo de 1838. Se presentó Marcelino Lizárraga, h.l. de D. Félix Lizárraga y de Da. Bernardina Gómez, difuntos, vecinos de Mista. Pretende c.m. con María Santos Romano, h.l. de D. Gregorio Romano, difunto y de Da. ¿Isabel? Juárez. T: José Manuel Acosta, vecino de Santa Rosa y Andrés Rentería, de 23 años, vecinos de Cuchihuasi.

74. En Laguna Blanca, el 1 de septiembre de 1838. Se presentó D. Pedro Robles, h.l. de D. Ángel Robles y de Da. Juana Rojas, vecinos del Cortaderal. Pretende c.m. con Da. Manuela González, h.l. de D. Manuel Ponce y de Da. Leona González. T: Mateo Pérez, de 28 años, vecino de Mancopa y Ricardo Brito, vecino de Laguna Blanca, de 45 años.

75. En los Puestos, el 8 de junio de 1836. Se presentó José Esteban Díaz, h.n. de Josefa Luna. Pretende c.m. con Casimira Décima, h.l. de Agustín Décima, difunto y de María Juárez. T: Juan Alderete, de 26 años, y Roque Navarro, de 26 años, vecinos de los Puestos.

76. En Leales, el 21 de julio de 1838. Se presentó Cayetano Albornoz, h.n. de Isidora Albornoz, vecino de Talacocha. Pretende c.m. con María Ildefonsa Medrano, h.l. de Eusebio Medrano, difunto y de María Antonia Juárez, vecinos de Cuchihuasi. T: Francisco Valdez, de 70 años y José Pérez, de 24 años, vecinos de Talacocha.

77. En Leales, el 28 de agosto de 1838. Se presentó Juan Roldan, h.l. de Antonio Roldan y de Pascuala Aguirre, vecino de Las Palmitas. Pretende c.m. con Florentina Montoya, viuda de D. ¿Ramón? Cajal. T: Julián Juárez y Nicolás Zelaya, vecinos de Mista.

78. En Leales, el 5 de septiembre de 1838. Se presentó José Mariano Jiménez, h.l. de Justo Jiménez y de María Alderete, vecino de Cuchihuasi;

Pretende c.m. con Visitación Juárez, h.l. de Ramón Juárez y de Alejandra Soria, vecinos del Saladillo. T: Esteban Herrera de 41 años y Florencio Cano mayor de 25 años, vecinos de Cuchihuasi.

79. En Laguna Blanca, el 12 de septiembre de 1838. Se presentó Joaquín Lizárraga, h.l. de ... Lizárraga, difunto y de Gregoria Ruiz. Pretende c.m. con Magdalena Juárez, h.n. de Marcelina Juárez. T: ...Lizárraga y José Aguirre, de 25 años, vecino de Los Puestos.

80. En Laguna Blanca, el 22 de septiembre de 1838. Se presentó Juan .... Pretende c.m. con Rosa Aguirre, h.l. (sic) de Juana Aguirre. T: Modesto Medina, vecino de Santa Rosa y Cesario García.

81. En Leales, el 24 de febrero de 1838. Se presentó Esteban Serrano, h.l. de José Serrano, difunto y de .... difunta. Pretende c.m. con Juliana Cajal, h.l. de Ramón Cajal y de Florentina Montoya, vecinos de Las Palmitas. T: Santiago Campo, vecino de Condorhuasi, de 28 años y Patricio Medina, del mismo vecindario, de 26 años.

82. En Leales, el 4 de marzo de 1838. Se presentó D. Andrés Lezcano, h.l. de D. Isidro Lezcano, difunto y de Da. Dionisia Gómez, difunta. Pretende c.m. con Da. Mercedes Bravo, h.l. de D. José María Bravo y de Da. Catalina Robles, todos vecinos de Leales. T: D. Francisco Gramajo, de 26 años y D. José Zelarayán, de 27 años.

83. En Leales, el 12 de mayo de 1838. Se presentó Agustín Lizárraga, h.n. de Rosario Lizárraga, vecino de la Loma Verde. Pretende c.m. con Paula Pérez, h.n. de Francisca Pérez, vecina de Leales. T: Indalecio Quipildor, de 27 años y Alejandro Rojas, vecinos de Leales.

84. En ... el .... Se presentó Santos Luna, h.n. de Santos Luna, vecinos de Los Romano. Pretende c.m. con Bartolina Ruiz, h.l. de ... Ruiz, difunto y de ... ¿Medina? T: Julián Teves, de 26 años y Urbano Acosta de 25 años.

85. En Leales, el 24 de enero de 1839. Se presentó Silverio Rojas, h.l. de José Rojas y de Trinidad .... Pretende c.m. con María Antonia ¿Palles? h.l. de Cristóbal y de Agustina Páez, difunta. T: ... Lazarte y Tomás Lizárraga, de 30 años.

86. En Leales, el 2 de febrero de 1839. Se presentó Gabino Jiménez, h.l. de Clemente Jiménez, difunto y de Manuela Cajal. Pretende c.m. con Petrona Medina, h.n. de Josefa Medina, vecinos de Condorhuasi. T: Francisco Palavecino de 56 años y Leonardo Farías, vecino de Condorhuasi, de 28 años.

87. En Leales, el 15 de febrero de 1839. Se presentó D. Nazario Aragón, h.l. de D. Jacinto Aragón y de Da. Santos Juárez, vecinos de Leales. Pretende c.m. con María Navarro, h.l. de José Navarro y de Da. María Guerrero, vecinos de Leales. T: Mariano Gramajo, de 45 años y D. José Toscano, de 27 años.

88. En Leales, el 9 de septiembre de 1839. Se presentó Hipólito Fernández, h.n. de Martina Fernández, vecino de Leales. Pretende c.m. con Leonarda Díaz, h.n. de Mercedes Díaz, también de Leales. T: Julián Castro de 35 años, vecino de Leales y Baltasar ... de 25 años.

89. En Leales. El 29 de marzo de 1839. Se presentó Juan Castilla, h.l. de Lorenzo Castilla y de María Alarcón, difunta. Pretende c.m. con Rafaela Palomino, h.l. de B. Palomino (sic) y de María Monteros, todos vecinos de Cangallo. T: ... y Miguel Madrid, vecino de El Mollar, de 37 años.

90. En Leales, el 20 de marzo de 1839. Se presentó Tiburcio Medina, h.l. de Francisco Medina, difunto y de Catalina Ledesma, difunta. Pretende c.m. con Francisca Nieva, h.l. de Norberto Nieva y de Rosa Villagra. T: Dionisio Rivadeneira de 30 años y ... de 35 años. Todos vecinos de Viclo.

91. En Los Juárez, el 6 de febrero de 1839. Se presentó Juan ¿Iñiguez?, h.l. de Leonardo Iñiguez? Y de Catalina Ledesma, difunta. Pretende c.m. con María Medina, h.n. de Leonarda Medina. T: Francisco González, vecino de Leales, de 26 años y Pedro Mendoza, de veintitantos. Todos vecinos de Los Puestos.

92. En Leales, el 27 de abril de 1839. Se presentó Tiburcio Juárez, h.l. de ¿Mateo? Juárez, difunto y de Transita Medina, vecinos del Saladillo. Pretende c.m. con Bartolina Guerrero, h.n. de Isidora Guerrero, vecinas de Chañarmuyo. T: Juan Gómez, de 50 años y Gregorio Medina, de 50 años.

93. En Leales, el 25 de junio de 1839. Se presentó D. Feliciano Bohórquez, viudo de Da. Bonifacia Valdez. Pretende c.m. con Da. Isabel Argañaráz, h.l. de D. Ubaldo Argañaráz y de Da. Bárbara González. T: Marcelino Lizárraga, de 25 años y Antonio Ponce, de 22 años, vecinos de Chañar Pozo.

94. En Leales, el 1 de abril de 1839. Se presentó D. Pedro Cajal, h.l. de D. ¿Ramón? Cajal, difunto y de Da. Florenciana Montoya, vecinos de las Palmitas. Pretende c.m. con Da. Victoria Albornoz, h.l. de D. Juan José Albornoz y de Da. Felipa Sánchez. T: D. Francisco Acosta, vecino de Santa Rosa, de 32 años y Dionisio Jiménez, vecino de Viclo, de 40 años.

95. En Leales, el 21 de junio de 1839. Se presentó Ricardo Pérez, h.l. de Manuel Pérez, difunto y de Carmela Valdez. Pretende c.m. con Juana Veliz, viuda de José Figueroa. Todos Vecinos de La Esquina. T: Julián Gómez, de 45 años y Juan Gómez de 25 años, vecinos de La Esquina.

96. En Leales, el 28 de septiembre de 1839. Se presentó Ruperto Brito, h.n. de Josefa Brito, vecino de Laguna Blanca. Pretende c.m. con ¿Justa? Almonacid, h.l. de Pedro Almonacid y de Margarita Campos. T: Tomás Romero, vecino de Laguna Blanca, de 26 años y Juan Lizárraga, de 45 años.

97. En Leales, el 14 de octubre de 1839. Se presentó José Manuel Amaya, h.n. de María Amaya, vecino de Medinas. Pretende c.m. con Francisca Pérez h.n. de Carmen Pérez. T: D. Mariano Gramajo, de 37 años y Juan de Dios Roldán, de 27 años, ambos vecinos de Leales.

98. En Leales. el 5 de octubre de 1839. Se presentó Gregorio Rivadeneira, h.n. de .... Rivadeneira. Pretende c.m. con Ramona Villagra, viuda de Bernardino ¿Medron? T: Marcos Valdez, de 32 años y ... Jiménez, de 44 años, ambos vecinos de Viclo.

Segunda Parte: 1845 - 1859

99. En Los Romanos, el 27 de enero de 1845. Se presentó Eusebio Díaz, h.l. de José Manuel Díaz y de Antonia .... Pretende c.m. con Felisa Páez, h.l. de Bonifacio Páez y de Marcelina Pedraza, vecinos de este curato. T: Hipólito Lizárraga, de 50 años y Toribio Lizárraga, de 25 años.

100. En Los Romanos, el 24 de enero de 1845. Se presentó José Andrés Rojas, viudo de María Francisca Sid. Pretende c.m. con Hermenegilda Palomar, ¿hl? de José Manuel Palomar y de Tomasina Saavedra? T: José ... Roldan y José Tomás Rocha, mayores de 40 años.

101. En Los Romanos, el 24 de enero de 1845. Se presentó Esteban Acosta, h.n. de Bartola Acosta. Pretende c.m. con Gabina ¿Luna?, h.n. de Petrona Luna. T: Fabián Ardiles y Silvestre Lazarte, mayores de 25 años.

102. En ...., el 11 de marzo de 1845. Se presentó D. Lorenzo Jiménez, h.l. de D. Doroteo Jiménez y de Da. Martina ...., vecinos de Viclo. Pretende c.m. con Da. María del Carmen Jiménez, h.l. de D. Feliciano Jiménez y de Da. Basilia Jiménez, difunta, vecinos de Viclo. T: No figuran.

103. Certificado del cura de Simoca. Se presentó Francisco Lazarte, h.l. de Leandro Lazarte, difunto, y de Concepción Medina. Pretende c.m. con Timotea Herrera, hija de Juan José Herrera y de Brígida Ardiles, vecinos de Los Gómez, curato de Leales.

104. En Los Puestos, el 24 de mayo de 1846. Se presentó José María Juárez, viudo de Encarnación Pérez. Pretende c.m. con Eulalia Valdés, h.l. de Luciano Valdés y de rosa Pérez, difunta. Se dispensa un impedimento de segundo grado de afinidad por cópula lícita. T: Leandro Rosales dice que Eulalia era prima hermana de la primera mujer de Juárez, de 45 años, y Justo Mendoza, de 45 años manifiesta lo mismo.

105. En Leales, el 20 de mayo de 1846. Se presentó Lino Agüero, viudo de Justina Palomino. Pretende c.m. con Rafaela Frías, h.l. de Casildo Frías y de Borja Medina. T: Laureano Zuanco, mayor de 40 años y Alejandro Rojas, mayor de 25 años.

106. En Los Puestos, el 24 de mayo de 1846. Se presentó Carlos Juárez, h.l. de Gregorio Juárez y de Pilar Lizárraga. Pretende c.m. con Catalina Pérez, h.n. de...La abandonó la madre, tiene "como 30 años". T: Celestino Leal, la pretendida tuvo trato ilícito con un hermano del pretendiente, mayor de 30 años, y Antolín Jiménez, mayor de 30 años.

107. .En.........., el 1 de Julio de 1846. Se presentó D. Donato Brito, h.l. de D. Pedro Pablo Brito y de Da. Venancia González. Pretende c.m. con Da. Mercedes Delgado, h.l. de D. Inocencio Delgado y de Da. Josefa Juárez.

T: José Miguel Lizárraga, mayor de 25 años y Pedro Argañaráz, mayor de 25 años.

108. En Leales, el 23 de septiembre de 1846. Se presentó José María Barros, viudo en segundas nupcias de Petrona Herrera. Pretende c.m. con Tiburcia Lizondo, h.l. de Jacinto Lizondo y de Juana Pabla Argañaráz. T: Fortunato Herrera, mayor de 29 años y Ventura Argañaráz, mayor de 28 años.

109. En Leales, el 23 de octubre de 1845. Se presentó José Leguizamón, h.l. de José Leguizamón y de Isabel Nieva. Pretende c.m. con Emanuela Villarreal, h.n. de Mercedes. T: Venancio Zelaya, mayor de 25 años y José María Zelaya, mayor de 30 años.

110. En Leales, el 17 de octubre de 1845. Se presentó Juan Luis Arias, h.n. de Florentina. Pretende c.m. con Tiburcia Romano, h.l. de Prudencio Romano, difunto y de Ramona Aguirre. Testigo. Juan Manuel Saavedra, mayor de 40 años.

111. En Leales, el 29 de noviembre de 1846. Se presentó José Tomás Jiménez, h.l. de Lorenzo Jiménez y de María Dolores Ledesma. Pretende c.m. con Victoria Salguero, h.l. de Juan Salguero y de María Ignacia quintana. T: Justo Medina, mayor de 25 años y Bartolomé Rodríguez, mayor de 30 años.

112. En Leales, el 22 de octubre de 1849. Se presentó Esteban Aguirre, h.l. de Romualdo Aguirre y de Eusebia Díaz, vecinos de los Puestos. Pretende c.m. con Francisca Núñez, h.l. de Felipe Núñez y de Leocadia Cabrera. T: Bernardo Argañaráz, mayor de 40 años Jacinto Lizondo, mayor de 40 años.

113. En Tucumán, el 24 de septiembre de 1849 se certifica que: José Manuel Briceña, h.l. de José Luis Briceña y de Mercedes Juárez. Pretende c.m. con María de la Cruz Figueroa, h.l. de Ricardo Figueroa y de María Simona Frites, vecinos de Leales. T: no figuran.

114. En Tucumán, el 24 de septiembre de 1849. El DR. José Colombres certifica que José Manuel Briceña, h.l. de José Luis Briceña y de Mercedes Juárez, ha probado soltería y ha obtenido **dos** dispensas para casar con María de la Cruz Figueroa, h.l. de Ricardo Figueroa y de María Simona ¿Frites?

115.23 de agosto de 1849. Se presentó Mateo Juárez, h.l. de Rafael Juárez y de Petrona Brito. Pretende c.m. con Pabla Bazán, h.l. de Pedro Pascual Bazán, difunto y de ¿Relañeto?, vecina de Famaillá. T: Manuel Díaz, mayor de 25 años: la abuela de la pretendiente era hermana de la bisabuela de la pretendida. Manuel Lizárraga, mayor de 25 años, declara que la madre del pretendiente es prima de la abuela de la prometida, hijas de Dos Hermanas, Rosa y Vitoria.

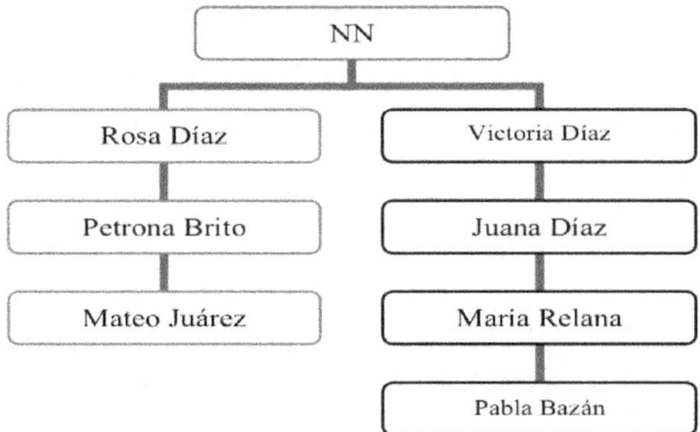

116. En Leales, el 5 de marzo de 1849. Se presentó D. León Bravo, h.l. de D. José María Bravo y de Catalina Robles. Pretende c.m. con Josefa Robles, hija de Justo Pastor Robles y de Francisca Antonia Toledo. Los contrayentes son mayores de 24 años. T: Mariano Molina, mayor de 30 años y Leandro Díaz. Impedimento por consanguinidad en tercer grado.

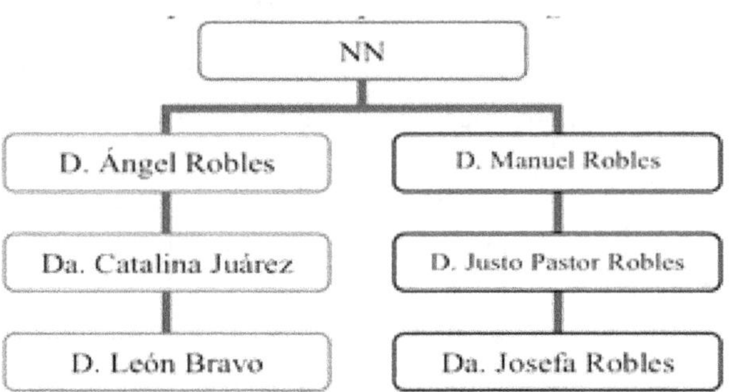

117. En Leales, el 1 de mayo de 1849. Se presentó Juan Felipe Lazarte h.l. de Julián Lazarte, difunto y de María Francisca Ortiz, difunta. Pretende c.m. con Gerónima Ruiz h.l. de Ignacio Laureana Herrera. T: Prudencio Ruiz, mayor de 25 años y Cayetano Leal, mayor de 25.

118. En Los Puestos, el 12 de mayo de 1849. Se presentó D. Ildefonso Cabrera, h.l. de D. Gregorio Cabrera, difunto y de Da. Gregoria Sosa, residente en Buenos Aires, naturales de Santiago del Estero. Pretende c.m. con Da. Micaela Núñez, h.l. de D. Felipe Núñez, difunto y de Leonarda Cabrera. T: D. Romas Jiménez, mayor 40 años y Romualdo Aguirre, mayor de 30.

119. En San Miguel de Tucumán, 7 de julio de 1849. El Dr. José Colombres Certifica que Norberto Figueroa, viudo de Gregoria Heredia ha producido información de soltería y libertad para casarse con Susana Catalán, h.l. de Pedro Lorenzo Catalán y de Manuela Suárez, vecinos del curato de Leales. Sin Impedimentos.

120. En Leales, el 22 de julio de 1849. Se presentó D. Nicolás Campero h.l. de D. Francisco Campero y de Da. Juana Delgado, vecinos de Los Sueldos. Pretende c.m. con Da. Rosa Sosa h.l. de D. Joaquín Sosa y de Da. Antonia Torres, vecinos de Monteros. T: D. Francisco Herrera, mayor de 25 y Liborio Torres, mayor de 25.

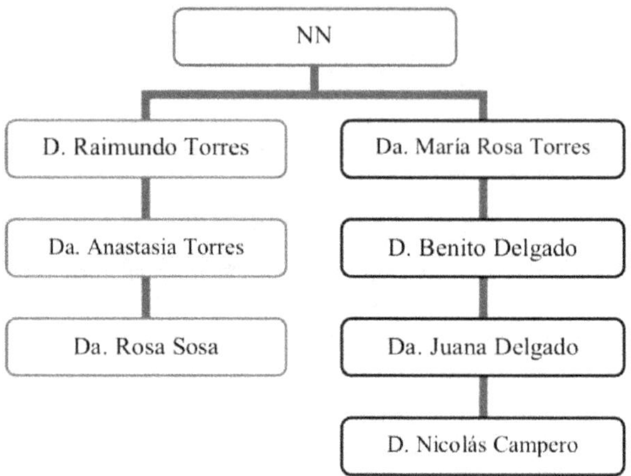

121. En Leales, el 5 de julio de 1849. Se presentó D. José Antonio Figueroa, viudo de Juana Silva. Pretende c.m. con Francisca Luna, h.l. de Marcos Luna y de Eugenia Zelaya. Ambos contrayentes son mayores de edad. T: Juan de Dios Zelaya, mayor de 40 años y Juan de la Cruz Alderete, mayor de 50 años. Impedimento por consanguinidad en tercer grado.

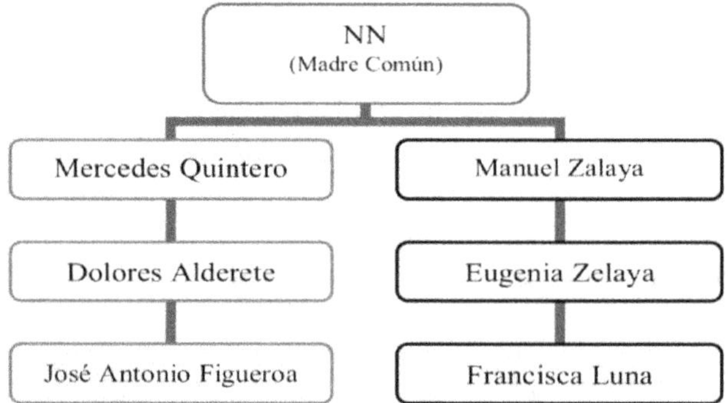

122. En Los Sueldos, el 24 de julio de 1849. Se presentó Manuel Urueña, h.l. de Luis Urueña y de Mercedes Juárez; Pretende c.m. con Cruz Figueroa, h.l. de Ricardo Figueroa y de Simona Frías. Impedimento por consanguinidad en tercer grado. T: Leocadio Aguirre, el que declara que los pretendientes ya tienen un hijo y Manuel Aguirre.

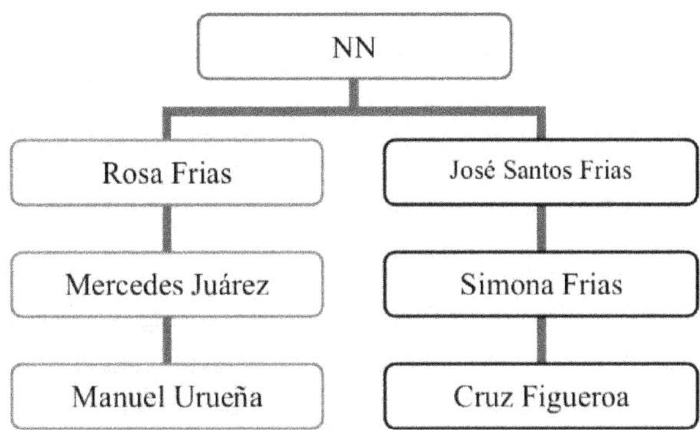

123. En Leales, el 4 de octubre de 1849. Se presentó Polinar Acosta, viudo de dos mujeres: Borja Cruz y Damiana Luna, vecino de La Esquina. Pretende c.m. con Cruz Figueroa. T: Serapio Leguizamón, mayor de 30 años y Pablo Cantos, mayor de 25 años.

124. En Leales, el 22 de octubre de 1849. Se presentó D. Liborio Montesinos, h.n. de Da. Francisca Montesinos. Pretende c.m. con Da. María Santos Toscano, h.l. de D. Julián Toscano y de Da. Manuel a Ponce. T: Manuel Sosa, mayor de 28 años y Matías Molina, mayor de 40 años.

125. En Laguna Blanca, el 29 de diciembre de 1849. Se presentó José Daniel Díaz, h.l. de María Díaz y de Francisca Lastra, difunta. Pretende c.m. con Univencia (sic) Juárez, h.n. de María Juárez. T: Juan Felipe Lastra, mayor de 35 años y Rudecindo Díaz, mayor de 25 años.

126. En Leales, el 4 de diciembre de 1856. Se presentó José Argañarás quien Pretende c.m. con Francisca Guardia, de 20 años. Con dos Impedimentos consanguinidad uno de cuarto grado con atingencia al tercero y otro de quinto grado con atingencia al cuarto.

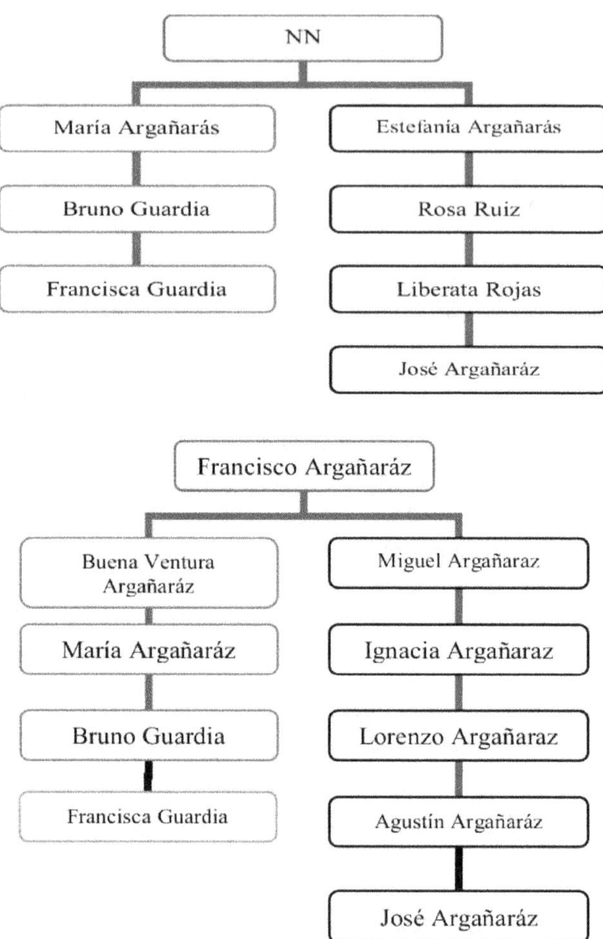

127. En Laguna Blanca, el 28 de diciembre de 1849. Se presentó Siríaco Jiménez, h.l. de Disocio Jiménez, vecino de Viclo. Pretende c.m. con María de los Ángeles Bazán, h.n. de María Antonia. T: Calixto Frías, mayor de 50 años y Juan Roldán, mayor de 30 años.

128. En Laguna Blanca, el 7 de enero de 1850. Se presentó D. Mauricio Brito, h.l. de D. Antonio Brito y de Da. Prudencia González. Pretende c.m. con Candelaria Aguirre, h.l. de D. José Aguirre, difunto y de Da. Josefa Alarcón. T: Eusebio Frías, mayor de 40 años y Pablo Juárez, mayo de 25.

129. En Leales, el ¿? de octubre de 1850 se presentó Pioquinto Contreras, viudo de Juliana ¿Herrera? Pretende c.m. con María Espíritu Ávila, viuda de Luciano Núñez. T: Tomás Manuel Lizárraga, mayor de 30 años y Ramón Díaz, mayor de 25 años.

130. En Leales, el 31 de enero de 1850. Se presentó Gregorio Espinosa, h.l. de Felipe Espinosa, difunto y de Dominga Medina. Pretende c.m. con Petrona Frías, h.l. de María Frías, difunto y de Florencia Almirón, difunta. Todos vecinos de Los Brito. T: Manuel Valdés, mayor de 35 años y Manuel Romano, mayor de 25 años.

131. En Leales, el 16 de febrero de 1850. Se presentó Pedro Celestino Núñez, h.l. de Felipe Núñez, difunto y de Leocadia Núñez, vecinos de Los Puestos. Pretende c.m. con Manuela Díaz, h.l. de Manuel Díaz y de Faustina Ruiz. T: Patricio González, mayor de 30 años y Miguel Torres, mayor de 25.

132. En Leales, el 1 de febrero de 1850. Se presentó Antonio Ruiz, h.l. de Juan Ignacio Ruiz y de Laureana Herrera. Pretende c.m. con Victoria Leiva, h.l. de Valeriano Leiva y de Polinaria González. Vecinos de Los Gramajo. T: José Tomás Rocha, mayor de 25 años e Inocencio Ruiz, mayor de 25 años.

133. En Leales, el 13 de febrero de 1850. Se presentó Juan Gil Guardia, h.n. de Damiana Guardia, vecino de Los Lunarejos. Pretende c.m. con Alejandra Lazarte, h.n. de Gabina Lazarte, difunta, vecina de Los Gómez. T: Esteban Martínez y Manuel ...

134. En Leales, el 23 de febrero de 1850. Se presentó Jacinto Aguirre, h.l. de Norberto Aguirre y de Rudecinda Aguirre, vecinos de Los Puestos. Pretende c.m. con Transito Venencia, h.n. de Damiana Venencia, difunta, vecina de Santa Rosa. T: Patricio González, de 30 años y Juan Antonio ...

135. En Leales, el 36 de febrero de 1850. Se presentó Celedonio Lezcano, h.n. de Hipólita Lascano, vecinos de Los Romanos. Pretende c.m. con ¿Cecilia? González, h.n. de Pilar González, difunta. Vecina de Los Romanos. T: Domingo Gramajo, mayor de 40 años y Juan Martín Aguirre, mayor de 26 años.

136. 6 de marzo de 1850. El Dr. D. Zoilo Domínguez, certifica que José Manuel Castro, residente en Manchalá, siguió información para casarse con Pilar Zelarayán, vecina de Los Puestos. Sin impedimentos.

137. En Monteros, el 18 de abril de 1850, el Dr. D. Lucas Córdoba certifica que Juan Bautista Molina, h.l. de Martín Molina y de Rosa Rosales, vecino de Balderrama, ha seguido información de soltería y libertad para casarse con Mercedes Gómez, h.n. de Ruperta Gómez, vecina del curato de Leales. Sin impedimentos.

138. En Leales, el 16 de julio de 1850. Se presentó Martiniano Aragón, h.n. de Andrea Aragón. Pretende c.m. con Mercedes Caro, de 20 años, h.l. de José María Caro y de Águeda Soria. T: Antonio Pérez, mayor de 25 años y Roque González, mayor de 25 años.

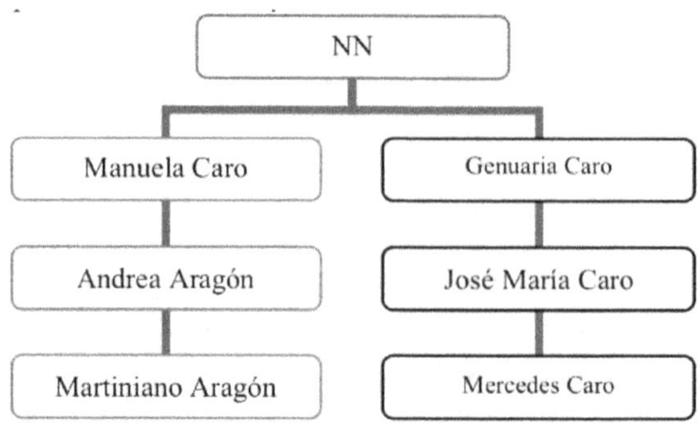

139. En Leales, el 8 de julio de 1850. Se presentó Hilario Nieva, h.n. de Cruz Nieva, vecino de El Campo Azul. Pretende c.m. con Segunda Almarás, h.n. de Magdalena. T: Juan Félix Leguizamón y Pedro Lazarte.

140. En trancas, 26 de julio de 1850. Se presentó Martiniano Aragón, h.n. de Andrea Aragón, de este curato. Pretende c.m. con Mercedes Caro, h.l. de José María Caro y de Águeda Soria. T: Liborio Argañarás y Julián Pérez. Se dispensa un tercer grado de consanguinidad.

141. En Leales, el 6 de julio de 1850. Se presentó Sinforoso Zelarayán, viudo de ... Lastra. Pretende c.m. con Bernabela Toscano, h.l. de D. Julián Toscano y de Manuela Ponce, difunta. Todos vecinos de Leales. T: D. Ramón Núñez y Cariaco Leguizamón.

142. En Leales, el 9 de julio de 1850. Se presentó Juan Juárez, h.n. de Ascencia Juárez, vecino de Orán. Pretende c.m. con Celestina Juárez, h.l. de Blas Juárez y de Cristina Cajal. Impedimento por consanguinidad de tercer grado con atingencia al segundo. T: Leonardo Frías, mayor de 25 años y Facundo Montenegro.

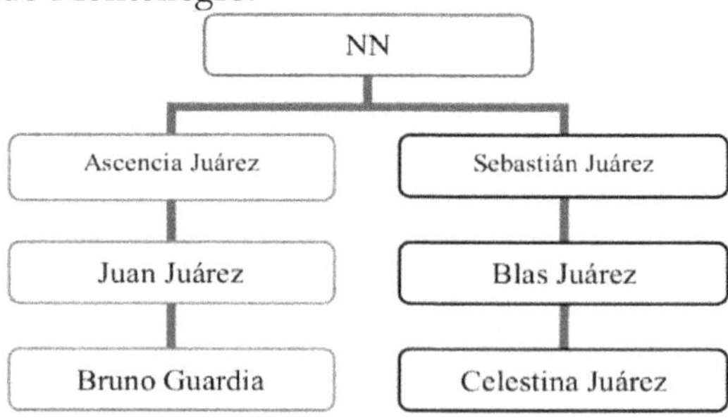

143. En Leales, el 16 de septiembre de 1850. Se presentó Inocencio Núñez hijo legítimo de Manuel Inocencio Núñez y de Lorenza Farfano, difuntos, vecinos de Tala Cocha. Pretende c.m. con Silveria Albornoz, h.n. de Isidora Albornoz. T: Ignacio Sir y Bonifacio García.

144. En Leales, el ¿? de septiembre de 1850. Se presentó Ángel Mariano Albornoz vecino de La Soledad. Pretende c.m. con María Dolores Frías, hija legitima de Calixto Frías y de Francisca Borja Medinas, vecinos del Chilcal. T: Esteban Núñez y Ramón Serrisuela.

145. En Leales, el 9 de octubre de 1850. Se presentó Juan Andrés Rodríguez h.l. de Lázaro Rodríguez, difunto y de Francisca Juárez. Pretende c.m. con María Jerónima Gómez, h.n. de Ubalda Gómez. T: Juan Pablo Cabrera y Manual Antonio Corbalán.

146. En Leales, el 9 de diciembre de 1850. Se presentó Raimundo Medina h.l. de Vicente Medina y de Candelaria Reyes. Pretende c.m. con Cipriana Leguizamón, hija legitima de José Santos Leguizamón y de Mariana Sid. Impedimento por consanguinidad en 4to grado con atingencia al 3ro. Los contrayentes son vecinos; ella es mayor de 20 años y no ha tenido pretendientes hasta el momento, por ser renga. T: Tomás Fernández mayor de 25 años, y Pío Quinto Tevez.

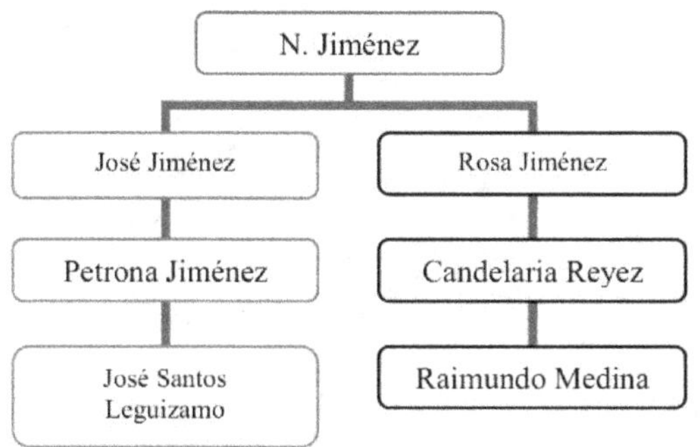

147. En Leales, el 26 de enero de 1851 se presentó Benjamín Campero h.n. de Manuela Campero vecino de los Sueldos. Pretende c.m. con Balbina Vaca hija legitima de Silverio Vaca y de Luisa Zamorano. T: Manuel Roldan mayor de 25 años y Andrés Guzmán mayor de 25 años.

148. En Leales, el 26 de febrero de 1851. Se presentó Francisco Barrosa h.n. de Gervacia Barrosa. Pretende c.m. con Polonia Juárez, h.n. de Eustaquia Juárez. T: Gregorio Gómez mayor de 40 años y Buenaventura Argañaráz mayor de 25 años.

149. En Leales, el 26 de febrero de 1851. Se presentó Fernando Lambertín h.l. de Jacinto Lambertín, difunto y de María Ledesma. Pretende c.m. con Olegaria Herrera, viuda de Cornelio Aragón. T: Nemesio Corbalán mayor de 30 años y Jacinto Contreras mayor de 30 años.

150. En Leales, el 26 de febrero de 1851. Se presentó Ramón Gómez h.l. de Julián Gómez y de Tomaza Herrera, vecinos de La Isla de los Brito. Pretende c.m. con Victoria Coronel, hija legitima de Juan Coronel y de

Gregoria Albornoz. T: Damaseno Medina mayor de 30 años y José Lorenzo González.

151. En Leales, el 8 marzo de 1851. Se presentó Juan de Dios Juárez h.n. de Estefanía Juárez, vecino de Condorhuasi. Pretende c.m. con Gregoria Juárez, hija legitima Gregorio Juárez, y de Bartolina Brito, vecinos de Mista. T: Martín González, mayor de 40 años y Juan Domingo Díaz.

152. En Leales, el 27 de marzo de 1851. Se presentó Juan Bautista Roldan, viudo de Silveria Juárez. Pretende c.m. con María de la Osa Figueroa hija legitima de Raimundo y de Dolores Palavecino, vecinos de Las Palmitas. T: Juan Simón Peralta mayor de 40 años y Marcos Cortes de Medina.

153. En Leales, el 29 de marzo de 1851. Se presentó Nicasio Guerrero, h.n. de Isidra Guerrero, vecino de Chañar Mullo. Pretende c.m. con Josefa Aguilar, hija legitima de Pedro Regalado Aguilar, difunto y de Faustina Gonzáles. T: Justo Jiménez y Roque García.

154. En Leales, el 1 de mayo de 1851. Se presentó D. José Teodor Rojas h.l. de D. Alejandro Rojas y de Rosalía Lizárraga, vecinos de Loma Verde. Pretende c.m. con Francisca Robles, hija legitima de Nolasco Robles y de Eulalia Pérez. T: Martín Alarcón, mayor de 50 años y Francisco Robles, mayor de 30 años

155. En Leales, el 12 de mayo de 1851. Se presentó Borja González, hijo legítimo de Gregorio González, difunto y de Mercedes Aragón, vecinos de Los Sueldos. Pretende c.m. con Juana Ponce, h.n. de Magdalena Ponce. T: Mariano Cardozo, mayor de 30 años y Manuel Roldán, mayor de 25 años.

156. En Leales, el 22 de mayo de 1851. Se presentó Jacinto Montero, hijo legítimo de Felipe Montero, difunto y de Justina Toledo. Pretende c.m. con Petrona Pérez, h.n. de Francisca Pérez. T: Feliciano Valdez, mayor de 25 años y Damaseno Medina, mayor de 25 años.

157. En los Puestos el 27 de mayo de 1851. Se presentó Juan Manuel Almarás h.n. de Magdalena Almarás difunta. Pretende c.m. con Paula Valdez h.n. de Luisa Valdez. T: Toribio Lizárraga mayor de 30 años y Jacinto Brito mayor de 40 años.

158. En los Puestos el 31 de mayo de 1851. Se presentó Pedro Villalba viudo de Mónica Herrera, natural de la provincia de Santiago del Estero, pero residente en esta hace unos diez años. Pretende c.m. con Marcelina Quinteros hija legitima de Pedro Quintero y de Modesta medina. T: Carmen Antonio Argañaráz mayor de 30 años y Casildo Aguirre mayor de 40 años.

159. En los Puestos, el 2 de junio de 1851. Se presentó Cirilo Ruiz, hijo legítimo de Juan Timoteo Ruiz y de Justina ¿Páez? Salazar, vecinos de Chicligasta. Pretende c.m. con María de Los Reyes Rojas, h.l. de Miguel

Rojas, difunto y Candelaria Sabalza. T: Casildo Aguirre, mayor de 40 años y Eusebio Sabalza.

160. En Leales, el 15 de junio de 1851. Se presentó José Benito Flores, natural de Valle Viejo, Catamarca, hijo legítimo de Marcelino Flores y de Serafina Córdoba. Pretende c.m. con Fermina Orellana, hija legitima de D. José Orellana y de Justa …, vecinos de Los Sueldos. T: Bernardino Serrisuela y José Manuel Acuña.

161. En Leales, el 2 de julio de 1881. Se presentó José Manuel Zelarayán, h.n. de Mercedes Zelarayán, vecino de Mancopa. Pretende c.m. con Isabel González, hija legitima de Andrés González, difunto y de Antonia Sir, vecinos de Mancopa. T: José Antonio Romano, mayor de 30 años y Juan Gil Juárez, mayor de 30 años.

162. En los Sueldos, el 22 de julio de 1851. Se presentó Juan Domingo Torales, viudo de Casilda López. Pretende c.m. con María del Señor Pérez, hija legitima de Mateo Pérez y de Luisa Robles. T: Jacinto Montero, mayor de 25 años y Francisco Gómez, mayor de 50 años.

163. En Leales, el 11 de julio de 1851. Se presentó Juan Crisóstomo Ponce, hijo legítimo de Manuel Ignacio Ponce y de Anita Gómez. Pretende c.m. con Petrona Flores, hija legitima de Francisco Flores y de Angelita Núñez, difuntos. T: Urbano Acosta, mayor de 30 años y Patricio García, mayor de 40 años.

164. En los Sueldos, el 4 de agosto de 1851. Se presentó José Francisco Brito, h.n. de María Santos Brito, vecinos de Laguna Blanca. Pretende c.m. con Margarita Lizárraga, h.n. de Rosa Lizárraga, vecina de Loma Verde. T: Lorenzo Flores declara que hace unos catorce años el pretendiente visitaba a una prima del pretendiente y que la pretendida tiene como 30 años y ya tiene hijos. El otro testigo (cuyo nombre es ilegible) declara que el pretendiente tuvo trato con dos primas hermanas de la prometida, hijas de una hermana de la madre, una de las cuales ya se casó y la otra ya murió y que el pretendiente vive a una legua de la pretendida.

165. En Chicligasta el 1 de septiembre de 1851. Se presentó Deogracia Torres, h.n. de Manuela Torres, feligrés del curato de Leales. Pretende c.m. con Petrona Valdez, hija legitima de Feliciano Valdez y Cecilia Gonzáles. Les fue denunciado un impedimento de 1er grado de afinidad ilícito.

166. En Leales, el 6 de septiembre de 1851. Se presentó Sinforoso Pérez, h.n. de Francisca Pabla Pérez. Pretende c.m. con Damiana Lizárraga, hija legitima de Félix Lizárraga y de Bernardina González. T: Santiago Ledesma, mayor de 40 años y Juan Lorenzo Leal, mayor de 25 años.

167. En Leales, el 20 de septiembre de 1851. Se presentó D. Manuel Moreno (firma), hijo legítimo de D. José Moreno, difunto y de Da. Ignacia Sosa, natural de San Nicolás de los Arroyos, en la provincia de Buenos Aires, y residente en esta hace 11 años. Pretende c.m. con Da. Mercedes

Bravo, viuda de D. Andrés Lezcano. T: D. Andrés Bravisan, natural de San Nicolás de Los Arroyos, quien conoce al pretendiente desde niño, y que salieron de "su país" en el año 1840 por razones política y es mayor de 30 años y Mariano Almirón, de 30 años.

168. En Leales, el 24 de octubre de 1851. Se presentó Felipe Santiago Zelaya, h.n. de Victoria Zelaya, vecinos de las Pirquitas. Pretende c.m. con María de Jesús Payes, h.l. de Ambrosio Payes y de Claudia Medina. "Por presentada", no se hizo la información.

169. En Leales, el 29 de octubre de 1851. Se presentó Soriano Herrera, h.l. de Francisco Herrera y de Ascencia Navarro, difuntos. Pretende c.m. con Manuela Herrera, mayor de 25 años, h.l. de Adrián Herrera y de Simona Mendoza, difuntos. Impedimento por consanguinidad en segundo grado. Los pretendientes han vivido bajo el mismo techo por más de 20 años y han tenido 5 hijos, una hija ya está casada. T: Jacinto Gómez, mayor de 40 años y Francisco Lizárraga, mayor de 40 años.

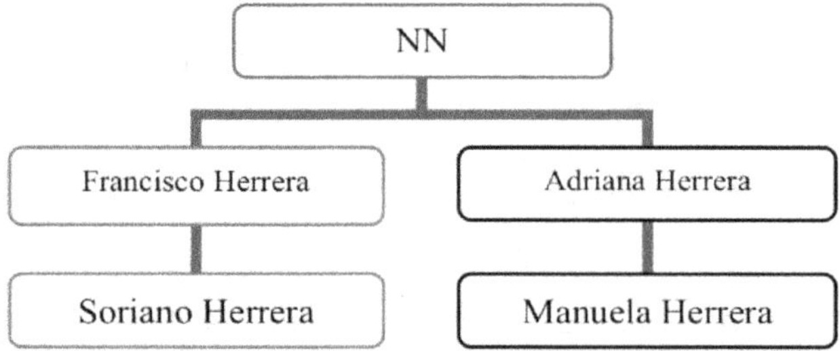

170. En Leales, el 14 de noviembre de 1851. Se presentó José Santos Roldan h.l. de Leocadio Roldan y de Mat… Ballón, difunta. Pretende c.m. con Andrea Roldán, h.l. de José María Roldán y de Paula Juliana Lazarte. Impedimento por consanguinidad en segundo grado. Causales por la que pide la dispensa: La novia es pobre, tiene 28 años, hace 6 años que conviven y tienen 3 hijos. T: Sinforoso Zelarayán, mayor de 30 años y … Dispensa del 21 de mayo de 1851.

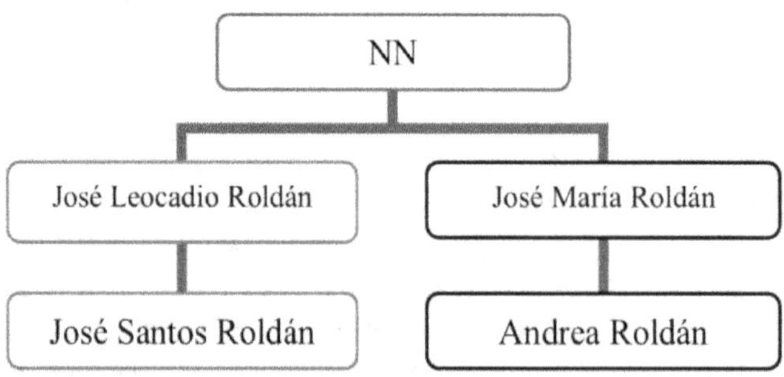

171. En Leales, el 16 de noviembre del 1851. Se presentó Rosa Villareal h.n. de Mercedes Villareal. Pretende c.m. con Antonia Véliz, h.l. de Miguel Antonio Véliz y de Deogracia Brandán. T: Juan Tomás Gómez mayor de 30 años y Manuel Gómez mayor de 25 años.

172. En Leales, el 17 de noviembre de 1851. Se presentó D. José María Medina h.l. de D. Crespín Medina y de Da. Juana María Brandán. Pretende c.m. con Dionisia Farfán h.n. de Da. Bartolina Farfán, difunta. T: Lorenzo Flores mayor de 30 años y José … mayor de 30 años.

173. En Leales, el 18 de noviembre de 1851. Se presentó Lucio Frías h.l. de Anastasio Frías y de Polonia Juárez. Pretende c.m. con Margarita Gonzáles h.l. de Melitón Gonzáles y de Manuela Serrisuela. T: Santos Medrano mayor de 35 años y Raimundo Figueroa mayor de 25 años.

174. En Leales, el 23 de noviembre de 1851. Se presentó Facundo Lizárraga hijo de Tomás Lizárraga y de Pascuala Ponce. Pretende c.m. con Manuela Campero, h.l. de Pilar Campero y de Ana Felipa Alderete, vecinos de Famaillá. T: Manuel Ortiz mayor de 35 años y Ramón Reyes.

175. En Leales, el 26 de noviembre de 1851. Se presentó Fabián Jiménez h.l. de Justo Jiménez, y de María de la Cruz Alderete. Pretende c.m. con Ignacia Caro h.l. de José María Caro y Aguedita Soria. T: Mariano Díaz mayor de 25 años y …

176. En Leales, el 5 de diciembre de 1851. Se presentó Simón Zelaya, h.l. de Juan de Dios Zelaya y de Micaela Alderete. Pretende c.m. con Mercedes Juárez h.l. de Ramón Juárez y de Alejandra Veliz. T: Manuel Acosta mayor de 35 años y Agustín Leguizamón mayor de 25 años.

177. En Leales, el 6 de diciembre de 1851. Se presentó Valentín Argañaráz h.l. de José Lorenzo Argañaráz, y de Isabel Ardiles. Pretende c.m. con Petrona Alcántara Jiménez, h.l. de Roque Jiménez, difunto y de Feliciano Zelaya. T: Juan Leguizamón, mayor de 35 años y Faustino Figueroa mayor de 25 años.

178. En Leales, el 12 de diciembre de 1851. Se presentó Silvestre Lazarte viudo de Servanda Juárez. Pretende c.m. con Dorotea Ardiles, viuda de Valentín Rojas. T: Pascual Ruiz mayor de 35 años y Manuel Brandán mayor de 25 años.

179. En Leales, el 22 de diciembre de 1851. Se presentó José Bernardo Ruiz h.l. de Victoriano Ruiz y de Juana Juárez. Pretende c.m. con Justa Acosta h.l. de Hermenegildo Acosta y de Juana Román. T: Pedro Herrera mayor de 30 años y Mariano Contreras mayor de 25 años.

180. En Leales, el 26 de diciembre de 1851. Se presentó Justo Zelaya h.l. de Lino Zelaya difunto y de Brígida Zelaya. Pretende c.m. con Faustina Rojas, h.l. de Alejandro Rojas y de Rosario Lizárraga. T: Ramón Juárez mayor de 40 años y Pedro Manuel Jiménez mayor de 25 años.

181. En Leales, el 5 de enero de 1852. Se presentó José Manuel Gonzáles h.l. de Miguel Gonzáles, difunto y de Francisca Juárez. Pretende c.m. con Teodora Medina h.l. de Rufino Medina y de Juana… difunta. T: Melchor Soria mayor de 40 años y Ambrosio Juárez mayor de 40 años.

182. En Leales, el 13 de febrero de 1852. Se presentó José Eustaquio Jiménez h.l. de Juan José Jiménez y de Gregoria Bazán. Pretende c.m. con Basilia Juárez, h.l. de Pedro Juárez difunto y de María Cruz Herrera. T: Francisco Jiménez de 40 años y Bernardo Díaz mayor de 40 años.

183. En Leales, el 8 de marzo 1852. Se presentó José Valdez h.l. de Hipólito Valdez y de Catalina Herrera. Pretende c.m. con Lucia Nieva h.l. de Antonio Nieva, difunto y de … Saavedra. T: Patricio Gonzáles mayor de 30 años y Rosa Aguirre mayor de 25 años.

184. En Leales, el 9 de marzo 1852. Se presentó Félix Acosta h.n. de María Acosta. Pretende c.m. con María Sir, h.l. de Domingo Sir y de Elena Soria. T: Antonio Pérez mayor de 30 años y Domingo Zamorano mayor de 25 años.

185. En Leales, el 12 de marzo de 1852. Se presentó Jerónimo Figueroa, h.l. de Anacleto Figueroa, difunto y de Dorotea Jiménez. Pretende c.m. con Eusebia Gómez, h.n. de María Cienta (sic) Gómez. Impedimento por afinidad en primer grado por cópula ilícita. La pretendida es mayor de 40 años, los pretendientes han convivido por dos años y han tenido un hijo a quien quieren legitimar. T: Modesta Acosta, y Apolinar Vega mayor de 30 años. Dispensa del 27 de marzo de 1852.

186. En Leales, el 18 marzo de 1852. Se presentó Dionisio Rivadeneira h.l. de Silvestre Rivadeneira difunto y Pascuala Campo. Pretende c.m. con Eustaquia Gonzáles h.n. de Simona Gonzáles. T: Manuel Ignacio López mayor de 30 años y Laureano Juárez mayor de 25 años.

187. En Leales, el 20 de marzo de 1852. Se presentó Francisco Javier Jiménez h.l. de Francisco Javier Jiménez y de Manuela Galván. Pretende c.m. con Rosario Frías h.l. de Leandro Frías, difunto y de Sebastiana Juárez, T: José Ricardo Figueroa mayor de 30 años y Santos Medrano.

188. En Leales, el 28 de marzo de 1852. Se presentó Lucas Herrera h.n. de Susana Herrera, difunta. Pretende c.m. con Micaela Lazarte, h.l. de Victoriano Lazarte y de Juana Díaz, vecinos de Río Chico. T: Francisco Lizárraga mayor de 35 años y Ramón Rosa Palomar mayor de 25 años.

189. En Leales, el 10 de abril de 1852. Se presentó Juan Alberto Rocha h.n. de María Teresa Rocha, difunta. Pretende c.m. con María Leona Cortés, de Medina, h.l. de Joaquín Cortes y Francisca Gonzáles. T: Francisco Corbalán mayor de 30 años y José Blas Leal mayor de 25 años.

190. En Leales, el 27 de agosto de 1852. Se presentó Lucas Romano h.l. de Juan de la Cruz Romano y de Francisca Lizárraga, difuntos. Pretende c.m. con Damiana Décima, h.l. de Juan Décima y de María Ardiles. T: Gabriel Juárez mayor de 35 años y Juan Tomás Gómez mayor de 45 años.

191. En Leales, el 9 de octubre 1852. Se presentó Juan Miguel Argañaráz, h.l. de Bernardo Argañaráz y de Espíritu Aguirre. Pretende c.m. con María del tránsito Palomares, h.n. de Rosario Palomares. La contrayente comparece acompañada por su hermana Faustina Palomares. T: Juan Tomás Gómez, mayor de 45 años y Juan Justo Gómez, de 40 años.

192. En Leales, el 17 de octubre 1852. Se presentó Pedro Aragón, h.l. de Miguel Aragón y de Cristina Gómez, difuntos. Pretende c.m. con Bernardina Herrera h.n. de Magdalena Herrera. La pretendiente se presenta acompañada con su hermana Concepción Herrera. T: D. Andrés Leal, mayor de 40 años y Pablo Aragón.

193. En Leales, el 22 de diciembre de 1852. Se presentó Fortunato Cajal h.l. de Bernardo Cajal y de Francisca Antonia Montero, difuntos. Pretende c.m. con Basilia Jiménez h.l. de Dionisio Jiménez y de Juana Paula… T: Agustín Basualdo mayor de 40 años e Inocencio Núñez mayor de 40 años.

194. En Leales, el 1 de febrero de 1853. Se presentó Fidel Relaña h.n. de María Relaña. Pretende c.m. con Benjamina Juárez, de 20 años, h.l. de Basilio Juárez y de Pilar Aguirre. Impedimento por afinidad ilícita en 2do grado. T: Ruperto Brito, Juan Pablo Ledesma, mayor de 30 años.

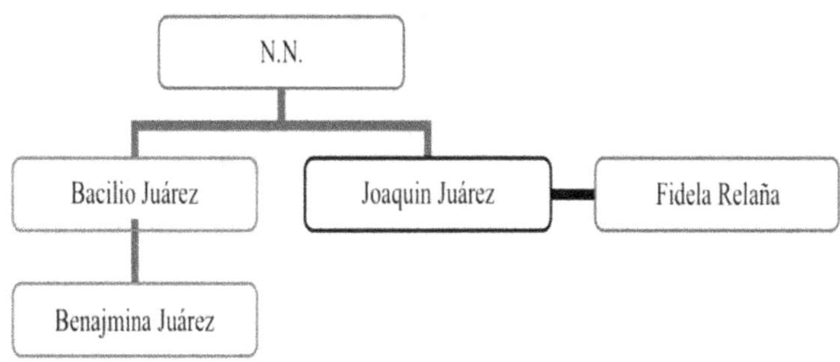

195. En Leales, el 8 de marzo de 1856. Se presentó Justo Ponce, h.l. de ¿Valentino? Ponce y de Josefa Rojas. Pretende c.m. con Jerónima Medrán, h.l. de Narciso Medrán y de Magdalena Moreno, difunta. T: Santos Maltes, de 25 años y Santiago Vargas, mayor de 40 años.

196. En Los Puestos el 9 de mayo de 1856. Se presentó Ignacio Soria, h.l. de Bernabé Soria y de Pascuala Gómez. Pretende c.m. con Vicenta Roldán, mayor de 25 años, h.l. de José Roldán y de María Montoya. Impedimento por consanguinidad en cuarto grado. Causales por las que se pide la dispensa: que la novia es pobre y huérfana de madre y que los pretendientes ya tienen un hijo. T: Laureano Corbalán, mayor de 60 años y Manuel Romano, mayor de 38 años.

197. En Tucumán, el 4 de abril de 1856. Se presentó Braulio Salinas (firma Molina), h.n. de Da. Micaela Salinas, vecino de El rectoral. Pretende c.m. con Da. Santos Rentaría (sic) h.l. de D. Manuel Bernabé Rentaría y de Da. Juana Pedraza, difuntos, naturales de esta capital. T: D. Anacleto Gramajo y D. Serapio González.

198. En Leales, el 8 de julio de 1856. Se presentó Delfín Pomo, h.l. de Manuel Ignacio Pomo, difunto y de Aniceta Gómez. Pretende c.m. con Pilar Venencia, h.n. de Damiana Venencia. Con impedimento por consanguinidad en cuarto grado con atingencia al tercero. Causales por las que se pide la dispensa: la pretendida es muy pobre, huérfana de padre y mayor de 24 años. T: Manuel Castro, mayor de 60 años y Félix Romano, mayor de 40 años.

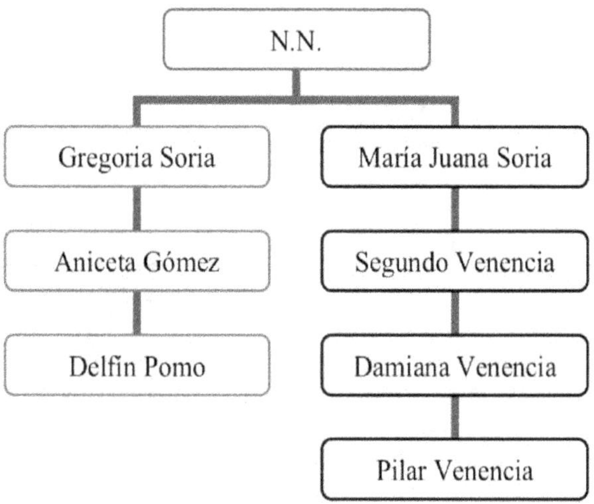

199. En Leales, el 11 de julio de 1856. Se presentó José María Valdez, h.n. de Silveria Valdez. Pretende c.m. con Baldomera Lazarte, h.l. de Eusebio Lazarte y de Romualda Ruiz, difunta. T: Toribio Lizárraga y Manuel Herrera, mayor de 35 años.

200. En Leales, el 7 de octubre de 1856. Se presentó Pedro Quintana, h.l. de Jerónimo Quintana y de Justa Juárez. Pretende c.m. con Germana Pérez, h.n. de Claudia Pérez. T: Andrés Leal, mayor de 25 años y Pedro Ponce, mayor de 40 años.

201. En Leales, el 4 de febrero de 1857. Se presentó Eleuterio Leguizamón, h.l. de Alejandro Leguizamón y de Santos Luna. Pretende c.m. con Petrona Sir, h.n. de Leonarda Sir. T: Pedro Toscazo, mayor de 40 años y …

202. En Leales, el 4 de febrero de 1857. Se presentó Pascual Páez, viudo de Estefanía Juárez. Pretende c.m. con Fructuosa Leguizamón, viuda de Francisco Tevez. La pretendiente concurre acompañada por su madre a la que no se nombra. T: D. Pedro Toscano, mayor de 25 años y D. Juan Pedro Toscazo, mayor de 40 años.

203. En Leales, el 4 de febrero de 1857. Se presentó Justo Jiménez, viudo de María Cruz Alderete. Pretende c.m. con Sacaría Juárez, h.l. de Eusebio Juárez y de Bernarda Medina. T: D. Tomás Juárez, mayor de 40 años y Santiago Ledesma, mayor de 30 años.

204. En Leales, el 6 de marzo de 1857. Se presentó Juan Ángel Nieva, h.l. de Lorenzo Nieva, difunto y de Teresa Rocha. Pretende c.m. con Genoveva Rivadeneira hija de José Rivadeneira, difunto y de Concepción Argañaráz. Impedimento por consanguinidad en tercer grado y otro en cuarto grado. Causales, que la pretendida es pobre y mayor de 25 años. T: José Tomás Medina, de 50 años y Juan Páez, mayor de 30 años.

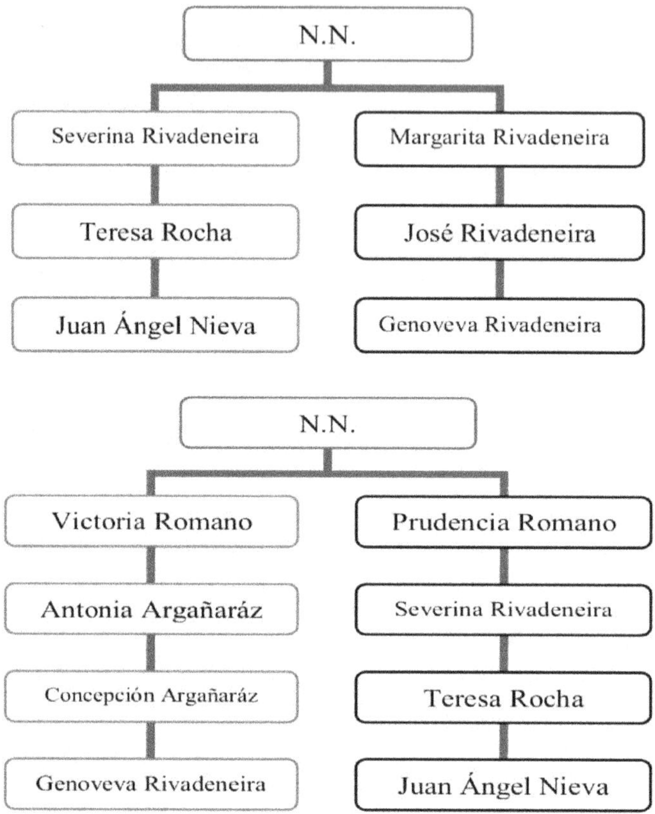

205. En Monteros, el 18 de abril de 1857. Se certifica que Antonio Díaz, vecino de Simoca, ha producido información para casarse con Germana Décima, h.l. de Pedro Antonio Décima y de Buenaventura Costillas, vecinos del Vizcacheral, en el curato de Leales.

206. En Leales, el 8 de marzo de 1857. Se presentó José Rafael Arias, h.l. de Genovio Arias y de Jerónima Figueroa, difunta. Pretende c.m. con Paula Villafañe, h.l. de Luis Villafañe y de Inés Vaca, difunta. T: Silvestre Díaz, de 40 años y Fernando Pesado, de 40 años.

207. En Los Sueldos, el 17 de agosto de 1857. Se presentó Gregorio Brito, h.l. de Juan Brito y de Estefanía Juárez. Pretende c.m. con Manuela Forales, h.l. de …andao Forales y de Bartola López. T: José Tomás Villa, de 30 años y Joaquín Cortes, de Medina, de 40 años.

208. En Tucumán, el 17 de agosto de 1857. Se presentó D. Martiniano Campero, vecino del curato de Leales, h.l. de D. Eustaquio Campero y de Da. Mauricia Vaca. Pretende c.m. con Da. Evarista Juárez, vecina del curato rectoral, h.l. de D. José Luis Juárez y de Da. Magdalena Pérez. Literalmente agrega: "y para evitar disgusto y habladurías de las familias, pido y suplico se me dispensen las tres canónicas moniciones es gracia que imploro – Martiniano Campero (rúbrica)" y el cura Estratón Columbres otorga el pedido "Estimando suficiente la limosna que el contrayente ofrece obrar a favor de esta Sta. Iglesia Matriz, que por falta de fondos se halla inconclusa"

209. En Los Sueldos, el 21 de agosto de 1857. Se presentó Silvano Campero, h.l. de Juan Campero y de Juliana Vaca. Pretende c.m. con Benedicta Soria, de unos 25 años, h.n. de Micaela Soria, difunta. Impedimento por afinidad por cópula ilícita. Causales por las que se pide la dispensa: la pretendida es pobre, huérfana de padre y madre, y "vive sola en la casita". Los pretendientes han convivido unos cuatro años y tienen un hijo al que quieren legitimar. T: Celestino Zamorano, mayor de 25 años y Manuel Caña, mayor de 25 años. Se aclara que la pretendida tuvo un hijo con Patricio Vaca, y luego tuvo otro con el pretendiente.

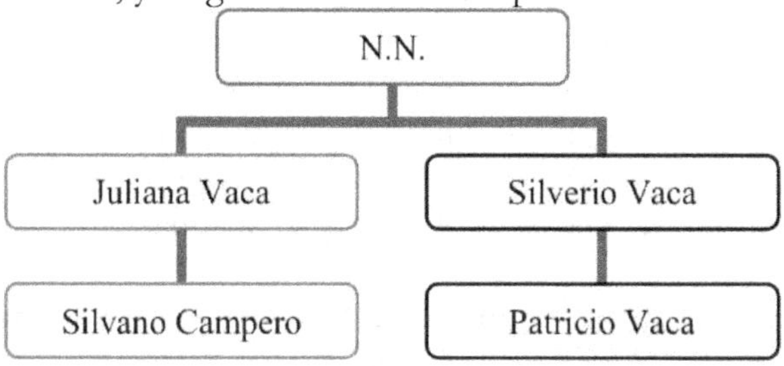

210. En Leales, el 23 de octubre de 1857. Se presentó Miguel Medina, h.l. de Juan Gregorio Medina y de Juana Alderete. Pretende c.m. con Claudia Núñez, h.l. de Antonio Núñez, difunto y de Bibiana Rojas. T: Nolasco Costilla, de 30 años y Tiburcio Navarro, de 25 años.

211. En el Timbó, el 6 de enero de 1858. Se presentó Agustín Quiroga, hijo legítimo de Francisco Quiroga y de Rosa Cruz. Pretende c.m. con María Victoria Mancilla, h.n. de Manuela Mancilla. T: Pablo Pérez, de 29 años y Fermín Sosa, de 44 años.

212. En Leales, el 20 de enero de 1858. Se presentó José Evaristo Ibarra, h.l. de … Ibarra y de Francisca Jiménez. Pretende c.m. con Eusebia Luna, h.l. de Mariano Luna y de Juana Ogas, vecinos de Famaillá. T: Melchor Soria, mayor de 25 años y Santiago Sir, mayor de 40 años.

213. En Leales, el 23 de enero de 1858. Se presentó José Agustín Medina, h.l. de Joaquín Medina y de Francisca González. Pretende c.m. con Isabel Pérez, h.l. de Ramón Pérez y de Agustina Ponce. T: José Tomás Villa, mayor de 25 años y Anastasio Décima, mayor de 30 años.

214. En Leales, el 25 de enero de 1858. Se presentó Eugenio Leal, h.l. de Juan Pablo Leal y de Marcelina Ferro, difunta. Pretende c.m. con Baldomera Lazarte, hija legítima de Eusebio Lazarte y de Celedonia Ruiz. T: Patricio González, mayor de 25 años y Vicente Aguirre, mayor de 30 años.

215. En Leales, el 31 de enero de 1858. Se presentó José María Valdez, h.l. de Manuel Valdez y de Úrsula Espinosa. Pretende c.m. con Isabel Lazarte, h.l. de Juan Santos Lazarte y de Mercedes Pedraza. T: Salvador Romero, de 30 años y Román Correa, mayor de 25 años.

216. En Leales, el 4 de febrero de 1858. Se presentó Manuel Antonio Acosta, h.n. de Teodora Acosta. Pretende c.m. con María Ascensión Leguizamón, h.n. de María Juana Leguizamón. T: José Manuel Toledo, mayor de 25 años y D. Juan Pedro Toscano, mayor de 40 años.

217. En Leales, el 6 de marzo de 1858. Se presentó Gregorio Arrieta h.l. de José Arrieta, difunto y de Emiliana Aguirre. Pretende c.m. con Damiana Correa, h.l. de Eusebio Correa y de Pilar González, difunta. T: D. Manuel Núñez, mayor de 40 años y Sebastián Juárez, mayor de 35 años.

218. En Leales, el 27 de marzo de 1858. Se presentó Santos Romero, h.l. de D. José María Romero, difunto y de Da. Delfina Bravo. Pretende c.m. con Da. Manuela Lastra, h.l. de D. Alberto Lastra y de Da. Pabla Pomo. T: D. Ramón Núñez, mayor de 30 años y D. Dalmasio Medina, mayor de 29 años.

219. En Leales, el 29 de marzo de 1858. Se presentó Victoriano Villa, h.l. de Pedro Villa y de Anastasia Figueroa, difunta. Pretende c.m. con Santos Véliz, h.l. de … y de Visitación Pérez. T: José Tomás Villa, mayor de 25 años y Faustino Figueroa, mayor de 30 años.

220. En Leales, el 29 de marzo de 1858. Se presentó Leocario (sic) González, h.l. de Ambrosio González, difunto y de Juana Figueroa. Pretende c.m. con María Águeda Vargas, h.n. de Bailona Vargas, difunta. T: Inocencio Núñez, mayor de 30 años y Santos Medina, mayor de 35 años.

221. En Leales, el 10 de abril de 1858. Se presentó Pedro Pablo Ruiz, viudo de María Micaela Contreras. Pretende c.m. con María de los Ángeles Corbalán, h.l. de Juan Corbalán y de María Ignacia Maldonado. T: Segundo Salas, mayor de 25 años y Miguel Quipildor, mayor de 30 años.

222. En Laguna Blanca, el 28 de abril de 1858. Se presentó José Antonio Romano, viudo de Josefa González. Pretende c.m. con Teodora Robles, h.l. de Javier Robles, difunto y de Dionisia Argañaráz. Impedimento por afinidad lícito en segundo grado. Causales por las que se pide la dispensa: La novia es pobre y huérfana de padre, es mayor de 30 años y se puede hacer cargo de los 6 hijos que tiene el pretendiente de su primera esposa. T: Juan Gil Juárez, mayor de 25 años y Joaquín Cortés, mayor de 25 años.

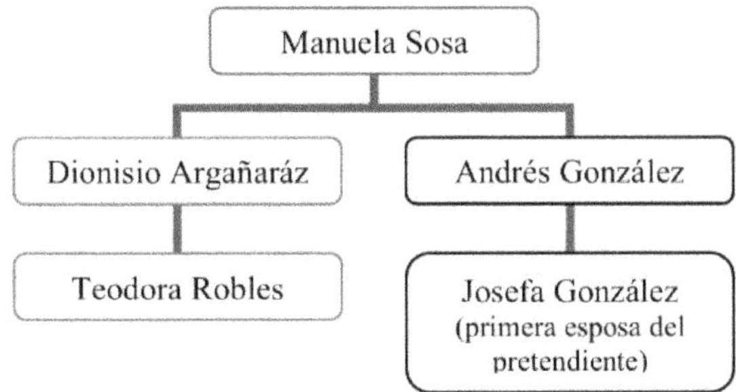

223. En Los Puestos, el 11 de mayo de 1858. Se presentó Avelino González, h.l. de Domingo González y de Petrona Argañaráz, difuntos. Pretende c.m. con Rufina Argañaráz, h.l. de Bernardo Argañaráz y de Espíritu Aguirre. Un impedimento por consanguinidad en segundo grado y otro, también en segundo grado, de consanguinidad. Causales por las que se pide la dispensa: la pretendida es pobre y tiene una madre inválida, y es mayor de 25 años. T: Isidro Palomar, mayor de 25 años y Salustiano Soria, mayor de 25 años. Manuela Sosa fue casada en primeras nupcias con Domingo González y en segundas nupcias casó con Pedro Argañaráz. Del primer matrimonio nació Domingo González, padre del novio y del segundo matrimonio nació Bernardo Argañaráz, padre de la novia. Pedro Argañaráz fue padre natural de Petrona Argañaráz, madre del novio, a quien crió.

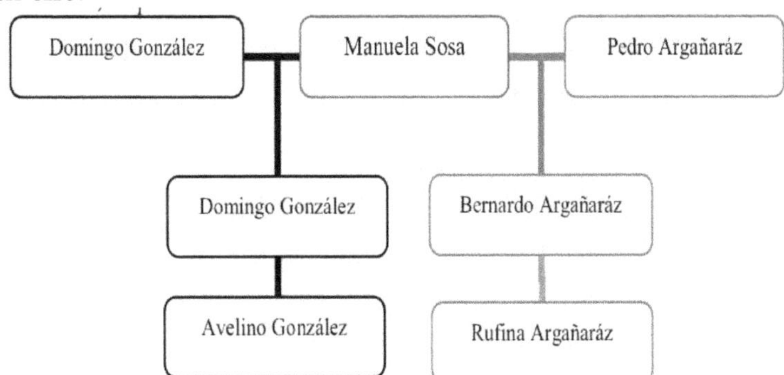

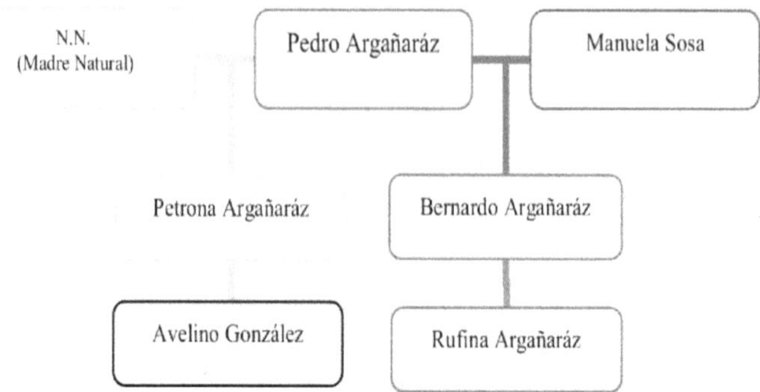

224. En los Puestos, el 15 de mayo de 1858. Se presentó Juan Santucho, h.l. de Ramón Santucho y de Santos Juárez. Pretende c.m. con Evaristo Rodríguez, h.n. de Justina Rodríguez. T: Román Correa, mayor de 25 años y Calixto Corbalán, mayor de 26 años.

225. En Leales, el 9 de junio de 1858. Se presentó Bonifacio Villa, h.l. de Santos Villa y de Mercedes Ponce, difunta. Pretende c.m. con Visitación Carril, h.n. de Simona Carril, vecina de Belén, en Catamarca. T: Andrés Figueroa, mayor de 25 años e Isidro Ponce, mayor de 25 años.

226. En Leales, el 14 de junio de 1858. Se presentó José Manuel Guzmán, h.l. de Mariano Guzmán y de Petrona González. Pretende c.m. con Sandalia Barbosa, h.l. de Mateo Barbosa y de Manuela Barbosa. T: Isidro Ponce, mayor de 25 años y Pacifico Campero, mayor de 25 años.

227. En Leales, el 14 de junio de 1858. Se presentó Damián Herrera, h.n. de Manuela Herrera. Pretende c.m. con Nicolasa Rocha, h.l. de Tomás Rocha y de Ana Felipa Leiva, difunta. T: Nicolás Rocha, mayor de 25 años y Gregorio Juárez, mayor de 25 años.

228. En Leales, el 24 de junio de 1858. Se presentó Severino Villa, h.l. de Genuario Villa, difunto y de María Mercedes Ponce. Pretende c.m. con Nicasia Concha, h.n. de Juana Concha. T: Benito Campero, mayor de 25 años y Julián Acosta, mayor de 25 años.

229. En Leales, el 11 de agosto de 1858. Se presentó José Agustín Toledo, h.l. de Casimiro Toledo, difunto y de Da. Norberta Santos. Pretende c.m. con Lucinda Rojas, h.l. de Alejandro Rojas, difunto y de Rosario Lizárraga. T: Raimundo Toledo, mayor de 25 años y Jacinto Figueroa, mayor de 25 años.

230. En Leales, el 20 de septiembre de 1858. Se presentó Zenón Concha, h.l. de Carmelo Concha, difunto y de Antonia Roldán. Pretende c.m. con Manuela Álvarez, h.l. de José Álvarez y de Manuela Maldonado, difuntos. Impedimento por afinidad ilícita en primer grado. Causales por las que se pide la dispensa: Le pretendida es pobre y vive conchabada, es huérfana de padre y madre, tiene 23 años y hace un año que vive con el pretendiente, ambos sirven al mismo patrón. T: Ramón Núñez, mayor de 40 años y Miguel de los Santos Zelaya, mayor de 25 años.

231. En Leales, el 25 de septiembre de 1858. Se presentó Antonio Guardia, h.l. de José Manuel Guardia, difunto y de Tiburcia Quintana. Pretende c.m. con Juliana Palomar, h.l. de Ramón Palomar y de Bartolina Décima, difuntos. T: Nicolás Ponce, mayor de 25 años y Camilo Argañaráz, mayor de 25 años.

232. En Leales, el 30 de septiembre de 1858. Se presentó José Mariano Contreras, h.l. de Pío Quinto Contreras y de Juliana Herrera, difuntos. Pretende c.m. con Liboria Núñez, h.l. de Estratón Núñez y de Vicenta Lambertín. T: Ramón Núñez mayor de 25 años y Lucas Mendoza mayor de 25 años.

233. En San Miguel de Tucumán, el 7 de octubre de 1858. Certificado expedido por el presbítero Gregorio Zavaleta, en el que hace constar que Griseldo Salazar ha efectuado información de soltería y libertad, se ha confesado y ha comulgado. (No aclara con quien Pretende c.m.)

234. En Leales, el 9 de octubre de 1858. Se presentó Damián Lastra, h.l. de Alberto y de Paula Pomo. Pretende c.m. con Genoveva Robles, h.l. de José Robles y de Silveria Medina. José María Vega mayor de 25 años y Tomás Toledo mayor de 25 años.

235. En Leales, el 15 de octubre de 1858. Se presentó Benjamín Rodríguez, h.l. de Francisco Rodríguez y de Rosario Aguirre, difunta. Pretende c.m. con Pilar Gómez, h.l. de Lázaro Gómez y de María González. T: Mariano Albornoz, mayor de 25 años y Juan Carlos Pérez, mayor de 25 años.

236. En Leales, el 23 de octubre de 1858. Se presentó Pedro Celestino Núñez, h.l. de Antonio Núñez, difunto y de Bibiana Rojas. Pretende c.m. con Ceferina Medina, h.l. de Gregorio Medina, difunto y de Juana Alderete. T: Pedro Antonio Juárez mayor de 25 años y Pío Quinto Corbalán, mayor de 25 años.

237. En Leales, el 12 de noviembre de 1858. Se presentó Pedro Pablo Campero, h.n. de Faustina Campero. Pretende c.m. con Ramona Peralta, h.l. de José Lino Peralta y de María Santos Aguirre, difuntos. T: Antonino Mendoza mayor de 25 años y Ramón Núñez, mayor de 45 años.

238. En Leales, el 18 de noviembre de 1858. Se presentó Juan Ángel Leal, h.n. de Dominga Leal. Pretende c.m. con Teresa Juárez, h.l. de Luis Juárez, difunto y de Martina Aguirre. T: Ramón Correa, mayor de 25 años y Manuel Acosta, mayor de 25 años.

239. En Leales, el 3 de diciembre de 1858. Se presentó Pablo Policarpo Ramírez, h.l. de Juan Asensio Ramírez y de Manuela arce, difuntos. Pretende c.m. con Jacoba Segura, h.l. Estanislao Segura y de Josefa Juárez. T: Miguel Medina, mayor de 25 años y Luis Herrera, vecino de Los Quemados, mayor de 35 años.

240. En Leales, el 14 de diciembre de 1858. Se presentó Juan Alberto Aguirre, h.l. de José Antonio Aguirre y de Teodora Leal, difuntos. Pretende c.m. con Inés Ruiz, h.l. de Ángel Mariano Ruiz y de Basilia Galván. T: Ignacio Ruiz, mayor de 25 años y Ramón Roldán, mayor de 35 años.

241. En Leales, el 18 de diciembre de 1858. Se presentó Marcos Rodríguez, h.l. de Cruz Rodríguez y de Mercedes Cabrera. Pretende c.m. con Ramona Jiménez, h.l. de Justo Jiménez y de Faustina Juárez, difuntos. T: Paulino Basualdo mayor de 25 años y Raimundo Figueroa, mayor de 25 años.

242. En Leales, el 22 de diciembre de 1858. Se presentó Juan Alberto Luna, h.l. de José Santos Luna, vecino de Leales y de Pabla Páez. Pretende c.m. con Manuela Ponce, vecina de Leales, h.n. de Antonia Ponce, difunta. T: D. Ramón Núñez, mayor de 45 años y Juan José Acosta, mayor de 30 años.

243. En Leales, el 29 de diciembre de 1858. Se presentó D. Pacífico Campero, h.l. de D. Dionisio Campero, difunto y de Da. Ventura Ponce. Pretende c.m. con Da. Liberata Gómez, h.n. de Da. Juana Gómez. T: Bartolomé Acosta, de 30 años y Crespín Véliz, de 35 años.

244. En Leales, el 7 de enero de 1859. Se presentó Tiburcio Lizárraga, h.l. de Pantaleón Lizárraga, difunto y de María del Carmen Sotelo. Pretende c.m. con Nicolasa Sotelo, de 33 o 34 años, h.l. de Miguel Sotelo, difunto y de Mercedes Nieva. Impedimento por consanguinidad en tercer grado con atingencia al segundo. Causales por las que pide la dispensa: La pretendida es pobre y los contrayentes viven en la misma casa hace 6 años y ya han tenido 3 hijos los que quieren legitimar. T: D. Pedro Cajal, de 36 años y Nazario Frías, de 40 años.

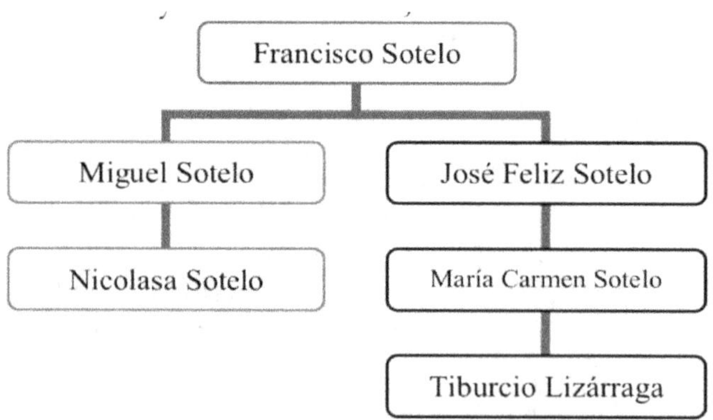

245. En Leales, el 14 de enero de 1859. Se presentó Florencio Leal, vecino de Mancopa, h.l. de Celestino Leal y de María Ignacia Palavecino, difuntos.

Pretende c.m. con Josefa Ponce, h.n. Josefa Ponce. T: Pedro Juan Medina, mayor de 30 años y Tomás Villa, mayor de 60 años.

246. En Leales, el 25 de febrero de 1859. Se presentó Juan Crisóstomo Báldese, vecino de Los Romanos, viudo de Luisa Rivadeneira. Pretende c.m. con Ángela Jiménez, vecina del Campo Azul, h.l. de Manuel Jiménez y de Bonifacio Jiménez. T: Manuel Rivadeneira, mayor de 25 años y Camilo Argañaráz, mayor de 25 años.

247. En Leales, el 27 de febrero de 1859. Se presentó Tomás Morales, vecino de Leales, h.n. de Victoria Morales. Pretende c.m. con Josefa Juárez, vecina de Vilca Pozo, h.n. de Juana Juárez, difuntos. T: Severo Aguirre, mayor de 25 años y Luis Herrera, mayor de 25 años.

248. En Leales, el 11 de marzo de 1859. Se presentó Gabino Romero, vecino de Leales, h.l. de José María Romero, difunto y de Delfina Bravo. Pretende c.m. con Pacifica Romano, h.l. de Feliz Romano y de Gregoria Pomo. T: Lucas Fernández, mayor de 34 años y Segundo Vega, mayor de 38 años.

249. En Leales, el 9 de abril de 1859. Se presentó José Santos Herrera, vecino de Los Quemados, h.l. de Esteban Herrera y de Petrona Ponce. Pretende c.m. con Norberta Galván, h.l. de Juan José Galván y de Gertrudis Díaz. T: Manuel Santos Díaz, mayor de 25 años y Fabián Jiménez, mayor de 25 años.

250. En Leales, el 10 de abril de 1859. Se presentó Ricardo Soraire, vecino de La Esquina, h.n. de Rosa Soraire, difunta. Pretende c.m. con Vicenta González, h.l. de José Manuel González y de Candelaria Zelaya, vecina de Cabramisqui. T: José Reyes Acosta, mayor de 25 años y José Matías Barbosa, mayor de 25 años.

251. En Leales, el 24 de abril de 1859. Se presentó Donato Soria, vecino de Leales, h.l. de Santos Soria, difunto y de María Margarita Ugarte. Pretende c.m. con Marina Bulacio, viuda de Andrés Avelino Rodríguez. T: Basilio Zelaya mayor de 25 años y Tomás Aguirre, mayor de 25 años.

252. En Leales, el 14 de junio de 1859. Se presentó Cantalicio Romano, h.l. de José Félix Romano y de Gregoria Pomo. Pretende c.m. con Gregoria Díaz, h.n. de Mercedes Díaz. T: D. Francisco Herrera, de 27 años y D. Próspero Sarmiento, mayor de 27 años.

253. En Leales, el 15 de junio de 1859. Se presentó Hilario Albornoz, h.l. de Lorenzo Albornoz, difunto y de Mercedes Juárez. Pretende c.m. con Prudencia Rivainera (sic) h.l. de Gregorio Rivainera y de Ramona Villa. T: Marcos Lastra de 40 años y Lucas Herrera, de 46 años.

254. En Los Sueldos, el 10 de julio de 1859. Se presentó Julián Cajal, h.l. de Bernabé Cajal y de Francisca Antonia Monteros. Pretende c.m. con Mercedes Jiménez, h.l. de Juan Estanislao y de Catalina Juárez. T: Cornelio Valdez de 40 años Marcos Rodríguez, de 30 años.

255. En Leales, el 5 de agosto de 1859. Se presentó Crecensio Quipildor, h.l. de Indalecio Quipildor y de Marcela Mendoza. Pretende c.m. con Tomaza García, h.l. (sic) de Silveria García. T: D. Prospero Sarmiento, de 27 años y D. Francisco Herrera, de 60 años.

256. En Leales, el 25 de agosto de 1859. Se presentó Silvestre Herrera, h.l. de Juan José Herrera y de Benigna Aguirre, difunta. Pretende c.m. con Águeda Valdez, h.n. de Luisa Valdez. T: Celestino Aguirre, de 34 años y Gregorio Gómez, de 30 años.

257. En Los Gómez, el 3 de septiembre de 1859. Se presentó Hilario Leguizamón, h.l. de José Ramón Leguizamón y de María Nieva, difuntos. Pretende c.m. con Genuaria Contreras, h.n. de Saturnina Contreras, difunta. T: Gregorio Gómez, de 60 años y Juan Tomás Gómez, de 70 años.

258. En Los Sueldos, el 8 de septiembre de 1859. Se presentó Cosme Frías, viudo de Victoria Velardez. Pretende c.m. con Narcisa Juárez, h.l. de Juan de Dios Juárez y de Jacinta Fernández. T: Feliz Lizárraga, de 37 años y Tomás Lizárraga, de 50 años.

259. En Los Sueldos, el 11 de septiembre de 1859. Se presentó D. Martiniano Pérez, h.l. de D. Mateo Pérez y de Da. Luisa Robles. Pretende c.m. con Da. Pascuala Bailona Brito, h.l. de D. Ruperto Brito y de Da. y de Da. María Inés Reinoso. T: Gabriel Paz, de 40 años y D. León Valdés, de 40 años.

260. En Los Sueldos, el 14 de septiembre de 1859. Se presentó José María Barrios, h.l. de José Manuel Barrio, difunto y de Marcelina Guerra. Pretende c.m. con Feliciana Salas, h.n. de Nicolasa Salas. T: José Tomás Rocha de 60 años. La declaración del otro testigo ha sido tomada por el cura de Chicligasta.

261. En Leales, el 22 de septiembre de 1859. Se presentó Martiniano Romano, h.l. de José Félix Romano y de Gregoria Pomo. Pretende c.m. con Lizarda Núñez, h.l. de Manuel Núñez y de Petrona Campero, difunta. T: Clemente Ponce, de 40 años y Manuel Antonio Escalante, de 27 años.

262. En Leales, el 10 de octubre de 1859. Se presentó José Francisco Chávez, h.l. de Juan Ángel Chávez y de Mercedes Lizárraga. Pretende c.m. con Manuela ¿Mesansa?, h.l. de Juan José y de Juana Isabel Arias, difuntos. T: Ramón Medina, de 70 años y Juan Santos Leguizamón, de 40 años.

263. En Leales, el 25 de octubre de 1859. Se presentó Ciriaco Aguirre, h.l. de Gabriel Aguirre y de Evangelista Juárez. Pretende c.m. con Escolástica Pérez, h.l. de Tiburcio Pérez, difunto y de Manuela Robles. T: Benjamín Campero, de 27 años y Manuel Ponce, de 30 años.

264. En Leales, el 24 de noviembre de 1859. Se presentó Faustino Peralta, h.l. de Tomás Peralta y de Pastora Aguirre. Pretende c.m. con Zoila López, del curato de Monteros, h.n. de Tránsito López. T: Ramón Castro, de 36 años y Dante Soria, de 36 años.

265. En Los Gómez, el 15 de diciembre de 1859. Se presentó Casimiro Islas, h.l. de Pedro Felipe Islas y de Juana Rufina Quintana. Pretende c.m. con Valentina Gómez, h.l. de Jacinto Gómez y de Marcelina Gómez. T: Mariano Gómez, de 35 años y Juan Tomás Gómez, de 60 años.

266. En los Gómez, el 18 de diciembre de 1859. Se presentó Nicolás Pedraza, h.n. de María Justa Pedraza. Pretende c.m. con Dionisia Luna, h.n. de Patricia Luna, difunta. T: Santiago Ruiz, de 34 años y Evaristo Ruiz, de 37 años.

Tercera Parte: 1860 - 1879

267. En Los Sueldos, el 10 de enero de 1860. Se presentó Benito Lazarte, viudo de Dorotea Décima. Pretende c.m. con Gregoria Valdez, h.l. de Manuel Valdez y de Úrsula Espinosa, difunta. T: Anacleto Medina, de 70 años y Gabriel Cantos, de 27 años.

268. En Los Sueldos, el 23 de enero de 1860. Se presentó Plácido Valdez, h.n. de Lucia Valdez, difunta. Pretende c.m. con Gregoria Bohórquez, h.l. de Basilio Bohórquez y de Presentación Romano. T: Francisco Urrea, de 30 años (no figura el nombre del segundo testigo)

269. En Los Sueldos, el 24 de enero de 1860. Se presentó Indalecio Palavecino, h.l. de Gregorio y de Ramona Villa. Pretende c.m. con Nazaria Ibarra, h.l. de Ignacio Ibarra, difunto y de Francisca Quiroga, difuntos. T: Mariano Luna, de 46 años y …

270. En Leales, el 8 de octubre de 1860. Se presentó Marcos Lizárraga, h.n. de Cayetana Lizárraga. Pretende c.m. con Celestina Montenegro, h.l. de Facundo Montenegro y de Claudia Díaz, difunta. T: Domingo Medina, de 30 años y Abdón González de 34 años.

271. En Leales, el 6 de noviembre de 1860. Se presentó Crecensio Visa, h.n. de Mercedes Visa. Pretende c.m. con María Juana Páez, h.n. de Petrona Páez, difunta. T: Pedro Acosta de 40 años y Claudio Leguizamón de 39 años.

272. En Leales, el 7 de noviembre de 1860. Se presentó Ricardo Herrera, h.l. de Juan José Herrera y de Benigna Aguirre, difunta. Pretende c.m. con Josefa Aguilar, viuda de Nicasio Guerrero e h.l. de Pedro Aguilar, difunto y de Faustina Romano. T: Santiago Quintana de 40 años y Gregorio Gómez, de 50 años: declaran: que conocieron a Nicasio Guerrero, vecino de Mista, el cual murió hace unos dos años apuñalado por un vecino.

273. En Leales, el 10 de noviembre de 1860. Se presentó Cirilo Palacios, h.l. de Candelario Palacios y de María Melchora Romero. Pretende c.m. con Fabriciana Roldán, h.l. de Juan Bautista Roldan y de Silveria Juárez. T: Borja Arias, de 38 años y Juan Pablo Ledesma de 30 años.

274. En Leales, el 12 de noviembre de 1860. Se presentó Juan Pedro Zelaya, h.l. de Venancio Zelaya y de Gregoria Medina. Pretende c.m. con Encarnación Contreras, h.l. de Tomás Contreras y de Isabel Medina. T: Jacinto Lezcano, de 40 años y Modesto Acosta, de 38 años.

275. En Leales, el 20 de noviembre de 1860. Se presentó Ciriaco Madrid, h.l. de Nicolás Madrid, difunto y de Pilar Juárez, difunta. Pretende c.m.

con Nicolasa Rocha, h.l. de Pantaleón Rocha, difunto y de María Cruz Argañaráz. T: Fermín Acosta, de 40 años y Mariano Gómez, de 44 años.

276. En Leales, el 1 de diciembre de 1860. Se presentó Juan Gualberto Juárez, h.l. de Juan Pedro Juárez y de Manuela Aguirre. Pretende c.m. con Josefa Centeno, h.l. de Eugenio Centeno y de Pilar Medina. T: Egidio Leguizamón, de 30 años y Mariano Medina, de 35 años.

277. En Leales, el 8 de diciembre de 1860. Se presentó Ambrosio Ponce, h.n. de Agustina Ortega y de crianza de Pedro Celestino Ponce. Pretende c.m. con Josefa Roldán, h.l. de Felipe Roldan y de Melchora Silva, difuntos. T: D. Juan Pedro Toscano, de 50 años y Laureano Leguizamón, de 34 años.

278. En Leales, el 13 de diciembre de 1860. Se presentó Higinio Acosta, viudo de Tomasina Herrera, h.l. de Agustín Acosta y de Inocencia Teves, difunta. Pretende c.m. con Rosario Teves, h.l. de Francisco Tevez, difunto y de Fructuosa Leguizamón. Impedimento de consanguinidad en cuarto grado igual colateral. Causales por las que pide la dispensa: 1) La prometida es "demasiado fea". 2) La prometida es mayor de 30 años. 3) Es huérfana de padre. 4) Hasta ahora no ha tenido otro pretendiente. 5) Es pobre. 6) En mérito del parentesco, el pretendiente ha tenido entrada en la casa de la prometida de lo cual puede resultar la pérdida de su fama. T: Gregorio Zelaya, de 50 años y Ángel Ardiles, de 30 años. Declaran que: Tomasina Herrera murió hace unos 12 años en Santa Rosa.

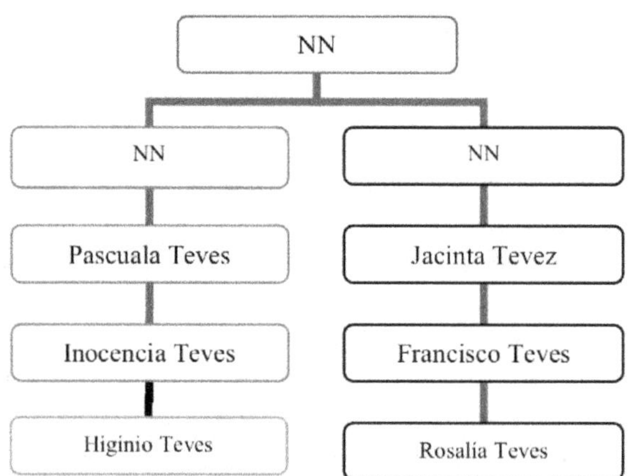

279. En Leales, el 13 de diciembre de 1860. Se presentó Miguel Zelaya, viudo de Florentina Lizárraga, h.l. de Manuel Zelaya y de Casilda Romano, difunta. Pretende c.m. con Manuela Cantos, h.n. de Fermina Cantos. Causales por la que pide la dispensa: 1) Han tenido trato ilícito. 2) La Pretendiente es fea y de bastante edad. T: Mariano Gómez, de 40 años y

Fermín Acosta, de 46 años. Declaran que Florentina Lizárraga murió hace un año, aproximadamente, en Los Cevallos, domicilio del pretendiente.

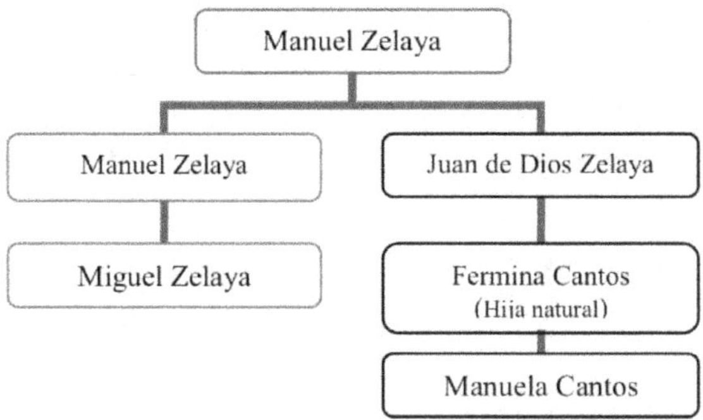

280. En Leales, el 15 de diciembre de 1860. Se presentó Prudencio Acosta, h.n. de Juana Acosta, difunta. Pretende c.m. con Evangelista Sosa, h.l. de Gregorio Sosa y de Ascensión Silva. T: Jerónimo Juárez, de 30 años y Tomás Alderete, de 29 años.

281. En Leales, el 20 de diciembre de 1860. Se presentó Isidro Roldán, h.l. de Andrés Roldán, difunto y de Andrés Figueroa. Pretende c.m. con Rosario Agüero, h.l. de José Lino Agüero, y de Justiniana Palomino. T: Calixto Juárez, de 30 años y Marcelino Páez, de 38 años.

282. En Leales, el 1 de enero de 1861. Se presentó Florencio Brito, viudo de María del Señor Juárez, h.n. de Dolores Brito. Pretende c.m. con Antonia Juárez, h.n. de María Juárez. T: Egidio Leguizamón, de 30 años y Domingo Medina, de 40 años. Declaran que María del Señor Juárez murió hace aproximadamente un año en Mista.

283. En Leales, el 4 de enero de 1861. Se presentó Ángel Romano, h.l. de D. Gregorio Romano, difunto y de Da. Isabel Juárez. Pretende c.m. con Da. Segunda Lizárraga, h.l. de D. José León Lizárraga y de Da. Rudecinda Aragón. T: D. Ramón Núñez, de 54 años y D. Cesáreo Correa, de 38 años. Se dispensan las publicaciones el 10 de enero de 1861.

284. En Leales, el 7 de enero de 1861. Se presentó Juan Gil Guardia, h.n. de Dalmasia Guardia, viudo de Alejandra Lazarte. Pretende c.m. con María Juana Guardia, h.l. de José Manuel Guardia, difunto y de Tiburcia Quintana. Causales por las que pide la dispensa del impedimento de consanguinidad en segundo grado igual en línea colateral: 1) La prometida es fea y mayor de 27 años, hasta hoy no ha tenido otro pretendiente y es huérfana de padre y su madre es de bastante edad. 2) Es muy pobre. 3) En Merito del cariño que le ha inspirado, ha tenido frecuente entrada en su casa, de lo cual teme se diga algo de la conducta de la prometida y de no casarse con el pretendiente quedaría sin casar, y más de todo esto, el la única que puede cuidar como verdadera madre a los cinco hijos que el pretendiente tiene de su primer matrimonio. T: Anselmo Rocha, de 40 años y Juan Félix Leguizamón de 38 años. Declaran: Conocen a los pretendientes desde muy chicos en el lugar de Chañarmuyo. Alejandra Lazarte murió repentinamente hace unos ocho meses en el Oval. Dispensa del 18 de enero de 1861.

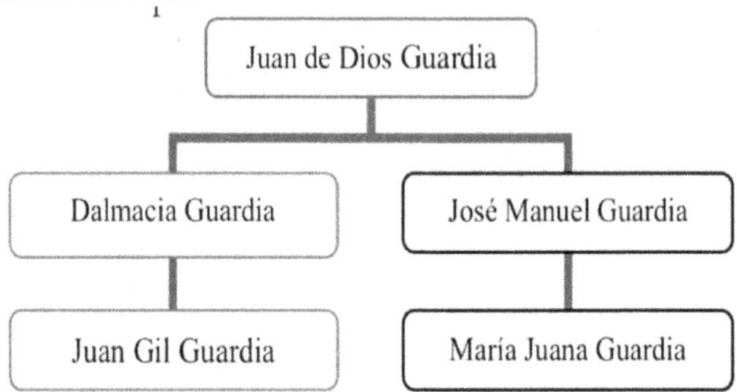

285. En Leales, el 10 de enero de 1861. Se presentó Donato Ponce, h.n. de María Ponce. Pretende c.m. con Rosa Irene Gómez, h.n. de María Gómez, difunta. T: D. Ramón Núñez, de 50 años y Pascual Juárez de 38 años.

286. En Leales, el 22 de enero de 1861. Se presentó Anselmo Mendoza, h.n. de Juana Castro e hijo de Crianza de Lucas Mendoza. Pretende c.m. con Serafina Herrera, h.l. de Teodoro Herrera y de Antonia Gómez. T: Juan Santos Leguizamón, de 54 años y José Francisco Chávez, de 25 años.

287. En Leales, el 25 de enero de 1861. Se presentó Tiburcio Núñez, h.l. de Manuel Núñez y de Petrona Campero. Pretende c.m. con Carolina Vallejos, h.n. de Natividad Vallejos. Pide dispensa de un impedimento por consanguinidad en tercer grado igual en línea transversal. Causales por las que pide la dispensa: 1) La pretendida es huérfana, por haberle dado su madre un padrastro y es demasiado pobre. 2) El pretendiente ha tenido frecuente entrada en la casa de la pretendida por lo que teme que de no casar con él quede soltera. T: Pedro Soria, de 34 años y Ramón Núñez, de 50 años. Declaran que Carolina Vallejo es hija bastarda de Nicolás Campero y este es primo hermano de Petrona Campero, madre del Pretendiente, sin embargo, el cuadro genealógico que se grafica en la información es el siguiente:

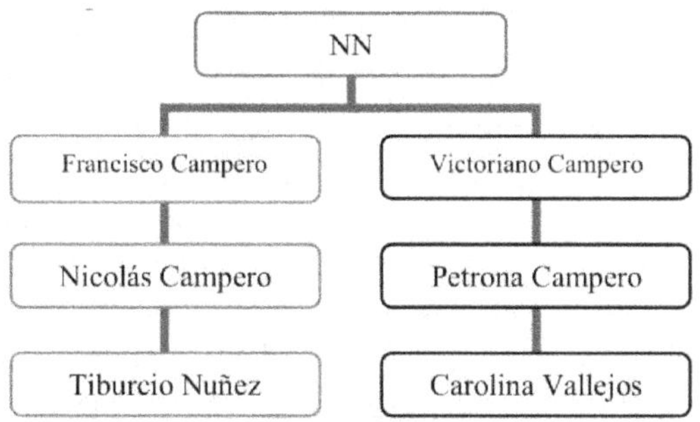

288. En Leales, el 28 de enero de 1861. Se presentó Lorenzo Medina, viudo de Isabel Molina e h.n. de María Juana Medina. Pretende c.m. con Melitona Fernández, h.n. de Francisca Borja Fernández. T: Miguel Quipildor, de 34 años y Juan Santos Leguizamón, de 50 años. Declaran que Isabel Molina murió hace aproximadamente un año.

289. En Leales, el 1 de febrero de 1861. Se presentó Juan José Ponce, h.n. de Mercedes Ponce. Pretende c.m. con Jesús Ramos, h.l. de Manuel Ramos y de Cornelia Cano, difunta. T: Rafael Arias de 30 años y Eusebio Acosta, de 36 años.

290. Leales, el 6 de marzo de 1891. Se presentó Matías Heredia, h.l. de Domingo Heredia y de Isabel ¿Pribles? Pretende c.m. con Teresa de Jesús Giménez, h.l. de Santiago Giménez y de Agustina Salvatierra, difunta. La pretendiente se presentó acompañada por María Juana González. T: Andrés González, de 40 años y Antonio María Montero, de 50 años.

291. En Leales, el 10 de marzo de 1861. Se presentó José Luis Acosta, h.n. de Luisa Acosta. Pretende c.m. con Plácida Luna, h.l. de Marcos Luna y de Eugenia Zelaya, difunta. T: Pascual Juárez, de 38 años y Bruno Cano, de 40 años.

292. En Leales, el 20 de marzo de 1861. Se presentó Faustino Núñez, h.l. de Pedro Núñez, difunto y de Josefa Díaz. Pretende c.m. con Gertrudis Rodríguez, h.l. de Juan Mariano Rodríguez y de Bernarda Medina. T: D. Juan Pedro Toscano, de 50 años y Lorenzo Medina, de 50 años.

293. En Leales, el 3 de abril de 1861. Se presentó José Leandro Osores, h.l. de Fernando Osores y de Valentina Cabezas. Pretende c.m. con Lizarda Veliz, h.n. de Manuela Veliz. La pretendiente se presentó acompañada por Da. Manuela Campero. T: José Lorenzo Heredia, de 50 años y Tiburcio Barbosa, de 40 años.

294. En Leales, el 8 de abril de 1861. Se presentó José Ferreira, h.l. de Mariano Ferreira y de Antonia Correa. Pretende c.m. con María Zerrizuela, h.l. de Bernardino Zerrizuela, difunto y de María Veliz. La pretendida se presentó acompañada por su hermano Mariano Zerrizuela. T: Luis Acosta, de 38 años y .... de 30 años. Declaran que conocen al pretendiente desde hace 20 años, cuando vino de Buenos Aires, donde es nacido y a la pretendiente la conocen desde su nacimiento en Los Sueldos.

295. En Leales, 4 de Julio de 1861. Se presentó Indalecio Ponce, h.n. de Rosario Ponce. Pretende c.m. con María del Carmen Juárez, h.l. de Juan Pedro Juárez, difunto y de Manuela Aguirre. Con impedimento de afinidad en primer grado. Pide dispensa por las siguientes causas: La pretendida es fea y como de 28 años, hasta ahora no ha tenido otro pretendiente, a más de esto, es huérfana de padre. Los pretendientes conviven y ya tienen prole que quieren legitimar. T: Facundo Montenegro, de 60 años y José Santos Medina, de 50 años. Declaran conocer a los pretendientes desde su nacimiento en Talacocha. Dispensa del 26 de julio de 1861.

296. En Leales, el 25 de julio de 1861. Se presentó Eugenio Caro, h.l. de Lázaro Caro y de Leonarda Pérez. Pretende c.m. con Nicolasa Brito, h.l. de Agustín Brito y de Pabla Pérez. Con impedimento de consanguinidad en tercer grado con atingencia al segundo. Causales por las que pide la dispensa: La pretendida es fea y pobre, hasta hoy no ha tenido otro pretendiente. En mérito al cariño que supo inspirar en el pretendiente y llevado por humana fragilidad, han convivido durante cuatro años, por cuya razón las autoridades los han perseguido para separarlos. Confiesa también el pretendiente que de dicho trato ilícito ha resultado prole que quieren legitimar. T: Miguel Medina, de 50 años y Alejo Galíndez, de 40 años. Declaran que conocen a los pretendientes desde su nacimiento en Cuchihuasi. Dispensa del 26 de julio de 1861.

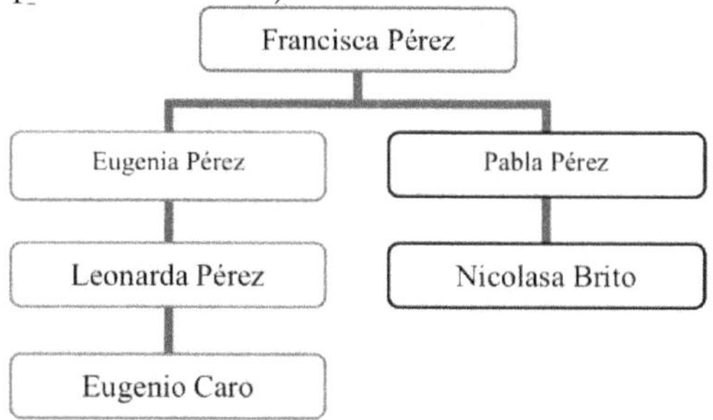

297. En Leales, el 5 de agosto de 1861. Se presentó Fermín Ardiles, viudo de Tránsito Molina e h.l. de Fabián Ardiles, difunto y de Fructuosa Lazarte, difunta. Pretende c.m. con Manuela Ibáñez, h.n. de Concepción Ibáñez. Impedimento de tercer grado con atingencia al segundo. Causales que se expone para pedir la dispensa: La pretendida es huérfana por no avenirse a vivir con su madre por razones que tiene para ello y se ha visto precisada a buscar al que dice ser su padre, y aun con esto no puede tener cubierta su honradez porque él es soltero y poco mora en su casa. Es mayor de 20 años y hasta ahora no ha tenido otro pretendiente. Sobre todo, es la única que puede cuidar con amor de madre a los varios hijos que le han quedado de su primer matrimonio. T: José Manuel Herrera, de 40 años y D. José León Lizárraga. Declaran conocer a la pretendida en el lugar de Los Gómez hace un año, siendo natural de Alderete y al pretendiente desde niño en Los Gómez. Declaran también que Tránsito Molina falleció "de enfermedad" hace un año aproximadamente en Los Gómez. Que la pretendida vive con Juan Manuel Ardiles, el que dice ser su padre por no poder avenirse con el marido de su madre. Dispensa del 20 de agosto de 1861

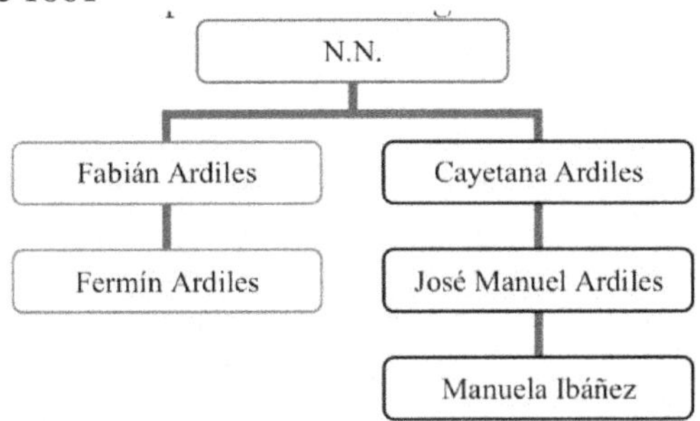

298. En Leales, el 6 de agosto de 1861. Se presentó Severo Juárez, h.l. de Basilio Juárez y de Pilar Aguirre. Pretende c.m. con Josefina Rojas, h.l. de Alejo Rojas y de Serafina Centeno, difunta. Causales por las que pide dispensa del impedimento de afinidad en tercer grado: La pretendida es huérfana de madre y es como si lo fuera de padre pues no se conoce su paradero. Es pobre y vive con un hermano de ella y cuñado del pretendiente, por lo que tiene entrada a su casa y teme que por esto se diga algo de su persona. Hasta ahora no ha tenido otro pretendiente y es de bastante edad. T: Facundo Montenegro, de 70 años y Manuel Aguirre de 50 años. Declaran: Conocen al Pretendiente del lugar de Talacocha y a la pretendida de Orán.

299. En los Sueldos, el 7 de enero de 1864. Se presentó Juan Ángel Argañaráz, vecino de Mista, h.l. de Feliciano Argañaráz y de Águeda Zelaya. Pretende c.m. con Fernanda Alderete, viuda de D. Enrique Sotelo, tío carnal del pretendiente. Los pretendientes han tenido prole a la que quiere legitimar. T: Gualberto Juárez, casado, de 28 años e Indalecio Ponce, casado, de 32 años. Dispensa del 13 de febrero de 1864.

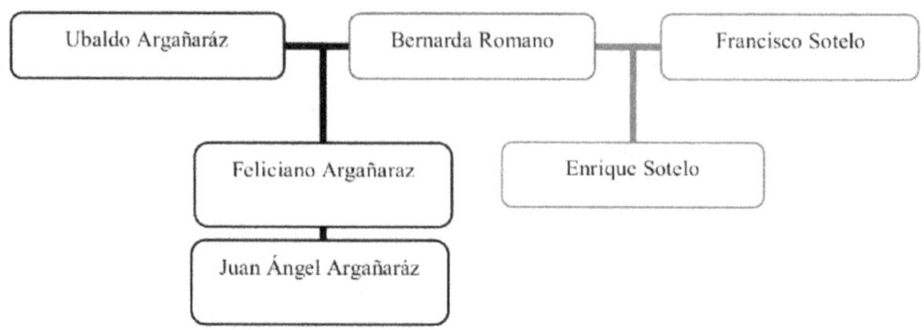

300. En los Sueldos, el 9 de enero de 1864. Se presentó Lorenzo Veliz, vecino de los Zelaya h.n. de María Concepción Veliz, difunta. Pretende c.m. con María Mercedes Gallardo, h.l. de Juan José Gallardo, difunto y de Marcelina Juárez. T: Juan de la Cruz Medina, vecino de los Zelaya, de 40 años y Eusebio Juárez, vecino de Las Higueras.

301. En los Sueldos, el 22 de enero de 1864. Se presentó Exequiel Vega, h.n. de Josefa Vega. Pretende c.m. con Juana Fermina Rocha, h.l. de Nicolás Rocha y de Teresa Gómez. T: Alejo López, de 36 años y Tiburcio Núñez de 26 años.

302. En los Sueldos, el 24 de enero de 1864. Se presentó Filemón José Aragón, h.l. de Cruz Aragón y de Timotea Cabrera. Pretende c.m. con Josefa Lazarte, h.l. de Dionisio Lazarte y de Cayetana Vega. T: José Aguirre y Tomás Morales, de 25 años.

303. En los Sueldos, el 15 de agosto de 1864. Se presentó Valentín Navarro, h.l. de Jacinto Navarro, difunto y de Teresa Buti.... Pretende c.m. con Juana Rosa Juárez, h.n. de Josefa Juárez. T: Juan Manuel Aguirre y Tiburcio Juárez.

304. En los Sueldos, el 8 de agosto de 1864. Se presentó Federico García, h.l. de Cesario García y de Ignacia Rodríguez. Pretende c.m. con Asunción Salinas, h.n. de Inés Salinas, difunta. T: Manuel Lescano, mayor de 25 años y Anselmo Zamorano, mayor de 25 años.

305. En los Sueldos, el 13 de agosto de 1864. Se presentó Justo Pastor Ledesma, viudo de Francisca Gómez. Pretende c.m. con Crisanta Acosta, h.l. de Agustín Acosta y de Inocencia Teves, difunta. T: Juan Isidro Romano, de 30 años y Faustino Ballón, de 30 años.

306. En los Sueldos, el 13 de agosto de 1864. Se presentó Juan Isidro Romano, h.l. de José Feliz Romano y de Gregoria ¿Pomo? Pretende c.m. con Juana Fernández, h.l. de Hipólito Fernández y de Leonarda Díaz. T: Justo Pastor Ledesma, mayor de 40 años y Faustino Ballón, de 30 años.

307. En los Sueldos, el 20 de agosto de 1864. Se presentó Jerónimo Zelaya, h.l. de Juan de la Cruz Zelaya y de Bartolina Leguizamón. Pretende c.m. con Segunda Jiménez, h.n. de Dionisia Jiménez, difunta. T: D. Alejo Galíndez, mayor de 25 años y Gaspar Jiménez, dice no ser pariente de los contrayentes y ser mayor de 30 años.

308. En los Sueldos, el 1 de septiembre de 1864. Se presentó Rosario Díaz, h.n. de Pascuala Díaz. Pretende c.m. con Rosa Caldés, h.l. de Lorenzo Caldés y de Petrona Figueroa, difunta. T: Rudecindo Lizondo, de 40 años y (no figura el nombre del segundo testigo)

309. En los Sueldos, el 8 de septiembre de 1864. Se presentó Eduardo Juárez, h.l. de Ildefonso Juárez y de Concepción Cano. Pretende c.m. con Benigna Costilla, h.l. de Nolasco Costilla y de Josefa Sosa. T: Ramón Alderete, de 40 años y Juan Aguirre, de 30 años.

310. En los Sueldos, el 8 de septiembre de 1864. Se presentó Adolfo Lizárraga, h.n. de Silvestra Lizárraga. Pretende c.m. con Mercedes Juárez, h.n. de Rosario Juárez. T: Ramón Alderete, de 40 años y Juan Aguirre, de 30 años.

311. En los Sueldos, el 10 de septiembre de 1864. Se presentó Celestino Alarcón, h.l. de Martín Alarcón y de Rosalía Zelaya. Pretende c.m. con Casimira Quintana, h.l. de Juan Bautista Quintana y de Faustina Gómez. T: Gregorio Argañaráz, de 28 años y ... González, de 30 años.

312. En los Sueldos, el 10 de septiembre de 1864. Se presentó Demetrio Osores, h.l. de Roque Jacinto Osores, difunto y de María Leona Ríos. Pretende c.m. con Justina Monteros, h.l. de José Monteros, difunto y de Manuela Sotelo. T: Matías Heredia, de 30 años y Evaristo Ibarra de 25 años.

313. En los Sueldos, el 10 de septiembre de 1864. Se presentó Félix Cantalicio Juárez, h.l. de José María Juárez y de Encarnación Pérez, difunta. Pretende c.m. con Filomena Ponce, h.l. de Gregorio Ponce, difunto y de Feliciana Figueroa. T: Andrés Villa, de 30 años y (no figura el segundo testigo)

314. En los Sueldos, el 24 de octubre de 1864. Se presentó José Luis Agüero, h.l. de Alejandro Agüero y de Valentina Gallardo. Pretende c.m. con Carolina Agüero, h.l. de José Lino Agüero y de Rafaela Ríos. T: Florencio Lizárraga, de 30 años y Tiburcio Juárez, de 40 años.

315. En los Sueldos, el 30 de octubre de 1864. Se presentó Pedro Pablo Argañaráz, h.l. de D. Apolinar Argañaráz y de Da. Rosario Pérez. Pretende c.m. con Da. Felipa Alarcón, h.l. de D. Martín Alarcón y de Da. Rosalía Zelaya. T: Juan de la Cruz Zelaya y Sebastián Lazarte, de 30 años. Declaran conocer al contrayente hace muchos años en el Puesto de Nieva.

316. En los Sueldos, el 3 de noviembre de 1864. Se presentó Pedro Acosta, h.l. de Manuel Acosta, difunto y de Rosalía Romano. Pretende c.m. con Ricarda Leguizamón, h.n. de Fructuosa Leguizamón. T: Juan Félix Romano, de 40 años y Faustino Leguizamón, de 30 años.

317. En los Sueldos, el 15 de noviembre de 1864. Se presentó José Francisco Costilla, h.l. de Nolasco Costilla y de Josefa Décima. Pretende c.m. con Rosaria Juárez, h.l. de Tomás Inocencio Juárez, difunto y de Gregoria Alarcón. T: Enrique Herrera, de 25 años (no figura el nombre del segundo testigo)

318. En los Sueldos, el 24 de noviembre de 1864. Se presentó José Manuel Ponce, h.l. de Pedro Luis Ponce y de Encarnación Soria. Pretende c.m. con Rosalía Campero, h.l. de D. Juan Campero, difunto y de Juliana Vaca. T: D. Manuel Núñez, de 40 años (no figura el nombre del segundo testigo)

319. En los Sueldos, el 24 de noviembre de 1864. Se presentó Telésforo García, h.l. de Ramón García y de María Escolástica Valdez, difunta. Pretende c.m. con Delfina Heredia, h.n. de Juana Heredia. (no figuran los nombres de los T.)

320. En los Sueldos, el 5 de diciembre de 1864. Se presentó Julio Herrera, h.l. de Victoriano Herrera, difunto y de María Gracia Núñez. Pretende c.m. con María del Rosario Sir, h.l. de Pedro Sir y de Isidora Ruiz. T: Miguel Lescano de 40 años y Juan de la Rosa Espinosa de 30 años.

321. En los Sueldos, el 6 de diciembre de 1864. Se presentó José Vicente Lizárraga, h.n. de Margarita Lizárraga. Pretende c.m. con María Magdalena Ponce, h.n. de Rosario Ponce, difunta. T: Ramón Alderete, de 36 años y Eusebio Acosta, de 30 años.

322. En los Sueldos, el 20 de abril de 1865. Se presentó Celestino Rodríguez, h.l. de Lascano Rodríguez, difunto y de Francisca Juárez. Pretende c.m. con Carmen Juárez, h.l. de Mamerto Juárez y de Concepción Ruiz, difunta. T: Ramón Juárez de 30 años y Anacleto Sotelo, de 30 años. Los pretendientes tienen prole que desean legitimar y se hallan unidos por un parentesco en segundo grado de consanguinidad.

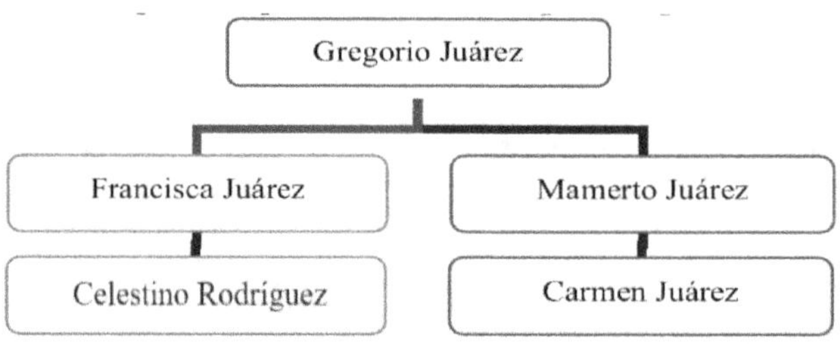

323. En los Sueldos, el 7 de julio de 1865. Se presentó Francisco Romano, feligrés del curato de Rosario, h.l. de Esteban Romano y de Victoria Lescano. Pretende c.m. con Delfina Aguirre, h.l. de Celestino Aguirre y de Pedro Montoya. T: Antonio Pérez, de 40 años y Napoleón Acosta, de 25 años.

324. En los Sueldos, el 15 de julio de 1865. Se presentó Pedro Miguel Carrizo, h.l. de Antonio Carrizo y de Manuela Barbosa. Pretende c.m. con Cruz Salinas, h.n. de Inés Salinas, difunta. T: D. Pedro Toledo, de 50 años y Melitón Toledo, de 30 años.

325. En Leales, el 7 de agosto de 1867. Se presentó Pedro Pablo Cantos, vecino de Las Cañadas, viudo de Andrea Quintana. Pretende c.m. con Bibiana Pérez, vecina de Los Lunarejos, h.n. de Claudia Pérez, vecina de Los Rodríguez. T: Mariano Gómez, vecino de Los Gómez, criador, casado y Juan Tomás Gómez, vecino de Los Gómez, criador, viudo.

326. En Leales, el 20 de agosto de 1865. Se presentó Ramón Rosa Frías, vecino de Cóndor Huasi, h.l. de Cosme Frías y de Victoria Velarde. Pretende c.m. con María Santos Ponce, vecina de Talacocha, h.n. de Rosario Ponce. T: Telésforo Juárez, vecino de Orán, criador, casado y Tiburcio Suárez, vecino de La Fronterita, labrador, casado.

327. En los Sueldos, el 23 de agosto de 1865. Se presentó José Santos Aguirre, h.l. de Romualdo Aguirre y de Eusebia Díaz, difunta. Pretende c.m. con Silveria González, h.l. de Andrés González, difunto y de Casimira Lazarte. T: Raimundo Roldán, de 40 años y Ricardo Herrera, de 28 años.

328. En los Sueldos, el 29 de septiembre de 1865. Se presentó Juan Mariano Luna, viudo de Juana Josefa Ogas. Pretende c.m. con Bartolina Montero, h.l. de José Montero, difunto y de Manuela Sotelo. T: Juan Lastra, de 40 años y Eustaquio Jiménez, de 30 años.

329. En los Sueldos, el 7 de noviembre de 1865. Se presentó José León Jiménez, h.l. de José Mariano Jiménez y de Visitación Juárez. Pretende c.m. con Justa Acosta, h.l. de Francisco Acosta y de Cristina Gómez. T: Bernardo Cano, de 25 años y Eustaquio Cano, de 30 años.

330. En los Sueldos, el 20 de noviembre de 1865. Se presentó Benito Herrera, natural de la provincia de Santiago del Estero, h.l. de Mariano Herrera, difunto y de Toribia Valdez. Pretende c.m. con Victoria Campos, h.n. de Pascuala Campos. T: Juan Barburi, de 25 años y Marcelino Páez, de 40 años.

331. En los Sueldos, el 22 de noviembre de 1865. Se presentó Andrés Gómez, h.n. de Estefanía Gómez, difunta. Pretende c.m. con Gualberta Medina, h.n. de Dominga Medina. T: Nicolás Rojas, de 25 años y Bernardo Ponce, de 28 años.

332. En los Sueldos, el 24 de noviembre de 1865. Se presentó Juan de la Cruz Romero, h.n. de Apolinaria Romero. Pretende c.m. con Lorenza Ponce, h.n. de Juana Ponce. T: Venancio Palomino, de 40 años y Ángel Figueroa, de 30 años.

333. En los Sueldos, el 25 de noviembre de 1865. Se presentó Justino Décima, h.l. de Alejandro Décima y de Mauricia López. Pretende c.m. con

Rosa Florinda Argañaráz, h.n. de Eustaquia Argañaráz. T: Juan Manuel Ardiles, de 40 años y Alejandro Medina, de 30 años.

334. En los Sueldos, el 25 de noviembre de 1865. Se presentó Gregorio Gómez, h.l. de Celestino Gómez, difunto y de Josefa Toledo. Pretende c.m. con Viviana Ocaranza, h.n. de Eustaquia Ocaranza. T: Laureano Barbosa, de 50 años y Fulgencio Barroso, de 30 años.

335. En Los Sueldos, el 3 de enero de 1867. Se presentó Pedro Regalado Zelaya, h.n. Victoria Zelaya. Pretende c.m. con Romualda Díaz, h.l. de Esteban Díaz, difunto y de Casimira Décima. T: Mariano Gómez, de 25 años y Doroteo Reyes, de 25 años.

336. En Los Sueldos, el 13 de febrero de 1867. Se presentó Benedicto Pereira, viudo de Emilia Torres. Pretende c.m. con Consolación Rojas, h.l. de Alejandro Rojas, difunto y de Rosario Lizárraga. T: Eustaquio Campero, de 60 años y Pedro Soria, de 40 años.

337. En Los Sueldos, el 15 de febrero de 1867. Se presentó Nicolás Ruiz, viudo de Anastasia Valdez. Pretende c.m. con María Zoila Villagra, h.l. de Mariano Villagra y de Juliana Décima. T: Benito Lazarte, de 40 años y Cipriano Ruiz, de 45 años.

338. En Los Sueldos, el 17 de febrero de 1867. Se presentó Ángel Vicente Saavedra, h.l. de Pedro Saavedra y de Manuela Salinas. Pretende c.m. con María Vicenta Herrera, h.l. de Marcelino Herrera y de María Benita Arce, difuntos. T: Severino Villa, de 45 años y Juan José Ovejero, de 44 años.

339. En Los Sueldos, el 19 de marzo de 1867. Se presentó Ramón Rosa Fernández, h.n. de Eugenia Fernández. Pretende c.m. con Nicolasa Ponce, h.n. de Manuela Ponce. T: (el nombre del primer testigo está tachado) y Felipe Acosta, de 40 años.

340. En Leales, el 21 de marzo de 1867. Se presentó Julián Alarcón, vecino de Famaillá, h.l. de Simón Alarcón y de Magdalena Bazán. Pretende c.m. con Carmen Juárez, menor de 25 años, vecina de Orán, h.l. de Telésforo Juárez y de Mercedes Bazán. Impedimento de segundo grado de consanguinidad. T: Lindor Herrera, vecino de Famaillá, labrador, casado y Mateo Gómez, vecino de Famaillá, labrador, casado.

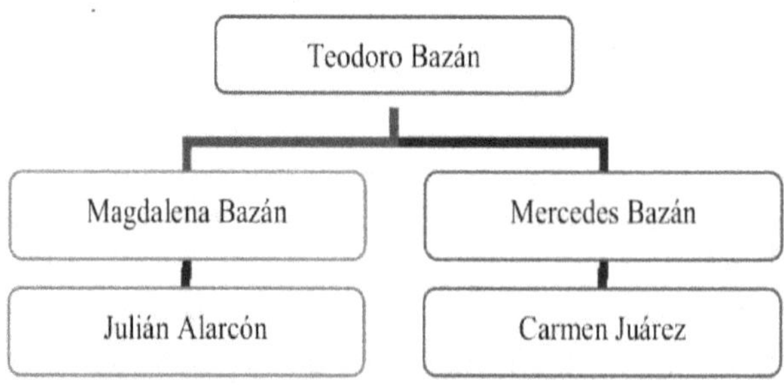

341. En Los Sueldos, el 28 de marzo de 1867. Se presentó Tiburcio Núñez, viudo de Carolina Vallejo. Pretende c.m. con Rosa Pacheco, h.l. de Juan Crisóstomo Pacheco y de Juana Abrego. T: Toribio Vega, de 37 años y Martiniano Pérez, de 40 años.

342. En Los Sueldos, el 29 de marzo de 1867. Se presentó Leocadio González, h.n. de Leonarda González, difunta. Pretende c.m. con Lorenza Aragón, h.n. de Feliciana Aragón. T: Juan Barbosa, de 30 años y Rosario Díaz, mayor de 25 años.

343. En Los Sueldos, el 30 a marzo de 1867. Se presentó Juan Barbosa, h.l. de Matías Barbosa y de Marcelina Rivadeneira. Pretende c.m. con Josefa Rivadeneira, h.l. de Silvestre Rivadeneira y de Pascuala Campos. T: Rosario Díaz, de 26 años y Gregorio Romano, de 26 años.

344. En Los Sueldos, el 6 de abril de 1867. Se presentó Felipe Lizondo, h.l. de Jacinto Lizondo y de Juana Argañaráz. Pretende c.m. con Dionisia Argañaráz, h.l. de Pedro Ascencio Argañaráz y de Filiberta Almarás. T: Cándido Ardiles, de 36 años y Bernardino Rojas, de 40 años.

345. En Los Sueldos, el 3 de mayo de 1867. Se presentó Gregorio Vega, h.l. de Venancio Vega, difunto y de Angelina Roldán. Pretende c.m. con Mercedes Brito, h.l. de Ignacio Brito y de Bernarda Abrego, difunta. T: Desiderio Campero, de 25 años y José Mariano Ferreira, de 30 años.

346. En Los Sueldos, el 4 de mayo de 1867. Se presentó José David Rodríguez, h.l. de Ramón Rodríguez y de María Ugarte. Pretende c.m. con Visitación Lizárraga, h.l. de Toribio Lizárraga y de Zenona Medina. T: Felipe Lizárraga, de 40 años y Juan Luis Aráoz, de 30 años.

347. En Los Sueldos, el 5 de mayo de 1867. Se presentó José Manuel Ruiz, h.n. de Bernaberla Ruiz, difunta. Pretende c.m. con Guadalupe Medrán, h.n. de Eustaquia Medran. T: Nicolás Galván, de 40 años y Lindor Rosa Ruiz, de 50 años.

348. En Los Sueldos, el 10 de mayo de 1867. Se presentó Lindor Rosa Ruiz, h.l. de Antonio Ruiz, difunto y de Visitación Leiva. Pretende c.m. con Angelina Ferreira, h.n. de Macedonia Ferreira, difunta. T: Felipe Lizárraga, de 40 años y José Manuel Ruiz, de 30 años.

349. En Los Sueldos, el 12 de mayo de 1867. Se presentó José Esteban Páez, h.l. de Gregorio Páez y de María Heredia. Pretende c.m. con Teresa Ardiles, h.l. de Domingo Ardiles y de Espíritu Zelaya. T: José Ponce, de 40 años y Francisco Acosta, de 25 años.

350. En Los Sueldos, el 20 de mayo de 1867. Se presentó José Aníbal Montero, h.l. de Miguel José Montero y de Brígida Albarracín, difuntos. Pretende c.m. con Juana Inés Barrionuevo, h.l. de Marcelo Barrionuevo y de Concepción Casa, difuntos. T: Juan Juárez, de 40 años y Juan de la Cruz Vélez de 30 años.

351. En Los Sueldos, el 5 de junio de 1867. Se presentó Manuel Indalecio Ruiz, h.n. de Jerónima Ruiz. Pretende c.m. con Mónica Arrieta, h.n. de María Santos Arrieta. T: Salvador Romero, de 30 años y Pedro Zelaya, de 40 años.

352. En Leales, el 8 de julio de 1867. Se presentó Juan Evangelista Correa, vecino de Los Romanos, h.l. de Esteban Correa y de Marta Aguirre. Pretende c.m. con Cleofé Páez, vecina de Los Romanos h.l. de Juan Páez y de María Luisa González, difunta. T: Martín Argañaráz, vecino de Los Lunarejos, labrador, soltero y Francisco José Argañaráz, vecino de Los Lunarejos, criador, casado. Los T. declaran que el novio era natural de Los Romanos, donde tenía parientes y que había vivido en El Tobar durante un tiempo y que hace un par de años que regresó a Los Romanos.

353. En Leales, el 15 de julio de 1867. Se presentó Juan Onofre González, vecino de Los Gramajo, h.l. de Faustino Gramajo y de Transito Lizárraga, difuntos. Pretende c.m. con Elisa Arias, vecina de Los Gramajo, h.l. de Juan Luisa Arias y de Tiburcio Romano. T: Juan Manuel Ruiz, vecino de Los Herrera, labrador, casado y Bartola Santillán, criador, casado.

354. En Leales, el 20 de julio de 1867. Se presentó Mariano Juárez, vecino de Los Tres Pozos, h.l. de Leocadio Juárez y de Brígida Urueña. Pretende c.m. con Petrona Lucinda Jiménez, vecina de Los Tres Pozos, h.l. de Javier Jiménez y de María Villegas. T: Juan Félix Zelaya, vecino de Los Tres Pozos, criador, casado y Juan José Herrera, vecino de Los Tres Pozos, criador, casado.

355. En Leales, el 20 de julio de 1867. Se presentó Narciso Faciano, labrador, vecino de Leales, h.l. de Santiago Faciano y de Justa Aragón. Pretende c.m. con Norberta Ballón, vecina de Santa Rosa, h.l. de Faustino Ballón y de Leonarda Chávez. T: Ignacio Lugones, vecino de Santa Rosa, labrador, casado y Santos Romero, labrador, casado.

356. En Leales, el 20 de julio de 1867. Se presentó Justiniano Pomo, natural de Famaillá y vecino de Santa Rosa, h.l. de Melitón Pomo y de Hilaria Leal. Pretende c.m. con Cipriana Venencia, vecina del Mollar, h.n. de Santos Venencia, difunta. Impedimento por consanguinidad en segundo grado por ser la pretendida h.n. de Juan C. Pomo, hermano del padre del pretendiente. Los pretendientes han convivido y la pretendida es pobre y fea. T: Domingo Medina, vecino de Santa Rosa, agricultor, casado y Faustino Ballón, vecino de Santa Rosa, labrador, casado.

357. En Leales, el 3 de octubre de 1867. Se presentó Agapito Albornoz, vecino de Los Sueldos, h.n. de Mercedes Albornoz. Pretende c.m. con Elena Romano, h.l. de Hermenegildo Romano y de Paula Artazar, vecinos del curato de Famaillá. T: D. José Rodríguez, natural de Tucumán y avecindado en Los Acosta, criador, casado, declara conocer al novio desde pequeño en la casa del cura de este departamento, donde había nacido y luego en la ciudad, en la casa del mismo cura y a la pretendida la conoce de la casa del mismo cura en donde era sirvienta y D. Mariano Zerrizuela, vecino de Los Sueldos, criador, casado.

358. En Leales, el 20 de octubre de 1867. Se presentó Ángel Vaca, vecino de Los Sueldos, h.l. de Silverio Vaca y de Luisa Zamorano, difuntos. Pretende c.m. con Albiana Campero, vecina de Los Sueldos, viuda de Gabino Heredia. T: Martín Correa, vecino de Los Sueldos, criador, casado y Manuel Núñez, vecino de Los Sueldos, criador, viudo.

359. En Leales, el 3 de noviembre de 1867. Se presentó Juan Medina, vecino de Mancopa, h.n. de Margarita Medina, vecina de Mancopa. Pretende c.m. con Rosario Sotelo, vecina de Mancopa, h.l. de Mariano Sotelo y de Transito Altamirano, vecino de Mancopa. Por ser menor el novio da su consentimiento la madre del mismo. T: Casimiro Juárez, vecino de Mancopa, soltero, labrado y Domingo Juárez, casado, vecino de Mancopa, labrador.

360. En Leales, el 10 de noviembre de 1867. Se presentó Policarpo Zamorano, vecino de los Sueldos, h.n. de Manuela Zamorano, difunta. Pretende c.m. con Fermina Correa, vecina de los Sueldos, h.l. de Manuel Correa y de Trinidad Ocaranza. T: Serafín Rodríguez, vecino de Los Sueldos, labrador, casado y Tiburcio Núñez, vecino de Los Sueldos, labrador, casado.

361. En Leales, el 13 de noviembre de 1867. Se presentó Justiniano Pomo, vecino de Santa Rosa, h.l. de Melitón Pomo, difunto y de Hilaria Leal. Pretende c.m. con Cipriana Venencia, de 25 años, vecina de Santa Rosa, h.n. de María de los Santos Venencia, difunta. Con impedimento por consanguinidad en cuarto grado línea trasversal, por ser tenida la pretendida por h.n. de Juan C. Pomo, tío carnal del novio. Causales por las que se pide dispensa: Que la pretendida es bastante fea, a la edad que tiene no ha tenido pretendientes. Es pobre y huérfana. La pretendida se halla embarazada. T: Domingo Medina, vecino de Santa Rosa, criador, casado y Faustino Ballón, vecino de Santa Rosa, criador, casado.

362. En Leales, el 23 de noviembre de 1867. Se presentó Florindo Ponce, vecino de los Rodríguez, hijo de Ramón y de Benigna Salazar. Pretende c.m. con María Caro, vecina de los Quemados, h.n. de Marcelina Caro. T: Mariano Gómez y Gabriel Juárez, ambos casados, criadores, domiciliados en los Gómez.

363. En Leales, el 28 de noviembre de 1867. Se presentó Juan José Vega, vecino de Santa Rosa, h.l. de José María Vega y de Tomasa Medina. Pretende c.m. con Luisa ¿Verón?, vecina de La Encrucijada, hija de Sebastián, viuda de Pedro Ignacio Pomo. T: Justino Peralta, soltero, e Ignacio Lugones, casado, vecinos de Santa Rosa, labradores.

364. En Leales, el 28 de noviembre de 1867- Se presentó Francisco Figueroa, vecino de Quilmes, h.n. de Hilariona. Pretende c.m. con Asunción Ovejero, vecina de Quilmes, h.n. de Francisca Borja Ovejero, por ser menor la novia se tomó el consentimiento de la madre. T: Venancio Palomino y Bernardo Ponce, vecinos de Los Acosta, criadores, casados.

365. En Leales, el 29 de noviembre de 1867. Se presentó Aniceto Aguirre, vecino de Los Gramajo, h.l. de Florencio Aguirre y de Pilar Herrera, difunta. Pretende c.m. con Robustiana Ortiz, vecina de los Herrera, h.l. de Bernabé Herrera, difunto y de Alejandra Ruiz. Por ser menores de edad se tomó el consentimiento paterno. T: Marcelino Arrieta, natural de Ampatilla y residente en Los Gramajo, casado, criador y Pedro Aguirre, vecino de Los Gramajo, soltero, criador.

366. En Leales, el 2 de diciembre de 1867. Se presentó Jesús María Jiménez, vecino de El Rincón, h.l. de José Mariano Jiménez y de Visitación Juárez. Pretende c.m. con Rosario Leguizamón, de 21 años, vecina de las Pichanas, h.l. de Julián Leguizamón y de Lucia Jiménez. Impedimento de tercer grado por consanguinidad en línea trasversal. Causales por las que se pide dispensa: las habitaciones son inmediatas por lo que existe el peligro de incontinencia por el excesivo cariño y la novia es pobre al igual que sus padres. T: Bruno Caro, vecino de Cuchihuasi, casado, criador y Valentín Herrera vecino de Los Quemados, agricultor, casado. Dispensa del 4 de diciembre de 1867.

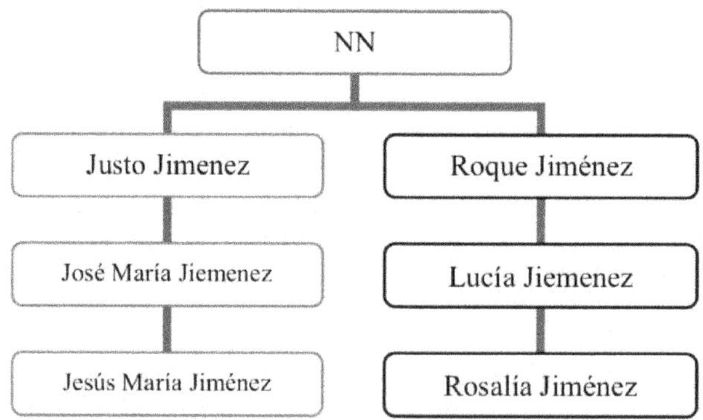

367. En Leales, el 8 de diciembre de 1867. Se presentó Santiago Ruiz, vecino de los Medina hace cinco años, y natural de Los Alderete, en el curato de Monteros, h.n. de Escolástica Ruiz. Pretende c.m. con María Hilaria Luna, vecina de los Medina, hace dos años, natural de Calanchia, en el curato de Monteros, h.n. de Presentación Luna. Por ser mayores no se tomó el consentimiento de los padres. T: Manuel Álvarez, vecino de

Los Costilla, labrador, soltero y Miguel Zelaya, vecino de Los Lunarejos, criador, casado.

368. En Leales, el 8 de diciembre de 1867. Se presentó Bernardo Acosta, h.n. de Marcelina Acosta, vecino de Las Cañitas. Pretende c.m. con Hipólita Palavecino, vecina de las Cañitas, h.n. de Silveria Palavecino, difunta. T: Gabriel Peralta, criador y José Manuel Vega, labrador, ambos solteros vecinos de Santa Rosa.

369. En Leales, 8 de diciembre de 1867. Se presentó Aniceto Córdoba, vecino de Cuchihuasi, h.n. de Rosa Córdoba. Pretende c.m. con Isabel Jiménez, vecina de Cuchihuasi, hija de Gaspar Jiménez y de Clara Rojas. mayores de edad. T: Miguel Tercisa, vecino de Simoca, criador, casado y Liborio Caro, vecino de Cuchihuasi, peón, soltero, ha trabajado muchas veces con el pretendiente.

370. En Leales, el 28 de diciembre de 1867. Se presentó Manuel Medina, vecino de Oran, viudo de Vicenta Aguirre. Pretende c.m. con Ceferina Roldán, vecina de La Fronterita, h.l. de Andrés Roldán y de Andrea Figueroa, difuntos. mayores de edad. T: Marcelino Páez, criador, viudo y Antonio Montenegro, labrador, soltero, ambos vecinos de La Fronterita.

371. En Leales, el 8 de enero de 1868. Se presentó Pedro Miguel Robles, vecino de El ¿Cinquial? h.l. de Pedro Robles y de Juana Paula Aragón. Pretende c.m. con Alejandra Juárez, h.l. de Basilio Juárez y de Pilar Aguirre, vecinos de Talacocha. mayores de edad. T: Indalecio Ponce, vecino de Talacocha, criador, casado y Mateo Pérez, vecino de Mancopa, criador, viudo.

372. En Leales, el 9 de enero de 1868. Se presentó Transelino Juárez, vecino de Talacocha, h.n. de Tomasina Juárez. Pretende c.m. con Polonia Lizárraga, de 17 años, vecina de Laguna Blanca, h.l. de Justino Lizárraga, difunto y de Dionisia Figueroa. Hallándose ligados por un parentesco de consanguinidad en tercer grado por cuanto el padre de la pretendida es conocido como primo hermano de la madre del pretendiente. Causales por las que se pide la dispensa: La novia es sumamente pobre. T: Ruperto Brito, vecino de Laguna Blanca, criador, casado y Benigno Centeno, vecino de Laguna Blanca, criador, casado. Dispensa del 11 de enero de 1868.

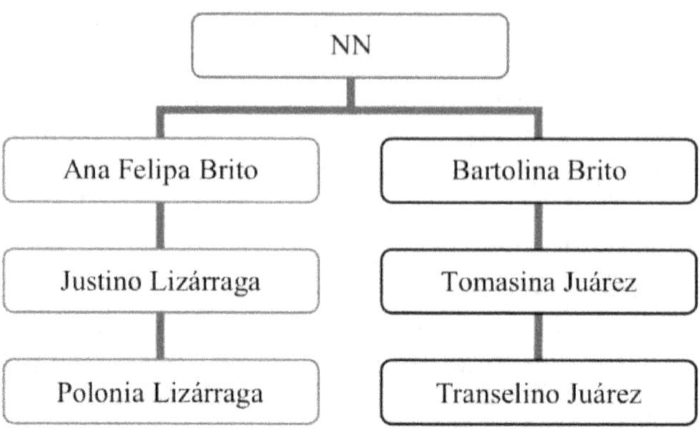

373. En Leales, el 10 de enero de 1868. Se presentó Antonio Aguirre, vecino de El Chilcal, h.n. de Delfina Aguirre. Pretende c.m. con Rosario Jiménez, vecina de La Fronterita, h.l. de Felipe Jiménez y de Bailona Vargas. mayores de edad. T: Mateo Juárez, vecino de Laguna Blanca, criador, viudo, y Marceliano Páez, vecino de La Fronterita, criador, casado.

374. En Leales, el 12 de enero de 1868. Se presentó Santos Almarás, vecino de La Encrucijada, viudo de María Micaela Palomar, vecino de El Campo Azul. Pretende c.m. con Cruz Nieva, vecina del Campo Azul, h.n. de Cruz Nieva. mayores de edad. T: Bernardino Rojas, vecino de La Encrucijada, criador, casado y Sebastián Lazarte, vecino de La Encrucijada, criador, casado.

375. En Leales, el 30 de enero de 1868. Se presentó Juan Ángel Jiménez, vecino de Los Romanos, h.n. de Juana Nepomucena Jiménez. Pretende c.m. con María Luisa Mendoza, vecina de Los Romanos, h.n. de Cornelia Mendoza. La novia es menor de edad. T: Alejo Sir, labrador, soltero y Avelino Soria, criador, casado, ambos de Los Romanos.

376. En Leales, el 30 de enero de 1868. Se presentó Tomás C. Montero, natural de la provincia de Santiago del Estero, vecino de La Gramilla, en Leales, h.n. de Inocencia Montero. Pretende c.m. con Ambrosia Carrizo, natural de Vinará, provincia de Santiago del Estero, vecina de Leales, h.l. de Juan Carrizo, difunto y de Leona Medina. T: Tomás Venencia, vecino de Tipahuasi, criador, soltero y Ramón Rosa Fernández, natural de Monteros y avecindado en Leales, labrador, casado.

377. En Leales, el 30 de enero de 1868. Se presentó Juan Antonio Rodríguez, vecino de Leales, h.l. de Lorenzo Rodríguez, difunto y de Isabel Núñez. Pretende c.m. con María Caro, vecina de Leales, viuda de Manuel Ortiz. T: Honorato Núñez, vecino de Leales, labrador, casado y Pedro Soria, natural de Famaillá, vecino de Los Sueldos, criador, casado.

378. En Leales, el 30 de enero de 1868. Se presentó José María González, vecino de Condorhuasi, viudo de Santos Ruiz. Pretende c.m. con Manuela Barburi, menor de edad, vecina de Mancopa, h.l. de Matías, difunto y de Marcelina Robles. T: Benito Herrera, natural de la provincia de Santiago del Estero, avecindado en Mancopa hace 8 años, labrador, casado y José Antonio Romano, vecino de Mancopa, criador, soltero.

379. En Leales, el 1 de febrero de 1868. Se presentó Felipe Juárez, vecino de Vilca-pozo, h.n. de Francisca Borja Juárez. Pretende c.m. con María G. (Guillerma) Juárez, de 18 años, vecina de Vilca-pozo, h.l. de Ramón Juárez, difunto y de Eusebia Luna. Impedimento de consanguinidad en segundo grado en línea trasversal. Causales por las que se pide dispensa: La novia es pobre y huérfana de padre; los pretendientes tuvieron comercio ilícito; que no había tenido otro pretendiente. T: Valentín Navarro, vecino de Vilca-pozo, criador, casado y Tomás Morales, vecino de Santa Rosa, labrador, soltero. Dispensa del 12 de febrero de 1868.

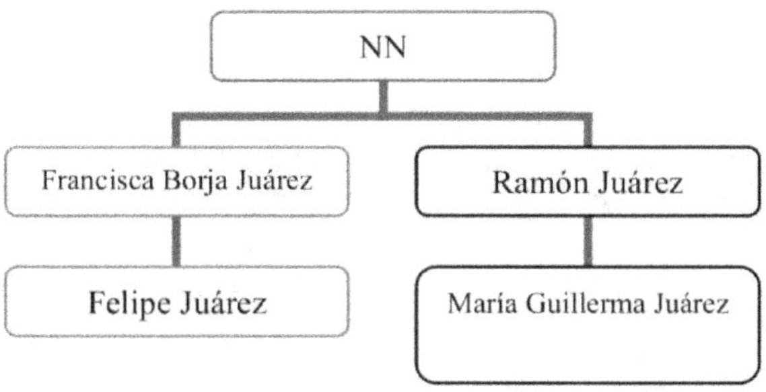

380. En Leales, el 8 de febrero de 1868. Se presentó Miguel Trejo, vecino de Quilmes, h.l. de José Luis Trejo, difunto y de Rosario Gómez. Pretende c.m. con Asunción Roldan, vecina de Santa Rosa, h.l. de José María Roldán y de Paula Lazarte, difuntos. mayores de edad. T: Venancio Palomino, vecino de Los Acosta, criador, casado y Eusebio Acosta, vecino de Los Acosta, labrador, casado.

381. En Leales, el 22 de febrero de 1868. Se presentó Irino Figueroa, vecino de Los Juárez, h.l. de José Félix Figueroa y de Francisca Medina. Pretende c.m. con Ascensión Luna, vecina de los Juárez, viuda de Antonio Acosta, vecina de los Juárez. mayores de Edad. T: Benedicto Leguizamón, vecino de Los Juárez, criador, soltero y Dolores Acosta, vecino de Los Juárez, labrador, soltero.

382. 22 de febrero de 1868. Se presentó Francisco Juárez, vecino de El Saladillo, h.l. de Ramón Juárez, difunto y de Eusebia Luna. Pretende c.m. con Melchora Zelaya, vecina de los Acostillas, h.l. de Felipe Zelaya y de Amelina Acosta, difuntos. mayores de edad. T: Miguel Medina, vecino de

Vilca Pozo, criador, casado y Valentín Navarro, vecino de Vilca-pozo, criador, casado.

383. En 24 de marzo de 1868. Se presentó D. Bernardino Toscano, vecino de Leales, h.l. de D. J. Pedro Toscano y de Da. Benedicta Lizárraga, difunta. Pretende c.m. con D. Da. Deidamia Villafañe, menor de 25 años, vecina de Laguna Blanca, h.l. de D. Policarpo Villafañe, difunto y de Da. Martiniana Brito. Con Impedimento de consanguinidad de tercer grado en línea colateral. Causales por las que pide la dispensa: Que la novia es una niña sumamente pobre, huérfana de padre. T: Mariano Lizárraga, vecino de los Sueldos, criador, casado y Honorato Núñez, vecino de Leales, labrador, casado. Dispensa del 27 de marzo de 1868.

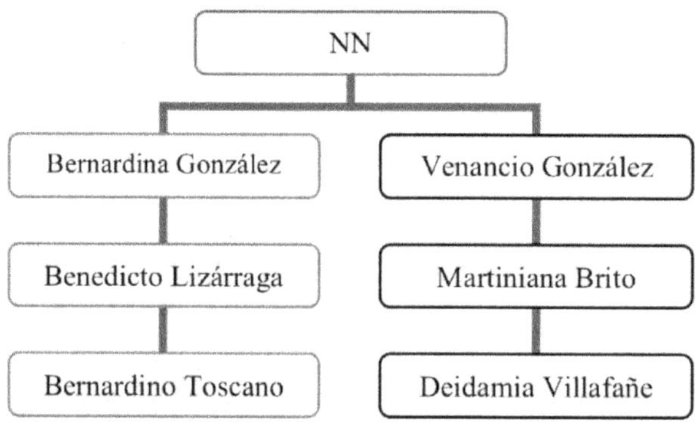

384. En Leales, el 2 de abril de 1868. Se presentó Ambrosio Rojas, vecino de los Tres Pozos, viudo de Ildefonsa Medrano. Pretende c.m. con Nazaria Ibarra, vecina de Tres Pozos, viuda de Indalecio Rivadeneira. mayores de edad. T: Lorenzo Torres, natural de Graneros, vecino de Tres Pozos, Artesano, Soltero y Antonio Díaz, natural de Los Lazarte, vecino de Tres Pozos, casado.

385. En Leales, el 8 de abril de 1868. Se presentó Apolinar Cabrera, vecinos de Los Acosta, h.l. de Cayetano Acosta y de Justa Albarracín, vecinos de Monteros, difuntos. Pretende c.m. con María Ortiz, vecina de Los Acosta, h.l. de Rosa Acosta y de Tiburcia Valdez. mayores de edad. T: Mariano Acuña, vecino de Monteros, avecindado en Tucumán, peón, casado y Melitón Correa, natural de Tucumán, vecino de Los Aguirre, peón, soltero.

386. En Leales, el 26 de abril de 1868. Se presentó José David Montoya, vecino de La Encrucijada, h.l. de Bruno Montoya, difunto y de Victoria Juárez. Pretende c.m. con Eustaquia Soria, vecina de La Encrucijada, h.l. de Bernabé Soria, difunto y de Pascuala Gómez. mayores de edad. T:

Basilio Concha, vecino de La Encrucijada, criador, soltero y Félix Lazarte, vecino de La Encrucijada, criador, soltero.

387. En Leales, el 27 de abril de 1868. Se presentó Feliberto Herrera, vecino de Leales, h.l. de Teodor Acosta, difunto y de Antonia Gómez. Pretende c.m. con Florinda López, menor de 25 años, vecina de Leales, h.l. de Dámaso López, difunto y de Saturnina Galván, difunta. Con impedimento de consanguinidad de tercer grado colateral y un impedimento por afinidad ilícito en primer grado. Causales por las que se pide la dispensa: La novia es pobre y huérfana de padre y madre. Por ser menores de edad, dieron su consentimiento Gertrudis Díaz, abuela de la novia y Antonia Gómez, madre del novio. T: Domingo Medina, vecino de Santa Rosa, labrador, casado y Juan Mariano Rodríguez, vecino de Leales, carpintero, casado. Dispensa del 28 de abril de 1868.

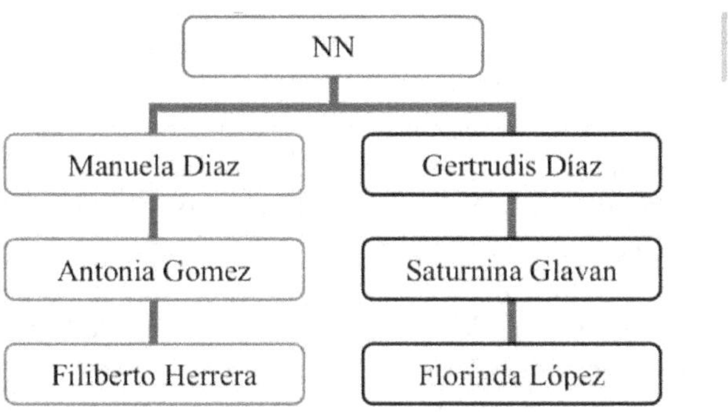

388. En Leales, el 27 de abril de 1868. Se presentó Manuel Ruiz, vecino de Los Brito, h.n. de Justina Ruiz, difunta. Pretende c.m. con Cristina Romano, vecina de Yalapa, h.l. de Ambrosio Romano y de Placida Parra. mayores de edad. T: Fortunato Sayas, natural de Famaillá, vecino de Amaicha, labrador, soltero y Adolfo Valor, Natural de Chicligasta, vecino de Yalapa, criador, casado.

389. En Leales, el 27 de abril de 1868. Se presentó Marcos Rodríguez, vecino de Viclo, viudo de Ramona Jiménez. Pretende c.m. con Dolores Figueroa, vecina del Mojón, h.n. de Juana Figueroa. Por ser menor la novia su madre dio el consentimiento. T: Luis Figueroa, vecino de Las Palmitas, Criador, casado y Luis Espinosa, natural de Famaillá, vecino de Santa Rosa, labrador, casado

390. En Leales, el 3 de mayo de 1868. Se presentó Crisóstomo Montero, vecino de Mancopa, h.l. de Juan Montero, difunto y de Estefanía Juárez. Pretende c.m. con Petrona Pérez, vecina de Mancopa, h.l. de Mateo Pérez y de Nazaria Medina. mayores de Edad. T: Florencio Jiménez, vecino de El Cortaderal, criador, casado y José Manuel Medina, vecino de Mancopa.

391. En Leales, el 4 de mayo de 1868. Se presentó José Manuel Alderete, vecino de Mancopa, h.n. de Dionisia Alderete. Pretende c.m. con Luciana Medina, vecina de Mancopa, h.n. de Ubalda Media. La novia es menor de edad. T: José Manuel Robles, vecino de Mancopa, labrado, soltero y Teodoro Rojas, vecino de Loma Verde, criador, casado.

392. En Leales, el 4 de mayo de 1868. Se presentó Francisco Antonio Cáceres, vecino de Mancopa, h.l. de Miguel Cáceres y de María C. Álvarez, vecinos de Catamarca. Pretende c.m. con Polonia Vasauna, vecina de Mancopa, h.n. de Teresa Vasauna, difunta. T: José Manuel Alderete, vecino de Mancopa, Criador, soltero y José Manuel Ruiz, vecino de Mancopa, labrador, soltero.

393. En Leales, el 6 de mayo de 1868. Se presentó Pascual Coronel, vecino de los Tres Pozos, viudo de Micaela Arroyo. Pretende c.m. con Constantina Juárez, viuda de Sinforoso Maltés. mayores de edad. T: Francisco Vaca, vecino de Los Sueldos, criador, casado y Moisés Campero, vecino de Los Sueldos, labrador, casado.

394. En Leales, el 11 de mayo de 1868. Se presentó José María Díaz, vecino de Los tres Pozos, h.l. de Bernardo Díaz y de Josefa Lazarte. Pretende c.m. con Zoila Rojas, de 20 años, vecina de los tres Pozos, h.l. de Ambrosio Rojas y de Ildefonsa Medrano. Impedimento por afinidad ilícita en primer grado. Causales: La novia ha quedado casi huérfana por haberse casado el padre recientemente y no tener por esta razón buena armonía familiar. T: Lorenzo Torres, natural del curato rectoral, vecino de Las Tuscas, criador, soltero y Antonio María Montero, natural de la Provincia de Santiago del Estero, vecino de Las Tusca, criador, viudo.

395. En Leales, el 11 de mayo de 1868. Se presentó Nicolás Aragón, vecino de Mancopa, h.l. de Fabián Aragón, difunto y de Santos Soraire. Pretende c.m. con Tiburcia Robles, vecina de Mancopa, h.l. de Luis Antonio Robles, difunto y de Andrea Rojas. La novia es menor de edad. T: Lorenzo Flores, vecino de El Chilcal, criador, soltero y Francisco Ruiz, vecino de El Naranjito, criador, soltero.

396. En Leales, el 11 de mayo de 1868. Se presentó Miguel Robledo, vecino de Mancopa, h.l. de Luis Antonio Robledo, difunto y de Andrea Rojas. Pretende c.m. con Benjamina Medina, vecina de Mancopa, h.n. de Luciana Medina. La novia es menor de edad. T: Lorenzo Flores, vecino de El Chilcal, criador, soltero y Francisco Ruiz, vecino de El Naranjito, criador, soltero

397. En Leales, el 15 de mayo de 1868. Se presentó Pascual B. Lizárraga, vecino de Laguna Blanca, h.l. de Juan Lorenzo Lizárraga, difunto y de Estanislada Juárez, difunta. Pretende c.m. con Liberta Brito, vecina de Laguna Blanca, h.l. de Ricardo Brito y de Sinforosa Luna. mayores de edad.

T: Marceliano Pérez, vecino de la fronterita, criador, casado y Remigio Centeno, vecino de Laguna Blanca, peón, viudo.

398. En Leales,15 de mayo de 1868. Se presentó Marceliano Páez, vecino de La Fronterita, viudo de Feliciana Brito. Pretende c.m. con Juliana López, mayor de 25 años, vecina de La Fronterita, h.l. de Anacleto López y de Isidora Brito, difuntos. Ligados por un impedimento de afinidad de segundo grado con atingencia al primero, por ser la prometida hija de una hermana de la primera esposa del prometido. Causales por la que se pide la dispensa: Los pretendientes ya tienen prole, la novia es huérfana de padre y madre, es pobre y hasta ahora no se le ha conocido pretendiente. T: Lázaro Lizárraga, vecino de La Soledad, labrador, casado y Remigio Centeno, vecino de Laguna Blanca, criador, casado. Dispensa del 22 de mayo de 1868.

399. En Leales, el 19 de mayo de 1868. Se presentó Andrés A. Roldán, vecino Cachiyan, h.l. de Hilariona Roldán. Pretende c.m. con Liberta Figueroa, vecina de Quilmes, h.n. de Toribia Figueroa. mayores de edad. T: Francisco Toledo, vecino de La Esquina, criador, casado: declara que el pretendiente vive como peón en el lugar de su residencia y Juan José Fernández, vecino de La Esquina, peón, soltero.

400. En Leales, el 21 de mayo de 1868. Se presentó Silverio Bazán, vecino de La Fronterita, h.l. de Pedro Pascual Bazán y de María Relaño, difuntos. Pretende c.m. con Juana Juárez, de 17 años, nacida en Laguna Blanca, h.l. de Mateo Juárez y de Paula Bazán, difunta. Con impedimento de consanguinidad de segundo grado con atingencia al primero, por ser la prometida hija de una hermana legitima del pretendiente. Causales por las que pide la dispensa: La pretendida es huérfana de madre y con frecuencia se encontraba sola por las ocupaciones del padre. T: Marceliano Páez, vecino de La Fronterita, criador, viudo y Pedro Lizárraga, vecino de Talacocha, platero, casado. Dispensa del 24 de mayo.

401. En Leales, el 28 de mayo de 1868. Se presentó Juan Ángel Argañaráz, vecino de Talacocha, h.l. de Feliciano Argañaráz y de Águeda Zelaya. Pretende c.m. con Fernanda Alderete, mayor de 25 años, vecina de Tala Cocha, viuda de Enrique Sotelo. Con impedimento de afinidad, por copula lícita, por cuanto Enrique Sotelo marido de la novia había sido hermano legítimo de su padre Feliciano Argañaráz, habido en segundas nupcias. Causales por las que pide dispensa: los pretendientes tienen tres hijos, la novia es pobre y de bastante edad. T: Ambrosio Leal, vecino de Mista, labrador, casado y Tomás Alderete, vecino de Mista, labrador, casado. Dispensa del 21 de mayo de 1868.

402. En Leales, el 3 de junio de 1868. Se presentó Rufino Cabrera, vecino de Los Romanos, h.l. de Pedro Cabrera, y de Petrona Rojas, difuntos. Pretende c.m. con Jesús Rivadeneira, vecina de Los Romanos, h.l. de

Manuel Rivadeneira y de Transito Aguirre. T: Rufino Rivadeneira, vecino de Los Romanos, labrador, casado y Gervasio Barrios, vecino de Los Romanos, labrador, casado.

403. En Leales, el 7 de junio de 1868. Se presentó Serapio Campero, vecino de Los Sueldos, h.l. de D. Francisco Campero y de Da. Juana Delgado, difunta. Pretende c.m. con Lucinda Campero, vecina de Los Sueldos, h.l. de Dionisio Campero, difunto y de Da. Ventura Ponce. Con impedimento de consanguinidad en tercer grado con atingencia al segundo, por cuanto el finado D. Dionisio Campero había sido primo hermano del pretendiente. Causales por las que pide la dispensa: La novia es sumamente pobre y es huérfana y mayor de 25 años. T: D. Atanasio Valdez, natural de Famaillá, vecino de Amaicha, criador, casado y D. José Rodríguez, natural del curato rectoral, vecino de Leales. Dispensa del 9 de junio de 1868.

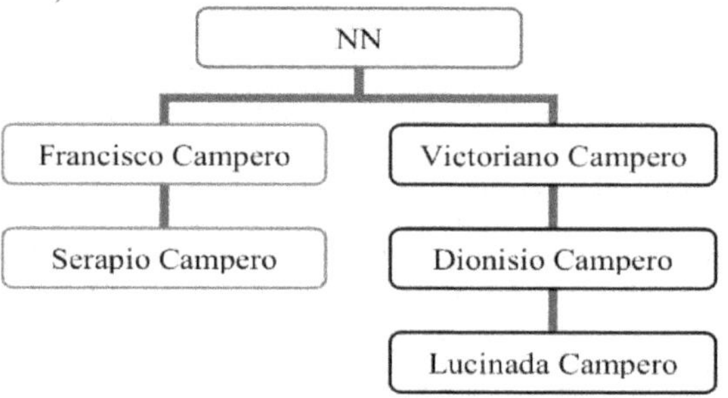

404. En Leales, el 11 de junio de 1868. Se presentó Napoleón Rodríguez, vecino de La Esquina, h.l. de Juan Rodríguez y de Ana María García. Pretende c.m. con Bailona Valdez, vecina de la Esquina, h.l. de José Valdez y de Ventura Ponce. Menores de edad. T: Manuel Guzmán, vecino de la Esquina, labrador, casado y Fortunato Barbosa, vecino de La Esquina, peón, soltero.

405. En Leales, el 14 de junio de 1868. Se presentó Bartolomé Frías, vecino de La Fronterita, h.l. de Cosme Frías y de Victoria Velarde, difunta. Pretende c.m. con Mercedes Brito, vecina de La Fronterita, h.n. de Feliciana Brito, difunta. T: Indalecio Ponce, vecino de Talacocha, criador, viudo y Remigio Centeno, vecino de Laguna Blanca, labrador, viudo.

406. En Leales, el 24 de junio de 1868. Se presentó Miguel Aguilar, vecino de La Esquina, h.n. de Feliciana Aguilar. Pretende c.m. con Ceferina Sánchez, vecina de la Esquina, h.l. de María Sánchez. T: José ... Córdoba, natural de Monteros, vecino de La Esquina hace 6 años, criador, casado y Manuel Córdoba, natural de Monteros, vecino de La Esquina hace 6 años, peón, soltero.

407. En Leales, el 25 de junio de 1868. Se presentó Cornelio Lizárraga, vecino de Los Brito, h.l. de Juan Lizárraga, difunto y de Raimunda Valdez.

Pretende c.m. con Bartolina Cisneros, vecina de los Brito, h.n. de Jacoba Cisneros. T: Juan de la Rosa Espinosa, vecino de Los Brito, criador, casado y Ambrosio Lazarte, vecino de Los Brito, labrador, casado.

408. En Leales, el 26 de junio de 1868. Se presentó Justino Aguirre, vecino de Los Lunarejos, h.n. de Antonia Aguirre. Pretende c.m. con Cleta Rocha, vecina de los Lunarejos, h.l. de Anselmo Rocha, difunto y de Eustaquia Argañaráz. T: Juan Esteban Ortiz, vecino de Los Herrera, labrador, soltero y Julián Ruiz, vecino de Los Herrera, criador, soltero.

409. En Leales, el 26 de junio de 1868. Se presentó Miguel Villagra, vecino de Los Brito, h.l. de Mariano Villagra y de Juliana Décima. Pretende c.m. con Antonia Escobar, vecina de Los Brito, h.l. de Francisco Escobar, difunto y de Carmen Moreno. mayores de edad. T: Juan de la Rosa Espinosa, vecino de Los Brito, criador, casado y Benito Lazarte, vecino de Los Díaz, labrador, casado.

410. En Leales, el 27 de junio de 1868. Se presentó Pantaleón Correa, vecino de La Esquina, h.l. de Manuel Correa y de Trinidad Ocaranza. Pretende c.m. con Nueves Acosta, vecina de La Esquina, h.n. de Ramona Acosta. T: Cesario García, vecino de La Esquina, labrador, casado y Napoleón Rodríguez, vecino de La Esquina, peón.

411. En Leales, el 5 de julio de 1868. Se presentó Felipe S. Romano, vecino de El Campo Azul, h.n. de Sebastiana Romano, difunta. Pretende c.m. con Micaela Lizondo, vecina del Puesto Chico, h.n. de Dominga Lizondo. La novia es menor de edad. T: Pedro Aguirre, vecino de Mista, labrador, soltero y Sebastián Lazarte, vecino de La Encrucijada, criador, casado.

412. En Leales, el 8 de julio de 1868. Se presentó Pedro N. Aguirre, vecino de Los Gramajo, h.n. de Rosa Aguirre, difunta. Pretende c.m. con Francisca Ruiz, vecina de Los Gramajo, h.l. de Antonio Ruiz, difunto y de Victoria Leiva. La novia es menor de edad. T: Solano González, vecino de Los Herrera, criador, casado y Felipe Santiago Romano, vecino de El Campo Azul, criador, soltero.

413. En Leales, el 12 de julio de 1868. Se presentó Antenor Aguirre, vecino de Los Puestos, h.l. de Hermógenes Aguirre y de Josefa Medina. Pretende c.m. con Magdalena Díaz, vecina de Los Puestos, h.l. de Víctor Díaz y de Dominga Leal. mayores de Edad. T: Manuel Núñez, vecino de Los Sueldos, criador, viudo y Rufino Corbalán vecino de Los Puestos, criador, soltero.

414. En Leales, el 18 de julio de 1868. Se presentó Miguel Gallego, vecino de Santa Rosa, viudo, h.l. de Hermenegildo Gallego y de Micaela Tejerina, difuntos, vecinos de Salta. Pretende c.m. con Jesús Venencia, vecina de Santa Rosa, h.l. de Baltasar Venencia, difunto y de Liboria Aguirre. La novia es menor de edad. T: Julián Ovejero, natural de Famaillá, vecino de

Los Gómez, labrador, Soltero y Nolasco Herrera, natural de Famaillá, vecino de Los Gómez, Labrador, casado.

415. En Leales, el 24 de julio de 1868. Se presentó Zenón Moreno, vecino de El Churqui, h.n. de Paula Moreno. Pretende c.m. con Carmen Brito, vecina de Laguna Blanca, h.l. de Luis Antonio Brito y de Elías Lizárraga. El novio es menor de edad. T: Alberto Aguirre, vecino de Los Herrera, criador, casado y Abdón Aguirre, vecino de Los Puestos, labrador, casado.

416. En Leales, el 24 de julio de 1868. Se presentó Bruno Lizárraga, vecino de Los Brito, h.l. de Toribio Lizárraga y de Simona Medina. Pretende c.m. con Justina Valdez, vecina de Los Brito, h.n. de Segunda Valdez. mayores de edad. T: Salvador Romero, vecino de Los Brito, labrador, viudo y Julio Herrera Natural de Monteros, vecino de los Herrera, casado.

417. En Leales, 8 de agosto de 1868. Se presentó Patricio Aguirre, vecino de El Vizcacheral, h.l. de Escolástico Aguirre y de Paula Paz, difunta. Pretende c.m. con Nieves Décima, vecina del Vizcacheral, h.n. de Hermenegilda Décima. La novia es menor de Edad. T: Nolasco Costilla, vecino de El Vizcacheral, criador, casado y Valentín Navarro, vecino de Vilca-pozo, labrador, casado.

418. En Leales, el 16 de agosto de 1868. Se presentó Fermín Fernández, vecino de Santa Rosa, h.l. de Hipólito Fernández y de Leonarda Díaz, difunta. Pretende c.m. con Clementina Medina, vecina de La Ceja, h.n. de Mercedes Medina. Menores de edad. T: Hermógenes Montero, vecino de Mista, labrador, soltero y Manuel Antonio Juárez, vecino de Mista, labrador, soltero.

419. En Leales, el 16 de agosto de 1868. Se presentó Facundo González, vecino de Mista, h.n. de Javiera González, difunta. Pretende c.m. con Ercilia Páez, vecina de Los Romano, h.l. de Pedro Juan Páez y de Victoria Ruiz, difuntos. mayores de edad. T: Hermógenes Montero, vecino de Mista, labrador, soltero y Manuel Antonio Juárez, vecino de Mista, labrador, soltero.

420. En Leales, el 23 de agosto de 1868. Se presentó José Romano, vecino de La Esquina, h.n. de Toribia Romano. Pretende c.m. con Bonifacia Santillán, vecina de La Esquina, h.l. de Gregorio Santilla y de Mercedes Sánchez. La novia es menor de edad. T: Ramón Toledo, vecino de La Esquina, labrador, soltero y Adolfo Artazar, vecino de La Esquina, labrador, casado.

421. En Leales, el 3 de septiembre de 1868. Se presentó Raimundo Costilla, vecino de Vilca Pozo, h.l. de Julián Costilla, difunto y de Petrona Arce. Pretende c.m. con Apolinaria Romano, vecina de Vilca Pozo, h.l. de Juan Romano y de Prudencia Brito. mayores de edad. T: Valentín Navarro, vecino de Vilca-poco, labrador, casado y Hermenegildo Alderete, vecino de Vilca-pozo, labrador, soltero.

422. En Leales, el 12 de septiembre de 1868. Se presentó Moisés Juárez, vecino de Oran, h.l. de Pablo Juárez y de Clemencia Gómez, difunta. Pretende c.m. con Flora García, h.l. de Bonifacio García, difunto y de Beatriz Lizárraga. La novia es menor de edad. T: Dalmasio Juárez, vecino de La Fronterita, labrador, casado y Tiburcio Suárez, vecino La Fronterita, labrador, casado.

423. En Leales, el 13 de septiembre de 1868. Se presentó Miguel Aguirre, vecino de Talacocha, h.n. de Dolores Aguirre. Pretende c.m. con Zoila Alderete, vecina de Los Zelaya, h.n. de Martina Alderete. T: Miguel Relaño, vecino de Talacocha, criador, soltero u Juan Asencio Zelaya, vecino de Las Cañas, criador, casado.

424. En Leales, el 16 de septiembre de 1868. Se presentó Manuel José Soraire, vecino de Las Tres Cruces, h.l. de Venancio Soraire y de Lorenza Díaz. Pretende c.m. con Leocadia Moreno, vecina del Bagual, h.l. de José María Moreno, difunto y de Feliciana Salas. La novia es menor de edad. T: Félix Cantalicio Juárez, vecino de Los Tres Pozos, criador, soltero y Juan Félix Zelaya, vecino de Los Tres Pozos, criador, casado. (los T. declaran haber conocido al pretendiente en "la ciudad" y en Yerba Buena)

425. En Leales, el 21 de septiembre de 1868. Se presentó Mateo Juárez, vecino de Cachiyacu, h.n. de María Juárez, viudo de Matilde Roldan. Pretende c.m. con María Roldan, vecina de Cachiyacu, h.n. de Matiaza Roldán. Con impedimento de segundo grado de afinidad lícita. Causales por las que pide la dispensa: la novia era sumamente pobre y es menor. T: Dionisio Figueroa, vecino de Viclo, labrador, casado y Nazario Frías, vecino de Viclo, criador, viudo. La novia es sobrina carnal de la primera esposa del contrayente.

426. En Leales, el 24 de octubre de 1868. Se presentó Antenor Herrera, vecino de Vilca Pozo, h.l. de Víctor Herrera, difunto y de Norberta Juárez. Pretende c.m. con Eusebia Castillo, vecina de Vilca-pozo, h.l. de José María Costilla, difunto y de Carlota Quinteros. T: José Manuel Leguizamón, vecino de Mista, labrador, soltero y Egidio Leguizamón, vecino de Talapozo, labrador, casado.

427. En Leales, el 26 de octubre de 1868. Se presentó Juan Gil Toledo, vecino de Leales, h.l. de Tomás Toledo y de Rufina Valdez. Pretende c.m. con Rosario Toledo, vecina de Amaicha, h.n. de Bonifacia Toledo. Con impedimento de consanguinidad en tercer grado. Causales por las que pide la dispensa: El peligro de incontinencia por la frecuencia que estaba mucho en la casa de la novia a causa del parentesco y que la novia es pobre y de más de 25 años. T: Matías Lescano, natural de Famaillá, vecino de Amaicha, labrador, casado y Tiburcio Correa, natural de Famaillá, vecino de Amaicha, labrador, casado. Dispensa el 27 de octubre.

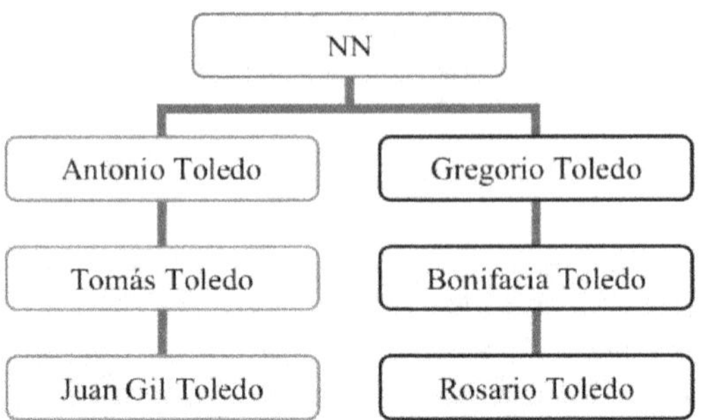

428. En Leales, el 6 de noviembre de 1868. Se presentó Cantalicio Ponce, vecino de Quilmes, h.l. de Benito Ponce y de Clotilde Villa. Pretende c.m. con Niséfora Sotelo, vecina de Quilmes, h.n. de Asunción Sotelo. T: José ... Córdoba, vecino de La Esquina, labrador, casado y Eusebio Salinas, vecino de Quilmes, criador, casado.

429. En Leales, el 10 de noviembre de 1868. Se presentó Antenor Juárez, vecino de la "Peiguas", h.n. de Jacinta Juárez. Pretende c.m. con María Carlota Gutiérrez, vecina de las "Peiguas", h.n. de Ildefonsa Gutiérrez, difunta. T: Nolasco Costilla, vecino de Los Gómez, labrador, casado y Doroteo Reyes, vecino de El Vizcacheral, labrador, soltero.

430. En Leales, el 10 de noviembre de 1868. Se presentó Máximo Quintana, vecino de Chañarmuyo, h.l. de Juan Bautista Quintana y de Faustina Gómez. Pretende c.m. con Manuela Alarcón, vecina de las "Peiguas", h.l. de Martín Alarcón y de Rosalía Zelaya. Impedimento de consanguinidad en cuarto grado de línea colateral, con atingencia al tercero. Causales por las que se pide la dispensa: La novia es pobre por ser sus padres muy cargados de familia y es mayor de 25 años y no se le ha propuesto patrimonio hasta la fecha. T: Manuel Medina, vecino de la Loma Verde, criador, casado e Hilarión Lizárraga, vecino de Loma Verde, criador, soltero. Dispensa del 14 de noviembre.

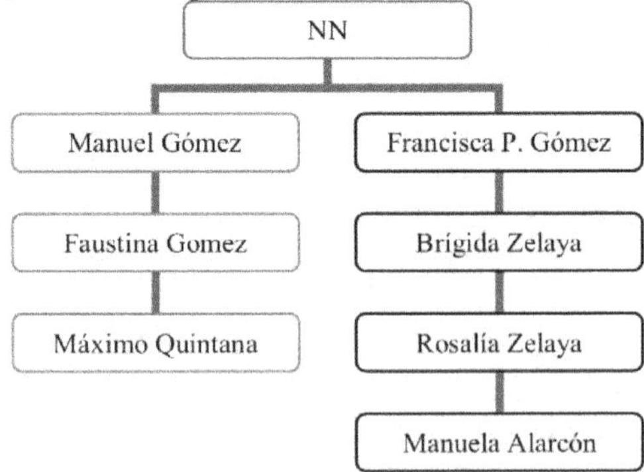

431. En Leales, el 10 de noviembre de 1868. Se presentó Daniel Pedraza, vecino de Los Brito, h.l. de Julián Brito y de Casimira Espinosa, difuntos. Pretende c.m. con María Juana Ruiz, vecina de Yalapa, h.l. de Mariano Ruiz y de Hermenegilda Pedraza. mayores de edad. T: Fortunato Sayas, vecino de Yalapa, labrador, soltero y Benito Lazarte, vecino de Los Díaz, labrador casado.

432. En Leales, el 26 de noviembre de 1868. Se presentó Carmelo Alderete, vecino de Los Zelaya, h.n. de Martina Alderete. Pretende c.m. con Vital Aguirre, vecina de Chañarmuyo, h.l. de Leocadio Aguirre y de Josefa Luna. T: Jacinto Lescano, natural de Buenos Aires, vecino de Los Acostillas, zapatero, casado y Venancio Grande, zapatero, soltero y Venancio Grande, vecino de Los Puestos, zapatero, soltero.

433. En Leales, el 28 de noviembre de 1868. Se presentó Juan de la Cruz Zelaya, vecino de los Acostillas, h.n. de María del Rosario Zelaya. Pretende c.m. con María Cruz Acosta, vecina de los Acostilla, h.l. de Fermín Acosta, difunto y de Dorotea Acosta. mayores de edad. T: Jacinto Lescano, natural de Buenos Aires, vecino de Los Acostillas, zapatero, casado y Mariano Gómez, vecino de Los Gómez, criador, casado.

434. En Leales, el 2 de diciembre de 1868. Se presentó Clemente Saavedra, vecino de Los Puestos, h.n. de María de la Paz Saavedra. Pretende c.m. con Lizarda Ávila, vecina "Las Zorras", h.l. de Fernando Ávila y de Francisca Aguirre. Menores de edad. T: Juan Blas Leal, vecino de Los Puestos, criador, casado y Raimundo Roldan, vecino de Los Puestos, criador, casado.

435. En Leales, el 6 de diciembre de 1868. Se presentó Cipriano Valdez, vecino de La Esquina, h.n. de Mercedes Valdez. Pretende c.m. con Eudocia García, vecina de la Esquina, h.n. de Guillerma García. La novia es menor de edad. T: Adolfo Artazar, vecino de La Esquina, labrador casado y Damián Nieva, vecino de La Esquina, labrador, casado.

436. En Leales, el 7 de diciembre de 1868. Se presentó Nicasio Bravo, vecino de los Britos, h.n. de Francisca Bravo, difunta. Pretende c.m. con María Antonia Roldan, vecina de Los Brito, viuda de Jacinto Aguirre. T: Germán Amaya, vecino de los Gómez, peón, casado y Ambrosio Lazarte, vecino de Los Brito, labrador, casado.

437. En Leales, el 19 de diciembre de 1868. Se presentó Alejandro Sayas, vecino de Los Décima, h.l. de José Bruno Sayas, difunto y de Francisca Ruiz. Pretende c.m. con Eduarda Ballón, vecina de Las Barracas, h.l. de Francisco Ballón y de Mauricia Rodríguez. mayores de edad. T: Mariano Gómez, vecino de Los Gómez, criador, casado y Benito Lazarte, vecino de Los Décima, labrador, casado.

438. En Leales, el 19 de diciembre de 1868. Se presentó Ubaldo Juárez, vecino de Vilca-pozo, h.l. de Ildefonso Juárez y de María del Carmen

Núñez. Pretende c.m. con Florinda Reyes, vecina de Vilca-pozo, hija adoptiva de Tomasina Reyes. Menores de edad. T: Tomás Alderete, vecino de Mista, criador, casado y José Santos Herrera, vecino de Los Quemados, labrador, casado.

439. En Leales, el 19 de diciembre de 1868. Se presentó Bartolomé Argañaráz, vecino de los Lunarejos, h.l. de José Mariano Argañaráz y de Eugenia Lazarte. Pretende c.m. con Cleta Lizárraga, h.n. de Lorenza Argañaráz. Menores de edad. Mariano Gómez, vecino de Los Gómez, criador, casado y Ramón Medina, vecino de Los Lunarejos, labrador, casado.

440. En Leales, el 19 de diciembre de 1868. Se presentó Ángel Mariano Herrera, vecino de Vilca-pozo, h.l. de Víctor Herrera, difunto y de Norberta Juárez. Pretende c.m. con Rosario Juárez, h.n. de Leonarda Juárez, difunta. mayores de edad. T: Jesús María Jiménez, vecino de El Saladillo, criador, casado y Javier Argañaráz, vecino de Los Gomes, labrador, casado.

441. En Leales, el 21 de diciembre de 1868. Se presentó Domingo Vallejo, vecino de Los Romano, h.n. de Petronila Romano. Pretende c.m. con Germana Garzón h.n. de Bartolina Garzón, difunta. mayores de edad. T: Juan Correa, vecino de Los Romano, labrador, casado y Cipriano Pérez, vecino de Los Romano, peón, soltero.

442. En Leales, el 22 de diciembre de 1868. Se presentó Francisco Romano, vecino de Mista, h.n. de Faustina Romano. Pretende c.m. con Anselma Medina, menor de 25 años, vecina de Mista, h.n. de Rudecinda Medina. Con Impedimento de consanguinidad de segundo grado con atingencia al primero al ser la pretendida tenida por h.n. de un hermano del pretendiente. Causales para pedir la dispensa: Que la novia es sumamente pobre; está embarazada y esto ha puesto distancia entre el pretendiente, la madre de este y el hermano de este. T: Juan Tomás Gómez, vecino de Los Gómez, criador, viudo y Gabriel Juárez, vecino de Los Gómez, criador, casado. Con fecha 8 de enero de 1869 no ha lugar la dispensa. Hay una nota adjunta al expediente, fechada En Leales, el 21 de enero de 1869, dirigida al Obispo de Salta D. Fr. Buenaventura Rizopatrón y firmada por el párroco Rómulo Laspuir. En esta nota el párroco explica que el pretendiente se dirige a salta a pedir personalmente la dispensa y cuenta que la pretendiente esta por ser madre. La novia ya no vive con su madre y que el solicitante está en peligro de ser atropellado por su propio hermano, padre de la pretendida. Al margen de esta nota esta la dispensa del obispo fechada el 28 de enero de 1869.

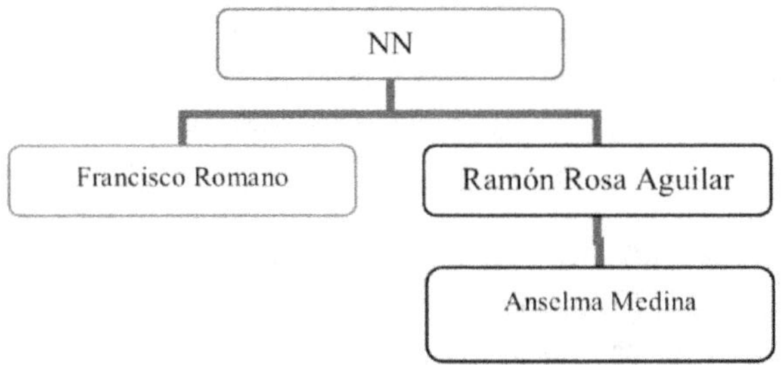

443. En Leales, el 26 de diciembre de 1868. Se presentó Calixto Frías, vecino de El Chilcal, h.l. de los finados (no figuran los nombres), viudo de Juana Figueroa. Pretende c.m. con María Brito, vecina de la Fronterita, h.n. de la finada (no figura el nombre), viuda de Facundo Montenegro. mayores de edad. T: Isidro Roldán, vecino de El Chilcal, labrador, casado y Benito Herrera, natural de Santiago, vecino de El Chilcal, peón, casado.

444. En Leales, el 26 de diciembre de 1868. Se presentó Adán García, vecino de Condorhuasi, h.l. de Bonifacio García, difunto y de Bartolina Lizárraga. Pretende c.m. con Carmen Veliz, vecina de Condorhuasi, h.l. de Javier Veliz y de Teodora Pérez. La novia es menor de edad. Marceliano Páez, vecino de La Fronterita, labrador, casado y Segundo Suárez, vecina de Condorhuasi, criador, casado.

445. En Leales, el 26 de diciembre de 1868. Se presentó Felisardo Salinas, vecino de Quilmes, h.n. de Catalina Salinas. Pretende c.m. con Saturnina Roldán, vecina de La Bajada del Gallo, h.l. de Pascual Roldan, difunto y de Silveria Saavedra. mayores de edad. T: Pedro Juan Median, vecino de Los Acosta, criador, casado y Juan José Ovejero, natural de Santiago, vecino de Quilmes, peón, casado.

446. En Leales, el 26 de diciembre de 1868. Se presentó Ascensión Campero, vecino de Los Sueldos, h.l. de Bernardo Campero, y de Mercedes Zamorano, difuntos. Pretende c.m. con Sinforosa Montero, vecina de los Sueldos, h.l. de Felipe Montero y de Faustina Toledo. mayores de edad. T: Celestino Jiménez, vecino de Mancopa, criador, casado y Martiniano Pérez, vecino de Laguna Blanca, criador, casado.

447. En Leales, el 26 de diciembre de 1868. Se presentó Jacobo Díaz, vecino de Viclo, h.n. de Faustina Díaz. Pretende c.m. con Nicéfora Ponce, vecina de Mancopa, h.n. de Damiana Ponce. La novia es menor de edad. T: Antonio Medina, natural de Santiago, vecino de Mancopa, criador, casado y Jesús Pérez, vecino de Mancopa, labrador, soltero.

448. En Leales, el 28 de diciembre de 1868. Se presentó Agapito Campero, vecino de El Rincón, h.l. de José Mariano Jiménez, difunto y de Visitación Juárez. Pretende c.m. con Juana E. Medina, vecina de Los Zelaya, h.n. de

Ruperta Medina. La novia es menor de edad. T: Julián Leguizamón, vecinos del Rincón, criador, casado y Félix Martínez, vecino de Los Zelaya, criador, viudo. REVISAR.

449. En Leales, el 10 de enero de 1869. Se presentó Ramón Rosa Barrios, vecino de Los Alderetes, h.l. de Cecilio Barrios, difunto y de Eleuteria Páez. Pretende c.m. con Luisa Medina, vecina de El Naranjito, h.l. de Gabino Medina, difunto y de Florentina Valdez. La novia es menor de edad. T: Bonifacio Frías, vecino de El Chilcal, criador, casado y Antonio Aguirre, vecino de La Fronterita, peón.

450. En Leales, el 10 de enero de 1869. Se presentó Andrés A. Lizárraga, vecino de Los Brito, h.l. de Marcelino Lizárraga y de Leonarda Serrano. Pretende c.m. con María Salomé Décima, vecina de Los Britos, h.n. de Cipriana Décima. mayores de edad. T: Salvador Romero, vecino de Los Brito, criador, viudo y Faustino Ballón, vecino de Santa Rosa, labrador, casado.

451. En Leales, el 10 de enero de 1869. Se presentó Miguel Antonio Alderete, vecino de Los Zelaya, h.n. de Martina Alderete. Pretende c.m. con Placida Aguirre, vecina de Talacocha, h.l. de Manuel Aguirre y de Dolores Aguirre. mayores de edad. T: Pedro Miguel Relaño, vecino de Talacocha, criador, soltero y Jesús María Jiménez, vecino de El Saladillo, criador, casado.

452. En Leales, el 28 de enero de 1869. Se presentó Pedro Juárez, vecino de Mista, h.n. de Antonia Juárez. Pretende c.m. con Sebastiana López, h.l. de Dámaso López y de Saturnina Galván. mayores de edad. T: Bartolomé Brito, vecino de Tejahuasi, labrador, soltero y Cesario Correa, vecino de Tejahuasi, labrador, casado.

453. En Leales, el 11 de febrero de 1869. Se presentó Luis Antonio Gómez, vecino de Los Lunarejos, h.l. de Jacinto Gómez y de Manuela Gómez, difuntos, viudo de Sebastiana ¿Igle? Pretende c.m. con Mercedes Fernández, vecina de Los Gómez, h.l. de Domingo Gómez y de Francisca Quintana. Con impedimento por consanguinidad en cuarto grado con atingencia al tercero. Causales por las que se pide dispensa: Que la novia es bastante fea y pobre de bienes y fortuna; mayor de 25 años y no ha tenido otros pretendientes. T: Fortunato Herrera, vecino de Los Gómez, criador, casado y Jesús Núñez, vecino de Los Lunarejos, labrador, casado. Dispensa del 12 de febrero.

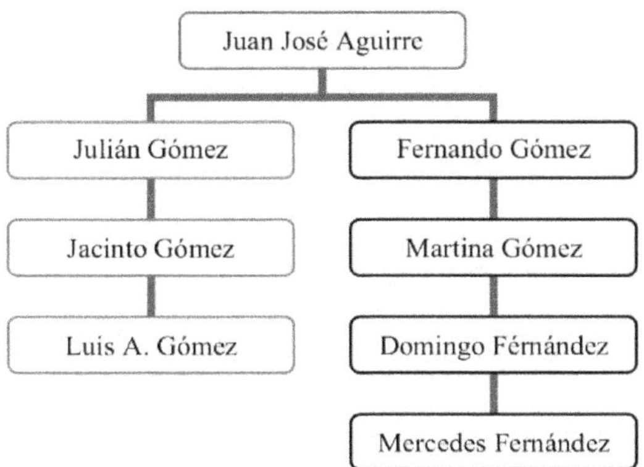

454. En Leales, el 11 de febrero de 1869. Se presentó Jesús Aguirre, vecino de Los Gramajo, h.n. de Rosa Ramona Aguirre. Pretende c.m. con Eleuteria Aguirre, vecina de Los Gramajo, h.l. de Florencio Aguirre y de Pilar Herrera, difunta. La novia es menor de edad. T: Juan Aguirre, vecino de Los Gramajo, criador, soltero y Lindor Ruiz, vecino de Los Gramajo, criador, casado.

455. En Leales, el 20 de febrero de 1869. Se presentó Eliseo Pérez, vecino de Leales, h.n. de Claudia Pérez. Pretende c.m. con Desideria Rodríguez, vecina Los Rodríguez, h.l. de Bartolo Rodríguez y de Rosario Quintana. La novia es menor de edad. T: Pascual Juárez, vecino de Leales, labrador, viudo y Desiderio Alderete, vecino de Leales, criador, casado.

456. En Leales, el 20 de febrero de 1869. Se presentó Manuel González, vecino de Santa Rosa, h.l. de Andrés González y de Bernardina Veliz, difunta. Pretende c.m. con Florinda Vega, vecina de Santa Rosa, h.l. de José María Vega y de Tomasa Medina. T: Benjamín Soria, vecino de Los Sueldos, labrador, casado y Faustino Peralta, vecino de Santa Rosa, Zapatero, casado.

457. En Leales, el 22 de febrero de 1869. Se presentó Basilio Barbosa, vecino de La Esquina, h.n. de Eugenia Barbosa, difunta. Pretende c.m. con Rosario Figueroa, vecina de Amaicha, h.l. de Luis Figueroa, y de Filomena Villarreal. T: Clemente Ponce, natural de Famaillá, vecino de Los Sueldos, criador, casado y Serafín Rodríguez, vecino de Los Sueldos, criador, casado.

458. En Leales, el 23 de febrero de 1869. Se presentó Emiliano Juárez, vecino de Tres Pozos, h.l. de Pedro Juárez y de María C. Herrera, difuntos. Pretende c.m. con Hermosina Medina, vecina de Los Tres Pozos, h.l. de José María Medina y de Dionisia Farfán. Con impedimento por consanguinidad en cuarto grado con atingencia al segundo. Causales, había tenido trato ilícito con la pretendida y para subsanar la deshonra quería contraer este matrimonio. La novia es menor de 25 años. T: Marcelino

Páez, vecino de La Fronterita, criador, casado y Vicente Lizárraga, vecino de La Fronterita, labrador, casado. Dispensa del 25 de febrero.

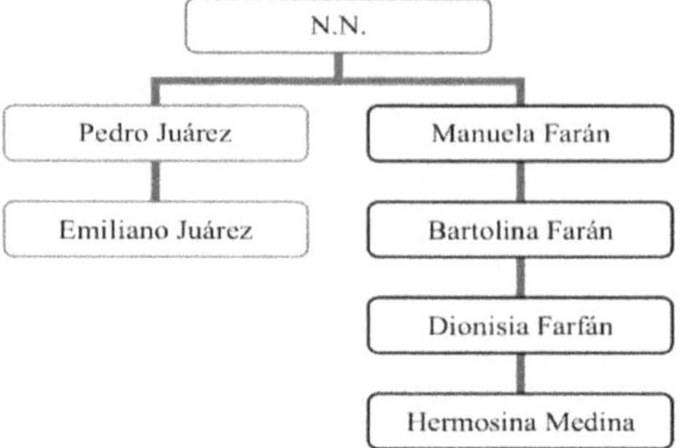

459. En Leales, el 3 de marzo de 1869. Se presentó Pio Quinto Corbalán, vecino de La Ceja, h.l. de León Corbalán y de Espíritu Alane, viudo de Juana Barros. Pretende c.m. con Teresa ¿Villuasa?, vecina de la Ceja, h.n. de Anselma Villuasa. Con impedimento por afinidad en segundo. Causales por las que pide la dispensa: los pretendientes tienen prole y la novia es sumamente pobre y es mayor de 25 años. T: Pascual Juárez, vecino de Leales, labrador, viudo y Juan Crisóstomo Pomo, vecino de Santa Rosa, casado. Dispensa del 5 de marzo de 1869.

460. En Leales, el 6 de marzo de 1869. Se presentó Telésforo Juárez, vecino de Los Juárez, h.n. de Fructuosa Juárez. Pretende c.m. con Modesta Zelaya, vecina del Rincón, h.l. de Venancio Zelaya y de Gregoria Medina. La novia es menor de edad. T: Juan Antonio Rodríguez, natural de Monteros, vecino de Los Rodríguez, criador, casado y Manuel Toledo, vecino de Los Rodríguez, criador, casado.

461. En Leales, el 16 de marzo de 1869. Se presentó Jovin Ruiz, vecino de Los Décima, h.l. de Venancio Ruiz y de Andrea Valdez, difuntos. Pretende c.m. con Sandalia Bravo, vecina de Yalapa, h.n. de Petrona Bravo. T: Fortunato Sayas, vecino de Yalapa, criador, soltero y Máximo Sayas, vecino de Yalapa, labrador, soltero.

462. En Leales, el 17 de marzo de 1869. Se presentó Ramón Argañaráz, vecino de Mista, h.n. de Rosalía Argañaráz, difunta. Pretende c.m. con Evarista Jiménez, vecina del Campo Azul, h.l. de Manuel Jiménez y de Bonifacia Fernández. T: Juan Prado Rojas, vecino de Los Sueldos, criador, casado y Silvestre Herrera, vecino de Mista, criador.

463. En Leales, el 18 de marzo de 1869. Se presentó José Mariano Costilla, vecino de El Vizcacheral, h.n. de Polonia Costilla. Pretende c.m. con Magdalena Zelaya, vecina de Cuchihuasi, h.l. de Juan de la Cruz Zelaya y de Bartolina Alderete, difunta. La novia es menor de edad. T: Jesús María Jiménez, vecino de El Saladillo, criador, viudo y Tadeo Pérez, vecino de Cuchihuasi, labrador, soltero.

464. En Leales, el 25 de marzo de 1869. Se presentó José Agustín Aguirre, vecino de Los Gramajo, h.l. de José Manuel Aguirre y de Rufina Saavedra, difuntos. Pretende c.m. con Atanasia Lazarte, vecina de Los Gramajos, h.l. de Juan José Lazarte y de Romualda Mendoza. mayores de edad. Lindor Ruiz, vecino de Los Gramajo, criador, casado y Antonio González, vecino de Los Gramajo, criador, casado.

465. En Leales, el 2 de abril de 1869. Se presentó Mateo González, vecino de Las Palmita, h.n. de Celestina González, vecina del Río Grande. Pretende c.m. con Transito Cajal, vecina de Las Palmitas, h.l. de Eugenio Cajal y de María Cabrera, difunta. T: Cariaco Aguirre, vecino de Los Puestos, criador, casado y Evangelista Medina, vecino de Los Puestos, criador, soltero.

466. En Leales, el 5 de abril de 1869. Se presentó Simón Zelaya, vecino de Las Cañadas, h.l. de Juan de Dios Zelaya y de Micaela Alderete, difuntos. Pretende c.m. con María del Señor Carrizo, h.l. de Juan Alberto Carrizo y María Leona Medina, difuntos. T: Jacinto Lescano, natural de Buenos Aires, vecino de Los Acostillas, zapatero, casado y Navor Cantos, vecino de Los Gómez, labrador, soltero.

467. En Leales, el 11 de abril de 1869. Se presentó Manuel Juárez, vecino de Los Lunarejos, h.n. de Cecilia Juárez. Pretende c.m. con Leonarda Correa, vecina de Los Romanos, h.l. de Eusebio Correa y de Santos Torres. La novia es menor de edad. T: Tomás Medina, vecino de Yacuchiri, criador, casado y Casimiro Aguirre, vecino de los Lunarejos, labrador, soltero.

468. En Leales, el 13 de abril de 1869. Se presentó Lorenzo González, vecino de Leales, h.l. de Patricio González y de Mercedes Castro, difunta. Pretende c.m. con Juana Herrera, vecina de Leales, h.l. de Teodor Herrera, difunto y de Antonia Gómez. La novia es menor de edad. T: Demetrio Puente, vecino de Leales, labrador, casado y Miguel Quipildor, vecino de Leales, albañil, casado.

469. En Leales, el 15 de abril de 1869 se presentó Paulino Rivadeneira, vecino de Viclo, h.l. de Dionisio Rivadeneira y de Rafaela Villa, difuntos. Pretende c.m. con Josefa Cajal, vecina de Las Palmitas, h.l. de Dionisio Cajal y de Dalmacia Ruiz, difunta. La novia es menor de edad. T: Marcos Valdez, vecino de Viclo, criador, viudo y Audón Montero, vecino de Viclo, criador, casado.

470. En Leales, el 24 de abril de 1869. Se presentó Domingo Suárez, vecino de Mancopa, h.l. de José León Suárez, difunto y de Florentina Arias. Pretende c.m. con Mónica Robles, vecina de Mancopa, h.l. Pastor Robles y de Hilaria González. T: Jesús María Pérez, vecino de Mancopa, criador, soltero y José Manuel Zelarayán, vecino de Mancopa, criador, casado.

471. En Leales, el 26 de abril de 1869. Se presentó Roque Maza, vecino de La Encrucijada, h.n. de Victoria Maza, difunta. Pretende c.m. con Adelaida Arias, vecina Cabramisqui, h.n. de Celestina Arias, vecina de Cachiyacu. T: Feliz Rosa Veliz, vecino de Los Sueldos, labrador, soltero y Benjamín Campero, vecino de Los Sueldos, labrador, casado.

472. En Leales, el 26 de abril de 1869. Se presentó Zacarías Salazar, vecino de Los Romano, h.l. de José Salazar, difunto y de Luisa González. Pretende c.m. con María Rivadeneira, vecina Los Romanos, h.l. de Manuel Rivadeneira y de Transito Leiva. T: Sebastián Lescano, vecino de Los Romano, criador, casado y Juan Domingo González, vecino de Los Romano, labrador, casado.

473. En Leales, el 26 de abril de 1869. Se presentó Pedro Pascual Jiménez, vecino de Leales, h.l. de Felipe Jiménez y de Ignacia Bazán, difuntos. Pretende c.m. con María de Jesús Días, vecina de Los Gómez, h.n. de Mercedes Díaz. mayores de edad. T: José Santos Herrera, vecino de Los Quemados, criador casado y Pedro Aragón, vecino de Leales, labrador, casado.

474. En Leales, el 8 de mayo de 1869. Se presentó Froilán Quintana, vecino de Chañarmuyo, h.l. de Santiago Quintana y de Manuela Juárez, difunta. Pretende c.m. con Candela Leguizamón, vecina Chañar Muyo, h.n. de Santos Leguizamón. T: Norberto Argañaráz, vecino de Los Gomes, criador, soltero y Javier Argañaráz, vecino de Los Gomes, labrador, casado.

475. En la vicaría foránea de Tucumán, el 13 de mayo de 1869. Se presentó D. Pedro de la Rosa, vecino del curato de La Victoria (San Miguel de Tucumán), h.l. de D. Luis de la Rosa y de Da. Josefa Lezcano. Pretende c.m. con Da. Indalecia Palavecino, vecina de Viclo, en el curato de Leales, h.l. de D. Eustaquio Palavecino, y de Da. Manuela Sosa, difunta. (rubrica de los dos pretendientes) T: Ramón Espeche, natural de Catamarca, vecino del curato de La Victoria, labrador, casado; Juan Robles, vecino del curato de La Victoria. Nota adjunta, fechada el 13 de mayo de 1869 en la que D. Pedro de la Rosa pide se le dispensen las proclamas por "razones que me urgen de ocupaciones que no puedo desatender". Otorgado por Javier J. Colombres el mismo día.

476. En Leales, el 1 de junio de 1869. Se presentó José María Jiménez, vecino de El Saladillo, h.l. de José Mariano Jiménez, difunto y de Visitación Juárez, viudo de Rosalía Leguizamón (también figura como Rosario). Pretende c.m. con Brígida Argañaráz, vecina del Rincón, h.l. de Valentín Argañaráz, y de Petrona Jiménez, difunta (figura también como Petronila). Con un impedimento de consanguinidad de tercer grado y uno de afinidad de segundo grado, por copula licita. Causales por las que se pide la dispensa: La novia es huérfana de padre y madre por lo que se crió al lado de un pariente, junto con sus hermanos menores, la pretendida es pobre y los pocos bienes que posee los tiene partidos entre varios hermanos. La novia es menor de 25 años y consintió el matrimonio Julián Leguizamón, tutor de la pretendida. T: José Mariano Costilla, vecino de El Vizcacheral, peón, casado y Cesario Correa, vecino de Tejahuasi, labrador, casado.

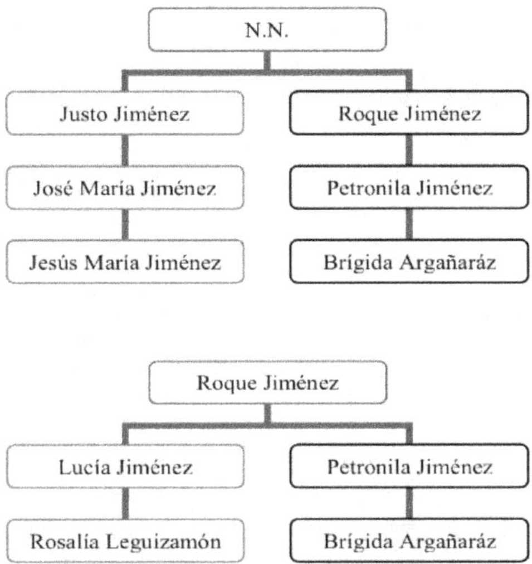

477. En Leales, el 18 de junio de 1869. Se presentó Miguel Medina, vecino de El Saladillo, h.l. de los finados y Lorenza Castro" (sic), viudo de Juana Molina. Pretende c.m. con Delfina Juárez, vecina del Saladillo, h.n. de Francisca Borja Juárez, viuda de Eusebio Juárez. T: Faustino Ballón, vecino de Leales, peón, casado y Demetrio Puente, vecino de Leales, peón, casado.

478. En Leales, el 18 de junio de 1869. Se presentó Pedro Antonio Medina, vecino de Mancopa, h.n. de María Leona Medina. Pretende c.m. con Melchora Juárez, h.n. de Mercedes Juárez, difunta. T: Cesario Correa, vecino de Tejahuasi, labrador, casado y José Santos Aguirre, vecino de Los Quemados, criador, casado.

479. En Leales, el 17 de junio de 1869. Se presentó José Reyes Roldan, vecino de Oran, h.l. de Cristóbal Roldan, difunto y de José Medran. Pretende c.m. con Delfina Sir, vecina de Oran, h.l. de Ignacio Sir y de Carmen Centeno. La novia es menor de edad. T: Pedro Gracia, vecino de Chilcal, labrador, casado y Luis Brito, vecino de Laguna Blanca, criador, viudo.

480. En Leales, el 17 de julio de 1869. Se presentó Gregorio Medina, vecino de Los Lunarejos, h.l. de Esteban Medina, difunto y de María Águeda Juárez. Pretende c.m. con Vicenta Medina, vecina de los Lunarejos, h.l. de José Tomás Medina y de Alejandra Díaz. T: Martín

Argañaráz, vecino de los Lunarejos, labrador, casado y Miguel Gómez, vecino de los Lunarejos, labrador, casado.

481. En Leales, el 4 de agosto de 1869. Se presentó Francisco Caraciolo Gómez, vecino de Los Lunarejos, h.l. de Romualdo Gómez y de María Cruz Argañaráz. Pretende c.m. con Teresa Gómez, vecina de Balderrama, h.l. de Anselmo Gómez y de Juliana Quintana. Con impedimento por consanguinidad en segundo grado. Causales por las que pide la dispensa: la novia es pobre, aunque sus padres no eran enteramente pobres, tienen 14 hijos y había peligro de incontinencia por el trato frecuente. Los novios son menores de edad. T: Simón Medina, vecino de Los Lunarejos, criador, casado y Ruperto Lazarte, vecino de Las Cañadas, labrador, casado.

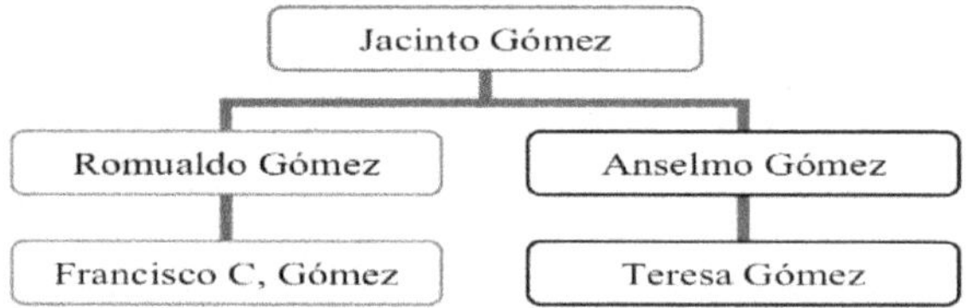

482. En Leales, el 29 de agosto de 1869. Se presentó Celestino Medina, vecino de Los Rodríguez, h.n. de Matiaza Rodríguez, difunta. Viudo de María de Jesús Herrera. Pretende c.m. con Toribia Otarola, vecina de los Rodríguez, h.n. de Hilariona Otarola. mayores de edad. T: Desiderio Arrieta, natural de Monteros, vecino de Leales, criador, casado y Laureano Leguizamón, vecino de Leales, peón, soltero.

483. En Leales, el 31 de agosto de 1869. Se presentó Jacinto Méndez, vecino del, h.l. de Lino Méndez y de Catalina Molina, vecinos de Catamarca, viudo de Manuela Cisneros. Pretende c.m. con Gregoria Rodríguez, vecina de Los Rodríguez, h.l. de Bartolomé Rodríguez y de Rosario Quintana. T: Domingo Ardiles, vecino de Leales, peón, viudo y Celedonio Veramendi, natural de Catamarca, vecino de Leales, criador, casado.

484. En Leales, el 8 de septiembre de 1869. Se presentó José Andrés Albarracín, vecino de Los Acosta, h.l. de Manuel Albarracín y de Carmen N. (sic), vecinos de Catamarca. Pretende c.m. con Virginia Rentería, vecina de Los Acosta, h.n. de Rosario Rentería. T: Mariano Acuña, natural del Rectoral, vecino de Los Aguirre, peón casado y Pablo Rentería, vecino de Los Acosta, criador, soltero.

485. En Leales, el 9 de septiembre de 1869. Se presentó Atanasio Aguirre, vecino de la Bajada del Gallo, h.l. de Juan Manuel Aguirre, difunto y de Rufina Saavedra. Pretende c.m. con Josefa Salinas, vecina de Los Sueldos, h.n. de Natividad Salinas. T: Salustiano Salinas, vecino de Quilmes, peón, soltero y Navor Alderete, vecino de Quilmes, peón, casado.

486. En Leales, el 9 de septiembre de 1869. Se presentó Pablo Santillán, vecino de Los Acosta, h.n. de Lorenza Santillán. Pretende c.m. con María Soria, vecina de Los Acosta, h.l. de Melchor Soria y de Jesús Acosta, difunta. T: Venancio Palomino, vecino de Los Acosta, criador, casado y Ramón Alderete, natural de Santiago y vecino de Los Acosta, criador, casado.

487. En Leales, el 15 de septiembre de 1869. Se presentó José Blas Roldan, vecino de La Bajada del Gallo, h.l. de Pascual Roldan, difunto y de Cleta Mendoza. Pretende c.m. con Natividad Herrera, vecino de Los Gramajo, h.l. de Benito Herrera y de Cleta Mendoza. T: Alejo Sir, vecino de Los Romanos, criador, casado e Indalecio González, natural de Monteros, vecino de Los Herrera, labrador, casado.

488. En Leales, el 15 de septiembre de 1869. Se presentó Manuel Rojas, vecino de Aron, h.l. de Rudecindo Rojas, difunto y de Santos Pérez. Pretende c.m. con Eduviges Aguirre, vecina de Los Puestos, h.l. de Casildo Aguirre y de Petrona Cajal. T: Benjamín Campero, vecino de Los Sueldos, criador, casado y Juan Blas Leal, vecino de Los puestos, criador, casado.

489. En Leales, el 18 de septiembre de 1869. Se presentó Simón Leguizamón, vecino de El Rincón, h.l. de Julián Leguizamón y de Luisa Jiménez. Pretende c.m. con Donata Zelaya, vecina de Cuchihuasi h.l. de Juan de la Cruz Zelaya y de Bartolina Guerrero, difunta. Con impedimento por consanguinidad en tercer grado con atingencia al segundo. Causales por las que pide dispensa: que la novia es huérfana de madre y que han tenido comercio ilícito. Menores de 25 años. T: Tadeo Pérez, vecino de Cuchihuasi, peón, soltero y Justo Cano, vecino de Cuchihuasi, peón, soltero. Dispensa del 21 de septiembre de 1869.

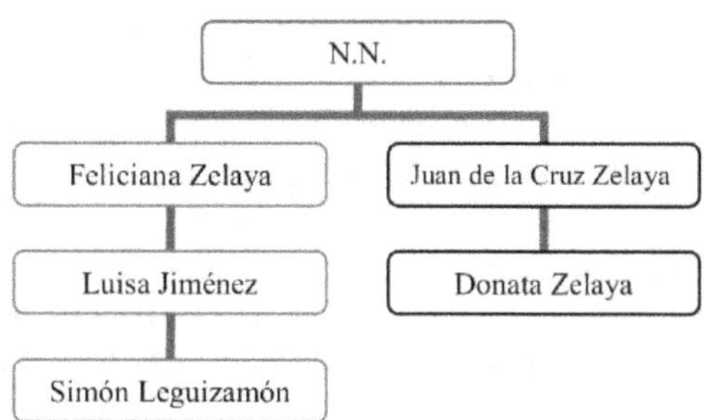

490. En Leales, el 24 de septiembre de 1869. Se presentó Manuel Antonio Escalante, vecino de Los Sueldos, h.n. de Salomé Escalante, difunta. Pretende c.m. con Carmen Campero, hija adoptiva de Eustaquio Campero. T: Marín Romano, vecino de Los Sueldos, labrador, casado y Serafín Rodríguez, vecino de Los Sueldos, labrador, casado.

491. En Leales, el 2 de octubre de 1869. Se presentó Sandalio Albornoz, vecino de Los Villagras, h.l. de Lorenzo Albornoz, difunto y de Mercedes Juárez. Pretende c.m. con Faustina González, vecina de Los Villagra, h.l. de Andrés González y de Encarnación Heredia. T: Fermín Godoy, vecino de Viclo, criador, casado y Lucas Salas, peón, casado.

492. En Leales, el 2 de octubre de 1869. Se presentó Eleuterio González, vecino de Los Tres Pozos, h.l. de Mateo González y de Gavina Sotelo. Pretende c.m. con Prudencia Ibarra, vecina de Los Tres Pozos, h.l. de Ignacio Ibarra, difunto y de Francisca Quiroga. T: Fermín Godoy, vecino de Viclo, criador, casado y Pedro Días, vecino de Los Tres Pozos, peón, soltero.

493. En Leales, el 2 de octubre de 1869. Se presentó Lorenzo Torres, vecino de Las Tuscas, h.l. de José Manuel Torres y de Javiera Pedraza, difuntos. Pretende c.m. con María Albarracín, vecina de las Tuscas, h.l. de Cruz Albarracín y de Ana María Ledesma, difuntos, viuda de Nicolás Santucho. T: Juan Escobar, vecino de Los Tres Pozos, labrador, casado y Blas Pérez, vecino de Los Tres Pozos, criador, casado.

494. En Leales, el 2 de octubre de 1869. Se presentó Fortunato Cajal, vecino de Viclo, h.l. de Bernabé Cajal y de Francisca Ana Jiménez. Pretende c.m. con Visitación Godoy, vecina de Viclo, h.l. de Agustín Godoy y de Santos Carrasco. T: Juan José Herrera, vecino de Tres Pozos, criador, casado y José María Díaz, vecino de Tres Pozos, criador, casado.

495. En Leales, el 2 de octubre de 1869. Se presentó Atenor Robles, vecino de Mancopa, h.l. de Luis Antonio Robles, difunto y de Andrea Robles. Pretende c.m. con Josefa ¿Vasauna?, vecina de Mancopa, h.n. de Josefa Antonia ¿Vasuana? T: Rudecindo Lizondo, vecino de Mancopa, criador, casado y Florencio Leal, vecino de El Cortaderal, criador, casado.

496. En Leales, el 2 de octubre de 1869. Se presentó D. Casimiro Lazarte, vecino de Los Puestos, h.l. de D. Julián Lazarte y de Da. Serafina Corbalán, difuntos. Pretende c.m. con Da. Exequiela Aguirre, vecina de Los Puestos, h.l. de D. Rosa Aguirre y de Da. Margarita Sosa, mayores de edad. T: Clemente Saavedra, vecino de Los Puestos, criador, casado y Eustaquio Jiménez, vecino de Los Tres Pozos, criador, casado.

497. En Leales, el 17 de octubre de 1869. Se presentó Rufino Rivadeneira, vecino de Viclo, h.l. de Dionisio Rivadeneira y de Rafaela Villa. Pretende c.m. con Audelina Veliz, vecina de Viclo, h.n. de Ana María Veliz. T: Luis Juárez, vecino de Los Tres Pozos, Albañil, viudo y Elías González, vecino de Viclo, peón, soltero.

498. En Leales, el 25 de octubre de 1869. Se presentó Joaquín Vallejo, vecino de Santa Rosa, h.n. de Natividad Vallejo, difunta. Pretende c.m. con Cesaria Medina, vecina de Santa Rosa, h.n. de Victoria Medina. T:

Faustino Ballón, vecino de Santa Rosa, labrador, casado y Manuel Núñez, vecino de Los Sueldos, criador, casado.

499. En Leales, el 1 de noviembre de 1869. Se presentó Sinforoso Fernández, vecino de Leales, h.l. de José Tomás Fernández, difunto y de Nazaria Jiménez. Pretende c.m. con Encarnación Contreras, h.n. de María Micaela Contreras, difunta. mayores de edad. T: Justo Teves, vecino de Las Cañitas, labrador, casado y Patricio Leguizamón, vecino de Leales, labrador, casado.

500. En Leales, el 1 de noviembre de 1869. Se presentó Santos Romero, vecino de Leales, h.l. de José María Romero y de Delfina ¿Porbe?, viudo de Manuela Lastra. Pretende c.m. con Josefa Abregú, vecina Monteros, h.l. de Julián Abregú y de Martina Martínez. mayores de edad. T: Mamerto Toscano, vecino de Leales, comerciante, casado y Eliseo Toledo, vecino de Leales, labrador, soltero.

501. En Leales, el 4 de noviembre de 1869. Se presentó Nazario Montenegro, vecino de El Chilcal, h.l. de Francisco Montenegro, difunto y de Claudia Díaz. Pretende c.m. con Juana Agüero, vecina del Chilcal, h.l. de José Lino Agüero, difunto y de Rafaela Frías. La novia es menor de edad. T: Leocadio González, vecino de Mancopa, criador, casado e Inocencio Frías, vecino de Oran, criador, casado.

502. En Leales, el 6 de noviembre de 1869. Se presentó Benjamín Faciano, vecino de Leales, h.l. de Santiago Faciano y de Justa Aragón, viudo de Rosario Rocha. Pretende c.m. con Josefa González, vecina del, h.l. de Candelaria González. mayores de edad. T: Cecilio Lobo, vecino de Santa Rosa, peón, casado y Tomás Morales, vecino de Santa Rosa, peón, casado.

503. En Leales, el 7 de noviembre de 1869. Se presentó Francisco Lencina, vecino de La Esquina, h.l. de Toribio Lencina y de Fermina Pereira. Pretende c.m. con Rosalía Rojas, vecina de La esquina, h.l. de Agustín Rojas y de Paula Pérez, difunta. mayores de edad. T: José Ufiel Cardozo, vecino de la Esquina, criador, casado e Indalecio Pérez, vecino de Quilmes, labrador, casado.

504. En Leales, el 28 de noviembre de 1869. Se presentó Prudencio Juárez, vecino de El Chañarmuyo, h.n. de Salomé Juárez. Pretende c.m. con Ceferina Leguizamón, vecina de Los Zelaya, h.l. de José Manuel Leguizamón y de Saturnina Contreras, difuntos. Menores de edad. Juan Tomás Gómez, vecino de Los Gómez, criador, viudo y Mariano Gómez, vecino de Los Gómez, criador, casado.

505. En Leales, el 30 de noviembre de 1869. Se presentó José Eduardo Nieva, vecino de Chañarmuyo, h.l. de José Asencio Nieva, difunto y de María Cornelia Villarreal. mayores de edad. T: Juan Tomás Gómez, vecino de Los Gómez, criador, casado y Mariano Gómez, vecino de Los Gómez, criador, casado.

506. En Leales, el 30 de noviembre de 1869. Se presentó Atenor Cantos, vecino de los Gomes, h.l. de Pablo Cantos y de Andrea Quintana, difunta. Pretende c.m. con Isabel Medina, vecina de Los Zelaya. La novia es menor de edad. T: Doroteo Reyes, vecino de Los Gómez, labrador, casado y Juan Tomás Gómez, vecino de Los Gómez, criador, casado.

507. En Leales, el 4 de diciembre de 1869. Se presentó Juan Alberto Villarreal, vecino de Los Sosa, h.l. de Juan Alberto Villarreal y de Vicenta Herrera, difunta. Pretende c.m. con Nicasia Guardia, vecina de Los Sosa, h.n. de Dolores Sosa. mayores de edad. T: Agustín Gómez, vecino de Los Gómez, criador, casado y José Manuel Ardiles, vecino de Los Gómez, labrador, casado.

508. En Leales, el, el 5 de diciembre de 1869. Se presentó Andrés Avelino Juárez, vecino de Las Cañadas, h.n. de Mercedes Juárez, difunta. Pretende c.m. con Lizarda Zelaya, h.n. de Eusebia Zelaya. T: Telesforo Juárez, vecino de Las Cañada, criador, casado y Agustín Acosta vecino de Los Acostillas, labrador, soltero.

509. En Leales, el 5 de diciembre de 1869. Se presentó Nicasio Ruiz, vecino de Los Brito, h.l. de Venancio Brito y de Andrea Valdez, difuntos. Pretende c.m. con Gavina Bravo, vecina de Los Yalapa, h.n. de Anastasia Bravo. mayores de edad. T: Domingo Sayas, vecino de Yalapa, criador, casado y Juan Bautista Décima, vecino de Los Décima, labrador, casado.

510. En Leales, el 8 de diciembre de 1869. Se presentó Telésforo Acosta, vecino de Los Acostillas, h.n. de Gertrudis Acosta. Pretende c.m. con Luisa Salas, vecina de El Naranjito, h.l. de Felipe Salas y de Laureana Acosta, difuntos. mayores de edad. T: Juan Alberto Villarreal, vecino de Los Sosa, criador, soltero y Pedro Leal, vecino de Las Cañadas, labrador, soltero.

511. En Leales, el 6 de enero de 1871. Se presentó Domingo Juárez, natural de Los Juárez, h.l. de Blas Juárez y de Cristina Cajal. Pretende c.m. con Indalecia Vargas, h.l. de Bernabé Cajal y de Santos Medran, vecinos de Orán. T: Bartolomé Frías, vecino de Ranchillos, criador casado y Cesario Ledesma, vecino de Laguna Blanca, criador soltero.

512. En Leales, el 15 de enero de 1871. Se presentó Eustaquio Romano, vecino de Santa Rosa, h.n. de Bibiana Romano. Pretende c.m. con Beatriz Vega, h.n. de Vicenta Vega, vecina de Santa Rosa. T: Tomás Morales, vecino de Santa Rosa, labrador, casado y José Manuel Vega, vecino de Santa Rosa, criador casado.

513. En Leales, el 29 de enero de 1871. Se presentó José de Jesús Nieva, vecino de Campo Azul, h.n. de María de la Cruz Nieva. Pretende c.m. con María Abdona Almarás, h.n. de Segunda Almarás, difunta. T: Bernardino Rojas, vecino de La Encrucijada, criador casado y Trinidad Lizondo, vecino de El Puesto Chico, criador casado.

514. En Leales, el 29 de enero de 1871. Se presentó Nazario Lizárraga, vecino de Cóndor Huasi, h.l. de Lázaro Lizárraga y de Josefa Ponce. Pretende c.m. con Manuela Frías, h.l. de Calixto Frías y de Juana Borja Medina, difunta. T: Dalmasio Suárez, vecino de La Fronterita, criador casado y Miguel Medina, vecino de La Loma, criador casado.

515. En Leales, el 5 de febrero de 1871. Se presentó Manuel Acosta, vecino de Los Acostilla, h.l. de Francisco Acosta y de Felipa Jiménez, difuntos. Pretende c.m. con Lucía Medina, h.n. de Matiaza Medina, vecinas de Los Acostilla. T: Nazario Leguizamón, vecino de Los Juárez, criador, soltero y Felipe Sir, vecino de Los Juárez, criador, casado.

516. En Leales, el 18 de febrero de 1871. Se presentó Antolín Acosta, vecino de la Esquina, h.l. de Rufino Acosta y de Tomasina Figueroa. Pretende c.m. con Tomasa Figueroa, de 20 años, vecina de la Esquina, h.l. de Hilario Toledo y de Benita Acosta. Impedimento por consanguinidad en segundo grado por ser el padre del pretendiente hermano de la madre de la pretendida. Causales por las que se pide la dispensa: Los pretendientes han convivido, por lo que tienen prole que desean legitimar; la pretendida es huérfana de padre y madre y es muy pobre. T: Justo Soraire, vecino de La Esquina, labrador, viudo y Matías Barbosa, vecino de La Esquina, labrador, casado.

517. En Leales, el 4 de marzo de 1871. Se presentó Juan Alberto Toledo, h.l. de José Manuel Toledo y de Claudia Pérez. Pretende c.m. con Emeteria Leal, h.l. de Andrés Leal y de María del Señor Núñez, vecina de Los Rodríguez. T: Ángel Romano, vecino de Leales, criador, casado y Pascual Herrera, vecino de Leales, criador, soltero.

518. En Leales, el 15 de marzo de 1871. Se presentó Juan José Alderete, vecino de Leales, h.n. de Martina Alderete, vecina de Los Zelaya. Pretende c.m. con María Gil Gutiérrez, h.n. de Liberta, vecina de la carpintería. T: Lorenzo Veliz, vecino de Vilca Pozo, labrador, casado y Feliz Martínez, vecino de Los Zelaya, labrador, viudo.

519. En Leales, el 17 de marzo de 1871. Se presentó Pascual Rojas, vecino de Cabramisqui, h.l. de Dionisio Rojas y de Andrea Rodríguez. Pretende c.m. con Rudecindo Medina, h.l. de Justo Medina y de Gabina Guerrero. T: Salustiano Soria, vecino de Cabramisqui, criador, viudo y de Javier Argañaráz, vecino de Cabramisqui, criador, casado.

520. En Leales, el 21 de marzo de 1871. Se presentó Estanislao Chávez natural de Laguna Blanca, hijo de padre no conocidos. Pretende c.m. con Natividad Cajal, h.n. de Martina Cajal, difunta. T: Ramón Lizárraga vecino de Laguna Blanca criador, casado.

521. En Leales, el 24 de marzo de 1871. Se presentó Tomás Agüero, vecino de El Chilcal h.l. de José Lino Agüero y de Faustina Palomino, difuntos, viudo de Águeda Gonzáles. Pretende c.m. con Salome Medina h.l. de Manuel Medina y de Vicencia Aguirre, difunta. T: Leocadio Gonzáles vecino de El Chilcal criador, casado y Domingo Pedernera, vecino de El Río Colorado labrador, viudo.

522. En Leales, el 3 de abril de 1871. Se presentó Manuel José Décima vecino de El Vizcacheral h.n. de Petrona Décima. Pretende c.m. con Damiana Ponce h.l. de Pedro Ponce y de Juana Paula Medina. T: Ramón Reyes vecino de Los Quemados criador, casado y Víctor Caro vecino Cuchiguasi peón, soltero.

523. En Leales, el 8 de abril de 1871. Se presentó José Miguel Ponce vecino de La Ceja h.l. de Pedro Ponce y de Juana Paula Medina. Pretende c.m. con Guadalverta Caro h.l. de Anacleto Caro difunto, y de Rosalía Décima. T: Liborio Herrera vecino de La Ceja criador, casado y Agapito Correa vecino de Tejaguasi criador, soltero.

524. En Leales, el 17 de abril de 1871. Se presentó Pedro Juan Arias vecino de Los Sueldos h.l. de Pedro Pablo Arias y de Gregoria Suárez, difuntos. Pretende c.m. con María de Los Ángeles García, h.l. de Pedro José García y de Simona Gonzáles, vecinos de La Fronterita. T: Ramón Alderete vecino de Los Acosta criador, casado y Justo Brandán vecino de Los Sueldos labrador, casado.

525. En Leales, el 20 de abril de 1871. Se presentó Mateo Juárez vecino de El Barrialito h.n. de Juana Juárez. Pretende c.m. con Clementina Figueroa h.n. de María de los Ángeles Figueroa vecina de El Barrialito. T: Marcos Rodríguez vecino de Viclo criador, casado y Manuel Juárez vecino de Viclo criador, soltero.

526. En Leales, el 4 de mayo de 1871. Se presentó Daniel Lizárraga vecino de Condorguasi h.l. de Lázaro Lizárraga y de Josefa Ponce. Pretende c.m. con Petrona Urueña vecina del Tala h.l. de Manuel Urueña y de María de la Cruz Figueroa. T: Leocadio Gonzáles vecino de El Chilcal labrador, casado y Egidio Leguizamón vecino de Mista labrador, casado.

527. En Leales, el 10 de mayo de 1871. Se presentó Mariano Navarro vecino de Los Gramajo, h.l. de Juan Antonio Gramajo y de Romualda Cajal. Pretende c.m. con María Rita Ruiz vecina de Los Gramajo h.l. de Inocencio Ruiz, difunto y de Venancia Lazarte. T: Bartolomé Santilla vecino de Los Gramajo criador, casado y Desiderio Salvatierra vecino de Las Palmitas criador, casado.

528. En Leales, el 13 de mayo 1871. Se presentó Leonardo Santucho vecino de las Tacanas, h.n. de Bonifacio Santucho. Pretende c.m. con Paulina Cabrera h.n. de Pastora Cabrera. T: Desiderio Medran vecino de Condorguasi criador, casado y José León Valdez vecino de Los Sueldos criador, casado.

529. En Leales, el 15 de mayo de 1871. Se presentó Filiberto Ruiz vecino de Los Herrera h.l. de Prudencio Herrera, difunto y de Paula Ortiz.

Pretende c.m. con Rosalía Núñez h.n. de María Engracia Núñez. T: José Agustín Valdez vecino de Los Herrera criador, casado y Miguel Villagra vecino de Los Brito criador, casado.

530. En Leales, el 22 de mayo de 1871. Se presentó Pascual Rojas, vecino de Cabramisqui h.l. de Dionisio Rojas y de Andrea Rodríguez, difuntos, viudo de Rudecinda Medina. Pretende c.m. con Celestina Rojas h.l. de Feliz Rojas y de Isabel Zelaya, vecina de Los Zelaya. T: Froilán Romano vecino de Cuchiguasi criador, casado y Lucio Brito vecino de Laguna Blanca criador, viudo.

531. En Leales, el 13 de junio de 1871. Se presentó Ignacio Herrera vecino de El Barrialito, h.l. de Mariano Herrera y de Marcelina Arias. Pretende c.m. con Constantina Juárez vecino de El Barrialito, h.n. de Juana Juárez. T: Atenor Juárez vecino de El Barrialito criador, soltero y Ramón Rodríguez vecino de El Barrialito peón, casado.

532. En Leales, el 20 de junio de 1871. Se presentó Alberto Rojas vecino de Cabramisqui, h.l. de Pascual Rojas y de Rudecinda Medina, difuntos. Pretende c.m. con Mariana Lobo h.n. de Candelaria Lobo. T: Francisco Romano vecino de Mista labrador, casado y Silvestre Herrera vecino de Mista criador, casado.

533. En Leales, el 20 de junio de 1871. Se presentó Agustín Vallejo vecino de Santa Rosa, h.l. de Benito Vallejo difunto y de Gregoria Pérez, viudo de Mercedes peralta. Pretende c.m. con Francisca Romana Sánchez, h.l. de Francisco Sánchez y de Josefa Torres, difuntos, viuda de Siliaco López. T: Cecilio Lobo vecino de Santa Rosa labrador, casado y Tomás Morales vecino de Santa Rosa peón, casado.

534. En Leales, el 29 de junio de 1871. Se presentó Juan de la Cruz Zelaya vecino de El Saladillo, h.l. de Manuel Zelaya y de Casilda Romano, difuntos, viudo de Bartolina Leguizamón. Pretende c.m. con Manuela Pasión Flores, vecina de Monteros h.l. de Anacleto Flores y de Clotilde Abregú. T: Tadeo Pérez vecino de El Saladillo, criador, casado y Esteban Caro vecino de El Saladillo criador, casado.

535. En Leales, el 2 de Julio de 1871. Se presentó Manuel Antonio Gonzáles vecino de las Tacanas, h.l. de Fermín Gonzáles, difunto y de Gregoria Moreno. Pretende c.m. con Aurelia Godoy h.n. de Visitación Godoy. T: Mateo Juárez vecino de El Barrialito criador, casado y Felipe Cabrera vecino Las Tuscas criador, casado.

536. En Leales, el 6 de agosto de 1871. Se presentó Juan de Dios Argañaráz natural de Los Gómez h.l. de Agustín Argañaráz y de Liberata Rojas, difuntos. Pretende c.m. con Matea Quintana h.l. de Mario Quintana, difunto y de Petrona Gómez. T: Rosa Villareal vecino de Los Gómez labrador, viudo y Dionisio Veliz vecino de los Gómez labrador, casado.

537. En Leales, el 6 de agosto de 1871. Se presentó Cayetano Quintana vecino de Los Gómez, h.l. de José María Quintana, difunto y de Petrona Gómez. Pretende c.m. con Rosalía Argañaráz h.l. de Buenaventura Argañarás y Petronila Leguizamón, difuntos. T: Dionisio Veliz vecino de los Gómez labrador, casado y Rosa Quintana vecino de Los Gómez, labrador, soltero.

538. En Leales, el 30 de agosto de 1871. Se presentó Nicolás Herrera vecino de El Rincón h.l. de Valentín Herrera y de Carmen Juárez. Pretende c.m. con Lucinda Jiménez h.n. de Ceferina Jiménez, difunta vecina del Rincón. T: Jacinto Argañarás vecino de Los Gómez labrador, soltero y Pablo Cantos vecino de Las Cañadas criador, casado.

539. En Leales, el 3 de Setiembre de 1871. Se presentó Gabino Juárez h.l. de José María Juárez y de Cayetana Ponce, difuntos, vecinos del Talacocha. Pretende c.m. con Reyes Barros de 24 años, h.l. de Antonio Barros, difunto y de Tomasa Juárez, vecino de Laguna Blanca. Ligados por un impedimento de consanguinidad en 2do grado. Causales por las que piden la dispensa: La pretendida es pobre; huérfana de padre; no tiene otro pretendiente. T: Pedro José García, de 50 años, vecino de la Fronterita labrador, casado y Marcelino Pérez vecino de Laguna Blanca criador, casado.

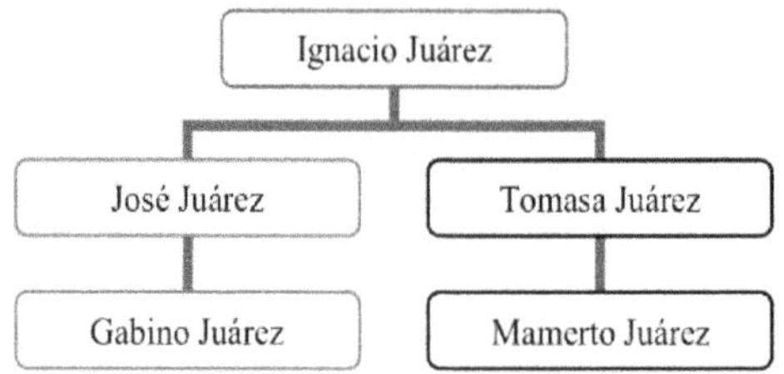

540. En Leales, el 14 de octubre de 1871. Se presentó Ángel Mariano Jiménez, vecino de Los Villagra, h.l. de Juan Jiménez y de Catalina Juárez. Pretende c.m. con Teodora Villareal, h.l. de Pedro Villareal, difunto y de Paula González, viuda de Fernando Vizcarra. T: Fermín Godoy, vecino de Los Villagra, labrador, casado y Antolín Jiménez, vecino de Viclo, labrador, casado.

541. En Leales, el 15 de octubre de 1871. Se presentó José María Juárez, vecino de Tres Pozos, h.l. de Leocadio Juárez y de Brígida Urueña. Pretende c.m. con Evaristo González, h.l. de Fernando González, difunto y de Severina Rojas, vecina de Los Villagra. T: Felipe Cabrera, natural de Santiago del Estero y avecindado en Las Tusquitas, criador, soltero y Juan Lastra, vecino de Los Tres Pozos, criador, casado.

542. En Leales, el 19 de noviembre de 1871. Se presentó Pablo Brito, vecino de la Loma Verde, h.l. de Agustín Brito y de Paula Pérez, difuntos. Pretende c.m. con Martina Aguirre, h.n. de Celestina Aguirre, difunta, vecina de Leales. T: Demetrio Puentes, vecino de Leales, labrador, casado y Francisco Leguizamón, vecino de Leales, labrador, casado.

543. En Leales, el 1 de diciembre de 1871. Se presentó Cirilo Guardias, vecino de Chañar Muyo, h.l. de Eusebio Guardia y de Salomé Ardiles. Pretende c.m. con Dorotea Fernández, de unos 20 años, h.l. de Domingo Fernández y de Francisca Quintana, vecina de Los Gómez. Impedimento de consanguinidad en tercer grado. Causales por las que se pide la dispensa: los padres de la novia son pobres y tienen dos hijos más. T: Juan Tomás Gómez, vecino de Los Gómez, labrador, casado y Bernardino Juárez, vecino de Los Gómez, labrador, soltero.

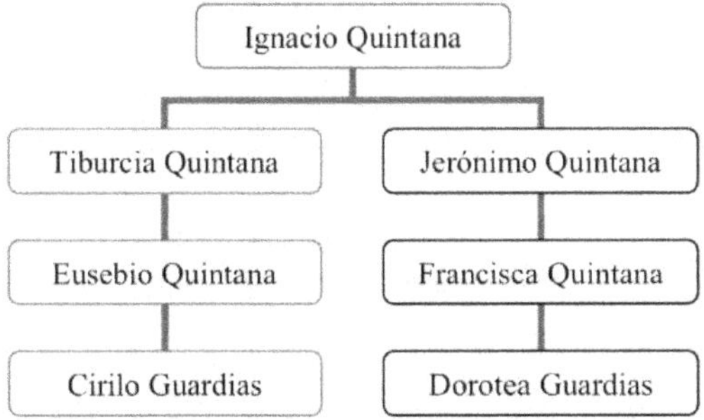

544. En Leales, el 3 de diciembre de 1871. Se presentó Hilario Palomar, vecino de Los Gramajo, h.l. de José María Plomar y de Andrea Ruiz, difunta. Pretende c.m. con Tomasa Ruiz, vecina de Los Gramajo, h.n. de Jorge Ruiz. T: Miguel Mendoza, vecino de Los Gramajo, labrador, viudo y Melitón Aguirre, vecino de Los Gramajo, labrador, soltero.

545. En Leales, el 3 de diciembre de 1871. Se presentó Justo Fernández, vecino de Los Gómez, h.l. de Domingo Fernández y de Francisca Quintana. Pretende c.m. con Feliciano Guardias, h.l. de Juan Gil Guardias y de Alejandra Lazarte, difunta. T: Dionisio Veliz, vecino de Los Gómez, labrador, casado y Bernardino Juárez, vecino de Los Gómez, labrador, soltero.

546. En Leales, el 3 de diciembre de 1871. Se presentó Timoteo Leguizamón, vecino de Los Gómez, h.l. de Ciriaco Leguizamón y de Anastasia Ardiles. Pretende c.m. con Ascensión Gómez, vecina de Monteros, h.n. de Mercedes Gómez. T: Dionisio Veliz, vecino de Los Gómez, labrador, casado y Miguel Veliz, vecino de Los Gómez, labrador, soltero.

547. En Leales, el 17 de diciembre de 1871. Se presentó Desiderio Lizárraga, vecino de La Soledad, h.l. de Lázaro Lizárraga y de Josefa

Ponce. Pretende c.m. con Petrona Suárez, h.l. de Dalmasio Suárez y de Gregoria Palavecino, vecinos de La Fronterita. T: Pablo Ledesma, vecino de Laguna Blanca, jornalero, casado y Francisco Brito, vecino de Laguna Blanca, criador, soltero.

548. En Leales, el 2 de enero de 1872. Se presentó Juan Asencio Bulacio natural de los García h.l. de Juan Asencio Bulacio difunto y de Ricarda Gómez. Pretende c.m. con Dalmira Pérez vecina de Leales h.l. de Carmelo Pérez difunto y de Micaela Lazarte. T: Manuel Torres vecino de Los García labrador, casado y Gregorio Santillán vecino de los García labrador, casado.

549. En Leales, el 28 de enero de 1872. Se presentó José Adolfo Medina natural de Oran h.l. de Luis Medina y de Celestina Sosa Pretende c.m. con Zoila Medrano h.n. de Santos Medrano vecina de Oran. T: Eugenio Juárez vecino de Oran labrador, soltero e Inocencio Farías vecino de Oran labrador, casado.

550. En Leales, el 2 de febrero de 1872. Se presentó Diego Ponce natural de Los Rodríguez h.l. de Miguel Ponce y de Anastasia Rodríguez, difuntos Pretende c.m. con María Vital Caro h.n. de Marcelina Caro difunta, vecina de los Quemados. T: D. Juan Pedro Toscazo, vecino de Leales criador, casado y Fortunato Gómez carpintero, casado.

551. En Leales, el 11 de febrero de 1872. Se presentó Higinio Acosta natural de Las Cañitas, viudo de Tomasina Herrera, h.l. de Agustín Acosta y de Inocencia Tevez difuntos. Pretende c.m. con Rosario Tevez h.l. de Francisco Tevez y de Fluctuosa Leguizamón, difuntos, vecino de Los Juárez. T: Ángel Delgado, comerciante, casada y Miguel Quipildor, albañil, casado.

552. En Leales, el 3 de marzo de 1872. Se presentó Juan Pedro Roldan vecino de Cabramisqui h.l. de Juan Antonio Roldan y de Pascuala Aguirre, difuntos, viudo de Florentina Montoya. Pretende c.m. con Carmen Pérez h.l. de D. Ignacio Pérez y Rufina Gonzáles viuda de Miguel Ponce. T: Fernando Ávila vecino de Los Sosa criador, casado y José Inocencio Rojas vecino de La Encrucijada criador, casado.

553. En Leales, el 10 de marzo de 1872. Se presentó D. Francisco Gómez vecino de los Lunarejos, h.l. de D. Romualdo Gómez y de Da. Cruz Argañaráz. Pretende c.m. con Da. Liberata Aguirre, vecina del puesto de las Zorras h.l. de D. Esteban Aguirre y Da. Francisca Núñez. T: Cornelio Herrera vecino de Los Puestos, labrador, casado y Ruperto Lazarte vecino de las Cañadas labrador, casado.

554. En Leales, el 17 de marzo de 1872. Se presentó Lindor Figueroa vecino de la Esquina h.n. de Rita Figueroa. Pretende c.m. con Fabriciana Lencina, vecina de la Esquina, h.l. de Toribio Lencina y de Fermina

Pereyra difuntos. T: Mariano Correa vecino de la Esquina labrador, casado y Jesús Valdez vecino de la Esquina labrador, casado.

555. En Leales, el 17 de marzo de 1872. Se presentó Pedro Veliz vecino de Quilmas h.l. de Francisco Borja Veliz y de Visitación Pérez. Pretende c.m. con Florinda Caravajal, vecina de Quilmas, h.n. de Ruperta Caravajal. T: Manuel Antonio Escalante, vecino de Los Sueldos, sastre, casado y Juan de la Cruz Barbosa, vecino de La Esquina, labrador, casado.

556. En Leales, el 17 de marzo de 1872. Se presentó Juan José Fernández, vecino de La Esquina, h.n. de Santos Fernández, difunta. Pretende c.m. con Nieves Soria, vecina de la Esquina, h.n. de Juana Paula Soria, difunta. T: Timoteo Trejo, vecino de Los Sueldos, jornalero, soltero y Bautista Pavón, vecino de La Esquina, labrador, casado.

557. En Leales, el 21 de marzo de 1872. Se presentó Miguel Noble vecino de Los Tres Posos h.n. de María de Jesús Noble. Pretende c.m. con Eduviges Juárez vecina de Los Tres Posos, vecina de Los Tres Poso h.n. de Martina Juárez. T: Bartolomé Nieva, vecino de Río Chico, labrador, casado y Raimundo Ibarra vecino de Los Tres Posos labrador, casado.

558. En Leales, el 24 de marzo de 1872. Se presentó Francisco Villareal vecino de Las Cañadas, h.n. de Cornelio Villareal. Pretende c.m. con Teodora Quintana, h.l. de Santiago Quintana y de Manuela Juárez, difuntos vecina de Chañar Mullo. T: Juan Feliz Leguizamón, vecino de las Cañadas labrador, viudo y Ruperto Lazarte, vecino de Las Cañadas, labrador, casado.

559. En Leales, el 31 de marzo de 1872. Se presentó José Rosa Quintana, vecino de los Gómez h.n. de Rufina Quintana. Pretende c.m. con Paulina Medina vecina de Los Gómez, h.n. de Isabel Medina, difunta. T: Dionisio Veliz, vecino de Los Gómez labrador, casado y Mariano Gómez, vecino de Los Gómez, labrador, casado.

560. En Leales, el 31 de marzo de 1872. Se presentó Luis Antonio Zelaya, vecinos de Las Cañadas h.l. de Juan de Dios Zelaya y de Juana Ledesma. Pretende c.m. con Catalina Costilla vecina del Vizcacheral, h.l. de Nolasco Costilla y de Josefa Juárez. T: Agapito Zelaya, vecino de las Cañadas, labrador, casado y Agapito Gómez vecino de El Rincón labrador, casado.

561. En Leales, el 12 de abril de 1872. Se presentó José María Martínez, vecino de Mista h.l. de Anastasio Martínez y de Felipa Alderete. Pretende c.m. con Saturnina Gutiérrez, de 16 años, h.l. de Juan Santos Gutiérrez y de María Antonia Juárez. Impedimento por consanguinidad en 3er grado. Causales por la que pide la dispensa: La pretendida es pobre, con padres igualmente pobres y uno de ellos enfermo y no ha tenido otros pretendientes. T: Liborio Pérez, vecino de las Pirguas labrador, soltero y Francisco Costilla vecino de El Vizcacheral labrador, viudo.

562. En Leales, el 21 de abril de 1872. Se presentó Dionisio Leguizamón vecino de El Chañar Mullo h.l. de Ciriaco Leguizamón y de Anastasia Ardiles. Pretende c.m. con Celedonia Ponce h.n. de Magdalena Ponce. T: Miguel Nieva, vecino de las Cañadas, labrador, soltero y Francisco Villareal, vecino de las cañadas, labrador, casado.

563. En Leales, el 5 de mayo de 1872. Se presentó Pedro Miguel Argañaráz vecino de Mista h.l. de Feliciano Argañaráz y de Águeda Zelaya, difunta. Pretende c.m. con Concepción Navarro vecina del Vizcacheral h.l. de Tiburcio Navarro difunto y de Polonia Costilla. T: Bartolomé Brito, vecino de Tejaguasi labrador, soltero y Electo Correa vecino de Los Puestos, labrador, soltero.

564. En Leales, el 5 de mayo de 1872. Se presentó Manuel Núñez vecino de Los Puestos h.l. de Pedro Núñez, difunto y de Venencia Díaz. Pretende c.m. con Cleofé Medina h.l. de Agapito Medina y de Manuela Lizárraga. T: Audón Aguirre vecino de los Puestos labrador, casado y Casimiro Lazarte vecino de los Puestos labrador, casado.

565. En Leales, el 9 de mayo de 1872. Se presentó Desiderio Salvatierra, vecino de Las Palmitas, h.n. de Bernardina Salvatierra, difunta, viudo de Rosa Cajal. Pretende c.m. con Bonifacio Orellana, vecina de Los Sueldos, h.l. de José Orellana y de Juana Núñez, difuntos, viuda de Luis Acosta. T: Francisco Saavedra vecino de Los Puestos zapatero, soltero y Sandalio Lazarte vecino de Los Puestos, labrador, soltero.

566. En Leales, el 12 de mayo de 1872. Se presentó Mauricio Barrionuevo vecino de Los Herrera h.l. de Francisco Barrionuevo difunto y de Antonia Gonzáles, viudo de Rosa Barrionuevo. Pretende c.m. con Bárbara Lazarte h.l. de Juan Felipe Lazarte, difunto y de Jerónima Ruiz. T: José Quintero vecino de Los Herrera, labrador, casado y Simón Herrera, vecino de Los Gramajo, labrador, soltero.

567. En Leales, el 2 de junio de 1872. Se presentó Robustiano Aguirre vecino de Leales, h.l. de José Aguirre y de Prudencia Figueroa. Pretende c.m. con Marcelina Juárez h.n. de Marcelina Juárez, vecinas de Los Quemados. T: Rosario Visa vecino de Leales jornalero, soltero y Demetrio Puentes vecino de Leales albañil, casado.

568. En Leales, el 7 de Julio de 1872. Se presentó Pedro Nolasco Vizcarra, h.l. de Isidro Vizcarra y de Catalina Villareal. Pretende c.m. con Dionisia Gonzáles, de 20 años, h.l. de Andrés Gonzáles y de …. Impedimento por consanguinidad en 3er Grado Causales por la que pide la dispensa: La pretendida es sumamente pobre y los padres tienen 3 hijos más. T: Juan Jiménez, vecino de los Villagra, labrador, casado y Mariano Jiménez, vecino de los Villagra criador, casado.

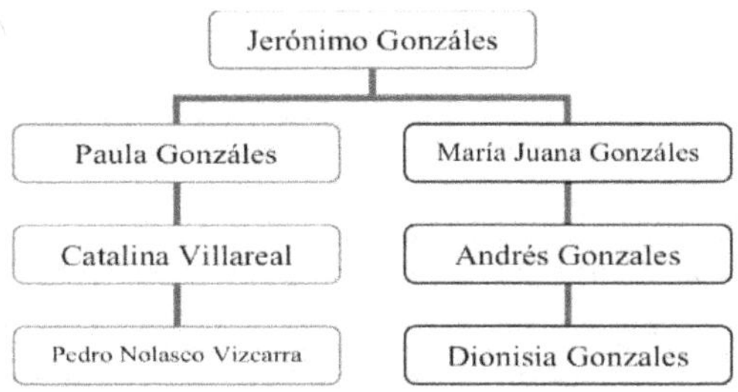

569. En Leales, el 16 de junio de 1872. Se presentó Luis Rosa h.l. de Luis y Josefa Lezcano difuntos. Pretende c.m. con Audolina Romano h.l. de José Romano y de Rosa Gonzáles, difunta, vecino de El Cortaderal. T: Domingo Barraza, vecino de Mancopa labrador, casado y Marcelino Cuello vecino de El Cevilar labrador, soltero.

570. En Leales, el 16 de junio 1872. Se presentó Manuel Romano vecino de Mancopa, h.l. de José Antonio Romano y de Josefa Gonzáles, difunta. Pretende c.m. con Aurora Leal, vecina del Cortaderal, h.l. de Pedro Celestino Leal y de Guadalupe Palavecino. T: Domingo Barraza vecino de El Cortaderal, labrador, casado y Pedro Barburi, vecino de El Cortaderal labrador, casado.

571. En Leales, el 30 de junio de 1872. Se presentó Aniceto Vega vecino de Los Sueldos, h.n. de Vicenta Vega. Pretende c.m. con Inocencia Décima, vecina de los Sueldos, h.l. de Severino Décima y de Juana Páez difunta. T: Francisco Juárez vecino de La Encrucijada, jornalero, casado y Lucas Hernández, vecino de Santa Rosa, labrador, casado.

572. En Leales, el 27 de Julio 1872. Se presentó Francisco Acosta, vecino de Leales, h.l. de Francisco Acosta y de Cristina Gómez. Pretende c.m. con Isabel Gómez vecina de Leales, h.l. de Silverio Gómez, y de Carlota Quipildor. T: Donato Brito vecino de Leales, criador, casado y Francisco Leguizamón, vecino de Leales labrador, casado.

573. En Leales, el 12 de Julio de 1872. Se presentó Agapito Zelaya, h.n. de Salomé Zelaya vecino de las Cañadas. Pretende c.m. con Rufina Zelaya, 23 años, h.l. de Juan de La Cruz Zelaya y Bartolina Leguizamón, difunta vecina de Cuchiguasi. Impedimento por consanguinidad en 3er. Grado. Causales por la que pide la dispensa: La pretendida es pobre y el padre tiene 4 hijos más. T: Pedro Juárez vecino de los Acostillas labrador, viudo y Jacinto Lezcano, natural de Bs. As. y avecindado en los Acostillas, labrador, viudo.

574. En Leales, el 28 de Julio de 1872. Se presentó José Décima, vecino de El Barrialito, h.l. de Juan de Dios Décima y de Tomasina Cuevas, difuntos. Pretende c.m. con Antonia Juárez, h.l. de Mamerto Juárez y de Consolación Ruiz, difunta. T: José Manuel Ulloa, vecino de Los Puestos, criador, soltero y Felipe Domínguez, natural de Santiago del Estero, avecindado en El Barrialito, jornalero, casado.

575. En Leales, el 28 de julio de 1872. Se presentó Nicanor Palavecino, vecino de Viclo, h.l. de León Palavecino y de Juana García, difuntos. Pretende c.m. con Vital Sotelo, h.n. de Nicolasa Sotelo, vecina de Viclo. T: Calixto Frías, vecino de El Chilcal, criador, casado y Doroteo Ovejero, vecino de Viclo, jornalero, casado.

576. En Leales, el 15 de agosto de 1872. Se presentó José Santos Herrera, viudo de Norberta Galván cuyo cuerpo fue sepultado en el cementerio de Leales, vecino de Los Quemados, h.l. de Esteban Herrera y Petrona Ponce, difuntos. Pretende c.m. con Tomasa Rodríguez, vecina de Los Rodríguez, h.l. de Bartolomé Rodríguez y de Rosario Quintana, viuda de Marco Pérez, cuyo cuerpo fue sepultado en el cementerio de Villa Mercedes. T: Miguel Quipildor vecino de Leales albañil, casado y Demetrio Puentes vecino de Leales albañil, casado.

577. En Leales, el 18 de agosto de 1872. Se presentó Estratón Herrera h.n. de Antonia Herrera, vecino de los Gramajo. Pretende c.m. con Consolación Aguirre h.n. de María del Señor Aguirre, vecina de los Gramajo. T: Jesús Aguirre vecino de los Aguirre labrador, casado y Pedro Herrera vecino de los Gramajo, labrador, casado.

578. En Leales, el 18 de agosto de 1872. Se presentó Venancio Saavedra vecino de Los Puestos h.n. de Venancia Saavedra. Pretende c.m. con Ludgarda Aguirre h.n. de Bartolina Aguirre, vecina de Los Puestos. T: Agapito Cortes vecino de Los Puestos criador, casado y Rosa Aguirre vecino de los Puestos criador, casado.

579. En Leales, el 21 de agosto de 1872. Se presentó Severo Juárez vecino de La Encrucijada h.l. de Basilio Juárez y de Pilar Aguirre, difuntos, viudo de Josefina Rojas. Pretende c.m. con Clara Argañaráz h.l. de Pedro Argañaráz difunto y de Filiberta Almarás vecina del campo azul. T: Blas Aguirre, vecino de los puestos, criador, casado y Avelino Gonzáles, vecino de El Puesto Chico, criador, casado.

580. En Leales, el 30 de agosto de 1872. Se presentó José Manuel Zelarayán, vecino de Mancopa h.n. de Mercedes Zelarayán, viudo de Isabel Gonzáles. Pretende c.m. con Micaela Lazarte h.l. de Ignacio Lazarte y de Pascuala Figueroa, difuntos vecinos de la esquina, viuda de Carmelo Pérez. T: Florencio Jiménez, vecino de El Cortaderal criador, casado y Celedonio Torros, vecino de El Cortaderal, labrador, soltero.

581. En Leales, el 29 de Setiembre de 1872. Se presentó Gregorio Nieva vecino de la Tusquitas h.l. de Norberto Nieva y de Rosa Villa, difuntos, viudo de Francisca Campos. Pretende c.m. con Casimira Godoy h.l. de Agustín Godoy y de Santos Carranza, vecina de las Tusquitas. T: Evaristo Ibarra vecino de Los Tres Posos criador, casado y José Antonio Montero vecino de las Tusquitas, criador, casado.

582. En Leales, el 6 de octubre de 1872. Se presentó Balbín Figueroa vecino de la Esquina h.l. de Faustino Figueroa y de Hermenegilda Lezcano. Pretende c.m. con Aurora Torres vecina de la Esquina h.n. de Emilia Torres, difunta. T: Juan de la Cruz Barbosa labrador, casado y David Zamorano vecino de Los Sueldos criador, soltero.

583. En Leales, el 13 de octubre de 1872. Se presentó Ramón Sotelo vecino de las Tusquitas, h.l. de Mariano Sotelo, difunto y de Transito Altamiranda, viudo de Aniceta Medina. Pretende c.m. con Rosa Nieva, h.l. Gregorio Nieva y de Francisca Campos, vecina de las Tusquitas. T: José María Juárez, vecino de los Tres Posos criador, casado y Evaristo Ibarra vecino de los Tres Posos criador, casado.

584. En Leales, el 13 de octubre de 1872. Se presentó Ramón Medina vecino de los Lunarejos, h.l. de Agustín Medina y de Benita Montero, difunta. Pretende c.m. con Delfina Argañaráz, h.l. de Juan Argañaráz, difunto y de Gregoria Argañarás, vecino de El Campo Grande. T: José Argañaráz, vecino de los Gomes labrador, casado y Mariano Gómez vecino de los Gómez labrador, casado.

585. En Leales, el 26 de octubre de 1872. Se presentó D. Miguel Campero vecino de los Sueldos h.l. de D. Francisco Campero y de Da. Juana Delgado, difunta. Pretende c.m. con Da. Ubaldina Robles de 24 años, vecina de Famaillá h.l. de D. Benedicto Robles y de Da. Gabriela Aráoz. Impedimento de Consanguinidad en 4to grado con atingencia al 3ro. T: Ramón Abregú vecino de Agua Blanca labrador, casado y Domingo Zamorano vecino de Los Sueldos labrador, casado.

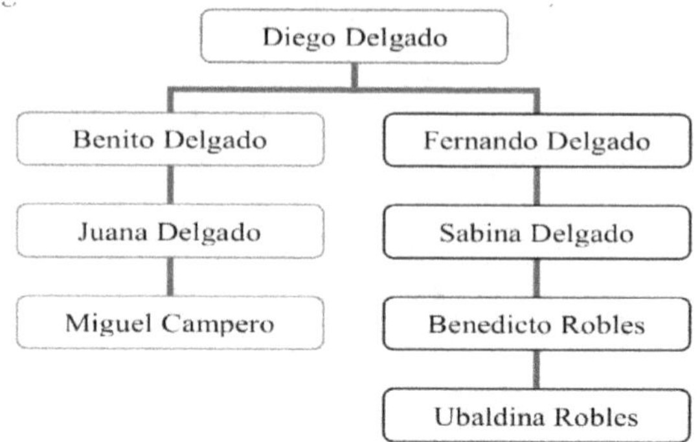

586. En Leales, el 28 de octubre de 1872. Se presentó D. Desiderio Rodríguez vecino de El Puesto del Medio h.l. de D. Teodoro Rodríguez y de Da. Bibiana Medina. Pretende c.m. con Da. Mónica Moreno de 22 años, h.l. de D. Bernardo Moreno, difunto y de Da. Mónica Medina, vecinos del Churqui. Impedimento por consanguinidad en 2do grado. Causales por la que pide la dispensa: La madre de la pretendiente es pobre y tiene 5 hijos más. T: Anastasio Rojas vecino de Los Sotelos, criador, casado y Desiderio Salvatierra vecino de las Palmeritas criador, casado.

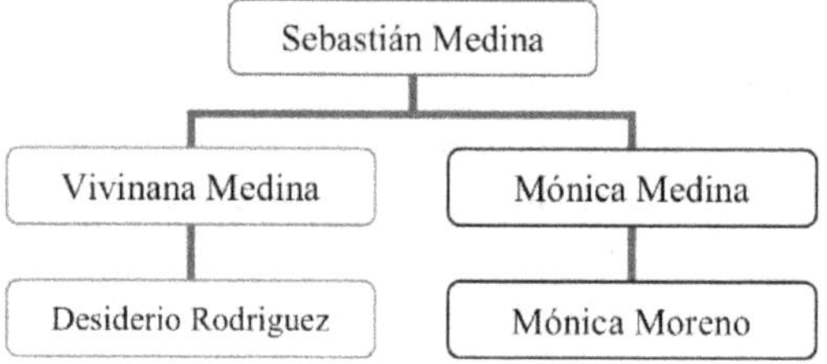

587. En Leales, el 1 de noviembre de 1872. Se presentó Isaac Visa h.n. de Remigia Visa, vecino de Leales. Pretende c.m. con Delmira Aguirre h.l. de José Aguirre y de Prudencia Figueroa, vecina de Leales. T: Laureano Leguizamón, vecino de Leales, jornalero, casado y Felipe Juárez natural de Graneros y avecindado en Leales, jornalero, casado.

588. En Leales, el 24 de noviembre de 1872. Se presentó Esteban Serrano vecino de Oran h.n. de Cristina Serrano. Pretende c.m. con Petrona Roldan de 17 años, h.n. de Felipa Roldan vecina de Cuchihuasi. Impedimento por afinidad ilícita en 1er grado. Causales por las que se pide la dispensa: La pretendida es pobre y su madre tiene 3 hijos más. T: Rufino Corbalán vecino de los Puestos labrador, soltero y Benjamín Campero vecino de los Sueldos labrador, casado, ambos de más de 30 años.

589. En Leales, el 1 de diciembre de 1872. Se presentó Bautista Villafañe vecino de Chañar Mullo, h.n. de Petrona Villafañe, difunta. Pretende c.m. con Evangelista Juárez, h.n. de Salome Juárez, vecina de Chañar Muyo. T:

José Antonio Juárez vecino de Los Gómez labrador, casado y Francisco Villarreal vecino de los Gómez jornalero, casado.

590. En Leales, el 8 de diciembre de 1872. Se presentó Pedro Argañaráz vecino de El Campo Grande h.l. de José Argañaráz difunto y de Eugenia Lazarte. Pretende c.m. con Pilar Lazarte h.l. de Hilario Lazarte y de Marcelina Correa vecinos de Los Romanos. T: Modesto Medina vecino de Los Lunarejos, labrador, casado y Hermenegildo Rodamonte vecino de los Lunarejos labrador, casado.

591. En Leales, el 8 de diciembre de 1872. Se presentó Ezequiel Romano vecino de Yacuchiri h.l. de Justo Romano difunto y de Francisca Medina. Pretende c.m. con Lorenza Rivadeneira vecina de Los Lunarejos h.l. de Basilio Rivadeneira y de Dalmasia Leguizamón. T: Narciso Islas vecino de los Mendoza labrador, casado y Rufino Juárez vecino de los Mendoza labrador, casado.

592. En Leales, el 15 de diciembre de 1872. Se presentó Domingo Medina vecino de Santa Rosa h.n. de Dominga Medina, viudo de Manuela Romano. Pretende c.m. con Rosalía Juárez h.n. de Petrona Juárez, viuda de Anacleto Caro, vecina de Santa Rosa. T: Eleodoro Venencia vecino de Santa Rosa labrador, casado y Crisóstomo Pomo vecino de Santa Rosa criador, casado.

593. En Leales, el 20 de diciembre de 1872. Se presentó Melitón Ardiles vecino de los Gomes h.n. Agustina Ardiles. Pretende c.m. con Bartolina Lazarte de 28 años, vecina de los Gómez h.l. de Francisco Lazarte y de Timotea Ardiles. Impedimento por consanguinidad en 3er Grado. Causales por las que se pide la dispensa: La pretendida es huérfana de madre y el padre tiene 3 hijos más. T: Rosa Villarreal vecino de los Gómez labrador, viudo y Bernardino Juárez vecino de Los Gómez labrador, soltero.

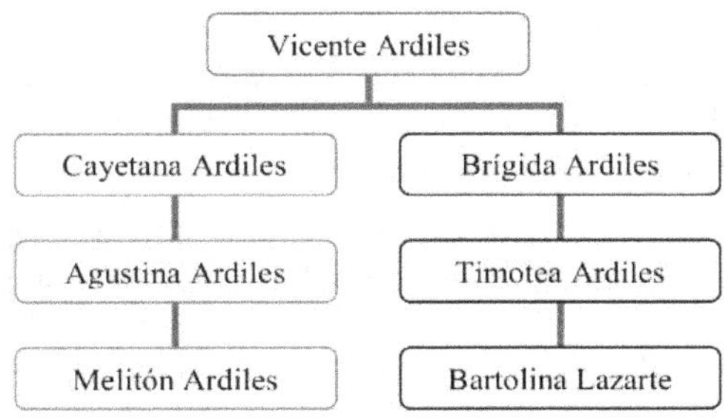

594. En Leales, el 2 de diciembre de 1872. Se presentó Dalmasio Gómez vecino de Los Gómez h.n. de Juana Gómez. Pretende c.m. con Juana Argañaráz vecina de Los Gómez h.l. de Buenaventura Argañaráz y de Petronila Leguizamón, difuntos. T: Dionisio Véliz vecino de Los Gómez labrador, casado y José Juárez vecino de Los Gómez labrador, casado.

595. En Leales, el 29 de diciembre de 1872. Se presentó Bautista Juárez vecino de los Tres Posos h.l. de Anselmo Juárez y de Gregoria Jiménez. Pretende c.m. con Mercedes Jiménez vecina de Los Tres pozos h.l. de Javier Jiménez y de María Andrada, difuntos. T: Lorenzo Torres, vecino de Los Tres Posos artesano, casado y Aníbal Montero vecino de las Tusquitas peón, casado.

596. En Leales, el 29 de diciembre de 1872. Se presentó Severo Juárez vecino de los Tres Posos h.l. de Pedro Juárez y de Cruz Herrera, difuntos. Pretende c.m. con Mercedes Juárez h.l. Anselmo Juárez y Gregoria Jiménez. T: Lorenzo Torres vecino de las Tusquitas artesano, casado y Aníbal Montero vecino de las Tusquitas peón, casado.

597. En Leales, el 29 de diciembre de 1872. Se presentó Siríaco Aredes vecino de la Esquina h.l. de Antonio Aredes y de Manuela Díaz, difuntos. Pretende c.m. con Saturnina Pereyra, vecina de la Esquina, h.l. de Ángel Pereyra y de Visitación Lizondo. T: Jesús Valdez vecino de la Esquina labrador, casado y Damiano Nieva vecino de la Esquina carpintero, soltero.

598. En Leales, el 5 de enero de 1873. Se presentó Eustaquio Palavecino, h.l. de Renovado Palavecino y de Rosario Frías, vecino de Viclo, viudo de Manuel Sosa. Pretende c.m. con Mónica Lizárraga, h.l. de Julián Lizárraga, difunto, y de Petrona Jiménez. T: Pedro Montero, vecino de Viclo, criador, casado y Florencio Bazán, vecino de Viclo, criador, soltero.

599. En Leales, el 12 de enero de 1873. Se presentó Telésforo Décima, h.n. de Hermenegildo Décima, vecinos del Vizcacheral. Pretende c.m. con Ramona Núñez, h.n. de Benita Núñez. T: Pedro Argañaráz, vecino de El Vizcacheral, labrador, casado y Luciano Rojas, vecino de la Loma Verde, labrador, casado.

600. En Leales, el 12 de enero de 1873. Se presentó Segundo Ruperto Brito, vecino de Santa Rosa, h.l. de Ruperto y de Mariana Inés Reinoso. Pretende c.m. con Benjamina Relaño, h.l. de Fidel Relaño y de Benjamina Juárez. T: Luis Brito, vecino de Laguna Blanca, criador, soltero y Bonifacio Frías, vecino de El Chilcal, labrador, casado.

601. En Leales, el 15 de enero de 1873. Se presentó Tomás Medina, vecino de Los Lunarejos, h.l. de Modesto Medina y de Jerónima Medina, difuntos. Pretende c.m. con Anselma Medina, vecina de Los Lunarejos, h.l. de Simona Medina y de María Argañaráz. T: Tomás Gómez, vecino de Los Gómez, labrador, viudo y Ramón Rosa Navarro, vecino Yacuchiri, labrador, casado.

602. En Leales, el 18 de enero de 1873. Se presentó D. Lino Campero, vecino de Los Sueldos, viudo de Da. Margarita Albornoz, h.l. de D. Eustaquio Campero y de Da. Mauricio Vaca, difunta. Pretende c.m. con Da. Carmen Acosta, de 22 años, vecina de Los Acosta, h.l. de D. Francisco

Acosta, difunto y de Da. Jacoba Acosta. Impedimento por consanguinidad en tercer grado. Causales por las que se pide la dispensa: La Pretendida es sumamente pobre, con una madre igualmente pobre, viuda y con el peso de tres hijos más. T: Benjamín Soria, vecino de Los Sueldos, labrador, casado y Lucas Zamorano, vecino de Los Sueldos, labrador, casado.

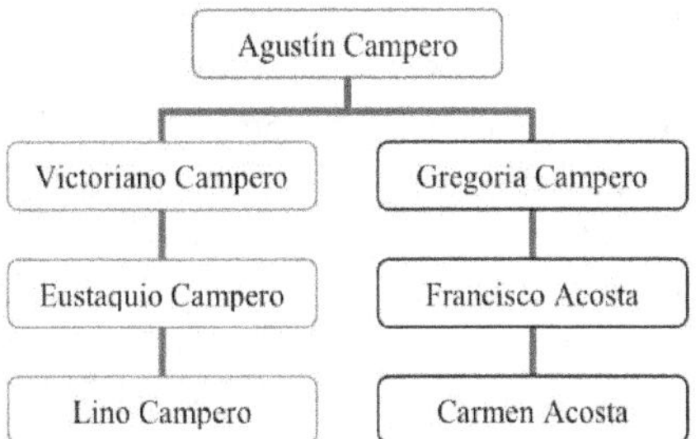

603. En Leales, el 19 de enero de 1873. Se presentó Rufino Correa, vecino de Los Gómez, h.l. de Teodoro Correa y de Emiliana Ibarra. Pretende c.m. con Leona Argañaráz, vecina de Las Cañas h.n. de Tránsito Argañaráz. Miguel Véliz, vecino de Los Gómez, labrador, soltero y Reyes Ardiles, vecino de Los Gómez, labrador, soltero.

604. En Leales, el 26 de enero de 1873. Se presentó Eugenio Herrera, vecino de La Cañada, viudo de Carmen Leguizamón, h.l. de ... Herrera y de Prudencia Ávila. Pretende c.m. con Bibiana Quintana, vecina de Chañar Muyo, h.l. de Santiago Quintana y de Manuela Juárez. T: Antonio Rodríguez, vecino de Los Rodríguez, criador, casado y Feliz Romano, vecino de Leales, labrador, casado.

605. En Leales, el 9 de febrero de 1873. Se presentó Estratón Medina, vecino de Las Tusquitas, h.l. de Mateo Medina y de Gabina Sotelo. Pretende c.m. con ¿Ginesa? Díaz, h.l. de Bernardo Díaz y de Josefa Lazarte, difuntos, vecina de Los Tres Pozos. T: José Lorenzo Torres, vecino de Las Tusquitas, artesano, casado y Pedro Rojas, vecino de Las Tusquitas, peón, soltero.

606. En Leales, el 6 de abril de 1873. Se presentó Rosario Visa, vecino de Leales, h.l. de Dominga Visa. Pretende c.m. con Jovinda Aguirre, h.l. de Hermógenes Aguirre y de Josefa Medina. T: Demetrio Puestes, vecino de Leales, albañil, casado u Felipe Juárez, vecino de Los Bañados, jornalero, casado.

607. En Leales, el 6 de abril de 1873. Se presentó Indalecio Medran, vecino de Condorhuasi, h.l. de Narciso Medran y de Magdalena Moreno, difunta. T: Manuel Medina, vecino de Condorhuasi, labrador, soltero y Marcos Sánchez, vecino de La Esquina, labrador, casado.

608. En Leales, el 6 de abril de 1873. Se presentó Eloy Costillas, vecino de El Vizcacheral, h.l. de Nolasco Costilla y de Josefa Décima, difunta. Pretende c.m. con Rufina Arévalo, h.l. de Pedro Arévalo y de María

Saavedra. T: Pedro Zelaya, vecino de El Vizcacheral, labrador, casado y Enrique Herrera, vecino de Vilca Pozo, labrador, soltero.

609. En Leales, el 13 de abril de 1873. Se presentó Juan Tiburcio Gómez, vecino de Simoca, h.n. de Marcelina Gómez, viudo de Benedicta Cardozo. Pretende c.m. con Egidia Lizondo, h.n. de Martina Lizondo, vecina de las Cañadas. T: Pedro José Zelaya, vecino de las cañadas, labrador, casado y Andrés Avelino Juárez, vecino de Las Cañadas, labrador, casado.

610. En Leales, el 13 de abril de 1873. Se presentó Evancio Díaz, vecino de Graneros, h.l. de Santiago Díaz y de Beatriz Díaz. Pretende c.m. con Abelarda Mendoza, h.l. de Antonio Mendoza, difunto y de Marcelina Leguizamón. T: Cesario Correa, vecino de Los Puestos, labrador, casado y Francisco Chávez, vecino de Leales, labrador, casado.

611. En Leales, el 12 de mayo de 1873. Se presentó Santos Zelaya, vecino de Los Costilla, h.l. de José Manuel Zelaya, difunto y de Melchora Vallejo. Pretende c.m. con Josefa Toscano, vecina de Leales, h.l. de José Toscano y de Pilar Núñez. T: Pedro Pablo Brito, vecino de Leales, criador, soltero y Facundo Segura, vecino de Monteros, albañil, casado.

612. En Leales, el 12 de junio de 1873. Se presentó Pedro Juárez, vecino de Los Sueldos, h.n. de Feliciana Juárez. Pretende c.m. con Moisés Albarracín, h.n. de María Albarracín, vecina de Los Sueldos. T: Liborio Carrasco, vecino de Leales, zapatero, casado y Miguel Trejo, vecino de Santa Rosa, jornalero, viudo.

613. En Leales, el 14 de junio de 1873. Se presentó D. Juan Bautista Toledo, vecino de Leales, h.l. de D. José Manuel Toledo y de Da. Claudia Pérez. Pretende c.m. con Da. Andrea Venecia, vecina de Leales, h.l. de D. Francisco Venecia y de Da. Basilia Gómez, difunta. (firman ambos contrayentes) T: Eliseo Toledo, vecino de Santa Rosa, labrador, soltero y Pedro Pascual Herrera, vecino de Leales, labrador, soltero.

614. En Leales, el 20 de julio de 1873. Se presentó Pío Juárez, h.n. de Jacinta Juárez, vecino de la Pirguas. Pretende c.m. con Clementina Alderete, vecina de La Ceja, h.n. de Martina Alderete. T: Valentín Navarro, vecino de Vilca Pozo, labrador, casado y Feliz Martínez, vecino de Los Zelaya, labrador, viudo.

615. En Leales, el 27 de julio de 1873. Se presentó D. Benedicto Argañaráz, vecino de La Encrucijada, h.l. de D. Gregorio Argañaráz y de Da. Gabriela Quintana. Pretende c.m. con Da. Bernardina Rojas, vecina de La Encrucijada, h.l. de D. Bernardino Rojas y de Da. Bonifacio Juárez. T: Esteban Lazarte, vecino de La Encrucijada, criador, casado y Eusebio Frías, vecino de Orán, labrador, soltero.

616. En Leales, el 27 de julio de 1873. Se presentó Manuel Delgado, vecino de Río Colorado, viudo de Javiera Torres, sepultada en el cementerio de Famaillá, h.n. de Claudia Delgado, difunta. Pretende c.m. con Eduarda

Aguirre, h.l. de Rosa Aguirre y de Margarita Sosa, vecina de Los Puestos. T: José Feliz Herrera, vecino de Los Puestos, labrador, soltero y Jacinto Juárez, vecino de Los Puestos, labrador, soltero.

617. En Leales, el 3 de agosto de 1873. Se presentó Román Relaño, h.l. de Fidel Relaño y de Benjamina Juárez, vecinos de Talacocha. Pretende c.m. con María Núñez, h.l. de Inocencio Núñez y de Silveria Albornoz, vecinos de La Soledad. T: Alejo Rojas, vecino de Orán, labrador, viudo y Santos Medina, vecino de La Soledad, labrador, casado.

618. En Leales, el 3 de agosto de 1873. Se presentó Zenón Brandán, vecino de Los Gómez, h.l. de Manuel Brandán y de Cruz Nieva, difuntos. Pretende c.m. con María Emencia Leguizamón, h.l. de Egidio Leguizamón, difunto y de Ángela Juárez, vecinos de Mista. T: José Manuel Ardiles, vecino de Los Gómez, labrador, soltero y Dionisio Veliz, vecino de Los Gómez, labrador, casado.

619. En Leales, el 3 de agosto de 1873. Se presentó José Ambrosio Romano, vecino de Los Puestos, h.n. de Jacinta Romano. Pretende c.m. con Emperatriz Aguirre, h.l. de Castro Aguirre, difunto y de Águeda Correa. T: Casildo Aguirre, vecino de Los Puestos, criador, viudo y Justo Aguirre, vecino de Los Puestos, criador, soltero.

620. En Leales, el 20 de agosto de 1873. Se presentó Javier Argañaráz, vecino de Los Gómez, h.l. de José Agustín Argañaráz y de Liberta Rojas, difuntos. Pretende c.m. con María Quintana, vecina de Los Gómez, h.l. de José Quintana y de Petrona Gómez. T: Gumersindo Ardiles, vecino de Los Gómez, labrador, casado y Venancio Saavedra, vecino de Los Puestos, zapatero, casado.

621. En Leales, el 17 de agosto de 1873. Se presentó José María Medina, vecino de Santa Rosa, h.l. de Domingo Medina y de Manuela Romano, difunta. Pretende c.m. con Consolación Caro, h.n. de Margarita Caro. T: Liborio Carrasco, vecino de Leales, zapatero, casado y Esteban Caro, vecino de Cuchihuasi, labrador, casado.

622. En Leales, el 31 de agosto de 1873. Se presentó Nabor Cantos, vecino de Las Cañadas, h.l. de Pablo Cantos y de Andrea Quintana. Pretende c.m. con Ventura Gómez, h.l. de Mariano Gómez y de Fernanda Guardias, vecina de Los Gómez. T: José Antonio Juárez, vecino de Los Gómez, jornalero, casado y Eulogio Brandán, vecino de Los Gómez, labrador, soltero.

623. En Leales, el 7 de diciembre de 1873. Se presentó D. Desiderio Campero, vecino de Los Sueldos, h.l. de D. Dionisio Campero, difunto y de Da. Ventura Ponce. Viudo de Da. Benedicta Soria. Pretende c.m. con Da. Amelia Alderete, h.l. de D. Ramón Alderete y de Da. Juana Campero, vecina de Los Acosta. T: Ramón Manuel, vecino de Los Acosta, albañil, casado y Eusebio Acosta, vecino de Los Acosta, criador, casado. (no se declara ningún impedimento).

624. En Leales, el 14 de septiembre de 1873. Se presentó Juan Andrés Juárez, vecino de El Saladillo, h.l. de Ramón Juárez, difunto y de Eusebia Luna. Pretende c.m. con Ramona Gómez, vecina de Los Gómez, h.l. de Manuel Gómez, difunto y de Josefa Ponce. T: Juan Luis Acosta, vecino de Los Zelaya, labrador, viudo y Francisco Correa, vecino de Los Puestos, violinista, soltero.

625. En Leales, el 14 de septiembre de 1873. Se presentó Saturnino Juárez, vecino de El Barrialito, h.l. de Agustín Juárez, difunto y de Ignacia Rodríguez. Pretende c.m. con Juana Guzmán, h.n. de Isidora Guzmán. T: Remigio Aguirre, vecino de Los Puestos, labrador, casado y Rufino Corbalán, vecino de Los Puestos, labrador, soltero.

626. En Leales, el 21 de septiembre de 1873. Se presentó Benigno Cabrera, vecino de La Florida, h.n. de Francisca Cabrera. Pretende c.m. con Juana Silva, h.n. de Francisca Silva. T: Sandalio Lazarte, vecino de Los Puestos, labrador, soltero y Rufino Corbalán, vecino de Los Puestos, labrador, soltero.

627. En Leales, el 28 de septiembre de 1873. Se presentó Dionisio Ibarra, vecino de Los Tres Pozos, h.l. de Ignacio Ibarra y de Francisca Quiroga. Pretende c.m. con Mercedes Rojas, h.l. de Ambrosio Rojas y de Ildefonsa Medrano, difunta. T: Máximo Díaz, vecino de Los Tres Pozos, labrador, soltero y Esteban Medina, vecino de Los Tres Pozos, criador, casado.

628. En Leales, el 26 de octubre de 1873. Se presentó Juan Ángel Leal, vecino de Los Puestos, viudo de Teresa Juárez, h.n. de Dominga Leal. Pretende c.m. con Fortunata Díaz, h.l. Anselmo Díaz y de María Herrera, vecina de Los Puestos. T: Rufino Corbalán, vecino de Los Puestos, labrador, soltero y Jacinto Juárez, vecino de Los Puestos, labrador, soltero.

629. En Leales, el 26 de octubre de 1873. Se presentó Ángel Herrera, vecino de Los Gramoso, h.n. de Antonia Herrera. Pretende c.m. con María Carolina Aguirre, h.l. de Florencio Aguirre y de Pilar Herrera, vecina de Los Gramajo. T: Bartolomé Santillán, vecino de Los Gramajo, labrador, casado y Rufino Corbalán, vecino de Los Puestos, labrador, soltero.

630. En Leales, el 26 de octubre de 1873. Se presentó Braulio Correa, vecino de Mancopa, h.n. de Genoveva Correa. Pretende c.m. con Laurentina Jiménez, vecina de Viclo, h.l. de Bernabé Jiménez y de Sandalia Jiménez. T: Andrés González, vecino de Los Villagra y natural de Santiago, platero, casado y Fermín Godoy, vecino de Los Villagra, maderero, casado.

631. En Leales, el 26 de octubre de 1873. Se presentó Espíritu Jiménez, vecino de Los Villagra, h.l. de Juan Jiménez y de Catalina Juárez. Pretende c.m. con Florinda González, h.n. de Victoria González. T: José Antonio

Montero, vecino de Los Tres Pozos, criador, casado y Elías Godoy, vecino de Los Villagra, labrador, casado.

632. En Leales, el 9 de noviembre de 1873. Se presentó Juan Crisóstomo Argañaráz, vecino de El Campo Azul, h.l. de Pedro Ascencio Argañaráz, difunto y de Filiberta Almarás. Pretende c.m. con Hilaria Leiva, vecina de Los Gramajo, h.n. de Petrona Leiva. T: José Manuel Ardiles, vecino de Los Gómez, labrador, soltero y Juan Ardiles, vecino de Los Gómez, labrador, casado.

633. En Leales, el 9 de noviembre de 1873. Se presentó Aniceto Medina, vecino de Santa Rosa, h.l. de Domingo Medina y de Manuela Romano, difunta. Pretende c.m. con Carmen Salazar, viuda de Francisco Graneros; h.l. de Bernardino Salazar, y de Isabel Ruiz, difuntos, vecinos de Santa Rosa. T: Francisco Leguizamón, vecino de Leales, labrador, casado y Demetrio Puentes, vecino de Leales, albañil, casado.

634. En Leales, el 9 de noviembre de 1873. Se presentó Prudencio Menes, h.l. de Juan Bautista Menes y de Lorenza Cisternas, viudo de Mercedes Abrego, vecino de Santa Rosa. Pretende c.m. con Petronila Navarro, h.n. de Jerónima Navarro, vecina de Santa Rosa. T: Eustaquio Romano, vecino de Santa Rosa, labrador, casado y Tomás Morales, vecino de Santa Rosa, jornalero, casado.

635. En Leales, el 30 de noviembre de 1873. Se presentó D. Fidel Zerrizuela, vecino de Los Sueldos, h.l. de D. Marino Zerrizuela y de Da. Petrona Campero. Pretende c.m. con Da. Jacoba Aredes, vecina de Famaillá, h.l. de D. Ramón Aredes, difunto y de Da. Damiana Páez, vecinos del Mollar. T: Eusebio Salinas, vecino Los Sueldos, labrador, casado y Felicindo Pintos, vecino de Amaicha, labrador, casado.

636. En Leales, el 6 de diciembre de 1873. Se presentó Mateo Frías, vecino de Oran, h.l. de Inocencio Frías y de María Medrano. Pretende c.m. con Serafina Relaño, de 16 años, h.l. de Fidel Relaño, difunto y de Benjamina Juárez, vecina de Talacocha. Impedimento por consanguinidad en tercer grado. (Firma el pretendiente) T: Pedro Miguel Robles, natural de Ranchillos, avecindado en Talacocha, labrador, casado y Juan Pedro Roldán, vecino de La Encrucijada, labrador, viudo.

637. En Leales, el 7 de diciembre de 1873. Se presentó Adrián Acosta, vecino de Los Acostillas, h.l. de Fermín Acosta, difunto y de Dorotea Acosta. Pretende c.m. con Saturnina Leguizamón, h.l. de José Manuel Leguizamón y de Saturnina Contreras, vecina de Los Zelaya. T: Telésforo Juárez, vecino de Las Cañadas, y Marcelino Ibáñez, vecino de Las Cañadas, violinista, soltero.

638. En Leales, el 8 de diciembre de 1873. Se presentó D. Eusebio Frías, vecino de Orán, h.l. de D. Inocencio Frías y de Da. María Medrano. Pretende c.m. con Da. Delfina Argañaráz, vecina de La Encrucijada, h.l. de D. Gregorio Argañaráz y de Da. Gabriela Quintana. (Firma el pretendiente). T: Juan Pedro Roldán, vecino de La Encrucijada, labrador, viudo y Gumersindo Ardiles, vecino de Los Gómez, labrador, casado.

639. En Leales, el 8 de diciembre de 1873. Se presentó Blas Roldan, vecino de Los Gramajo, viudo de Natividad Herrera, h.l. de Pascual Roldan y de Silveria Saavedra. Pretende c.m. con Marcelina Valdez, h.l. de Juan Valdez y de Luisa Romano, difunta, vecina de Los Romanos. T: Hilario Rojas, vecino de Los Romanos, labrador, casado y Juan de Dios Rodríguez, vecino de Los Romanos, labrador, casado.

640. En Leales, el 8 de diciembre de 1873. Se presentó Celedonio Rodríguez, vecino de Los Romanos, h.l. de Juan de Dios Rodríguez y de Ignacia Sosa. Pretende c.m. con Mercedes Valdez, h.l. de Juan Valdez y de Luisa Romano, difunta, vecina de Los Romanos. T: Hilario Rojas, vecino de Los Romanos, labrador, casado y Martín Argañaráz, vecino de Los Lunarejos, labrador, casado.

641. En Leales, el 25 de diciembre de 1873. Se presentó David Salazar, vecino de El Cortaderal, h.l. de José Salazar, difunto y de Javiera Brito. Pretende c.m. con Petrona Leal, vecina del Cortaderal, h.l. de Celestino Leal y de Guadalupe Palavecino. T: José María Juárez, vecino de Mancopa, carpintero, soltero y Melchora Medina, vecino de La Estancia Vieja, labrador, casado.

642. En Leales, el 28 de diciembre de 1873. Se presentó Félix Frías, vecino de Condorhuasi, h.l. de Lucio Frías, difunto y de Margarita Quintana. Pretende c.m. con Carolina Medran, vecina de Condorhuasi, h.l. de Gabino Medran, difunto y de Florentina Valdez. T: Javier Véliz, vecino de Condorhuasi, labrador, viudo y Francisco Ruiz, vecino de El Naranjito, labrador, soltero.

643. En Leales, el 28 de diciembre de 1873. Se presentó Pedro Antonio Véliz, vecino de Mancopa, h.l. de Bernabé Véliz y de María Valdez. Pretende c.m. con Antonia Pérez, h.l. de Narciso Pérez, difunto y de Gregoria Alderete, vecinos de Mancopa. T: Santiago Medran, vecino de El Cevilar y Camilo Ruiz, vecino de El Naranjito, labrador, soltero.

644. En Leales, el 1 de enero de 1874. Se presentó Próspero Juárez, vecino de La Fronterita, h.l. de Telésforo Juárez y de Mercedes Bazán. Pretende c.m. con María del Señor Suárez, h.l. de Tiburcio Suárez y de Andrea López, vecinos La Fronterita. T: Celestino Brito, vecino de Laguna Blanca, criador, casado y Juan Pablo Ledesma, vecino de Laguna Blanca, labrador, casado.

645. En Leales, el 1 de enero de 1874. Se presentó Florencio Leal, vecino de El Cortaderal, viudo de Josefa Ponce, sepultada en el Cortaderal, h.l. de Celestino Leal y de Ignacia Palavecino, difunta. Pretende c.m. con Rosario Juárez, vecina de Mancopa, h.l. de Juan Gil Juárez y de Remigia Ávila. T: José Cruz Pérez, vecino de Mancopa, labrador, casado y Griseldo Salazar, vecino de la Estancia Vieja, labrador, viudo.

646. En Leales, el 1 de enero de 1874. Se presentó D. Damaseno Rivadeneira, vecino de Los Gomes, h.l. de Basilio Rivadeneira y de Da. Dalmasia Leguizamón, difunta. Pretende c.m. con Da. Pilar Vallejo, vecina de Los Medina, h.l. de D. Inocencio Vallejo y de Da. Gregoria Contreras. (Firma el contrayente), T: Bernardino Juárez, vecino de Los Gómez, labrador, soltero y Rufino Medina, vecino de Los Lunarejos, labrador, casado.

647. En Leales, el 4 de enero de 1874. Se presentó Adolfo Díaz, vecino de Los Tres Pozos, h.n. de Patricia Díaz. Pretende c.m. con Hermenegildo Jiménez, vecina de Los Tres Pozos, h.l. de Eustaquio Jiménez y de Basilia Juárez. T: Felipe Cabrera, vecino de las Tusquitas, natural de Santiago, criador, soltero y Cornelio Herrera, vecino de Los Puestos, labrador, casado.

648. En Leales, el 4 de enero de 1874. Se presentó Jacinto Juárez, vecino de Los Puestos, h.n. de Ángela Juárez, difunta. Pretende c.m. con Josefa Díaz, vecina de Los Puestos, h.l. de Anselmo Díaz y de María Herrera. T: Eugenio Leal, vecino de Los Puestos, criador, casado y Emiliano Soria, vecino de La Encrucijada, domador, soltero.

649. En Leales, el 6 de enero de 1874. Se presentó Elías Figueroa, vecino de Los Gómez, h.l. de Faustino Figueroa y de Josefa Argañaráz. Pretende c.m. con Rosalía Lazarte, vecina de Los Gomes, h.l. de Francisco Lazarte y de Timotea Argañaráz. T: José Antonio Juárez, vecino de Los Gómez, labrador, casado y Joaquín Luna, vecino de Los Alderetes, labrador, soltero.

650. En Leales, el 2 de febrero de 1874. Se presentó D. Osvaldo Brito, vecino de Laguna Blanca, h.l. de D. Celestino Brito y de Da. Ángela Brito. Pretende c.m. con Da. Mercedes Leal, h.n. de Da. Petrona Leal. T: Ruperto Brito, vecino de La Laguna Blanca, labrador, casado y Eliseo Salazar, vecino de Santa Rosa, platero, casado.

651. En Leales, el 3 de febrero de 1874. Se presentó Isaac Sid, vecino de Los Quemados, h.n. de Candelaria Sid. Pretende c.m. con Etelvina Frías, de 18 años, vecina de Oran, h.l. de Basilio Frías, difunto y de Carolina Sid. Los Contrayentes se encuentran ligados por un impedimento por consanguinidad en cuarto grado. La pretendida es pobre, huérfana de padre y la madre tiene 3 hijos más. T: Gregorio Gómez, vecino de Los Gómez, labrador, casado y Tomás Herrera, vecino de los Quemados, labrador, casado.

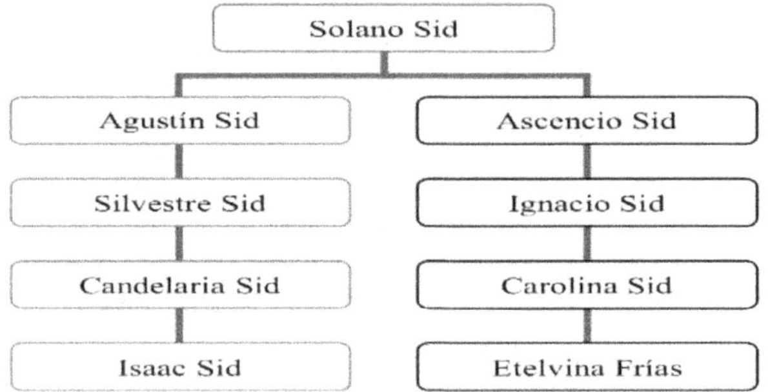

652. En Leales, el seis de febrero de 1874. Se presentó Abertano Rodríguez, vecino de Teja Huasi, h.l. de Eusebio Rodríguez y de Manuela Soria. Pretende c.m. con Juana Caro, h.n. de Anacleta Caro, vecina de Leales. T: Diego Ponce, vecino de Los Rodríguez, labrador, casado y Juan Antonio Rodríguez, vecino de Leales, labrador, casado.

653. En Leales, el 8 de febrero de 1874. Se presentó Felipe Acosta, vecino de Leales, viudo de Antonia Helguero, h.l. de Félix Helguero y de Pascuala Jiménez. Pretende c.m. con Petrona Nieva, h.l. de Silverio Nieva y de Rufina Nieva, vecinos de Leales. T: Miguel Quipildor, vecino de Leales, albañil, casado y Pascual Juárez, vecino de Leales, labrador, viudo.

654. En Leales, el 8 de febrero de 1874. Se presentó Hipólito Valdez, vecino de Cóndor Huasi, h.n. de Manuela Valdez. Pretende c.m. con Benjamina Díaz, h.l. de Dionisio Díaz y de María Sandoval. T: Pedro García, vecino de Cóndor Huasi, labrador, soltero y Celedonio Ortiz, vecino de La Esquina, labrador, soltero.

655. En Leales, el 15 de febrero de 1874. Se presentó Ángel Sid, vecino de Los Herrera, h.l. de Pedro Sid, difunto y de Isidora Ruiz. Pretende c.m. con Ángela Pereira, vecina de Los Lazarte, h.n. de Bibiana Pereira, difunta. T: Mauricio Barrionuevo, vecino de Los Herrera, labrador, casado y José Ignacio Soria, vecino de La Encrucijada, jornalero, casado.

656. En Leales, el 21 de febrero de 1874. Se presentó Abraham Décima, vecino de Los Brito, h.n. de Petronila Décima. Pretende c.m. con Eulogia Valdez, vecina de Los Gramajo, h.n. de Desideria Valdez. T: Benito

Espinosa, vecino de Los Brito y Avelino Lizárraga, vecino de Los Brito, labrador, casado.

657. En Leales, el 24 de febrero de 1874. Se presentó Pedro Lizárraga, vecino de la Loma Verde, h.l. de Facundo Lizárraga y de Manuela Campero, difunta. Pretende c.m. con Manuela Alarcón, h.l. de Martín Alarcón y de Rosalía Zelaya, vecinos de Las Pirguas, viuda de Mariano Quintana. T: Casildo Aguirre, vecino de Los Puestos, criador, viudo y Francisco Romano, vecino de Mista, labrador, casado.

658. En Leales, el 25 de febrero de 1874. Se presentó José Antonio Acosta, vecino de Santa Rosa, h.n. de Dolores Acosta. Pretende c.m. con Micaela Silva, vecina de Santa Rosa, h.l. de Toribio Silva, y de Norberta Cantrera. T: Timoteo Medina, vecino de Las Cañitas, labrador, soltero y Aniceto Medina, vecino de Santa Rosa, labrador, casado.

659. En Leales, el 27 de febrero de 1874. Se presentó Esteban Ledesma, vecino de Santa Rosa, h.n. de Andrea Ledesma, difunta. Pretende c.m. con Balbina Zelarayán, h.l. de Sinforoso Zelarayán y de Justina Lastra. T: Eustaquio Romano, vecino de Santa Rosa, labrador, casado y Eustaquio Vildoza, vecino de Santa Rosa, jornalero, casado.

660. En Leales, el 5 de marzo de 1874. Se presentó Esteban Rojas, vecino de Cabramisqui, h.l. de Pascual Rojas y de Rudecinda Medina, difuntos. Pretende c.m. con Reimunda González, vecina de La Encrucijada, h.n. de Cruz González, difunta. T: Jacinto Juárez, vecino de Los Puestos, labrador, casado y Blas Aguirre, vecino de Los Puestos, criador, casado.

661. En Leales, el 6 de marzo de 1874. Se presentó Belisario Medina, vecino de Los Britos, h.n. de Tomasina Medina. Pretende c.m. con Delina Lizárraga, vecina de Los Birto, h.l. de Martín Lizárraga y de Leonarda Coronel. T: Pedro Aguirre, vecino de Los Gramajo, labrador, casado y Primitivo Arrieta, vecino de Los Brito, domador, soltero.

662. En Leales, el 6 de marzo de 1874. Se presentó Primitivo Arrieta, vecino de Los Díaz, h.n. de Serafina Arrieta. Pretende c.m. con Aurelina Lazarte, h.l. de Benito Lazarte y de Gregoria Valdez, vecinos de Los Díaz. T: Pedro Arrieta, vecino de Los Gramajo, labrador, casado y Blas Roldán, vecino de La Bajada, labrador, casado.

663. En Leales, el 13 de marzo de 1874. Se presentó Eulogio Brandán, vecino de Los Gómez, h.l. de José Manuel Brandán y de Cruz Figueroa, difuntos. Pretende c.m. con Ángela Juárez, viuda de Egidio Leguizamón, h.l. de Pedro Juárez y de Gregoria Alarcón, difuntos. T: Miguel Véliz, vecino de los Gómez, labrador, soltero y Valerio Fernández, vecino de Mista, labrador, casado.

664. En Leales, el 20 de marzo de 1874. Se presentó Casimiro Robles, vecino de El Río Colorado, en el curato de Famaillá, h.l. de Julián Robles y de Pastora Lastra, difuntos. Pretende c.m. con Rufina Núñez, h.n. de

Benita Núñez, vecina de la Loma Verde. T: Félix Véliz, vecino de los Sueldos, labrador, soltero y Froilán Aguirre, vecino de la Loma Verde, labrador, soltero.

665. En Leales, el 23 de marzo de 1874. Se presentó Juan de Dios García, vecino de La Fronterita, h.l. de Pedro García y de Simona González. Pretende c.m. con Bárbara Ponce, h.n. de Leonarda Ponce, vecina de Tusca Pozo. T: Dalmasio Juárez, vecino de La Fronterita, criador, casado e Isidro Roldán, vecino de El Chilcal, labrador, casado.

666. En Leales, el 23 de marzo de 1874. Se presentó Bibiano Rodríguez, vecino de Santa Rosa, h.l. de Bibiano Rodríguez y de Apolinaria Vildoza, difuntos. Pretende c.m. con Bartolina Vega, vecina de Santa Rosa, h.l. de Venancio Vega y de Angelina Roldán. T: Eustaquio Romano, vecino de Santa Rosa, labrador, casado y Prudencio Menes, vecino de Santa Rosa, jornalero, casado.

667. En Leales, el 24 de abril de 1874. Se presentó Pedro Medina, vecino de Los Sueldos, h.n. de Victoria Medina, difunta. Pretende c.m. con Rosario Campero, vecina de Los Sueldos, h.l. de Silvano Campero y de Benedicta Soria. T: Félix Véliz, vecino de Los Sueldos, labrador, soltero y Pedro Suárez, vecino de Los Sueldos, labrador, casado.

668. En Leales, el 1 de mayo de 1874. Se presentó Celestino Caro, vecino de Cuchihuasi, h.l. de Esteban Caro y de Lorenza Díaz. Pretende c.m. con Natividad Jiménez, h.l. de Atanasio Jiménez, difunto y de Carmen Juárez. T: Gumersindo Ardiles, vecino de Los Gómez y Agustín Gómez, vecino de Los Gómez, labrador, casado.

669. En Leales, el 1 de mayo de 1874. Se presentó Salomón Sosa, vecino de Yutu Yacu de Santiago del Estero, h.n. de Estefanía Sosa. Pretende c.m. con Dolores Herrera, vecina de La Florida, h.l. de Gabriel Herrera y de María Juárez, difunta. T: Nicolás Olivera, vecino de Yute Yacu, zapatero, soltero y Pedro Sandoval, vecino de La Florida, labrador, casado.

670. En Leales, el 2 de mayo de 1874. Se presentó José Feliz Sandoval, vecino de Leales, h.l. de Gregorio Sandoval y de Rufina Torres. Pretende c.m. con Fulgencio Fernández, viuda de Nicolás Ledesma, h.l. de Rudecindo Fernández y de Rosario Vargas, vecinos de Leales. T: Liborio Carrasco, vecino de Leales, zapatero, casado y Pedro Aragón, vecino de Leales, labrador, casado.

671. En Leales, el 8 de mayo de 1874. Se presentó José Alderete, vecino de Leales, h.n. de Rufina Alderete. Pretende c.m. con Justa Mendoza, vecina del curato rectoral, h.l. de Lucas Mendoza y de Juana Zapata. T: Martiniano Pomo, vecino de Santa Rosa, Platero, viudo y Telésforo Acosta, vecino los Acostillas, violinista, casado.

672. En Leales, el 14 de mayo de 1874. Se presentó Juan Cancio Figueroa, vecino de El Chilcal, h.l. de Raimundo Figueroa, difunto y de Demetrio

González, difuntos. Pretende c.m. con Manuela Agüero, vecina del Chilcal, h.l. de José Lino Agüero, difunto y de Rafaela Frías. T: Juan de Dios García, vecino de La Fronterita, labrador, casado y Moisés Palomino, vecino de El Chilcal, jornalero, soltero.

673. En Leales, el 14 de mayo de 1874. Se presentó Pedro Lizárraga, vecino de La Loma Verde, h.l. de Félix Lizárraga, difunto y de Fernando Soria. Pretende c.m. con María Alarcón, h.l. de Martín Alarcón y de Rosalía Zelaya, difunta. T: Cornelio Herrera, vecino de Los Puestos, labrador, casado y Evancio Díaz, vecino de Leales, natural de Graneros, carpintero, casado.

674. En Leales, el 14 de mayo de 1874. Se presentó Cipriano Aguirre, vecino de Los Puestos, h.n. de Jerónima Aguirre. Pretende c.m. con Justa Medina, h.n. de Josefa Medina, vecina de Los Puestos. T: Cornelio Díaz, vecino de Los Puestos, labrador, casado y Evancio Díaz, vecino de Leales, natural de Graneros, carpintero, casado.

675. En Leales, el 15 de mayo de 1874. Se presentó Belisario Jerez, h.n. de Eusebia Jerez, vecinos de Cóndor Huasi. Pretende c.m. con Mercedes Palavecino, vecina de Cóndor Huasi, h.l. de Francisco Palavecino, difunto y de Catalina Escobar. T: Andrés Juárez, vecino de Cóndor Huasi, labrador, casado y Manuel Ponce, vecino de Condorhuasi, criador, soltero.

676. En Leales, el 21 de mayo de 1874. Se presentó Genaro Rodríguez, vecino de Los Tres Pozos, h.n. de Rosario Rodríguez. Pretende c.m. con Fernanda Véliz, vecina de Los Tres Pozos, h.l. de Juan de la Cruz Véliz y de Santos Casares. T: Felipe Cabrera, vecino de Labrador, soltero Tusquitas, natural de Santiago del Estero, criador, soltero y José Gaspar Villafañe, vecino de los García, labrador, soltero.

677. En Leales, el 22 de mayo de 1874. Se presentó Ángel Rodríguez, vecino de El Barrialito, h.n. de Tomasina Rodríguez. Pretende c.m. con Belisario Ledesma, h.n. de Rosa Ledesma, vecina del Barrialito, h.n. de Rosa Ledesma. T: Sandalio Lazarte, vecino de Los Puestos, labrador, soltero y Benigno Cabrera, vecino de La Florida, labrador, casado.

678. En Leales, el 27 de mayo de 1874. Se presentó Hilario Lizárraga, vecino de la Loma Verde, h.l. de Tomás Lizárraga, difunto y de Pascuala Ponce. Pretende c.m. con Inocencia Medina, vecina de la Loma Verde, h.l. de Pedro Medina y de Rita Romero. T: Manuel Ponce, vecino de Los Sueldos, labrador, casado y Moisés Rojas, vecino de la Loma Verde, labrador, casado.

679. En Leales, el 28 de mayo de 1874. Se presentó Sacarías Palomar, vecino de Los Gramajo, h.l. de José María Palomar, difunto y de Andrea Ruiz. Pretende c.m. con Vicenta Herrera, h.l. de Alejo Herrera y de Silveria González, vecina de Los Gramajo. T: Hilario Rojas, vecino de Los

Romanos, labrador, casado y Jesús Aguirre, vecino de los Gramajo, labrador, casado.

680. En Leales, el 1 de junio de 1874. Se presentó Gumersindo Giménez, vecino de Viclo, h.n. de Sandalia Giménez. Pretende c.m. con Justina Sotelo, de 23 años, vecina de Viclo, h.l. de Nepomuceno Sotelo y de Ignacia Sosa. Se encuentran ligados por un impedimento por consanguinidad en tercer grado. La pretendida está embarazada y el pretendiente quiere cubrir su crédito. T: Melitón Montero, vecino de Viclo, carpintero casado y Dionisio Figueroa, vecino de Los Puestos, labrador, casado.

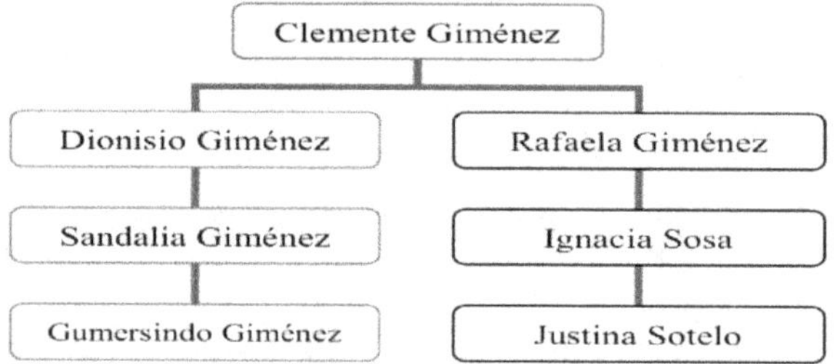

681. En Leales, el 4 de junio de 1874. Se presentó José Gaspar Villafañe, vecino del curato de La Victoria, h.n. de Catalina Villafañe. Pretende c.m. con Patricia Juárez, h.l. de Anselmo Juárez y de Gregoria Giménez, vecinos de los Tres Pozos. T: Felipe Cabrera, vecino de Las Tusquitas, natural de Santiago del Estero, criador, soltero y Pedro Vizcarra, vecino de Los Villagra, labrador, casado.

682. En Leales, el 13 de junio de 1874. Se presentó Solano Raudal, vecino de Los Décima, h.l. de Robustiano Raudal, y de Cándida Soria, difuntos. Pretende c.m. con Gregoria Bravo, h.n. de Anastasia Bravo, vecina de Los Décima. T: Juan Eugenio Ruiz, vecino de Yalapa, labrador, soltero y Juan Francisco Ruiz, vecino de Yalapa, labrador, viudo.

683. En Leales, el 19 de junio de 1874. Se presentó D. Rainiero Zerrizuela, vecino de Los Sueldos, h.l. de D. Mariano Zerrizuela y de Da. Petrona Campero. Pretende c.m. con Da. Juana Zamorano, h.l. de D. Celestino Zamorano y de Da. Isabel Orellana, vecinos de Los Sueldos. T: Benjamín Soria, vecino de Los Sueldos, labrador, casado y Eusebio Salinas, vecino de Los Sueldos, labrador, casado.

684. En Leales, el 22 de junio de 1874. Se presentó Ceferino Ardiles, vecino de Leales, h.l. de Domingo Ardiles y de Espíritu Zelaya, difuntos. Pretende c.m. con Bernarda Visa, h.n. de Dominga Visa, vecinas de Leales. T: Pascual Juárez, vecino de Leales, labrador, casado y Ángel Romano, vecino de Leales, labrador, casado.

685. En Leales, el 2 de julio de 1874. Se presentó Placido Pérez, vecino de La Esquina, h.l. de Mariano Pérez, difunto y de Manuela Sotelo. Pretende c.m. con Toribia Lescano, viuda de Pedro Pablo Figueroa, h.l. de José Ramón Lescano y de Inés Centeno, difuntos, vecinos de La Esquina. T: Julián Acosta, vecino de Los Acosta, criador, casado y Antolín Acosta, vecino de La Esquina, labrador, casado.

686. En Leales, el 8 de septiembre de 1874. Se presentó Leonor Acosta, vecino de Los Acostillas, h.l. de Fermín Acosta, difunto y de Dorotea Acosta. Pretende c.m. con Marta Cantos, vecina de Los Acostilla, h.n. de Eusebia Cantos. T: Jacinto Lescano, vecino de los Acostillas, natural de Buenos Aires, labrador, viudo y Marino Gómez, vecino de Los Gómez, criador, casado.

687. En Leales, el 10 de julio de 1874. Se presentó Pedro Pablo Díaz, vecino de El Rincón, h.l. de Marino Díaz, difunto y de Luisa Giménez. Pretende c.m. con Alejandra Caro, h.l. de Bernardo Caro y de Tomaza Juárez, vecinos del Rincón. T: Cristóbal Carrasco, vecino del, jornalero, casado y Jacinto Lescano, natural de Buenos Aires, vecino de Los Acostillas, labrador, viudo.

688. En Leales, el 12 de julio de 1874. Se presentó D. José León Gómez, h.l. de D. Romualdo Gómez y de Da. Cruz Argañaráz, vecino de Los Lunarejos. Pretende c.m. con Da. Ángela Aguirre, h.l. de D. Estaban Aguirre y de Da. Francisca Núñez, vecinos del Puesto de la Zorra. T: Agustín Medina, vecino de Los Lunarejos, labrador, casado y Demetrio Puentes, vecino de Leales, Albañil, casado.

689. En Leales, el 18 de julio de 1874. Se presentó Agapito Giménez, vecino de El Rincón, viudo de Juana Medina, h.n. de Ruperta Giménez. Pretende c.m. con Felipa Leal, h.n. de Manuela Leal, vecina de Las Cañadas. T: Juan Felipe Zelaya, vecino de Las Cañadas, labrador, casado y Agapito Zelaya, vecino de Las Cañadas, labrador, casado.

690. En Leales, el 6 de agosto de 1874. Se presentó Juan Pedro Giménez, vecino de Los Quemados, h.l. de Atanasio Giménez, difunto y de Carmen Juárez. Pretende c.m. con Polonia Costilla, viuda de Tiburcio Navarro, el que murió repentinamente y fue sepultado en el cementerio de la Iglesia de Los Gómez, h.l. de Juan José Costilla, difunto y de Marcela Juárez. Se encuentran ligados por un parentesco por afinidad en tercer grado. La prometida es una persona muy sola que no tiene quien le atienda los animales del campo y tiene más de 50 años. T: Tomás Herrera, vecino de Los Quemados, labrador, casado y Esteban Caro, vecino de Cuchi Huasi, labrador, casado.

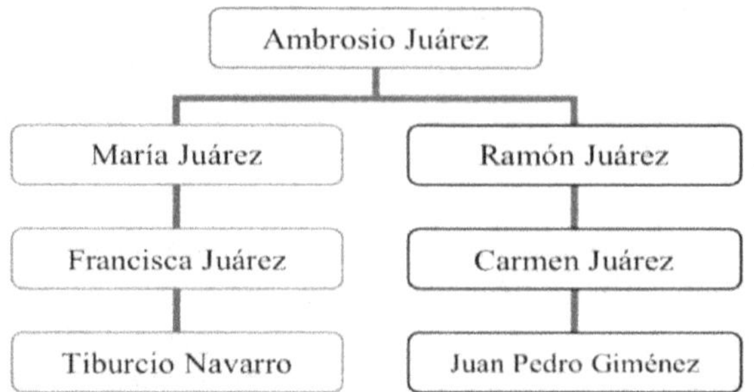

691. En Leales, el 27 de enero de 1874. Se presentó Adolfo Vidal, vecino de La Esquina, h.n. de Estanislada Vidal. Pretende c.m. con María Alderete, h.l. de Ignacio Alderete y de Teresa Miranda, difuntos, vecina del Cortaderal, viuda de Marcelo Giménez. T: Próspero Pérez, vecino de La Esquina, labrador, viudo y José Manuel Pérez, vecino de El Cortaderal, labrador, casado.

692. En Leales, el 28 de enero de 1874. Se presentó Francisco Soria, vecino de La Rinconada, h.n. de Rosa Soria. Pretende c.m. con Eusebia Zelaya, h.l. de Juan Ascencio Zelaya y de Melitona Correa, difunta. T: Agapito Zelaya, vecino de Las Cañadas, labrador, casado y Mariano Gómez, vecino de Los Gómez, criador, casado.

693. En Leales, el 3 de septiembre de 1874. Se presentó Gregorio Vega, vecino de Santa Rosa, viudo de Mercedes Brito, h.l. de Venancio Vega y de Ángela Roldán, difuntos. Pretende c.m. con Fortunata Rodríguez, h.n. de Lucia Rodríguez, difuntos, vecina de Santa Rosa. T: Tomás Morales, vecino de Santa Rosa, jornalero, casado y Pedro Juárez, vecino de los Sueldos, labrador, casado.

694. En Leales, el 4 de septiembre de 1874. Se presentó Jacinto Lescano, vecino de Buenos Aires, viudo de Isabel Ponce, h.l. de Luis Lescano y de Serafina Mansilla. Pretende c.m. con Felisa Juárez, vecina de Chañar Muyo, viuda de Pedro Ponce, h.n. de Victoria Juárez. T: Ramón Reyes, vecino de Los Quemados, labrador, casado y Tomás Herrera, vecino de Los Quemados, labrador, casado.

695. En Leales, el 9 de septiembre de 1874. Se presentó D. Ángel Giménez, vecino de los Sueldos, h.l. de D. Gabriel Giménez y de Da. Felisa Bello, difuntos. Pretende c.m. con Da. Deidamia Campero, h.l. de D. Pacífico Campero y de Da. Liberata Gómez, difuntos. (Firman ambos contrayentes) T: Benjamín Soria, vecino de Los Sueldos, labrador, casado y Leandro Osores, vecino de Los Sueldos, jornalero, casado.

696. En Leales, el 12 de septiembre de 1874. Se presentó Salustiano Alvarado, h.n. de Concepción Alvarado, difunta, viudo de Jesús Chocobar. Pretende c.m. con Natividad Barbosa, h.l. de Laureano Barbosa y de Hilaria Campero, difuntos, vecina de La Esquina. T: Celedonio Acosta, vecino de La Esquina, labrador, soltero y Martín Villa, vecino de Quilmes, labrador, casado.

697. En Leales, el 18 de septiembre de 1874. Se presentó Juan de la Cruz Lazarte, vecino de La Encrucijada, h.n. de Beatriz Lazarte. Pretende c.m. con María Concha, vecina de La Encrucijada, h.n. de Rufina Concha. T: Trinidad Lisando, vecino de El Puesto Chico, criador, casado e Inocencio Rojas, vecino de La Encrucijada, criador, casado.

698. En Leales, el 24 de septiembre de 1874. Se presentó Gregorio Gómez, vecino de Las Tacanas, h.l. de Feliciano Gómez y de Juana Frías. Pretende c.m. con Rosario Cabrera, h.n. de Antonia Cabrera, difunta. T: Juan Esteban Lastra, vecino de Los Tres Pozos, criador, casado y Modesto Cajal, vecino de Las Tacanas, criador, casado.

699. En Leales, el 9 de octubre de 1874. Se presentó Eugenio Juárez, vecino de Santa Rosa, h.n. de Toribia Juárez. Pretende c.m. con Olegaria Pereira, vecina de Orán, h.l. de Cirilo Pereira y de Hermenegildo Frías, difunta. T: Alejo Rojas, vecino de Oran, labrador, viudo y Domingo Juárez, vecino de Orán, criador, casado.

700. En Leales, el 9 de octubre de 1874. Se presentó Fidel Sotelo, vecino de Viclo, h.n. de Nicolasa Sotelo. Pretende c.m. con Pastora Giménez, h.n. de Valeriana Giménez, difunta, vecina de Viclo. T: Andrés González, vecino de los Villagra, natural de Santiago del Estero, platero, casado y Pedro Frías, vecino de Viclo, labrador, soltero.

701. En Leales, el 17 de octubre de 1874. Se presentó Eliseo Lizárraga, vecino de Cóndor Huasi, h.n. de Juliana Lizárraga. Pretende c.m. con Honoria Lugones, vecina de Los Tres Pozos, h.n. de Francisca Lugones. T: José María González, vecino de Cóndor Huasi, labrador, casado y Fidel Montero, vecino de Las Tusquitas, labrador, soltero.

702. En Leales, el 30 de octubre de 1874. Se presentó Juan Ascencio Fernández, vecino de Leales, h.l. de Hipólito Fernández y de Leonarda Díaz, difunta. Pretende c.m. con Carmen Roldán, h.l. de Flores Roldan y de Natividad Vallejo, difuntos. T: Miguel Quipildor, vecino de Leales, albañil, casado y Rafael Quipildor, vecino de Leales, labrador, casado.

703. En Leales, el 1 de noviembre de 1874. Se presentó Eliseo Giménez, vecino de Los Quemados, h.l. de Atanasio Giménez, difunto y de Carmen Juárez. Pretende c.m. con Matilde Caro, vecina de Los Quemados, h.l. de Gregorio Caro y de Protacia Herrera, difuntos. T: Fermín Díaz, vecino de Leales, labrador, casado y Robustiano Aguirre, vecino de Leales, labrador, casado.

704. En Leales, el 14 de noviembre de 1874. Se presentó D. Pedro Pablo Brito, vecino de Leales, h.l. de D. Donato Brito y de Da. Mercedes Delgado. Pretende c.m. con Da. Salustiana Toscano, h.l. de D. Pedro Pascual Toscano y de Da. Tadea Romano, difunta. (Firma el pretendiente)

T: Tomás Venecia, vecino de Leales, preceptor, soltero y José García, vecino de Leales, natural de Lules, jornalero, soltero.

705. En Leales, el 16 de noviembre de 1874. Se presentó Juan de la Cruz Lezcano, vecino de La Esquina, h.l. de Juan de la Cruz Lescano y de María Toledo, difuntos. Pretende c.m. con Magdalena Leal, vecina de Laguna Blanca, h.l. de Celestino Leal y de Guadalupe Palavecino, difunta. T: Guillermo Véliz, vecino de La Esquina, labrador, viudo y Benjamín Soria, vecino de Los Sueldos, labrador, casado.

706. En Leales, el 19 de noviembre de 1874. Se presentó Isaac Visa, viudo de Dalmira Aguirre, h.n. de Remigia Visa, difunta, vecino de Leales. Pretende c.m. con Josefa Peralta, vecina de Leales, h.l. de Mariano Peralta y de Ángela Riarte. T: Pascual Juárez, vecino de Leales, labrador, viudo y Demetrio Puentes, vecino de Leales, albañil, casado.

707. En Leales, el 26 de noviembre de 1874. Se presentó Juan Romas Romero, vecino de Los Brito, h.l. de Salvador Romero y de Genuaria Medina, difunta. Pretende c.m. con María Ildefonsa Lazarte. h.n. de Ventura Lazarte, vecina de Los Britos. T: Mariano Gómez, vecino de Los Gomes, criador, casado y Andrés Lizárraga, vecino de Los Brito, labrador, casado.

708. En Leales, el 3 de diciembre de 1874. Se presentó Pedro Gómez, vecino de Los Gómez, h.l. de Mariano Gómez y de Fernanda Guardia. Pretende c.m. con Delfina Cantos, h.l. de Pablo Cantos y de Andrea Quintana, difunta, vecina de Los Gómez. T: Rosa Villarreal, vecino de Los Gómez, labrador, viudo y Nepomuceno Ardiles, vecino de Los Gómez, labrador, casado.

709. En Leales, el 11 de diciembre de 1874. Se presentó Pedro Juan Ponce, vecino de Leales, h.l. de Pedro Ponce y de Juana Medina. Pretende c.m. con Narcisa Guerra, h.n. de Cruz Guerra, vecina de Leales. T: Bautista Toledo, vecino de Los Gómez, natural de Leales, comerciante casado y Juan Simón Corbalán, vecino de Leales, labrador, soltero.

710. En Leales, el 21 de diciembre de 1874. Se presentó Francisco Saavedra, vecino de La Bajada, h.l. de Olegario Saavedra y de Magdalena Sid, viudo de María del Señor Lescano. Pretende c.m. con Lorenza Herrera, h.l. de José Lino Herrera y de Rudecinda Aguirre, vecina de Los Gramajo. (Firma el pretendiente) T: Bartolomé Santilla, vecino de Los Gramajo, labrador, casado y Rufino Medina, vecino de Los Gómez, labrador, casado.

711. En Leales, el 22 de diciembre de 1874. Se presentó Martiniano Pomo, vecino de Santa Rosa, h.l. de Manuel Ignacio Pomo, difunto y de Aniceta Gómez, viudo de Petrona Morales. Pretende c.m. con Juana Rosa Alderete, h.l. de Silverio Alderete y Carlota Quipildor. T: Bernardino

Toscano, vecino de Leales, criador, casado y Francisco Chávez, vecino de Leales, labrador, casado.

712. En Leales, el 1 de enero de 1875. Se presentó Daniel Fernández, vecino de la Ciudad, h.l. de Justo Fernández y de Rosalía Valdez. Pretende c.m. con Sofía Herrera, h.l. de Juan José Herrera y de Carmen Medrano, vecina de Los Tres Pozos. T: José Félix Montero, vecino de La Ciudad, labrador, soltero y Ramón Salinas, vecino de la Ciudad, labrador, casado.

713. En Leales, el 1 de enero de 1875. Se presentó Dalmasio Medina, vecino de Los Tres Pozos, h.l. de Mato Medina, y de Gabina Sotelo, difuntos, viudo de Natividad Giménez. Pretende c.m. con Reimunda Giménez, h.l. de Bernabé Giménez (no figura el nombre de la madre) El cura también llama a la pretendida como Reimunda Gómez. T: Evaristo Ibarra, vecino de Los Tres Pozos, labrador, casado y Felipe Cabrera, vecino de los Pozuelos, criador, soltero.

714. En Leales, el 2 de enero de 1875. Se presentó Rodulfo Aguirre, vecino de Los Puestos, h.n. de Bartolina Aguirre. Pretende c.m. con Sabina Palomar, h.n. de Faustina Plomar, vecina del Campo Azul. T: Venancio Saavedra, vecino de Los Puestos, zapatero, casado y Jacinto Juárez, vecino de Los Puestos, labrador, casado.

715. En Leales, el 5 de enero de 1875. Se presentó Nicanor Roldan, vecino de Cachihuasi, h.n. de Felipa Roldan. Pretende c.m. con Justa Lizárraga, h.l. de Florencio Lizárraga y de Vicenta Juárez, vecina de Cachihuasi. T: Andrés Serrano, vecino de Oran, criador, casado e Indalecio Medrano, vecino de Oran, criador, casado.

716. En Leales, el 6 de enero de 1875. Se presentó Damián Nieva, vecino de La Esquina, h.l. de Ambrosio Nieva y de Cruz Ruiz. Pretende c.m. con Micaela Acosta, h.n. de Ramona Acosta, difunta. T: Matías Barbosa, vecino de la Esquina, labrador, casado y Adolfo Villa, vecino de La Esquina, jornalero, casado.

717. En Leales, el 10 de enero de 1875. Se presentó Zoilo Lazarte, vecino de La Encrucijada, h.n. de Beatriz Lazarte. Pretende c.m. con Pascuala Romero, vecina de Yanta Pallana, h.l. de Manuel Romero y de Lucia Giménez. T: Eusebio Frías, vecino de Oran, criador, casado y Cornelio Soria, vecino de La Encrucijada, jornalero, soltero.

718. En Leales, el 20 de noviembre de 1875. Se presentó D. Mauro Zelaya, h.l. de D. Juan de la Cruz Zelaya y de Da. Bartolina Leguizamón, difunta, vecino de El Rincón. Pretende c.m. con Da. Crisanta Quintana, h.n. de Da. Casimira Quintana. T: Francisco Costilla, vecino de El Vizcacheral, labrador, casado y Nolasco Costilla, vecino de El Vizcacheral, labrador, viudo.

719. En Leales, el 21 de enero de 1875. Se presentó Froilán Brito, vecino de Mista, h.l. de Mauricio Brito y de Candelaria Aguirre. Pretende c.m. con

Faboriana Ávila, h.n. de Espíritu Ávila, vecina de La Loma Verde. T: Tomás Alderete, vecino de Mista y Juan Manuel Aguirre, vecino de la Loma Verde, labrador, casado.

720. En Leales, el 25 de enero de 1875. Se presentó Pedro Álvarez, vecino de La Rioja, h.n. de Sinforosa Álvarez. Pretende c.m. con Narcisa Juárez, h.l. de Liborio Juárez y de Tomaza Castillo, vecina de Orán. T: Pedro Costas, vecino de Orán, natural de la ciudad, criador, soltero y Luis Brito, vecino de Laguna Blanca, criador, soltero. (Firman los T.)

721. En Leales, el 5 de febrero de 1875. Se presentó José Caro, vecino de Cuchihuasi, h.l. de Leocadio Caro y de Isidora Soria, difunta. Pretende c.m. con Benita Aguirre, vecina de La Ceja, h.n. de Cornelio Aguirre. T: Ángel Romano, vecino de Leales, natural de Chañar Pozo, criador, casado y Francisco Acosta, vecino de Leales, labrador, casado.

722. En Leales, el 6 de febrero de 1875. Se presentó José Caro, vecino de Cuchihuasi, h.l. de Leocadio Caro y de Isidora Soria, difunta. Pretende c.m. con Benita Aguirre, vecina de La Ceja, h.n. de Cornelio Aguirre. T: Ángel Romano, vecino de Leales, natural de Chañar Pozo, criador, casado y Francisco Acosta, vecino de Leales, labrador, casado. (mismo documento que el anterior, solo que en este firman los T.)

723. En Leales, el 6 de febrero de 1875. Se presentó José Aguilar, vecino de Santa Rosa, h.n. de Celestina Aguilar, difunta. Pretende c.m. con Leocadia Castro, h.n. de Avelina Castro, difunta. T: Fermín Fernández, vecino de Santa Rosa, labrador, casado y Francisco Acosta, vecino de Leales, labrador, casado.

724. En Leales, el 10 de febrero de 1875. Se presentó Atenor Giménez, vecino de El Rincón, h.l. de José Mariano Giménez, difunto y de Visitación Juárez. Pretende c.m. con Francisca Zelaya, h.n. de Alejandra Zelaya, vecina de Los Zelaya. T: Navor Cantos, vecino de Los Gómez, natural de Las Cañadas, y Miguel Véliz, vecino de Los Gómez, jornalero, soltero.

725. En Leales, el 12 de febrero de 1875. Se presentó Silvestre González, vecino de Los Romanos, h.l. de Fermín González y de Leonarda Rojas. Pretende c.m. con; a Basilia Lescano, h.l. de Celedonio Lescano y de Cecilia Rivadeneira, vecina de Los Romanos. T: Julián Ruiz, vecino de Los Romanos, labrador, casado y Vicente Islas, vecino de Los Mendoza, labrador, soltero.

726. En Leales, el 18 de febrero de 1875. Se presentó Martiniano Montoya, vecino de La Encrucijada, h.l. de Bruno Montoya, difunto y de Victoria Juárez. Pretende c.m. con María Rojas, de 30 años, vecina de La Encrucijada, h.l. de Rudecindo Rojas, difunto y de Santos Pérez. Los Pretendientes se encuentran ligados por un parentesco por consanguinidad en cuarto grado con atingencia al tercero. Los pretendientes ya tienen seis hijos.

727. En Leales, el 19 de febrero de 1875. Se presentó Juan Bautista Alicastro, vecino de Río Colorado, en el curato de Famaillá, h.l. de Alejo Alicastro y de Tránsito Díaz. Pretende c.m. con Juana Paula Díaz, h.l. de Víctor Díaz, difunto y de Dominga Leal, vecina del Puesto de la Zorra. T: Jacinto Juárez, vecino de Los Puestos, labrador, casado y José Félix Herrera, vecino de Los Puestos, labrador, soltero.

728. En Leales, el 20 de febrero de 1875. Se presentó Julián González, vecino de Los Romanos, h.l. de Julián González y de Pacifica Juárez, difunta. Pretende c.m. con Francisca Correa, vecina de Los Romanos, h.l. de Domingo Correa, difunto y de Rita Romano. T: Manuel Rivadeneira, vecino de Los Romanos, labrador, soltero y Rufino Cabezas, vecino de Los Romanos, labrador, casado.

729. En Leales, el 25 de febrero de 1875. Se presentó Celedonio Torres, vecino de Mancopa, h.l. de Pedro Torres y de Petrona Maza. Pretende c.m. con Fermina Ibarra, h.l. de Agustín Ibarra y de Santos Pérez, difunta, vecina de Mancopa. T: Pedro Barburi, vecino de Mancopa, labrador, casado y Napoleón Romano, vecino de El Cortaderal, labrador, soltero.

730. En Leales, el 19 de marzo de 1875. Se presentó Raimundo Leal, vecino de Leales, h.l. de Andrés Leal, difunto y de María del Señor Núñez. Pretende c.m. con Albina Quipildor, h.l. de Pablo Quipildor y de Ventura Acosta, vecina de Leales. T: Gervasio Herrera, vecino de Leales, labrador, casado y Eliseo Pérez, vecino de Leales, labrador, casado.

731. En Leales, el 20 de marzo de 1875. Se presentó Brujido Juárez, vecino de Chañar Muyo, h.l. de Esteban Juárez y de Delfina Acosta. Pretende c.m. con Tomaza Ambertin, h.n. de María Antonia Ambertin, difunta, vecina de Chañar Muyo. T: Dionisio Leguizamón, vecino de Chañar Muyo, labrador, casado y Froilán Quintana, vecino de Chañar Muyo, labrador, casado.

732. En Leales, el 20 de marzo de 1875. Se presentó Ildefonso Acosta, vecino de Las Cañitas, h.n. de Dolores Acosta. Pretende c.m. con Crisanta Soria, h.n. de Águeda Soria, difunta, vecina de Santa Rosa. T: Jesús Arias, vecino de Leales, labrador, casado y Tomás Morales, vecino de Santa Rosa, jornalero, casado.

733. En Leales, el 1 de abril de 1875. Se presentó Roque Argañaráz, vecino de Los Gómez, h.l. de Buenaventura Argañaráz y de Petronila Leguizamón. Pretende c.m. con Casiana Fernández, viuda de Eulogio Ávila, h.l. de Domingo Fernández y de Francisca Quintana.

734. En Leales, el 7 de abril de 1876. Se presentó Napoleón Romano, vecino de El Cortaderal, h.l. de José Antonio Romano y de Josefa González. Pretende c.m. con Mercedes Leal, h.l. de Celestino Leal y de María Guadalupe Palavecino, vecina del Cortaderal. T: José Cruz Pérez, vecino de Mancopa, labrador, casado y Gregorio Montero, vecino de Mancopa, criador, casado.

735. En Leales, el 9 de abril de 1875. Se presentó Avelino Centeno, vecino de Puma Pozo, h.n. de Josefa Centeno. Pretende c.m. con Carlota Lizondo, h.n. de Lorenza Lizondo, vecina del Río Colorado. T: Sandalio Ponce, vecino de Puma Pozo, jornalero, soltero y Francisco Chávez, vecino de Leales, labrador, casado.

736. En Leales, el 10 de abril de 1875. Se presentó Servando Pérez, vecino de Cuchi Huasi, h.l. de Baltasar Pérez y de Juana Caro. Pretende c.m. con Estela Palacios, h.n. de Genoveva Palacios, difunta. T: Juan Simón Corbalán, vecino de Leales, labrador, soltero y José María Medina, vecino de Cuchihuasi, labrador, casado.

737. En Leales, el 14 de abril de 1875. Se presentó Manuel Ponce, vecino de Cóndor Huasi, h.n. de Fermina Ponce. Pretende c.m. con Demetrio Rivadeneira, h.l. de Indalecia Rivadeneira, vecina de los Tres Pozos. T: Ezequiel Lizárraga, vecino de Cóndor Huasi, labrador, soltero y Desiderio Medrano, vecino de Cóndor Huasi, labrador, casado.

738. En Leales, el 16 de abril de 1875. Se presentó Raimundo Leguizamón, vecino de Los Gómez, h.n. de Claudia Leguizamón, difunta. Pretende c.m. con Zaragoza Ardiles, vecina del Campo Azul, h.l. de Cándido Ardiles y de Cayetana Lizárraga, difunta. T: Santos Almarás, vecino de El Campo Azul, labrador, casado y José Antonio Juárez, vecino de Los Gómez, labrador, casado.

739. En Leales, el 20 de abril de 1875. Se presentó Sandalio Lazarte, h.l. de Julián Lazarte y de Serafina Corbalán, difuntos. Pretende c.m. con Eduviges Romero, h.l. de Manuel Romero y de Lucía Giménez, vecinos de Yanta Pallana. T: Clemente Herrera, vecino de Los Puestos, criador, casado y Eusebio Díaz, vecino de La Zorra, jornalero, soltero.

740. En Leales, el 24 de abril de 1875. Se presentó D. José Luis Salas, vecino de Los Brito, h.l. de D. Clemente Salles y de Da. Mercedes Arrieta, difunta. Pretende c.m. con Da. Griselda Coronel, h.l. de Valeriano Coronel y de Da. Mercedes Arce, vecinos de Los Brito. T: Aniceto Valdez, vecino de Los Décima, labrador, soltero y Remigio Aguirre, vecino de Los Puestos, casado.

741. En Leales, el 8 de mayo de 1875. Se presentó Navor Ávila, vecino de Los Puestos, h.l. de Fernando Ávila y de Francisca Aguirre. Pretende c.m. con Cruz Herrera, vecina de Los Puestos, h.l. de Cornelio Herrera y de Petrona Leal. Los Pretendientes se encuentran ligados por un impedimento por consanguinidad en cuarto grado con atingencia al tercero. Los padres de la novia son pobres y tienen 6 hijos más. T: Demetrio Puentes, vecino de Leales, Albañil, casado y Jacinto Juárez, vecino de Los Puestos, labrador, casado.

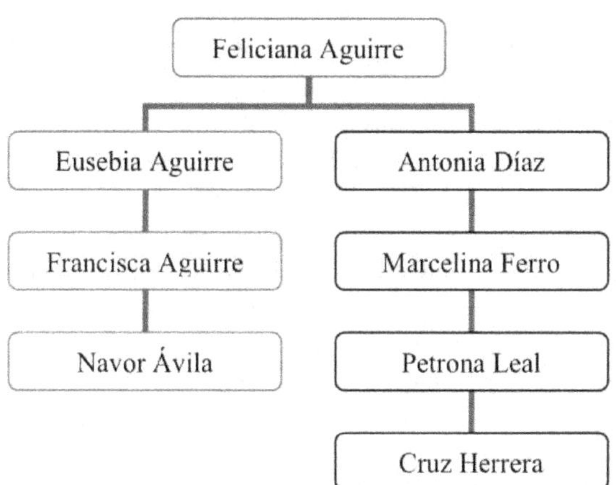

742. En Leales, el 12 de mayo de 1875. Se presentó Estratón Aguilar, vecino de Los Herrera, h.n. de Josefa Aguilar. Pretende c.m. con Lizarda Arias, h.l. de Juan Luis Arias y de Tiburcia Romano, vecina de Los Gramajo. T: José Luis Salas, vecino de Yalapa, criador, casado y Fortunato Galleas, vecino de Yalapa, criador, soltero.

743. En Leales, el 20 de mayo de 1875. Se presentó Marcelino Ibáñez, vecino de Los Acostillas, h.n. de Francisca Ibáñez. Pretende c.m. con Jesús Lescano, h.l. de Jacinto Lescano y de Isabel Ponce, vecina de Los Acostillas. T: Juan de Dios Zelaya, vecino de Los Puestos, violinista, casado y Antonio Beltrán, vecino de Ataona, labrador, casado.

744. En Leales, el 24 de mayo de 1875. Se presentó Liborio Pérez, vecino de Los Zelaya, h.l. de Luis Pérez y de Manuela Navarro, difuntos. Pretende c.m. con Zoila Martínez, h.l. de Anastasio Martínez y de Felipa Alderete, vecinos de Los Gómez. T: Juan Ángel Argañaráz, vecino de Mista, labrador, casado e Hilario Rojas, vecino de El Puesto de Nieva, labrador, soltero.

745. En Leales, el 25 de mayo de 1875. Se presentó Bonifacio Rivadeneira, vecino de Viclo, h.l. de Gregorio Rivadeneira y de Ramona Villa, difuntos. Pretende c.m. con Celedonia Rojas, h.l. de Ambrosio Rojas y de Ildefonsa Medrano, difunta, vecina de Los Tres Pozos. T: José Abdón Montero, vecino de Viclo, criador, casado y Andrés González, vecino de Los Villagra, natural de Santiago del Estero, platero, casado.

746. En Leales, el 9 de julio de 1875. Se presentó Froilán Juárez, vecino de La Esquina, h.l. de Manuel José Juárez y de Mercedes Vaca, difunta. Pretende c.m. con Carolina Pereira, h.l. de Ángel Pereira y de Visitación Lizondo, vecina de La Esquina. T: Juan José Fernández, vecino de La Esquina, jornalero, casado y Celedonio Acosta, vecino de La Esquina, labrador, soltero.

747. En Leales, el 9 de julio de 1875. Se presentó Froilán Juárez, vecino de La Esquina, h.l. de Manuel José Juárez y de Mercedes Vaca, difunta. Pretende c.m. con Carolina Pereira, h.l. de Ángel Pereira y de Visitación Lizondo, vecina de La Esquina. T: Juan José Fernández, vecino de La Esquina, jornalero, casado y Celedonio Acosta, vecino de La Esquina, labrador, soltero. (se repite la información anterior, solo que esta vez firma el pretendiente)

748. En Leales, el 10 de julio de 1875. Se presentó Jorge Acosta, vecino de Leales, h.l. de Francisco Acosta y de Cristina Gómez. Pretende c.m. con Delicia Herrera, h.l. de Gervasio Herrera y de Juliana Rodríguez, vecinos de Los Rodríguez. (Firman los pretendientes) T: Bernardino Toscano, vecino de Leales, criador, casado y Ángel Romano, vecino de Chañar Poco, criador, casado. (Firman los T.)

749. En Leales, el 16 de julio de 1875. Se presentó Eliseo Pereira, vecino de la Esquina, h.l. de Olegario Pereira y de Damiana Corbalán. Pretende c.m. con Florinda Acosta, h.l. de Rufina Acosta y de Tomasina Figueroa, vecina de la Esquina. T: Bonifacio Véliz, vecino de La Esquina labrador, soltero y Trinidad Palavecino, vecino de La Esquina, criador, casado.

750. En Leales, el 16 de julio de 1875. Se presentó Eliseo Pereira, vecino de la Esquina, h.l. de Olegario Pereira y de Damiana Corbalán. Pretende c.m. con Florinda Acosta, h.l. de Rufina Acosta y de Tomasina Figueroa, vecina de la Esquina. T: Bonifacio Véliz, vecino de La Esquina labrador, soltero y Trinidad Palavecino, vecino de La Esquina, criador, casado. (Copia del documento anterior, pero en esta firma el testigo Trinidad Palavecino)

751. En Leales, el 1 de agosto de 1875. Se presentó Andrés González, viudo de Bernardina Véliz, vecino de Santa Rosa, h.l. de Gregorio González y de Mercedes Aragón. Pretende c.m. con Laureana Ruiz, vecina de Santa Rosa, h.n. de Francisca Borja Ruiz, difunta. T: Tomás Morales, vecino de Santa Rosa, jornalero, casado y Benjamín Soria, vecino de Los Sueldos, labrador, casado.

752. En Leales, el 2 de agosto de 1875. Se presentó David Lizárraga, vecino de La Soledad, h.l. de Lázaro Lizárraga y de Josefa Ponce. Pretende c.m. con Fernanda Soria, viuda de Félix Lizárraga, h.l. de Melchor Soria y de Jesús Acosta. Los contrayentes están ligados por un impedimento por afinidad lícita en segundo grado. La pretendiente es pobre y con hijos y los pretendientes han convivido durante unos 8 años. T: Fabián Campero, vecino de Los Sueldos, labrador, casado y Miguel Medina, vecino de la Loma Verde, labrador, casado.

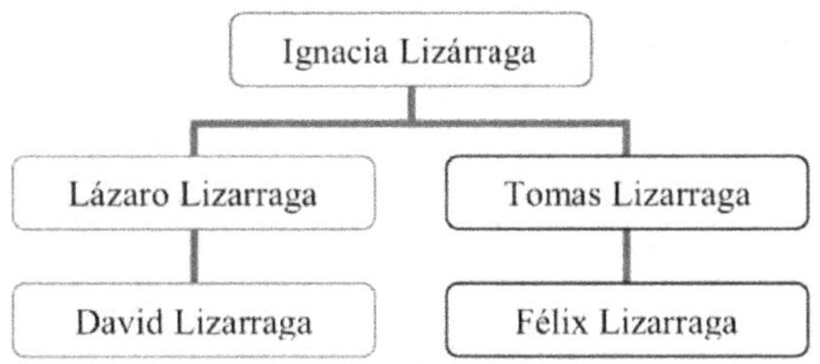

753. En Leales, el 23 de septiembre de 1875. Se presentó Marco Sánchez, vecino de Cóndor Huasi, h.n. de María Sánchez. Pretende c.m. con Vicenta Lizárraga, h.l. de Florencio Lizárraga y de Vicenta Juárez, vecinos de Cóndor Huasi. T: Indalecio Medrano, vecino de Cóndor Huasi, jornalero, casado y Evaristo Ibarra, vecino de Los Tres Pozos, criador, casado.

754. En Leales, el 8 de octubre de 1875. Se presentó Hipólito Montero, vecino de Río Chico, h.l. de Enrique Montero y de Gabriela Gómez, difunta. Pretende c.m. con Carlota Corbalán, h.n. de Máxima Corbalán, vecina de Los Puestos. T: Evancio Díaz, vecino de Los Puestos, natural de Graneros, carpintero, casado y Abdón Aguirre, vecino de Los Puestos, criador, casado.

755. En Leales, el 8 de octubre de 1875. Se presentó D. Jesús María Ocampo, vecino de Santiago del Estero, h.l. de D. José Tomás Ocampo y Da. Catalina Núñez, difuntos. Pretende c.m. con Da. Ercilia Gómez, h.l. de D. Romualdo Gómez y de Da. Cruz Argañaráz, vecina de Los Lunarejos. Audón Aguirre, vecino de Los Puestos, criador, casado y Venancio Saavedra, vecino de Los Puestos, zapatero, casado.

756. En Leales, el 15 de octubre de 1875. Se presentó Martín Ruiz, vecino de Los Herrera, h.n. de María Ruiz. Pretende c.m. con Brígida Lazarte, h.l. de Facundo Lazarte y de María Ortiz, vecinos de Yuto Yacu. T: Julio Herrera, vecino de Los Herrera, carnicero, casado y Mauricio Barrionuevo, vecino de Los Herrera, labrador, casado.

757. En Leales, el 20 de octubre de 1875. Se presentó Rufino Corbalán, vecino de Los Puestos, h.n. de Máxima Corbalán. Pretende c.m. con Justa Rivadeneira, h.l. de Manuel Rivadeneira y de Tránsito Leiva. T: Cornelio Herrera, vecino de Los Puestos, criador, casado y José Félix Herrera, vecino de Los Puestos, criador, soltero.

758. En Leales, el 21 de octubre de 1875. Se presentó José Lino Ponce, vecino de Los Rodríguez, h.l. de Pedro Ponce y de Juana Medina. Pretende c.m. con Lucia Cevallos, h.n. de Juana Cevallos, vecina de Balderrama. T: Juan Aragón, vecino de Leales, labrador, soltero y Adolfo Ledesma, vecino de Los Rodríguez, labrador, soltero.

759. En Leales, el 22 de octubre de 1875. Se presentó Miguel Delgado, vecino de Santa Rosa, h.l. de Ambrosio Delgado y de Rosa Romano, difuntos. Pretende c.m. con Domitila Nadal, h.n. de Ramona Nadal, difunta, vecina de Santa Rosa. T: Alejo Paz, vecino de Santa Rosa, labrador, casado y José Agustín Bravo, vecino de Santa Rosa, labrador, soltero.

760. En Leales, el 23 de octubre de 1875. Se presentó Ignacio Quipildor, vecino de Leales, h.l. de Juan Pablo Quipildor y de Ventura Acosta. Pretende c.m. con María del Señor Núñez, viuda de Andrés Leal, h.l. de Pedro Núñez y de Petrona Navarro, difuntos. T: Rufino Galván, vecino de Leales, labrador, casado y Bautista Toledo, vecino de Leales, comerciante, casado.

761. En Leales, el 24 de octubre de 1875. Se presentó Manuel Antonio Acosta, vecino de Chañar Muyo, h.n. de Luisa Acosta. Pretende c.m. con Nazaria Quintana, h.n. de Manuela Quintana, difunta, vecina de Chañar Muyo. T: Cipriano Acosta, vecino de Los Acostillas, labrador, casado y Jacinto Lescano, vecino de Los Acostillas, natural de Buenos Aires, labrador, casado.

762. En Leales, el 24 de octubre de 1875. Se presentó Leocadio Caro, vecino de Cuchihuasi, h.l. de Florencio Caro y de Eugenia Pérez, difuntos, viudo de Isidora Pérez. Pretende c.m. con Delfina Visa, viuda de Juan Mariano Rodríguez, h.n. de Remigia Visa, vecina de Leales. T: Ignacio Quipildor, vecino de Los Rodríguez, labrador, soltero y Dionisio Juárez, vecino de El Rincón, labrador, viudo.

763. En Leales, el 25 de octubre de 1875. Se presentó Nicolás Roldán, vecino de Las Cañitas, h.n. de Catalina Roldán. Pretende c.m. con Nicolasa Acosta, h.n. de Crisanta Acosta, vecina de las Cañitas. T: Agustín Bravo, vecino Santa Rosa, labrador, soltero y Ramón Gutiérrez, vecino de las Cañitas, labrador, casado.

764. En Leales, el 26 de octubre de 1875. Se presentó D. Eliseo Toledo, vecino de Santa Rosa, h.l. de D. Nicolás Toledo, difunto y de Da. Francisca Zelarayán. Pretende c.m. con Da. Francisca Romano, vecina de Santa Rosa, h.l. de D. Feliz y de Da. Gregoria Pomo, difuntos. (Firma el contrayente). T: Pompilio Gil, vecino de Leales, natural de la Ciudad, criador, casado y Bernardino Toscano, vecino de Leales, criador, casado. (Firman los T.)

765. En Leales, el 26 de octubre de 1875. Se presentó Prudencio Menes, vecino Santa Rosa, h.l. de Juan Bautista Menes y de Lorenza Cisneros, viudo de Petronila Zelaya. Pretende c.m. con Mercedes González, h.l. de Andrés González y de Bernardina Véliz, difunta. T: Esteban Ledesma, vecino de Santa Rosa, jornalero, soltero y Narciso Faciano, vecino de Leales, labrador, casado.

766. En Leales, el 26 de octubre de 1875. Se presentó Rodulfo Roldán, vecino de Santa Rosa, h.l. de José María Roldán y de Paula Chávez, difuntos. Pretende c.m. con Petrona Ruiz, h.n. de Laureana Ruiz, vecina de Santa Rosa. T: Narciso Faciano, vecino de Leales, labrador, casado y Bibiano Rodríguez, vecino de Santa Rosa, labrador, viudo.

767. En Leales, el 27 de octubre de 1875. Se presentó Mariano Acuña, vecino de Los Acosta, h.l. de Nicolás Acuña y de Elena Rivero, difuntos, viudo de Manuela Plaza. Pretende c.m. con Eustaquia Núñez, h.l. de Juan Esteban Núñez y de Jerónima Sid. T: Vicente Soria, vecino de Los Acosta, labrador, soltero y Pedro Lizárraga, vecino de la Loma Verde, criador, casado.

768. En Leales, el 27 de octubre de 1875. Se presentó Napoleón Vega, vecino de Santa Rosa, h.l. de Segundo Vega y de Teresa Roldan, difuntos. Pretende c.m. con Micaela Lazarte, h.l. de Gregorio Lazarte, difunto y de Anselma Figueroa, vecina de Santa Rosa. T: David Zamorano, vecino de Los Sueldo, labrador, soltero y Faustino Peralta, vecino de Santa Rosa, labrador, casado.

769. En Leales, el 27 de octubre de 1875. Se presentó Domiciano Juárez, vecino de El Rincón, h.l. de Ramón Juárez y de Alejandra Véliz, difuntos, viudo de Cornelio Zelaya, enterrada en el cementerio de Los Gómez. Pretende c.m. con Justa Medina, h.n. de Petrona Medina, vecina del Rincón. T: Leocadio Caro, vecino de Cuchihuasi, labrador, viudo y Fermín Díaz, vecino de Leales, labrador, casado.

770. En Leales, el 29 de octubre de 1875. Se presentó José Manuel Núñez, vecino de Vilca Pozo, h.l. de Esteban Núñez y de Vicenta Lambertín. Pretende c.m. con Ercilia Juárez, h.n. de Rosario Juárez. T: José Santos

Herrera, vecino de Leales, labrador, casado y Francisco Chávez, vecino de Leales, labrador, casado.

771. En Leales, el 29 de octubre de 1875. Se presentó Ezequiel Pérez, vecino de Santa Rosa, h.l. de Antonio Pérez y de Francisca Díaz. Difuntos. Pretende c.m. con Francisca Bulacios, h.n. de Marina Bulacios, vecina de Santa Rosa. T: Francisco Chávez, vecino de Las Cañitas, labrador, casado e Isaac Visa, vecino de Leales, labrador, soltero.

772. En Leales, el 30 de octubre de 1875. Se presentó Anselmo Rodríguez, vecino de Santa Rosa, h.l. de Eusebio Rodríguez y de Germana Almirón. Pretende c.m. con Pascuala Sánchez, vecina de la provincia de Salta, h.n. de Rafaela Sánchez. T: José Toledo, vecino de Leales, labrador, casado y Martiniano Pomo, vecino de Santa Rosa, platero casado.

773. En Leales, el 30 de octubre de 1875. Se presentó Pedro Núñez, vecino de Puma-Pozo, h.l. de Esteban Núñez y de Vicenta Lambertín, difuntos. Pretende c.m. con Ramona Medina, h.n. de Toribia Medina, vecina de Puma Pozo. T: Tolentino Juárez, vecino de Vilca Pozo, labrador, soltero y Rosa Véliz, vecino de los Sueldos, labrador, soltero.

774. En Leales, el 3 de noviembre de 1875. Se presentó Hermenegildo Romero, vecino de Leales, h.n. de Carmen Romero, difunta, viudo de Justa Fernández. Pretende c.m. con Clemidia Fernández, h.l. de Manuel Fernández y de Eugenia Lazarte, vecina de Leales. Los pretendientes se hayan ligados por un impedimento por afinidad lícito en primer grado por ser la pretendida hermana de la esposa anterior. La pretendida tiene unos 36 años y hace unos 6 años que convive con el pretendiente. T: José León Giménez, vecino de Leales, labrador, casado y Rafael Quipildor, vecino de Leales, labrador, casado.

775. En Leales, el 3 de noviembre de 1875. Se presentó Juan Simón Albornoz, vecino de La Ceja, h.l. de Antonio Albornoz y de Eugenia Alan. Pretende c.m. con Cecilia Ponce, h.l. de Pedro Ponce y de Juana Medina, vecinos de los Rodríguez. Los Pretendientes se hayan ligados por un impedimento por afinidad ilícita en segundo grado. La pretendida es pobre, de unos 36 años y convive con el pretendiente. T: Pascual Juárez, vecino de Leales, labrador, viudo y Matías Contreras, vecino de Leales, labrador, soltero.

776. En Leales, el 5 de noviembre de 1875. Se presentó Francisco Juárez, vecino de La Esquina, h.l. de Martín Juárez y de Margarita Albarracín, difuntos. Pretende c.m. con Juana Vallejo, h.l. de Romualdo Vallejo y de Cruz Ruiz, difuntos. T: Toribio Lencina, vecino de La Esquina, labrador, soltero y Cecilio Moyano, vecino de LA Esquina, criador, casado.

777. En Leales, el 5 de noviembre de 1875. Se presentó Ramón Núñez, vecino de Simoca, h.l. de Mauricio Núñez y de Santos Cardozo. Pretende c.m. con Elsuaria Medina, h.n. de Bernarda Medina, vecina de Las

Cañadas. T: Pedro Juárez, vecino de Las Cañadas, jornalero y Felipe Sid, vecino de Las Cañadas, jornalero, casado.

778. En Leales, el 8 de noviembre de 1875. Se presentó D. Fermín Rocha, vecino del curato de Monteros, en Balderrama, h.l. de D. Prudencio Rocha y de Da. María Antonia Rodríguez, difunta. Pretende c.m. con Da. Anatolia Bravo, vecina de Leales, h.l. de D. Venció Bravo y de Da. Micaela Alfaro. Los contrayentes se encuentran ligados por dos impedimentos por afinidad ilícita, uno de segundo grado con atingencia al primero y el otro en segundo grado. La novia es pobre y los padres tienen 4 hijos más, la novia tiene unos 27 años y convive con el pretendiente. T: Mamerto Romano (Firma), vecino de Leales, comerciante, casado y Ángel Romano, vecino de Chañar Pozo, labrador, casado.

779. En Leales, el 10 de noviembre de 1875. Se presentó Rosario Ortega, vecino de Leales, viudo de Manuela Páez, h.n. de Agustina Ortega. Pretende c.m. con Abelarda Leguizamón, h.l. de Patricio Leguizamón y de Dominga Visa, vecina de Leales. Los pretendientes se hallan unidos por un impedimento por consanguinidad en tercer grado. La pretendida es pobre, de unos 17 o 18 años, la madre tiene dos hijos más. T: Indalecio Quipildor, vecino de Leales, labrador, casado y Juan Pedro Toscano, vecino de Leales, criador, casado.

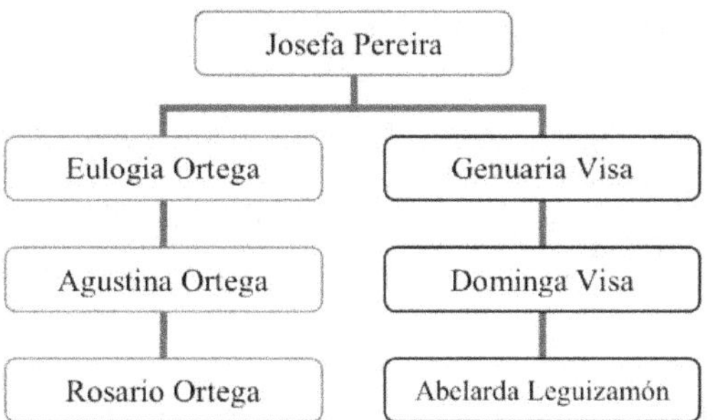

780. En Leales, el 4 de diciembre de 1875. Se presentó Carlos Juárez, vecino de Los Juárez, h.n. de Juana Juárez, difunta. Pretende c.m. con Florinda Fernández, h.l. de Tomás y de Nazaria Giménez, vecina de los Juárez. T: Mariano Gómez, vecino de Los Gómez, criador, casado y Miguel Terán, vecino de Los Juárez, labrador, soltero.

781. En Leales, el 5 de diciembre de 1875. Se presentó Juan de la Cruz Argañaráz, vecino de El Rincón, h.l. de Valentín Argañaráz y de Petrona Jiménez, difuntos. Pretende c.m. con Mercedes Cantos, h.n. de Manuela Cantos, vecina de Las Cañadas. T: José Manuel Zelaya, vecino de Los Medina, labrador, soltero y Telésforo Acosta, vecino de los Acostillas, violinista, casado

782. En Leales, el 5 de diciembre de 1875. Se presentó Eugenio Soria, vecino de La Encrucijada, h.l. de Bernabé Soria y de Pascuala Gómez, difuntos. Pretende c.m. con Audelina Ponce, vecina de Chañar Muyo, h.n. de Tránsito Ponce, difunta. T: Prudencio Juárez, vecino de Las Cañas, labrador, casado y Leonor Acosta, vecino de Los Acostillas, labrador, casado.

783. En Leales, el 10 de diciembre de 1875. Se presentó José Ignacio Juárez, vecino de Vilca Pozo, h.l. de Ignacio Juárez y de Carmen Núñez. Pretende c.m. con Magdalena Zelaya, vecina del Rincón, viuda de Mariano Costilla, h.l. de Juan de la Cruz Zelaya y de Bartolina Alderete. T: Jacinto Lescano, vecino de Los Acostillas, natural de Buenos Aires y Mariano Gómez, vecino de Los Gómez, criador, casado.

784. En Leales, el 15 de diciembre de 1875. Se presentó Eulogio Maza, vecino de Los Romanos, h.l. de Roque Maza y de Faustina Roldán, difuntos. Pretende c.m. con Liberata Ballón, h.l. de Francisco Ballón, difunto y de Mauricio Rodríguez, vecina de Las Barrancas. T: Hilario Rojas, vecino de Los Romanos, labrador, casado y Pascual Aguirre, vecino de Los Romanos, labrador, casado.

785. En Leales, el 17 de diciembre de 1875. Se presentó Bernardino Juárez, vecino de Los Gómez, h.n. de Petrona Juárez. Pretende c.m. con María Herrera, vecina de Los Gómez, h.l. de Fortunato Herrera y de Lorenza Gómez. T: Roque Argañaráz, vecino de Los Gómez y Nabor Cantos, vecino de Los Gómez, labrador, casado.

786. En Leales, el 1 de enero de 1876. Se presentó Francisco Correa, h.l. de Cesario Correa, vecino de Talacocha y de Anastasia Rodríguez, difunta. Pretende c.m. con María Juárez, vecina del Vizcacheral, h.n. de Polonia Juárez, difunta. Firma el novio. T: Francisco Díaz, vecino Tejahuasi, labrador, casado y Pedro Zelaya, vecino de El Vizcacheral, labrador, casado.

787. En Leales, el 4 de enero de 1876. Se presentó José Faciano, vecino de Santa Rosa, h.l. de Santiago Faciano y de Justa Aragón, difuntos. Pretende c.m. con Josefa Paz, vecina de Santa Rosa, h.l. de Alejo Paz y de Mercedes Arias. La novia es menor de edad.

788. En Leales, el 5 de enero de 1876. Se presentó Matías Contreras, h.l. de Melitón González y de Concepción Gómez, vecinos de Leales. Pretende c.m. con Gualberta Medina, h.n. de Dominga Medina, vecinos de Leales, viuda de Adrián Gómez. T: Juan Simón Corbalán, vecino de La Ceja, jornalero, soltero y José Alderete, vecino de Leales, labrador, casado.

789. En Leales, el 10 de enero de 1876. Se presentó Cleofé Brito, h.n. de Leonarda Brito, vecinos de Tejahuasi. Pretende c.m. con Beatriz Soria, h.l. de Faustino Soria y de Ángela Venecia. Impedimento por consanguinidad en tercer grado. Causales por las que pide la dispensa. Que la madre de la novia fue abandonada por su marido hace unos cinco años y no saben si este está vivo o muerto, siendo muy pobre con nueve hijos más; la novia no tiene otros pretendientes. La novia es aproximadamente 18 años de edad. T: Francisco Díaz, vecino de Tejahuasi, labrador, casado y José Zelaya, vecino de Chañarpozo, labrador, soltero. Firma solo Francisco Díaz. Dispensa del 13 de enero de 1876.

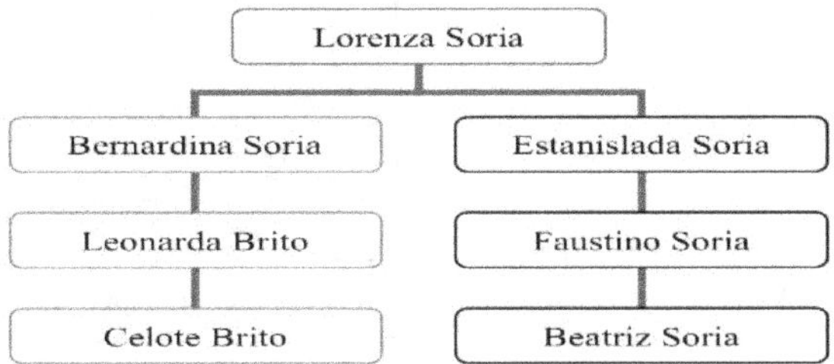

790. En Leales, el 12 de enero de 1876. Se presentó Federico Lazarte, h.l. de Julián Lazarte y de Serafina Corbalán, difuntos, vecino de los Puestos. Pretende c.m. con Virginia Herrera, h.l. de Gabriel Herrera y de María Juárez, difunta, vecinos de La Florida. T: Electo Correa, vecino de Los Puestos, criador, casado y Ambrosio Romano, vecino de Los Puestos, labrador, casado.

791. En Leales, el 14 de enero de 1876. Se presentó Narciso Medrano, vecino de Condorhuasi, h.l. de Eusebio Medrano y de Antonia Juárez, viudo de Magdalena Moreno. Pretende c.m. con Benjamina Palavecino, h.l. de Francisco Borja Palavecino, difunto y de Catalina Escobar, vecinos de Los Quebrachos. T: José María González, vecino de Condorhuasi, labrador, casado y Manuel Ponce, vecino de Condorhuasi, labrador, casado.

792. En Leales, el 15 de enero de 1876. Se presentó Fructuoso Flores, vecino de Las Cañitas, h.n. de Martina Flores. Pretende c.m. con Lucinda Teves, h.l. de Justo Teves y de Francisca Gómez, difunta. La novia es menor de edad. T: Francisco Chávez, vecino de Leales, labrador, casado y Ponciano Romano, vecino de Leales, labrador, casado.

793. En Leales, el 21 de enero de 1876. Se presentó Patricio Albornoz, vecino de Laguna Blanca, h.l. de Mariano Albornoz y de Dolores Frías. Pretende c.m. con Lizarda Palomino, h.l. de Inocencio Palomino y de Celedonia Juárez, difuntos, vecina del Chilcal de aproximadamente 20 años. Con impedimento de consanguinidad en cuarto grado. Causales por las que pide la dispensa: La pretendida es huérfana de padre y madre; quiere cubrir su honor ya que han convivido. T: Alejo Rojas, vecino de Oran, criador, viudo y Celestino Brito, vecino de Laguna Blanca, criador, casado. Dispensa del 25 de enero.

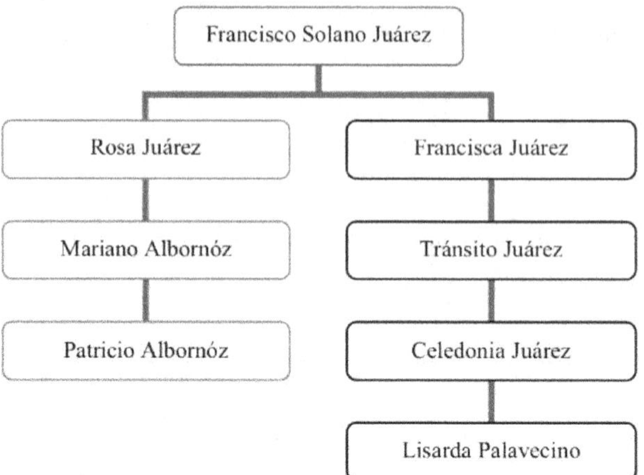

794. En Leales, el 23 de enero de 1876. Se presentó Benjamín Rojas, h.n. de Hermenegilda Rojas, vecinos de La Encrucijada. Pretende c.m. con Nicasia Ardiles, cecina del Campo Azul, h.l. de Juan Ardiles y de Basilia Amaya. Menores de edad. T: Domingo Medina, vecino de El Campo Azul, labrador, soltero y José Santos Almarás, vecino de El Campo Azul, labrador, casado.

795. En Leales, el 3 de febrero de 1876. Se presentó Juan Bautista Lazarte, vecino de Los Herrera, h.l. de Facundo Lazarte y de Paula Ortiz, difuntos. Pretende c.m. con Florinda Espinosa, vecina de Los Díaz, h.l. de Gregorio Espinosa y de Petrona Frías. T: Mauricio Barrionuevo, vecino de Los Herrera, labrador, casado u David Leal, vecino de Los Díaz, labrador, soltero.

796. En Leales, el 3 de febrero de 1876. Se presentó Miguel López, vecino de Leales, h.l. de Dalmasio López y de Saturnina Galván, difuntos. Pretende c.m. con Vicenta Herrera, vecina de Leales, h.l. de Teodoro Herrera, difunto y de Antonia Gómez. Con impedimento por Consanguinidad en tercer grado línea colateral. Causales por las que se pide la dispensa: la pretendida es huérfana de padre, que la madre tiene un pasar apenas regular y está cargada con el peso de 7 hijos más.; no tiene otros pretendientes. La novia tiene unos 24 años. T: Juan Venecia, vecino de leales, comerciante, casado y Juan Pedro Toscano, vecino de Leales, criador, casado.

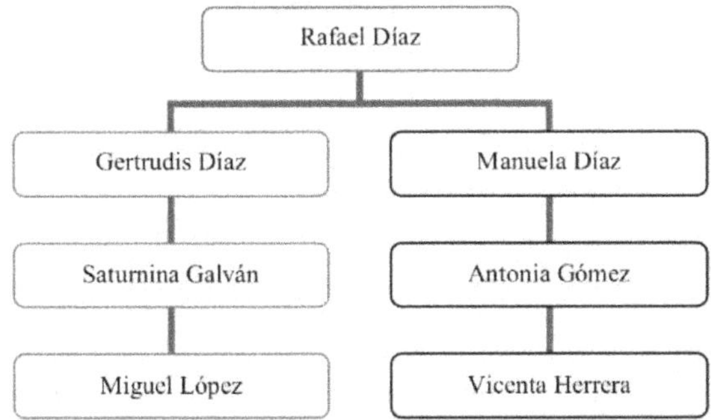

797. En Leales, el 10 de febrero de 1876. Se presentó José Eliseo Quintero, h.l. de Segundo Quintero y de María Molina, vecinos de Balderrama. Pretende c.m. con Clemencia Díaz, h.l. de Gregorio Díaz y de Claudia Pino, vecinos de Leales. T: Fidel Aragón, vecino de Leales, labrador, soltero y Juan Pedro Toscano, vecino de Leales, criador, casado.

798. En Leales, el 26 de febrero de 1876. Se presentó Sandalio Soria, h.l. de Faustino Soria y de Ángela Venecia, vecinos de la Encrucijada. Pretende c.m. con Benedicta Zelarayán, h.l. de José Benigno Zelarayán y de María Fernández. mayores de edad. T: Pascual Juárez, vecino de Leales, labrador, viudo y Rafael Quipildor, vecino de Leales, labrador, casado.

799. En Leales, el 26 de febrero de 1876. Se presentó Celestino Juárez, vecino de Vilca-Pozo, h.n. de Rosario Juárez. Pretende c.m. con María Juárez, vecina del Saladillo, h.l. de Ramón Juárez y de Eusebia Luna, viuda de Felipe Juárez. La novia tiene aproximadamente 20 años. Con impedimento de consanguinidad de segundo grado y otro impedimento por afinidad licito en segundo grado con atingencia al primero. Causales por las que se pide la dispensa: Que la pretendida es pobre y cargada con un hijo, y no tiene otro pretendiente. T: Borja Rojas, vecino de la Loma Verde, jornalero, casado y Valentín Navarro, vecino de Vilca-Pozo. Declaran que el primer marido de María Juárez fue sepultado en el "Panteón de la ciudad de Tucumán". Dispensa del 18 de abril de 1876.

Consanguinidad:

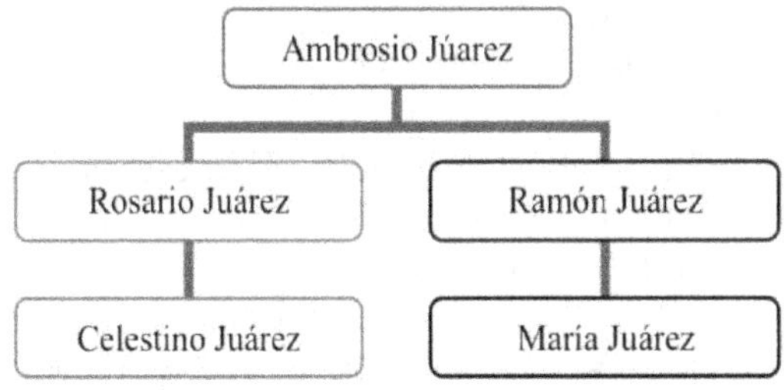

Afinidad:

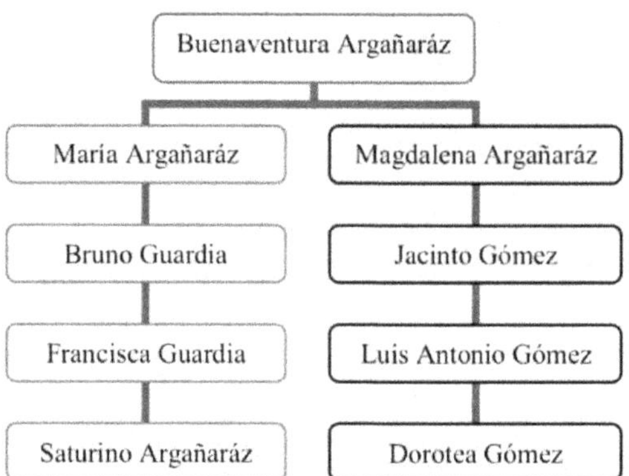

800. En Leales, el 26 de febrero de 1876. Se presentó Saturnino Argañaráz, h.l. José Argañaráz y de Francisca Guardias, difuntos, vecino de El Campo Verde. Pretende c.m. con Dorotea Gómez, de unos 20 años, h.l. de Antonio Gómez y de Sebastiana Quintana, difunta, vecinos de Los Gómez. Con impedimento por consanguinidad en cuarto grado. Causales: La pretendida es huérfana de madre; un padre con un pasar apenas regular con 6 hijos más. T: José Tomás Medina, vecino de Los Lunarejos, labrador, casado y Rufino Medina, vecino de Los Gómez, labrador, casado. Dispensa del 3 de marzo de 1876.

801. En Leales, el 26 de febrero de 1876. Se presentó Sandalio Soria, vecino de La Encrucijada, h.l. de Faustino Soria y de Ángela Venecia. Pretende c.m. con Benedicta Zelarayán, h.l. de José Benigno Zelarayán y de María Fernández, difuntos, vecina de Leales.

802. En Leales, el 11 de marzo de 1876. Se presentó Baldomero Arias, h.l. de Jesús Arias, difunto y de María Núñez, vecinos de Los Sueldo. Pretende c.m. con Honoria Acosta, de 18 años, h.l. de Bartolomé Acosta y de Dionisia Campero. Con Impedimento de consanguinidad en tercer grado. Causales: La pretendida es huérfana de padre; la madre tiene un pasar apenas regular con 4 hijos más. Firma el pretendiente. T: Benjamín Soria, vecino de Los Sueldos, labrador, casado y Damián Luna, vecino de El Río Colorado, labrador, casado. Dispensa del 16 de marzo de 1876.

803. En Leales, el 18 de marzo de 1876. Se presentó D. Rufo Toledo, vecino de La Esquina, h.l. de D. León Toledo y de Da. Martina Barbosa, difuntos. Pretende c.m. con Da. Rosa Valdez, vecina de La Esquina, h.l. de D. José Pablo Valdez y de Da. Rosario Ponce, difuntos. T: Mariano Correa, vecino de La Esquina, labrador, casado y Pantaleón Correa, vecino de La Esquina, labrador, casado.

804. En Leales, el 18 de marzo de 1876. Se presentó Demetrio Pérez, vecino de Chañar Pozo, h.n. de Petrona Pérez. Pretende c.m. con Narcisa Juárez, vecina del Vizcacheral, h.l. de Pedro Antonio Juárez y de Ventura Costilla, difunta. T: Facundo Corbalán, vecino de Cuchihuasi, labrador, casado y Estratón Galván, vecino de Los Quemados, labrador, casado.

805. En Leales, el 20 de marzo de 1876. Se presentó Belisario Bohórquez, vecino de Mista, h.n. de Andrea Bohórquez. Pretende c.m. con Delfina Argañaráz, de unos 18 años, vecina de Mista, h.l. de Feliciano Argañaráz y de Águeda Zelaya, difunta. Con impedimento por consanguinidad en segundo grado por ser el padre natural del pretendiente hermano del padre de la pretendida. Causales: la pretendida es pobre y huérfana de madre, el padre es pobre, viejo y cargado con tres hijas más. T: Electo Corra, vecino de Los Puestos, criador, soltero y José María Martínez, vecino de Mista, labrador, casado. Dispensa del 11 de abril de 1876.

806. En Leales, el 21 de marzo de 1876. Se presentó Juan Antonio Valdez, vecino de Los Romanos, h.l. de Juan Valdez y de Luisa Rivadeneira, difuntos. Pretende c.m. con Norberta Giménez, vecina del Suncho, h.n. de Simona Giménez, difunta. T: Rufino Corbalán, vecino de Yanta

Payana, criador, casado e Hilario Rojas, vecino de Los Romanos, labrador, casado.

807. En Leales, el 22 de marzo de 1876. Se presentó Perceverancio Zelaya, vecino de El Rincón, h.l. de Juan de la Cruz Zelaya y de Bartolina Leguizamón, difunta. Pretende c.m. con Emilia Juárez, vecina de Vilca Pozo, h.n. de Josefa Juárez. T: José Arias, vecino de Leales, labrador, casado y Victo Caro, vecino Cuchihuasi, labrador, soltero.

808. En Leales, el 1 de abril de 1876. Se presentó José Gómez, vecino de Los Lunarejos, h.l. de Víctor Gómez y de Cruz Guardia. Pretende c.m. con Lizarda Argañaráz, vecina del Campo Azul, h.l. de Pedro Argañaráz y de Filiberta Almarás. T: Francisco Nieva, vecino de El Campo Azul, labrador, casado y Desiderio Medina, vecino de Los Gómez, labrador, soltero.

809. En Leales, el 30 de abril de 1876. Se presentó Regino Figueroa, vecino de Quilmas, h.l. de Antonio Figueroa y de Josefa Pérez. Pretende c.m. con Transito Navarro, vecina de Quilmes, h.l. de Rufino Navarro y de Manuela Cruz, difuntos. T: Francisco Brito, vecino de Mancopa, criador, soltero y Nazario Zerrizuela, vecino de Los Sueldos, criador, casado.

810. En Leales, el 4 de mayo de 1876. Se presentó Nicolás Vallejo, vecino de La Esquina, h.l. de Romualdo Vallejo y de Cruz Ruiz, difuntos. Pretende c.m. con Jesús Correa, vecina de La Esquina, h.l. de Matilde Correa. T: Juan José Fernández, vecino de La Esquina, labrador, casado y Narciso Toledo, carpintero, soltero.

811. En Leales, el 8 de mayo de 1876. Se presentó D. Víctor Toledo, vecino de La Esquina, h.l. de D. Vicente Toledo, difunto y de Da. Francisca Acosta. Pretende c.m. con Da. Magdalena Acosta, de unos 18 años, vecina de Famaillá, h.l. de D. Hilario Acosta y de Da. Luisa Juárez, difunta. Con impedimento de consanguinidad en segundo grado con atingencia al primero. Causales: la pretendida es huérfana de madre; el padre tiene un pasar regular con tres hijos más, los pretendientes tuvieron un hijo el que quieren legitimar. Firma el pretendiente. T: Marcelino Rodríguez, vecino de Los Acosta, labrador, casado y Mariano Zerrizuela, vecino de Los Sueldos, criador, casado. Dispensa del 13 de noviembre de 1876.

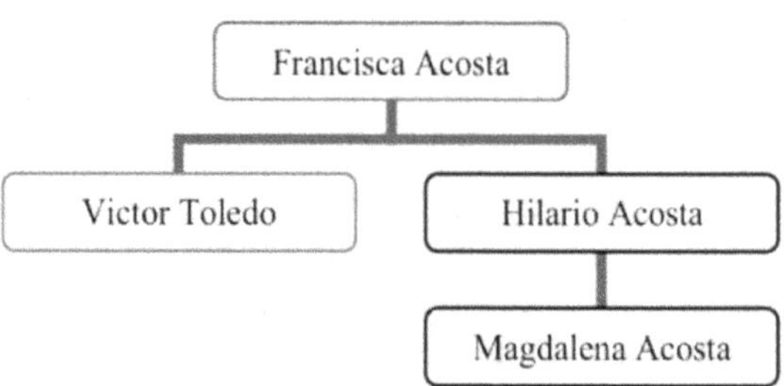

812. En Leales, el, 17 de junio de 1876. Se presentó Cayetano Valdez, vecino de Mancopa, h.l. de Feliciano Valdez y de Rosa Pérez, difuntos. Pretende c.m. con Antonia Barauna, vecina de Mancopa, h.l. de Juan Barauna y de María Encarnación Alderete, difuntos. T: Antonio Villagra, vecino de Mancopa, labrador, casado y Vicente Lizárraga, vecino de El Cevilar, capataz, casado.

813. En Leales, el, 5 de julio de 1876. Se presentó Bernabé Argañaráz, vecino de Los Gómez, h.l. de Buenaventura Argañaráz, difunto y de Petronila Leguizamón. Pretende c.m. con Victoriana Leguizamón, de 25 años, vecina del Arenal, h.n. de Tránsito Leguizamón. Impedimento por consanguinidad en tercer grado. Causales: La pretendida es pobre, la madre es igualmente pobre, ciega y con tres hijas más. T: Mariano Gómez, vecino de Los Gómez, criador, casado y Siríaco Leguizamón, vecino de Los Gómez, labrador, casado. Dispensa del 13 de julio de 1876.

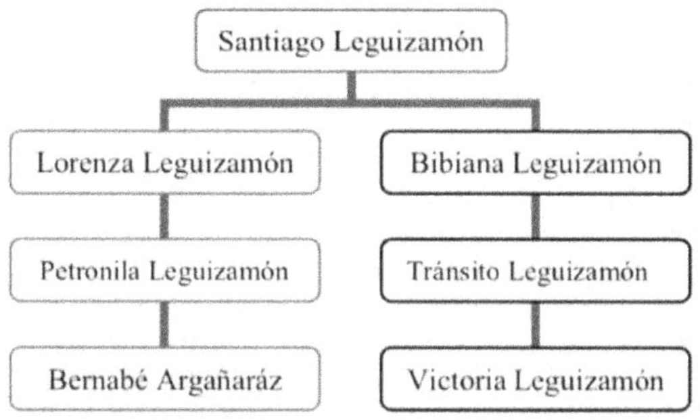

814. En Leales, el 14 de julio de 1876. Se presentó D. Mariano Chávez, vecino de El Galpón, en San José de Metán, h.l. de D. Andrés Chávez y de Da. Celedonia López. Pretende c.m. con Da. Delia Villagra, vecina de Mancopa, h.l. de D. Anastasio Villagra y de Da. Corina Juárez. T: Leocadio González, vecino de El Chilcal, labrador, casado y Ezequiel Lizárraga, vecino de La Fronterita, labrador, casado.

815. En Leales, el 18 de julio de 1876. Se presentó Manuel Roldán, vecino de Las Palmitas, h.l. de Juan Roldán, difunto y de María Figueroa. Pretende c.m. con Reimunda Figueroa, de unos 28 años, h.l. de Lázaro Figueroa y de Mónica González. Con Impedimento por consanguinidad en tercer grado. Causales: los padres de la pretendida son viejos, pobres y cargados con 4 hijos más. T: Marco Rodríguez, vecino de El Mojón, criador, casado y Atanasio Molina, natural de Santiago del Estero, vecino de Las Palmitas, criador, casado. Dispensa del 18 de julio de 1876.

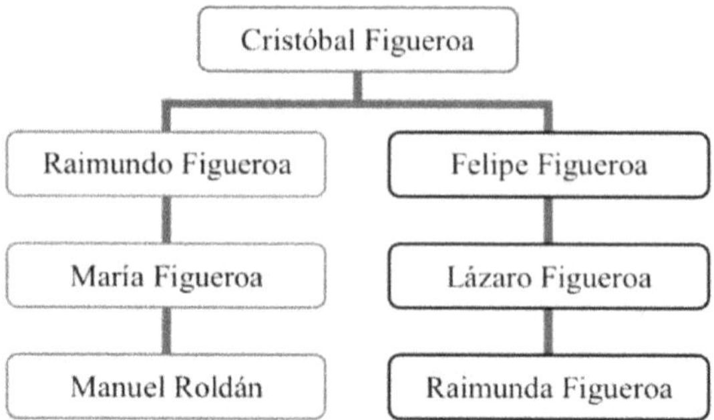

816. En Leales, el 21 de julio de 1876. Se presentó Santos Juárez, vecino de Vilca Pozo, viudo de Carmen Medina, h.n. de Josefa Juárez. Pretende c.m. con Dominga Brito, vecina de Vilca Pozo, h.l. de Dionisio Brito y de Gualberta Lizárraga. T: Froilán Aguirre, vecino de Punua Pozo, labrador, soltero y Enrique Herrera, vecino de Vilca Pozo, labrador, soltero.

817. En Leales, el 26 de julio de 1876. Se presentó Pedro Navarro, vecino de La Rinconada, en el curato de Monteros, viudo de Lucia Palavecino, h.l. de Jacinto Navarro, difunto y de Teresa Gutiérrez. Pretende c.m. con Andrea Caro, vecina de Leales, h.n. de María Caro. T: Rosario Visa, vecino de Leales, jornalero, casado y Nolasco Naranjo, vecino de La Rinconada, labrador, casado.

818. En Leales, el 26 de julio de 1876. Se presentó Pedro Gómez, vecino de Los Gómez, viudo de Delfina Cantos, h.l. de Mariano Gómez y de Fernanda Guardias. Pretende c.m. con Petrona Ardiles, h.l. de Marcelo Ardiles y de Pilar Saavedra. T: Ciriaco Leguizamón, vecino de Los Gómez, labrador, casado y Saturnino Roldán, vecino de Los Gómez, labrador viudo.

819. En Leales, el 30 de julio de 1876. Se presentó Mariano Fernández, vecino de Los Gómez, viudo de Nieves Argañaráz, h.l. de Domingo Fernández, difunto y de Francisca Quintana. Pretende c.m. con Antonia Aguirre, vecina de Los Juárez, h.l. de Juan Aguirre, difunto y de Cecilia Juárez. T: Ciriaco Leguizamón, vecino de Los Gómez, labrador, casado y Bernardino Juárez, vecino de Los Gómez, labrador, casado.

820. En Leales, el 17 de agosto de 1876. Se presentó Saturnino Vallejo, vecino de Los Brito, viudo de Isidora Arrieta, h.l. de Marcelino Vallejo y de Catalina Lazarte, difuntos. Pretende c.m. con Visitación Lizárraga, viuda de David Rodríguez. T: Jesús Aguirre, vecino de Los Gramajo, labrador, casado y Casimiro Lazarte, vecino de Los Puestos, carpintero, casado.

821. En Leales, el 1 de septiembre de 1876. Se presentó Nicolás Pomo, vecino de Santa Rosa, h.l. de Martiniano Pomo y de Petrona Morales, difunta. Pretende c.m. con Mercedes Romero, h.l. de José María Romero y de Delfina Bravo, difuntos. T: Reyes Acosta, vecino de La Ceja, labrador, soltero y Ascensión Fernández, vecino de Santa Rosa, labrador, casado.

822. En Leales, el 4 de septiembre de 1876. Se presentó Andrés Fernández, vecino de Santa Rosa, h.l. de Hipólito Fernández y de Leonarda Díaz, difunta. Pretende c.m. con Melitona Pomo, vecina de Santa Rosa, h.l. de Martiniano Pomo y de Delfina Petrona Morales, difunta. T: José Faciano, vecino de Santa Rosa, labrador, casado y Benjamín Soria, vecino de Los Sueldos, labrador, casado.

823. En Leales, el 9 de septiembre de 1876. Se presentó Regino Herrera, vecino de Los Gramajo, h.n. de Antonia Herrera, difunta. Pretende c.m. con María Valdez, vecina de Los Díaz, h.l. de José María Valdez y de Isabel Lazarte. T: Saturnino Aguirre, vecino de Los Herrera, labrador, casado y Tránsito Lizárraga, vecino de Los Brito, labrador, casado.

824. En Leales, el 20 de septiembre de 1876. Se presentó José Luis Ardiles, vecino de Los Gomes, h.l. de Juan José Ardiles, difunto y de Simona Rojas. Pretende c.m. con Inocencia Brandán, vecina de Los Gómez, h.l. de Manuel Brandán y de Cruz Nieva. T: Cipriano Acosta, vecino de Los Acostillas, labrador, casado y José Antonio Juárez, vecino de Los Gómez, labrador, casado.

825. En Leales, el 22 de septiembre de 1876. Se presentó Ramón Vallejo, vecino de Santa Rosa, h.l. de Agustín Vallejo y de Mercedes Peralta, difunta. Pretende c.m. con Manuela Pacheco, vecina de Santa Rosa, h.l. de Juan Pacheco y de Juana Abrego, difunta. T: Ignacio Lugones, vecino de Leales, labrador, casado e Ildefonso Acosta, vecino de Las Cañitas, labrador, casado.

826. En Leales, el 28 de septiembre de 1876. Se presentó Jesús Osores, vecino de Los Tres Pozos, h.l. de Roque Osores y de Leonarda Ríos, difuntos. Pretende c.m. con Francisca Lugones, vecina de Los Tres Pozos, h.n. de Genuaria Lugones, difunta. T: Bautista Juárez, vecino de Los Tres Pozos, labrador, casado e Hilario Heredia, vecino de Los Tres Pozos, labrador, casado.

827. En Leales, el 5 de octubre de 1876. Se presentó Juan de la Cruz Albarracín, vecino de Los Tres Pozos, h.n. de Brígida Albarracín. Pretende c.m. con Josefa Díaz, vecina de Los Tres Pozos, h.l. de Manuel Díaz y de Manuela Zelaya, difuntos. T: Anselmo Juárez, vecino de Los Tres Pozos, carpintero, casado y Mariano Juárez, vecino de Los Tres Pozos, carpintero, casado.

828. En Leales, el 26 de octubre de 1876. Se presentó Manuel Tomás Medina, vecino de Los Puestos, h.l. de Agapito Medina, difunto y de

Manuela Herrera. Pretende c.m. con Martiniana Aguirre, vecina de Los Puestos, h.l. de Hermógenes Aguirre y de Josefa Medina. T: Jacinto Juárez, vecino de Los Puestos, labrador, casado y Venancio Saavedra, vecino de Los Puestos, zapatero, casado.

829. En Leales, el 24 de noviembre de 1876. Se presentó Alejo Paz, vecino de Leales, viudo de Mercedes Arias (sepultada en el cementerio de monteros), h.n. de Agustina Paz. Pretende c.m. con Carmen Jaime, vecina de Leales, h.l. de Cornelio Jaime y de Mercedes Giménez, difunta. T: Tomás Venecia, vecino de Leales, labrador, soltero y Pascual Juárez, vecino de Leales, labrador, viudo.

830. En Leales, el 30 de noviembre de 1876. Se presentó Pedro Juan Mendoza, vecino de Leales, h.l. de Pedro Mendoza y de Mercedes Ponce, difuntos. Pretende c.m. con María Silvestra Cantrera, vecina de Leales, h.l. de Melitón Cantrera y de Concepción Gómez, difuntos. T: Francisco Chávez, vecino de Leales, labrador, casado y Manuel Chocobar, vecino de Leales, jornalero, soltero.

831. En Leales, el 7 de diciembre de 1876. Se presentó Miguel Maza, vecino de La Encrucijada, h.l. de Roque Maza y de Faustina Roldan, difunta. Pretende c.m. con Valentina Ballón, vecina de Las Barrancas, h.l. de Francisco Ballón, difunto y de Mauricio Rodríguez. T: Pascual Aguirre, vecino de Los Romanos, labrador, casado y Estanislao Cisneros, vecino de Los Brito, labrador, soltero.

832. En Leales, el 24 de diciembre de 1876. Se presentó Toribio Lescano, vecino de Los Romano, h.n. de Pilar Lescano. Pretende c.m. con Aniceta Herrera, vecina de Los Gramajo, h.n. de Laureana Herrera. T: Pedro Aguirre, vecino de Los Gramajo, labrador, casado e Hilario Rojas, vecino de Los Romanos, labrador, casado.

833. En Leales, el. 1 de enero de 1877. Se presentó Ricardo Herrera, vecino de Mista, h.l. de Juan José Herrera y de Benigna Aguirre, difuntos, viudo de Josefa Aguilar. Pretende c.m. con Aurelia Díaz, h.l. de Esteba Díaz y de Casimira Juárez, difuntos. T: Eusebio Juárez, vecino de Las Pirguas, labrador, casado. y Pedro Relaño, vecino de Tala Cocha, criador, casado.

834. En Leales, el 20 de enero de 1877. Se presentó Moisés Campero, vecino de Los Sueldos, h.l. de Juan Campero y de Juliana Vaca, difuntos, viudo de Rudecinda Medina. Pretende c.m. con Teodora Venecia, vecina de Santa Rosa, h.n. de Teodora Vaca. T: Miguel Trejo, vecino de Los Sueldos, jornalero, viudo y Eustaquio Vildoza, vecino de Los Sueldos, labrador, casado.

835. En Leales, el 20 de enero de 1877. Se presentó Lucio Lazarte, h.n. de Ventura Lazarte, vecino de Los Herrera. Pretende c.m. con María Espinosa, vecina de Los Britos, h.l. de Benito Espinosa y de Matiaza

Arreta. T: Miguel Lescano, vecino de Los Romano, labrador, viudo y Toribio Lescano, vecino de Los Romanos, labrador, casado.

836. En Leales, el 25 de enero de 1877. Se presentó Silverio Rojas, vecino de La Encrucijada, h.l. de Bernardino Rojas y de Bonifacio Juárez, difunta. Pretende c.m. con Elisa González, vecina del Puesto Chico, h.l. de Avelino González, difunto y de Rufina Argañaráz. T: Sebastián Lazarte, vecino de La Encrucijada, labrador, casado y Felipe Romano, vecino de El Puesto Chico, criador, casado.

837. En Leales, el 27 de enero de 1877. Se presentó José Lino Brito, vecino de Vilca Pozo, h.l. de Memencio Brito y de Josefa Chávez, difuntos. Pretende c.m. con Consolación Juárez, vecina de Vilca Pozo, h.n. de Dominga Juárez. T: Dolores Viera, vecino de Río Hondo, jornalero, soltero e Isaac Sid, vecino de Vilca Pozo, labrador, casado.

838. En Leales, el 9 de febrero de 1877. Se presentó Timoteo Medina, vecino de Leales, h.n. de Dominga Medina, difunta. Pretende c.m. con Audelina Salazar, vecina de Santa Rosa, h.l. de Eliseo Salazar y de Agustina Sánchez. T: Pascual Juárez, vecino de Leales, labrador, casado y Manuel Chocobar, vecino de Leales, labrador, soltero.

839. En Leales, el 15 de febrero de 1877. Se presentó Eleuterio Ortiz, vecino de Los Romanos, h.l. de Bernabé Ortiz y de Prudencia Rocha, difuntos. T: Manuel Rivadeneira, vecino de Los Romanos, labrador, casado y Juan Ángel Gramajo, vecino de Los Romanos, labrador, casado.

840. En Leales, el 1 de marzo de 1877. Se presentó Virgilio Juárez, vecino de Los Quemados, h.l. de Esteban Juárez y de Delfina Acosta, difuntos. Pretende c.m. con Petrona Jiménez, vecina de Los Quemados, h.l. de Fabián Jiménez y de Ignacia Caro, difuntos. T: Tomás Herrera, vecino de Los Quemados, labrador, casado e Isaac Sid, vecino de Vilca Pozo, labrador, casado.

841. En Leales, el 1 de marzo de 1877. Se presentó Bartolomé Leguizamón, vecino de Leales, h.n. de Carmen Leguizamón, difunta. Pretende c.m. con Melchora Caro, h.n. de Dominga Caro, difunta. T: Ángel Quipildor, vecino de Leales, albañil, casado y Felipe Gómez, vecino de Leales, labrador, casado.

842. En Leales, el 2 de marzo de 1877. Se presentó Eustaquio Sid, vecino de Los Romanos, h.n. de Rosalía Sid, difunta. Pretende c.m. con Joaquina Roldán, vecina de Las Bajadas, h.l. de Ramón Roldan y de María Saavedra, difunta. T: Donato Valdez, vecino de Los Romanos, criador, casado y Eleuterio Ortiz, vecino de Los Romanos, labrador, casado.

843. En Leales, el 2 de marzo de 1877. Se presentó D. José Lindor Gómez, vecino de Los Lunarejos, h.l. de D. Romualdo Gómez y de Da. María Cruz Argañaráz. Pretende c.m. con Da. Florinda Ocampo, vecina de Santiago, h.l. de D. Romas Ocampo y de Da. Catalina Núñez, difuntos. T: Pascual

Aguirre, vecino de Los Romanos, labrador, casado y Eustaquio Nieva, vecino de Los Romanos, labrador, casado.

844. En Leales, el 16 de marzo de 1877. Se presentó Manuel Urueña, viudo de María de la Cruz Figueroa, vecino de Cóndor Huasi, h.l. de José Luis Urueña y de Mercedes Juárez. Pretende c.m. con Jacoba Ponce, vecina de Laguna Blanca, h.l. de Indalecio Ponce y de Carmen Juárez. T: Miguel Robles, vecino de Laguna Blanca, zapatero, casado y Juan Pablo Ledesma, vecino de Laguna Blanca, labrador, casado.

845. En Leales, el 28 de marzo de 1877. Se presentó Claudio Aguirre, vecino de Los Décima, h.n. de Antonia Aguirre. Pretende c.m. con Celedonia Décima, vecina de Los Décima, h.n. de Modesta Décima, difunta. T: José Manuel Díaz, vecino de Los Décima, labrador, casado y Rudecindo Valdez, vecino de Los Décima, jornalero, soltero.

846. En Leales, el 30 de marzo de 1877. Se presentó Lorenzo González, vecino de Leales, h.l. de Patricio González y de Mercedes Medina, difuntos. Pretende c.m. con Polonia Cantrera, vecina de Leales, h.n. de Toribia Contreras. T: Narciso Quintero, natural de Balderrama, avecindado en Leales, albañil, casado y Reyes Acosta, vecino de Leales, labrador, soltero.

847. En Leales, el 12 de abril de 1877. Se presentó Crisanto Ponce, vecino de Quilmes, h.n. de Filomena Ponce. Pretende c.m. con Rosa Villa, vecina de Quilmes, h.n. de Manuela Villa. T: José María Juárez, vecino de Mancopa, carpintero, casado y José Manuel Zelarayán, vecino de Mancopa, criador, casado.

848. En Leales, el 12 de abril de 1877. Se presentó Desiderio Medina, vecino de Los Gómez, h.n. de Pascuala Medina, difunta. Pretende c.m. con Audona Ruiz, h.l. de Pascual Ruiz y de Sinforosa Argañaráz, difuntos. Pretende c.m. con Nazario Leguizamón, vecino de Los Juárez, labrador, soltero y Francisco Sid, vecino de Los Juárez, labrador, casado.

849. En Leales, el 13 de abril de 1877. Se presentó Marco José Díaz, vecino de La Rinconada, en el curato de Monteros, h.l. de Ricardo Díaz y de Dominga Medina, difunta. Pretende c.m. con Carmen Quintana, vecina de Leales, h.l. de Pedro Quintana y de Germana Pérez. T: Juan Pablo Quipildor, vecino de Leales, labrador, casado y José Domingo Pérez, vecino de La Rinconada, labrador, casado.

850. En Leales, el 16 de abril de 1877. Se presentó D. Tomás Vidarte, natural de Navarra, España, h.l. de D. Juan Vidarte y de Da. María Salduelo. Pretende c.m. con Da. Elisa Lastra, vecina de Tres Pozos, h.l. de D. Felipe Lastra, difunto y de Da. Indalecia Juárez. T: Felipe Cabrera, vecino de Los Pozuelos, avecindado en Las Turquitas, criador, soltero, que conoce al pretendiente hace 8 meses y Francisco Correa, vecino de Los Puestos, violinista, viudo, que conoce al pretendiente hace 7 meses.

851. En Leales, el 16 de abril de 1877. Se presentó Angelino Albornoz, vecino de El Melón, h.l. de Lorenzo Albornoz, difunto y de Mercedes Juárez. Pretende c.m. con Reyes Díaz, de unos 34 años, viuda de Santiago Juárez, h.l. de Gervasio Díaz y de Juana Díaz, difuntos. Con impedimento de Afinidad en segundo grado por copula lícita. Causales: que la pretendida es una señora con un pasar apenas regular cargada con 7 hijos. T: Felipe Cabrera, natural de Los Pozuelos, avecindado en Las Tusquitas, criador, soltero y Andrés González, natural de Santiago, avecindado en Los Villagra, platero, casado. Dispensa del 5 de mayo de 1877.

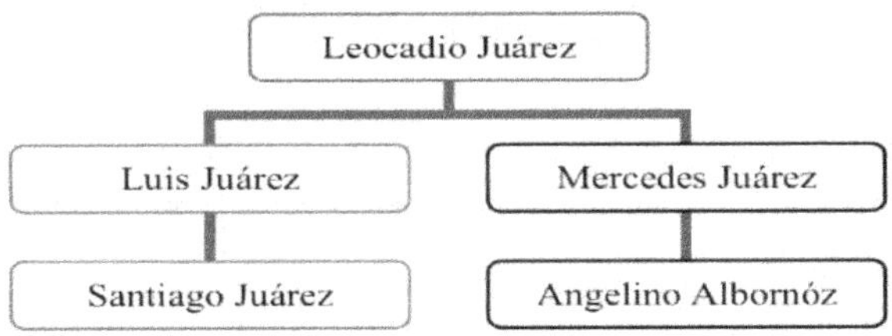

852. En Leales, el 19 de abril de 1877. Se presentó Eustaquio Valdez, vecino de La Esquina, viudo de Carolina García, sepultada en Los Sueldos, h.n. de Josefa Valdez, difunta. Pretende c.m. con Manuela Robles, h.n. de Luciana Robles, difunta. T: Nicolás Argañaráz, vecino de Mancopa, labrador, soltero y Hermenegildo Ibarra, vecino la Esquina, labrador, viudo.

853. En Leales, el 7 de mayo de 1877. Se presentó Juan Francisco Sotelo, vecino de Pozo Hondo, h.l. de Mariano Sotelo, difunto y de Siríaca Giménez. Pretende c.m. con Antonia Ávila, vecina de Vinará, h.l. de Blas Giménez, difunto y de Cesaria Figueroa. T: José Rodríguez, vecino de El Barrialito, jornalero, soltero y Mariano Rodríguez, vecino de El Barrialito, jornalero, soltero.

854. En Leales, el 16 de mayo de 1877. Se presentó Protacio Herrera, vecino de Los Gramajo, h.l. de Calixto Herrera, difunto y de Mariana Aguirre. Pretende c.m. con Catalina Ruiz, vecina de Los Herrera, h.l. de Miguel Ruiz y de Rosalía Aguirre. T: Bruno Lizárraga, vecino de Los Brito, labrador, casado y Eugenio Leal, vecino de Los Puestos, criador, casado.

855. En Leales, el 19 de mayo de 1877. Se presentó Celestino Ponce, vecino de Los Acostillas, h.l. de Pedro Ponce y de Felisa Juárez. Pretende c.m. con Presencia Lescano, vecina de Los Acostillas, h.l. de Jacinto Lescano y de Isabel Flores, difunta. T: Pedro Acosta, vecino de Los Acostillas, labrador, soltero y Cipriano Acosta, vecino de Los Acostillas, labrador, casado.

856. En Leales, el 20 de junio de 1877. Se presentó Miguel Trejo, viudo de Ascensión Roldán, vecino de Santa Rosa, h.l. de José Luis Trejo, difunto y de Rosario Gómez, difuntos. Pretende c.m. con Natividad Arias, vecina de Santa Rosa, h.n. de Mercedes Arias, difunta. T: Rodolfo Roldan, vecino de Santa Rosa, jornalero, casado y Andrés Aguirre, vecino de Santa Rosa, labrador, soltero.

857. En Leales, el 25 de junio de 1877. Se presentó Cristóbal Acosta, vecino de Los Juárez, h.l. de Antonio Acosta, difunto y de Ascensión Ponce. Pretende c.m. con Constantina Leal, vecina de Leales, h.l. de Juan Lorenzo Leal, difunto y de Inocencia Medina. T: Juan Pablo Quipildor, vecino de Leales, labrador, casado y Diego Ponce, vecino de Leales, labrador, casado.

858. En Leales, el 26 de junio de 1877. Se presentó Sinforoso Cardones, vecino de Graneros, h.l. de Carmelo Cerdees, difunto y de Hilaria Leiva. Pretende c.m. con Carmen Pérez, vecina de Quilmes, viuda de Juan Santos Figueroa, h.n. de Josefa Pérez. T: Ángel Figueroa, vecino de Quilmes, labrador, casado y Eudoro Villa, vecino de La Esquina, labrador, soltero.

859. En Leales, el 4 de julio de 1877. Se presentó Simón Villarreal, vecino de Pampa Mayo, h.n. de Paulina Villarreal. Pretende c.m. con Francisca Aguirre, h.l. de Casildo Aguirre y de Petrona Cajal, difunta. T: Leandro Gómez, vecino de Pampa Mayo, jornalero, casado y Narciso Quintero, natural de Balderrama, avecindado en Leales, albañil, viudo.

860. En Leales, el 12 de julio de 1877. Se presentó Bonifacio Juárez, vecino de Leales, h.n. de Vicenta Juárez, difunta. Pretende c.m. con Rufina Arias, vecina de Leales, h.n. de Juliana Arias. T: José León Giménez, vecino de Leales, labrador, casado y Reyes Acosta, vecino de Leales, labrador, soltero.

861. En Leales, el 25 de julio de 1877. Se presentó Belisario Salinas, vecino de La Bajada, h.n. de Catalina Salinas, viudo de Saturnina Roldán. Pretende c.m. con Adelaida Crespín, vecina de Río Chico, en Famaillá, h.l. de José Ascencio Crespín y de Juana Correa. T: Ramón Avellaneda, labrador, soltero y Jacinto Lescano, natural de Buenos Aires, vecino de Los Acostillas, labrador, casado.

862. En Leales, el 9 de agosto de 1877. Se presentó Narciso Quintero, vecino de Leales, h.n. de Tránsito Quintero, viudo de Marcelina Leguizamón. Pretende c.m. con Tránsito Aguirre, vecina de Los Puestos, h.l. de Rosa Aguirre, difunto y de Margarita Sosa. T: Rosario Bisa, vecino de Leales, jornalero, casado y Claudio Ávila, vecino de Los Puestos, criador, soltero.

863. En Leales, el 14 de agosto de 1877. Se presentó Sotero Palavecino, vecino de Viclo, h.l. de Eustaquio Palavecino y de Manuela Sosa, difunta. Pretende c.m. con Silverio Décima, vecina de Las Palmas Redondas, en

Santiago del Estero, h.n. de Agustina Décima. T: Casimiro Lazarte, vecino de Los Puestos, carpintero, casado y Severo Juárez, vecino de La Encrucijada, criador, viudo.

864. En Leales, el 16 de agosto de 1877. Se presentó Juan Isidro Gómez, vecino de Los Gómez, h.n. de Valentina Gómez. Pretende c.m. con Fermina Fernández, vecina de Los Gómez, h.l. de Domingo Fernández, difunto y de Francisca Quintana. T: Gregorio Medina, vecino de Los Lunarejos, criador, casado y Modesto Medina, vecino de Los Lunarejos, labrador, casado.

865. En Leales, el 20 de septiembre de 1877. Se presentó Ramón Montero, vecino de La Esquina, h.l. de Felipe Montero y de Faustina Toledo, difuntos. Pretende c.m. con Gregoria Herrera, vecina de Río Colorado, en el curato de Famaillá, h.n. de Tomasa Herrera. T: Manuel Ponce, vecino de Los Sueldos, labrador, casado y Anacleto Acosta, vecino de Los Sueldos, sastre, soltero.

866. En Leales, el 20 de septiembre de 1877. Se presentó Gregorio Montero, vecino de Mancopa, viudo de Manuela Forales, h.l. de Juan Montero y de Estefanía Juárez. Pretende c.m. con Leona Leal, viuda de Remigio Alderete, sepultado en el cementerio de Mancopa, h.l. de Celestino Leal y de Guadalupe Palavecino, difunta. T: Pedro Juan Medina, vecino de La Estancia Vieja, labrador, casado y Melchor Medina, vecino de El Cortaderal, labrador, casado.

867. En Leales, el 4 de octubre de 1877. Se presentó Anselmo Giménez, vecino de Los Villagra, h.n. de Mercedes Giménez. Pretende c.m. con Javiera Vizcarra, h.l. de Isidro Vizcarra y de María Villarreal. T: Hilario Heredia, vecino de Los Tres Pozos, criador, casado y Jesús María Osores, natural de Santiago, avecindado en Los Tres Pozos, labrador, casado.

868. En Leales, el 2 de noviembre de 1877. Se presentó Sinforoso Caro, vecino de Cuchihuasi, h.l. de Esteban Caro y de Lorenza Díaz, difuntos. Pretende c.m. con Micaela Cisneros, vecina de Leales, h.l. de Mateo Cisneros y de Tiburcia Castillo, difunta. T: Bartolomé Leguizamón, vecino de Leales, jornalero, casado y Felipe Gómez, natural de Graneros, avecindado en Leales, jornalero, casado.

869. En Leales, el 10 de noviembre de 1877. Se presentó José Campero, vecino de Los Sueldos, h.l. de Victoriano Campero y de Valeriana Elisegura, difuntos. Pretende c.m. con Evaristo Acosta, vecina de Los Sueldos, viuda de Domingo Gómez, cuyo cadáver fue sepultado en el cementerio de Salta, h.l. de José Acosta y de Clemencia Campero, difuntos. Con impedimento por consanguinidad en tercer grado con atingencia al segundo. Causales: la pretendida es sumamente pobre; que los pretendientes han vivido juntos durante muchos años, la pretendida tiene 45 años y no ha tenido otro pretendiente. T: Benjamín Sosa, vecino de Los

Sueldos, labrador, casado y Manuel Ponce, vecino de Los Sueldos, labrador, casado. Dispensa del 13 de noviembre de 1877.

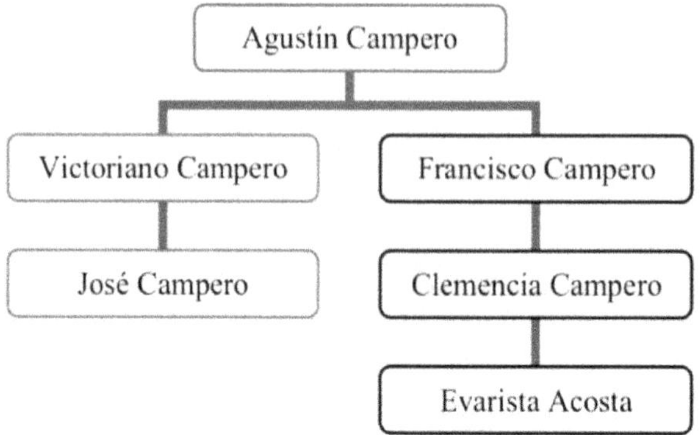

870. En Leales, el 12 de noviembre de 1877. Se presentó Lizardo Zamorano, vecino de los sueldos, h.l. de Patricio Zamorano y de Mercedes Campero. Pretende c.m. con Audelina Serrisuela, de 22 años, h.l. de Mariano Serrisuela y de Petrona Campero. Impedimento por consanguinidad en segundo grado. Causales, la novia es pobre y sus padres tienen nueve hijos más y no tiene otro pretendiente. T: Benjamín Soria, vecino de Los Sueldos, labrador, casado y Damián Luna, natural de Río Colorado, avecindado en Los Sueldos, labrador, casado. Dispensa del 24 de noviembre de 1877.

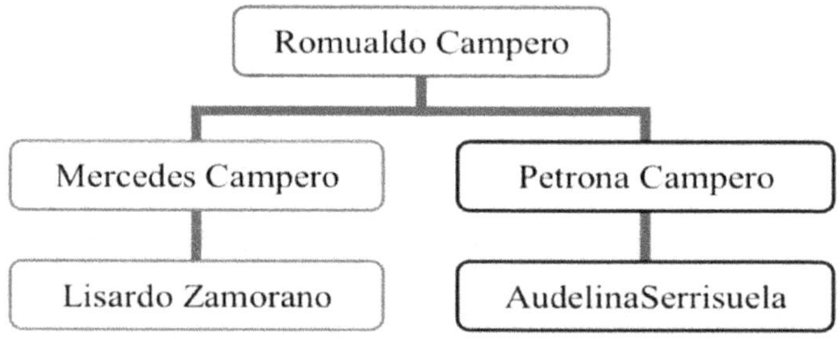

871. En Trancas, el 12 de noviembre de 1877. Se presentó Simón Jeréz, vecino de Ticucho; h.l. de Pedro Jeréz y de Eusebia Campos, difuntos, vecinos de Lules. Pretende c.m. con Nicéfora Rodríguez, de unos 30 años, vecina de Ticucho, h.l. de Lino Rodríguez, difunto y de Siríaca Correa. Impedimento de afinidad ilícito en segundo grado con atingencia al primero. T: Hilario Pellejos, vecino de Ticucho, jornalero, casado y

Domingo Caravajal, vecino de Ticucho, jornalero, casado. Dispensa del 2 de diciembre de 1877.

872. En Leales, el 13 de diciembre de 1877. Se presentó Benjamín Campero, vecino del curato de Rosario de la Frontera, h.n. de Hilaria Campero, difunta, vecina del Cerval, viudo de Rosa Melian. Pretende c.m. con Lucinda Serrisuela, de 24 años, vecina de Los Sueldos, h.l. de Mariano Serrisuela y de Petrona Campero. Impedimento de Consanguinidad en segundo grado. Causales: los padres de la pretendida son pobres con 9 hijos más y no tiene otro pretendiente. T: Pompilio Gil, natural de "la ciudad", avecindado en Leales, criador, soltero y Moisés Rojas, vecino Los Sueldos. Dispensa del 24 de diciembre de 1877.

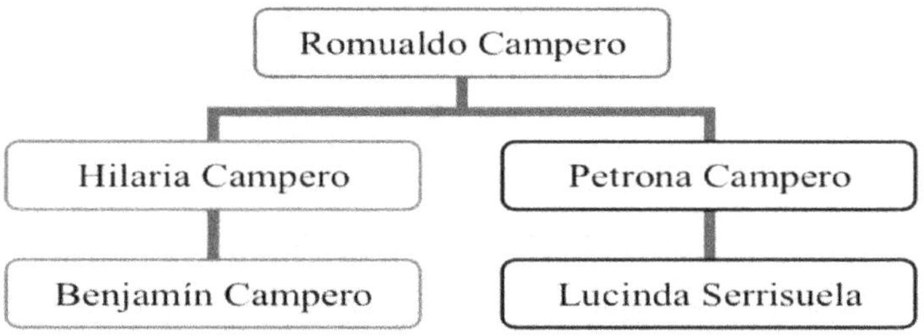

873. En Leales, el 4 de diciembre de 1877. Se presentó Silvestre González, viudo de María Basilia Lescano, vecino de Los Romanos, h.l. de Fermín González, difunto y de Leonarda Rojas. Pretende c.m. con Crescencia Lizondo, vecina de Los Romanos, h.n. de Dominga Lizondo. T: Julián Ruiz, vecino de Los Romanos, labrador, casado y Fortunato Rivadeneira, vecino de Los Mendoza, labrador, soltero.

874. En Leales, el 7 de diciembre de 1877. Se presentó Martiniano Villafañe, vecino de Chañar Muyo, h.n. de Petrona Villafañe, difunta. Pretende c.m. con Ángela Juárez, h.n. de Salomé Juárez. T: Gregorio Medina, vecino de Los Lunarejos, labrador, casado y Dionisio Medina, vecino de Las Cañadas, labrador, casado.

875. En Leales, el 1 de enero de 1878. Se presentó Amadeo Caro, vecino de Cuchihuasi, h.l. de Eustaquio Caro y de Incolaza Rojas. Pretende c.m. con Etelvina Herrera, vecina del Rincón, h.l. de Romas Herrera y de Francisca Jiménez. T: Nicolás Ponce, vecino de Chañar Muyo, criador, casado y Mauro Zelaya, vecino de Los Zelaya, labrador, casado.

876. En Leales, el 2 de enero de 1878. Se presentó Estratón Juárez, vecino de Los Quemados, h.n. de Josefa Juárez. Pretende c.m. con Teodosia Páez, vecina de Santa Rosa, h.n. de Joaquina Páez. T: Liborio Zelaya, vecino de

Los Quemados, zapatero, soltero y Roque Argañaráz, vecino de Los Gómez, criador, casado.

877. En Leales, el 3 de enero de 1878. Se presentó José Aguilar, vecino de Santa Rosa, viudo de Leocadia Castro, h.n. de Celestina Aguilar, difunta. Pretende c.m. con Carmen Ballón, vecina de Santa Rosa, h.l. de Faustino Ballón, difunto y de Leonarda Chávez. T: Nicolás Pomo, vecino de Santa Rosa, labrador, casado y Rafael Quipildor, vecino de Leales, labrador, casado.

878. En Leales, el 3 de enero de 1878. Se presentó Bruno Riarte, vecino de Los Sueldos, h.n. de Josefa Riarte, difunta. Pretende c.m. con Moisés Albarracín, vecina de Los Sueldos, h.n. de María Albarracín. T: Leonor Cajal, vecino de Los Sueldos, labrador, casado y Fabriciano Juárez, vecino de Los Sueldos, jornalero, soltero.

879. En Leales, el 5 de enero de 1878. Se presentó D. Moisés Gómez, vecino del curato de Famaillá, en el Arroyo del Rey, h.l. de D. Juan Lucas Gómez y de Da. María del Carmen Elizalde, difuntos. Pretende c.m. con Da. Ercilia González, vecina de Mancopa, h.l. de D. Gervasio González y de Da. Basilia Campos. T: Martiniano Pérez, vecino de Laguna Blanca, labrador, casado y Fabián Valdez, vecino de Mancopa, labrador, soltero.

880. En Leales, el 7 de enero de 1878. Se presentó Mariano Figueroa, vecino de Quilmes, h.l. de Benito Figueroa y de Dominga Juárez. Pretende c.m. con Gorgonia Sambrano, de 16 años, vecina de Quilmes, h.l. de Timoteo Sambrano y de Salustiana Villa. Impedimento de consanguinidad de cuarto grado con atingencia al tercero. Causales por las que se pide dispensa: La pretendida es muy pobre y la madre está cargada con dos hijas mujeres más siendo su capital unos cuantos animales de campo y su marido la ha abandonado hace varios años y no saben nada de él. T: Florencio Leal, vecino de Cachi Pozo, criador, casado y Juan de la Cruz Lescano, vecino de Mancopa, labrador, casado. Dispensa del 16 de enero de 1878.

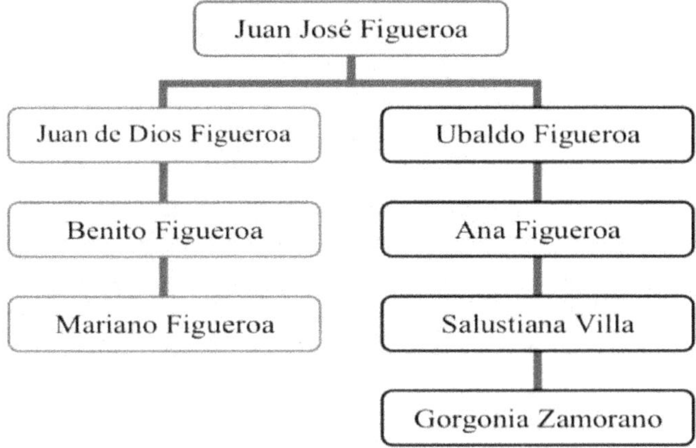

881. En Leales, el 14 de enero de 1878. Se presentó Francisco Sid, vecino de La Encrucijada, h.l. de Telésforo Sid y de Petrona Maltéz. Pretende c.m. con Pilar Rojas, de 18 años, vecina de La Encrucijada, h.l. de Bernardo Rojas y de Bonifacio Juárez, difunta. Impedimento de Consanguinidad en tercer grado. Causales: el padre de la pretendida es muy pobre y tiene dos hijos más. T: Sebastián Lazarte, vecino de La Encrucijada, labrador, soltero y Donato Valor, vecino de La Encrucijada, labrador, casado. Dispensa del 24 de enero de 1877.

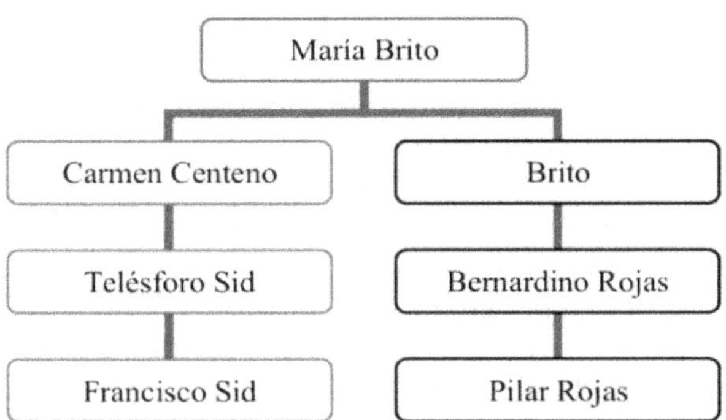

882. En Leales, el 17 de enero de 1878. Se presentó José Santos Aguirre, vecino de Los Acosta, h.n. de Celestina Aguirre. Pretende c.m. con Arsenia Lobo, vecina de Leales, h.l. de Tiburcio Lobo y de Ramona Agüero, difuntos. T: José Ángel Ponce, vecino de La Esquina, jornalero, soltero y Dionisio Lizárraga, vecino de Loma Verde, criador, soltero.

883. En Leales, el 17 de enero de 1878. Se presentó D. Ildefonso Segundo Cabrera, vecino de La Florida, h.l. de D. Ildefonso Cabrera, difunto y de

Da. Micaela Núñez. Pretende c.m. con Da. Epitania Galván, vecina de Los Pozuelos, h.n. de Da. Manuela Galván. T: Estanislao Aguirre, vecino de Los Puestos, criador, soltero y Juan de Dios Arrieta, vecino de La Florida, criador, soltero.

884. En Leales, el 22 de enero de 1878. Se presentó Ponciano Medina, vecino de Los Zelaya, h.l. de Juan de la Cruz Zelaya y de Inés Cantrera. Pretende c.m. con Florinda Alderete, de 24 años, h.n. de Fernanda Alderete. Impedimento de consanguinidad en cuarto grado con atingencia al tercero. Causales: la pretendida es pobre con una madre cargada con 6 hijos más. T: Liborio Pérez, vecino de Las Pirguas, labrador, casado y Miguel Argañaráz, vecino de Mista, criador, soltero. Dispensa del 22 de abril de 1878.

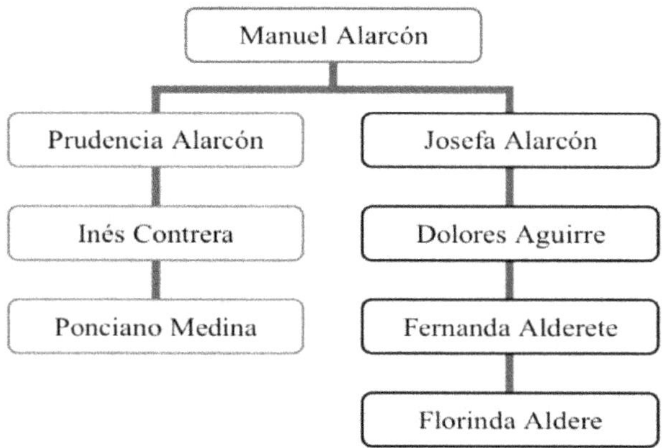

885. En Leales, el 24 de enero de 1878. Se presentó Zacarías Corbalán, vecino de lo, h.n. de Carlota Corbalán. Pretende c.m. con Rosa Romero, vecina de Los Puestos h.l. de Manuel Romero y de Lucía Jiménez. T: Ángel Leal, vecino de Los Puestos, labrador, casado y Nolasco Ruiz, vecino de Los Puestos labrador, soltero.

886. En Leales, el 1 de febrero de 1878. Se presentó José Mariano Medina, vecino de El Rincón, h.n. de Toribia Medina. Pretende c.m. con Candelaria Caro, vecina de Cuchihuasi, h.n. de Andrea Caro. T: José María Medina, vecino de El Chañar Pozo, labrador, casado y Timoteo Medina, vecino de Leales, labrador, casado.

887. En Leales, el 2 de febrero de 1878. Se presentó Audón Ortiz, vecino de Santa Rosa, h.l. de Gabriel Ortiz, difunto y de Bonifacio Ruiz, difunta. Pretende c.m. con María Zerrizuela, h.l. de Bernardino Zerrizuela y de María Véliz. T: Narciso Faciano, vecino de Santa Rosa, labrador, casado y Benicio Bravo, vecino de Los Bravo, labrador, soltero.

888. En Leales, el 7 de febrero de 1878. Se presentó Ajenor Caro, vecino de Cuchihuasi, h.n. de Manuela Caro. Pretende c.m. con Jesús Cajal, vecina de Cuchihuasi, h.n. de Transito Cajal, difunta. T: Fermín Díaz, vecino de Santa Rosa, labrador, casado y Juan Simón Albornoz, vecino de La Ceja, labrador, casado.

889. En Leales, el 9 de febrero de 1878. Se presentó Benito Espinosa, vecino de Los Brito, viudo de Matiaza Arrieta, h.l. de Pantaleón Espinos y de Cecilia Figueroa. Pretende c.m. con Griselda Lazarte, vecina de Quilmes, h.n. de Ventura Lazarte. T: Guillermo Díaz, vecino de Los Brito, labrador, casado y Manuel Figueroa, vecino de Los Décima, labrador, casado.

890. En Leales, el 12 de febrero de 1878. Se presentó José Teleodoro Navarro, vecino de El Vizcacheral, h.n. de Jacoba Navarro. Pretende c.m. con Sabina Zelaya, de unos 20 años, vecina del Vizcacheral, h.l. de Eusebio Zelaya y de Paula Navarro. Impedimento de consanguinidad en tercer grado. Causales: la pretendida es pobre y sus padres están cargados con el peso de 4 hijos más. T: Lorenzo Costilla, vecino de El Vizcacheral, labrador, soltero e Ildefonso Juárez, vecino de Vilca Pozo, labrador, viudo. Dispensa del 18 de febrero de 1878.

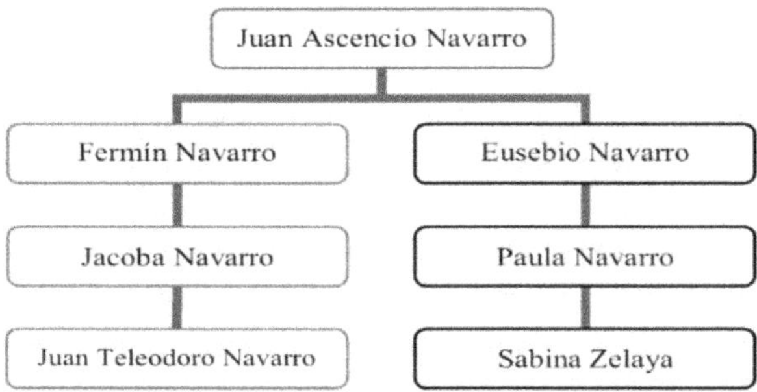

891. En Leales, el 18 de febrero de 1878. Se presentó Anacleto Acosta, vecino de Los Sueldos, h.n. de Rosalía Acosta, difunta. Pretende c.m. con Lastenia Campero, vecina de Los Sueldos, h.l. de Benjamín Campero y de Balbina Vaca. Impedimento de consanguinidad en cuarto grado. Causales: Los padres de la pretendida son muy pobres y están cargados con el peso de tres hijos. T: Damián Luna, natural de Río Colorado, avecindado en Los Sueldos, labrador, casado y Bernardo Ponce, vecino de Los Acosta, labrador, casado. Dispensa del 20 de febrero de 1878.

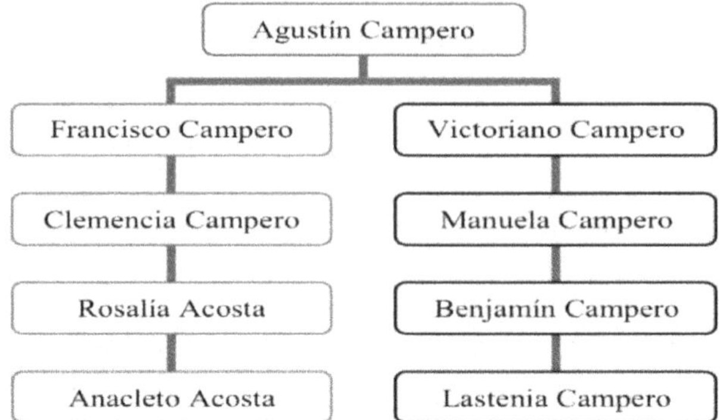

892. En Leales, el 24 de febrero de 1878. Se presentó Rómulo Arias, vecino de Río Colorado, en el curato de Famaillá, h.l. de Celestino Arias, difunto y de Bartolina Correa. Pretende c.m. con Leopoldina Juárez, vecina de Laguna Blanca, h.l. de Mateo Juárez y de Paula Bazán, difunta. T: Santos Falcón, vecino de Laguna Blanca, criador, casado y Lorenzo Flores, vecino de Laguna Blanca, labrador, viudo.

893. En Leales, el 2 de marzo de 1878. Se presentó Nicolás Valdez, vecino de Los Gramajo, h.l. de Juan Valdez y de Luisa Romano. Pretende c.m. con Rosario Figueroa, vecina del Mojón, h.n. de Juana Figueroa, difunta. T: Pedro Pablo Saavedra, vecino de La Bajada, labrador, casado y Eustaquio Sid, vecino de la Bajada, labrador, casado.

894. En Leales, el 20 de marzo de 1878. Se presentó Santiago Aparicio Jiménez, vecino de Las Tusquitas, h.l. de Santiago Jiménez y de Agustina Salvatierra, difuntos. Pretende c.m. con María Barrionuevo, vecina de Las Tusquitas, h.l. de Marcelino Barrionuevo y de Concepción Cáceres, difuntos. T: Felipe Cabrera, natural de Los Pozuelos, avecindado en Las Tusquitas, criador, soltero y Pedro Rojas, vecino de Las Tusquitas, criador, soltero.

895. En Leales, el 21 de marzo de 1878. Se presentó Adrián Vizcarra, vecino de Los Villagras, h.l. de Isidro Vizcarra y de Catalina Villarreal. Pretende c.m. con Rosario Sánchez, vecina de Viclo, h.l. de Laureano Sánchez y de Inocencia Jiménez, difunta. T: Domingo Heredia, vecino de Los Villagra, comerciante, casado y Aparicio Jiménez, vecino de Las Tusquitas, jornalero, soltero.

896. En Leales, el 3 de abril de 1878. Se presentó Cenobio Lazarte, vecino de Los Puestos, h.l. de Julián Lazarte y de Serafina Corbalán, difuntos. Pretende c.m. con Virginia Romero, vecina de Los Puestos, h.l. de Manuel Romero y de Lucia Jiménez. T: Evancio Díaz, natural de Graneros, vecino de Los Puestos, carpintero, casado y Electo Correa, vecino de Los Puestos, labrador, soltero.

897. En Leales, el 6 de abril de 1878. Se presentó José María Juárez, viudo de Evaristo González, vecino de Los Tres Pozos, h.l. de Leocadio Juárez y de Brígida Urueña. Pretende c.m. con Zoila Juárez, viuda de José Alderete, vecina de Los Tres Pozos, h.l. de Pedro Juárez y de María Herrera, difuntos. T: Blas Pérez, vecino de Los Villagra, labrador, casado y Juan Lastra, vecino de Los Tres Pozos, criador, viudo.

898. En Leales, el 13 de abril de 1878. Se presentó Pedro Rojas, vecino de Las Tusquitas, h.l. de Gregorio Rojas, difunto y de Mercedes Sotelo. Pretende c.m. con Aurelia Jiménez, vecina de Los Villagra, h.l. de Juan Jiménez y de Catalina Juárez. T: Juan Barbosa, vecino de Los Tres Pozos, labrador, casado Nolasco Vizcarra, vecino de Los Villagra, labrador, casado.

899. En Leales, el 19 de abril de 1878. Se presentó D. Juan Esteban Arrieta, vecino de La Florida, h.l. de D. Gregorio Arrieta, difunto y de Da. Damiana Correa. Pretende c.m. con Da. Bernabela Galván, Vecina de los Pozuelos, h.n. de Da. Manuela Galván. T: Juan José Alderete, vecino de Las Pirguas, labrador, casado y Federico Lazarte, vecino de Los Puestos, labrador, viudo.

900. En Leales, el 20 de abril de 1878. Se presentó Tadeo Juárez, vecino de Los Puestos, h.l. de Isidoro Aguirre, y de Bárbara Aguirre. Pretende c.m. con Bailona Pérez, vecina del Campo Grande, h.l. de Javier Pérez y de Petrona Gómez, difuntos. T: Bartolomé Argañaráz, vecino de Los Lunarejos, labrador, casado y Casimiro Islas, vecino de Los Gómez, labrador, casado.

901. En Leales, el 3 de mayo de 1878. Se presentó Vicente Herrera, vecino de Los Puestos, h.l. de Cornelio Herrera y de Petrona Leal. Pretende c.m. con Adelaida Campero, vecina de Los Sueldos, h.l. de Silvano Campero y de Benedicto Soria, difuntos. T: Evaristo Díaz, natural de Graneros, vecino de Los Puestos, carpintero, casado y Aniceto Medina, vecino de Santa Rosa, jornalero, casado.

902. En Leales, el 11 de mayo de 1878. Se presentó Fidel Valdez, vecino de Mancopa, h.n. de Ubalda Valdez. Pretende c.m. con Froilana Alzogaray, h.n. de Mercedes Alzogaray, difunta. T: Pedro Barburi, natural de Aranilla, labrador, casado y Remigio González, natural de Santa Rosa, avecindado en Mancopa, labrador, soltero.

903. En Leales, el 11 de mayo de 1878. Se presentó Remigio González, viudo de Dominga Ledesma, cuyo cadáver fue sepultado en el cementerio de Laguna Blanca, vecino de Mancopa, h.n. de Incolaza González, difunta. Pretende c.m. con Josefa Luna, vecina de Mancopa, h.l. de Casimiro Luna t de Cayetana Jiménez, difuntos. T: Pedro Barburi, vecino de Mancopa, labrador, casado y Juan Ponce, vecino de Mancopa, jornalero, soltero.

904. En Leales, el 15 de mayo de 1878. Se presentó D. Juan Pedro Toscano, viudo de Da. Javiera Molina, vecino de Leales, h.l. de Fermín Toscano y de Da. Isidora Herrera, difuntos. Pretende c.m. con Da. Calixta Toledo, vecina de Santa Rosa, h.l. de D. Nicolás Toledo y de Da. Francisca Zelarayán. T: Gregorio Díaz, vecino de Leales, labrador, viudo y Miguel Quipildor, vecino Leales, albañil, casado.

905. En Leales, el 16 de mayo de 1878. Se presentó Lindor Fernández, vecino de Laguna Blanca, h.n. de Siríaca Fernández, difunta. Pretende c.m. con Margarita Ledesma, vecina de Laguna Blanca, h.l. de Juan Pablo Ledesma y de Beatriz Juárez. T: Florencio Leal, vecino de Caranchopozo, criador, casado y Fabián Valdez, vecino de Mancopa, labrador, soltero.

906. En Leales, el 19 de mayo de 1878. Se presentó Isidro Roldán, viudo de Rosario Agüero, vecino de El Chilcal, h.l. de Andrés Roldán y de Andrea Figueroa, difuntos. Pretende c.m. con Virginia Medina, vecina de Mancopa, h.l. de José María Medina y de Salome Robles. T: Cayetano Valdez, vecino de Mancopa, criador, casado y Pedro Barburi, natural de Aranilla, avecindado en Mancopa, labrador, casado.

907. En Leales, el 23 de mayo de 1878. Se presentó Pedro Guerrera, vecino de La Cañada, h.n. de Hermenegildo Guerrero. Pretende c.m. con Vital Juárez, vecina Leales, h.l. de Pascual Juárez y de Toribia Cantrera, difunta. T: Juan Félix Leguizamón, vecino de El Arenal, labrador, viudo y Ponciano Medina, vecino de Los Zelaya, labrador, soltero.

908. En Leales, el 23 de mayo de 1878. Se presentó Jacinto Cantrera, vecino de Leales, h.l. de Mariano Cantrera y de Liboria Núñez. Pretende c.m. con Leocadia Mendoza, h.l. de Lucas Mendoza y de Juana Zapata. T: Bartolomé Leguizamón, vecino de Leales, labrador, casado y Baltasar Jiménez, vecino de Leales, labrador, soltero.

909. En Leales, el 26 de mayo de 1878. Se presentó Tomás Agüero, viudo de Salome Medina, cuyo cadáver fue sepultado en el cementerio de Laguna Blanca, vecino de El Chilcal, h.l. de José Lino Agüero y de Justiniano Palomino, difuntos. Pretende c.m. con María García, viuda de Pedro Suárez, vecina del Chilcal, h.l. de Pedro García y de Simona González. T: Pacifico Albornoz, vecino de Laguna Blanca, jornalero, casado y Bernabé Vargas, vecino de El Chilcal, labrador, casado.

910. En Leales, el 5 de junio de 1878. Se presentó Fanor Rojas, vecino de Oran, h.n. de María Rojas. Pretende c.m. con Petrona Roldan, viuda de Esteban Serrano, vecina de Oran, h.n. de Filipa Roldan. T: Justo Aguirre, vecino de Los Puestos, criador, soltero y Venancio Saavedra, vecino de Los Puestos, labrador, casado.

911. En Leales, el 11 de junio de 1878. Se presentó Emilio Sid, vecino de La Encrucijada, h.l. de Telésforo Sid y de Pastora Maltéz. Pretende c.m. con Rosa Rojas, de unos 15 años, vecina de La Encrucijada, h.l. de

Inocencio Rojas y de Antonia Lazarte. Con Impedimento por consanguinidad en tercer grado. Causales: los padres de la novia tienen un pasar apenas regular con el peso de 8 hijos más. T: Evancio Díaz, natural de Graneros, avecindado en Los Puestos, carpintero, casado y Bernardo Argañaráz, vecino de El Puesto Chico. Dispensa del 26 de junio de 1878.

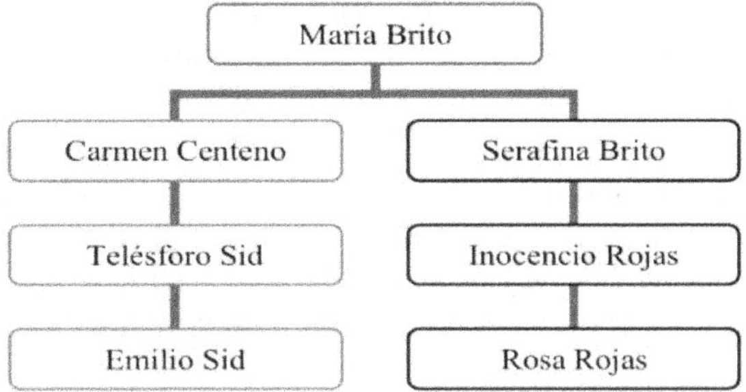

912. En Leales, el 17 de junio de 1878. Se presentó Estratón Zelaya, vecino de El Vizcacheral, h.l. de Eusebio Zelaya y de Francisca Navarro. Pretende c.m. con Antonia Zelaya, de unos 15 años, vecina de Las Pirguas, h.l. de Juan Deo Zelaya, difunto y de Antonia Martínez. Con impedimento por consanguinidad en cuarto grado con atingencia al tercero. T: Agustín Gómez, vecino de Los Gómez, criador, casado y Mariano Gómez, vecino de Los Gómez, criador, casado. Dispensa del 21 de junio de 1878.

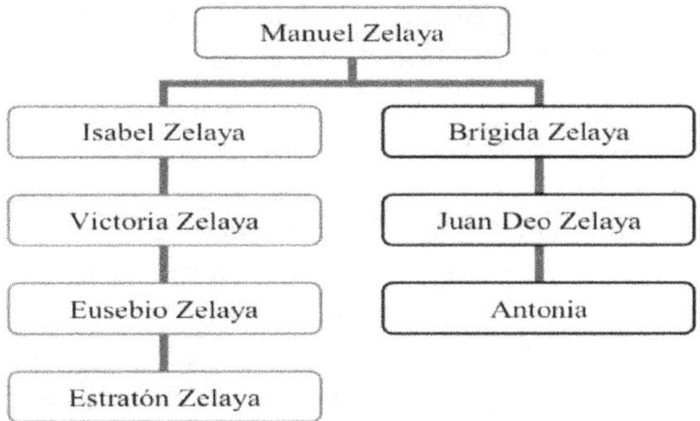

913. En Leales, el 19 de junio de 1878. Se presentó Isaac Medina, vecino de Los Juárez, h.n. de Francisca Medina. Pretende c.m. con Felipa Leguizamón, vecina de Los Juárez, hija legítima de Claudio Leguizamón y de Damiana Acosta, difuntos. T: Ignacio Quipildor, vecino de Leales, labrador, casado e Isaac Visa, vecino de Leales, labrador, casado.

914. En Leales, el 29 de junio de 1878. Se presentó D. Manuel María Baamonde (firma "Bahamonde"), vecino de Los Sueldos, h.l. de D. Bernardo Baamonde y de Da. Serafina Fernández. Pretende c.m. con Da. Elisa Zamorano, h.l. de D. Anacleto Zamorano y de Da. María Rojas. T:

Benjamín Soria, vecino de Los Sueldos, labrador, casado y Bernardo Ponce, vecino de Los Acosta, labrador, casado.

915. En Leales, el 14 de agosto de 1878. Se presentó Norberto Medina, vecino de Los Lunarejos, h.l. de Evaristo Medina y de Teresa Argañaráz, difuntos. Pretende c.m. con Florinda Medina, h.l. de Rufino Medina, vecino de Los Lunarejos, h.l. de Rufino Medina y de Salome Ardiles. T: Victoriano Ardiles, vecino de Los Gómez, labrador, soltero y Jesús Núñez, vecino de Los Lunarejos, labrador, casado.

916. En Leales, el 20 de agosto de 1878. Se presentó Antenor Peralta, vecino de El Río Colorado, en el Curato de Famaillá, h.l. de Santiago Peralta, difunto y de Luisa Gómez. Pretende c.m. con Florinda Alderete, vecina de La Ceja, h.n. de Micaela Alderete. T: Juan Pío Aguirre, vecino de El Río Colorado, labrador, casado e Ildefonso Juárez, vecino de Vilca Pozo, labrador, casado.

917. En Leales, el 12 de septiembre de 1878. Se presentó Justo Díaz, vecino de Mancopa, h.n. de Manuela Díaz. Pretende c.m. con Arsenia Figueroa, vecina del Mojón, h.n. de Juana Figueroa, difunta. T: José Cobos, vecino de La Ciudad, sastre, soltero y Adolfo González, vecino de El Mojón, criador, casado.

918. En Leales, el 3 de octubre de 1878. Se presentó Juan Roldán, vecino de El Chilcal, h.l. de Isidoro Roldán (no da el nombre de la madre) Pretende c.m. con Dalmira Valdez, h.n. de Ubalda Valdez, vecina de Mancopa. T: Pedro Miguel González, vecino de los Tres Pozos, jornalero, soltero y Juan Pablo Pérez, vecino de Mancopa, labrador, soltero.

919. En Leales, el 3 de octubre de 1878. Se presentó Pedro Miguel González, vecino de Los Tres Pozos, h.l. de Miguel González y de Francisca Juárez. Pretende c.m. con Audelina Pérez, h.l. de Ponciano Pérez y de Ubalda Valdez, vecina de Mancopa. T: Andrés González, vecino de Los Villagra, natural de Vinará platero, casado, y Juan Roldán, vecino de El Chilcal, labrador, soltero.

920. En Leales, el 10 de octubre de 1878. Se presentó D. Laureano Rodríguez, vecino de Los Rodríguez, h.l. de D. Bartolomé Rodríguez y de Da. Rosario Quintana. Pretende c.m. con Da. Constantina Díaz, vecina de La Rinconada, en el curato de Monteros, h.l. de Ricardo Díaz y de Mercedes Juárez. T: Casimiro Ávila, natural de Simoca, vecino de La Rinconada, labrador, casado e Ignacio Quipildor, vecino de los Rodríguez, labrador, casado.

921. En Leales, el 12 de octubre de 1878. Se presentó D. Juan Esteban Lastra, viudo de Da. Micaela Farfán, vecino de Los Tres Pozos, h.l. de D. Marcos Lastra y de Da. Nicolasa Díaz. Pretende c.m. con Da. Telésfora Herrera, vecina de los Tres Pozos, h.l. de D. Juan José Herrera y de Da. Carmen Maldonado. (Firma el pretendiente) T: Felipe Cabrera, vecino de

Los Pozuelos, criador, soltero y Jesús María Osores, vecino de Las Tusquitas, natural de Santiago del Estero, labrador, casado.

922. En Leales, el 8 de noviembre de 1878. Se presentó Lázaro Molina, vecino de Balderrama, en el curato de Monteros, h.l. de Juan Bautista Molina, difunto y de Mercedes Gómez. Pretende c.m. con Candelaria Delgado, h.l. de Demetrio Delgado y de Candelaria Núñez. T: José Antonio Lazarte, vecino de Balderrama, labrador, soltero y Juan Vidas, natural de Italia, avecindado en Leales, labrador, soltero.

923. En Leales, el 9 de noviembre de 1878. Se presentó Bernardo Pérez, vecino de Los Rodríguez, h.l. de David Pérez y de Tomasa Ponce, difuntos. Pretende c.m. con Eleuterio Caro, h.n. de Anacleta Caro, difunta, vecina de Los Rodríguez. T: Jesús Arias, vecino de Leales, labrador, viudo y Estratón Galván, vecino de Los Quemados, labrador, casado.

924. En Leales, el 12 de noviembre de 1878. Se presentó D. Bartolomé Ibarreche, h.l. de D. Bartolomé Ibarreche, difunto y de Da. Fortunata Díaz, vecinos de Villa Mercedes. Pretende c.m. con Da. Bernarda Costa, h.l. de D. Estratón Costa, difunto y de Da. Rosario Gutiérrez, vecinos de Sandes. (Firman los pretendientes y la madre de la novia) T: Donato Tófolo, natural de Italia, gendarme, casado y Evancio Díaz, natural de Graneros, avecindado en Los Puestos, carpintero, casado.

925. En Leales, el 28 de noviembre de 1878. Se presentó Juan Felipe Romano, vecino de La Rinconada, h.n. de Juana Rosa Romano. Pretende c.m. con María Eduviges Díaz, h.l. de Gregorio Díaz y de Claudia Pino, difunta, vecina de Los Rodríguez. T: Justo Caro, vecino de Balderrama, labrador, casado y Ramón Rosa Herrera, vecino de La Rinconada, labrador, soltero.

926. En Leales, el 28 de noviembre de 1878. Se presentó Patricio Leal, vecino de La Ceja, h.l. de Lorenzo Leal y de Teresa Barbosa. Pretende c.m. con Bárbara Juárez, vecina de Los Juárez, h.l. de Carlos Juárez y de Trinidad Sid. T: David Leguizamón, vecino de Los Juárez, jornalero, casado y Manuel José Leguizamón, vecino de Los Juárez, jornalero, casado.

927. En Leales, el 30 de noviembre de 1878. Se presentó Jesús Arrieta, vecino de Los Díaz, h.n. de Serafina Arrieta. Pretende c.m. con Sofía Lazarte, h.l. de Benito Lazarte y de Gregoria Valdez. T: Lucio Lazarte, vecino de Los Díaz, jornalero, casado y Catro Villagra, vecino de Los Herrera, natural de Los Guardia, labrador, casado.

928. En Leales, el 12 de diciembre de 1878. Se presentó Rosa Jiménez, vecino de El Rincón, h.l. de Atanasio Jiménez, difunto y de Carmen Juárez. Pretende c.m. con Guillerma Zelaya, vecina de Las Cañadas, h.n. de Eusebia Zelaya. T: Telésforo Acosta, vecino de Los Acostillas, violinista, casado y Manuel José Leguizamón, vecino de Los Juárez, jornalero, casado.

929. En Leales, el 1 de enero de 1879. Se presentó Sandalio Leal, vecino de La Ceja, h.l. de Juan Lorenzo Leal y de Inocencia Medina, difuntos. Pretende c.m. con Beatriz Acosta, vecina de Las Cañitas, h.n. de Bárbara Acosta. T: Timoteo Leal, vecino de La Ceja, labrador, casado y Santos Silva, vecino de Las Cañitas, labrador, soltero.

930. En Leales, el 1 de enero de 1879. Se presentó Juan Ardiles, vecino de Los Gómez, h.n. de Francisca Ardiles, difunta. Pretende c.m. con Petrona Leguizamón, vecina del Campo Azul, h.n. de Tránsito Leguizamón. T: Miguel Villarreal, vecino de El Campo Azul, labrador, casado y Mariano Gómez, vecino de Los Gómez, criador, casado.

931. En Leales, el 2 de enero de 1879. Se presentó Gregorio Romano, vecino de Los Gramajo, h.l. de Faustino Romano, difunto y de Gertrudis Herrera. Pretende c.m. con Baldomero Rivadeneira, vecina de Los Romanos, h.l. de Manuel Rivadeneira y de Tránsito Leiva. T: Julián Ruiz, vecino de Los Romanos, labrador, casado y Sacarías Palomar, vecino de Los Gramajo, labrador, casado.

932. En Leales, el 3 de enero de 1879. Se presentó Jacinto Medina, vecino de Los Bravo, h.n. de Victoria Medina. Pretende c.m. con Rosa Vallejo, h.n. de María Vallejo. T: Mariano Guerrero, vecino de Santa Rosa, jornalero, casado y Benjamín Soria, vecino de Los Sueldos, labrador, casado.

933. En Leales, el 3 de enero de 1878. Se presentó Isidro Medina, vecino de Orán, h.l. de Luis Medina y de Celestina Sosa. Pretende c.m. con Honoria Castillo, h.n. de Tomasa Castillo, vecina de Orán. T: Mariano Juárez, vecino de Los Tres Pozos, carpintero casado y Anselmo Juárez, vecino de Los Tres Pozos, carpintero, casado.

934. En Leales, el 4 de enero de 1879. Se presentó Pedro Juan Medina vecino de El Vizcacheral, h.n. de Sinforosa Medina, difunta. Pretende c.m. con Celina Sid, h.n. de Rosaura Sid, vecina del Vizcacheral. T: Ildefonso Juárez, vecino de Vilca Pozo, labrador, viudo y Juan Andrés Juárez, vecino de El Vizcacheral, criador, casado.

935. En Leales, el 8 de enero de 1879. Se presentó Ignacio Páez, vecino de La Fronterita, h.l. de Marcelino Páez y de Feliciana Brito. Pretende c.m. con Segovia Juárez, vecina del Chilcal, h.l. de Bartolomé Juárez y de María Frías. Los pretendientes se hallan ligados por un impedimento por consanguinidad en tercer grado. La pretendida es pobre, de unos 25 años y los padres tienen 7 hijos más. T: José Audón Lizárraga, vecino de San José, criador, casado y Santos Medina, vecino de La Soledad, labrador, casado.

936. En Leales, el 11 de enero de 1879. Se presentó D. Francisco Benvenuto, natural de Italia, vecino de Leales, h.l. de D. Tomás Benvenuto y de Da. Catalina Luhe. Pretende c.m. con Da. Lucia Braco, h.l. de D. Benicio Bravo y de Da. Micaela Alfaro, vecinos de Leales. T: José Valentín Zelaya, vecino de Río Colorado, labrador, soltero y Lisandro Aguilar, vecino de Leales, criador, soltero, conocen al pretendiente hace más de un año.

937. En Leales, el 18 de enero de 1879. Se presentó Pablo Robles, vecino de Mancopa, h.l. de Luis Antonio Robles, difunto y de Andrea Robles. Pretende c.m. con María del Señor Agüero, h.l. de Cecilio Agüero y de Ana María Frías, vecina del Chilcal. T: Pedro Véliz, vecino de Mancopa, labrador, casado y Luis Rosa, vecino de Mancopa, labrador, casado.

938. En Leales, el 1 de febrero de 1879. Se presentó José Mariano Décima, vecino de El Vizcacheral, h.l. de Pedro Antonio Décima y de Juana Costilla, difuntos. Pretende c.m. con Germana Aguirre, vecina de Chañar Pozo, h.l. de José Román Aguirre, difunto (no se da el nombre de la madre). T: Juan Antonio Rodríguez, vecino de Leales, labrador, casado y José María Medina, vecino de Chapar Pozo, labrador, casado.

939. En Leales, el 3 de febrero de 1879. Se presentó Prudencio Medina, vecino de la Loma Verde, h.l. de Benito Medina y de Olegaria Rojas. Pretende c.m. con Isabel Ponce, h.l. de Gabriel Ponce (no da el nombre de la madre), vecina de Ranchillos. T: Francisco Chávez, vecino de Leales, la y Pompilio Gil, vecino de la Ciudad, criador, soltero.

940. En Leales, el 15 de febrero de 1879. Se presentó Norberto Albornoz, vecino de Laguna Blanca, h.l. de Hilarión Albornoz y de Rosa Gutiérrez, difuntos. Pretende c.m. con Cruz Salas, vecina del Chilcal, h.l. de Juan Francisco Salas, difunto y de Fermina Frías. T: Pedro Segundo Suárez, vecino de El Naranjito, jornalero, casado y Juan Pablo Ledesma, vecino de Laguna Blanca, labrador, casado.

941. En Leales, el 15 de febrero de 1879. Se presentó Nicolás Medina, vecino de Orán, h.l. de Manuel Medina y de Vicencia Aguirre, difunta. Pretende c.m. con María Juárez, h.n. de Josefa Juárez. T: Pedro Segundo

Suárez, vecino de El Naranjito, jornalero, casado y Tomás Agüero, vecino de El Chilcal, labrador, casado.

942. En Leales, el 20 de marzo de 1879. Se presentó Cristóbal Toledo, vecino de ¿Vaoma? en Santiago del Estero, h.l. de José Toledo y de Carmen Sosa, difuntos. Pretende c.m. con Esmiriana Leal, vecina de Los Puestos, h.l. de Eugenio Leal y de Baldomero Lazarte. T: T: Jacinto Juárez, vecino de Los Puestos, labrador, casado y Nabor Ávila, vecino de Los Puestos, labrador, casado.

943. En Leales, el 29 de marzo de 1879. Se presentó Francisco Pérez, vecino de Mancopa, h.l. de Mateo Pérez, difunto y de Luisa Robles. Pretende c.m. con Juana Rosa Medina, vecina de Mancopa, h.l. de José María Medina y de Salomé Robles. T: Lucas López, vecino de Camas Amontonadas, labrador, soltero y Ambrosio González, vecino de El Chilcal, labrador, soltero.

944. En Leales, el 3 de abril de 1879. Se presentó Ildefonso Juárez, vecino de Vilca Pozo, viudo de Carmen Núñez, h.l. de Ambrosio Juárez y de Dominga Sid, difuntos. Pretende c.m. con Ángela Brito, vecina de Punua Pozo, h.n. de Justa Brito. T: Gregorio Gutiérrez, vecino de Mista, criador, soltero e Inocencio Ponce, vecino de Mista, labrador, casado.

945. En Leales, el 3 de abril de 1879. Se presentó Jesús Arias, vecino de Leales, viudo de Manuela Ponce, h.n. de Santos Arias, difunta. Pretende c.m. con Serafina Aurora Sid, h.l. de Raimundo Sid y de Leonarda Rodríguez, difunta, vecina de Vilca Pozo. T: Ildefonso Juárez, vecino de El Saladillo, labrador, viudo y Cristóbal Carrasco, vecino de Leales, labrador, casado.

946. En Leales, el 8 de abril de 1879. Se presentó Pedro Telmo Alderete, vecino de Los Zelaya, h.n. de Martina Alderete. Pretende c.m. con María Cruz Medina, de unos 25 años, h.l. de Juan de la Cruz Medina y de Inés Contreras, difuntos. Los contrayentes se hayan ligados por un impedimento por consanguinidad en tercer grado. T: Agapito Jiménez, vecino de El Rincón, labrador, casado y Atenor Jiménez, vecino de El Vizcacheral, labrador, casado.

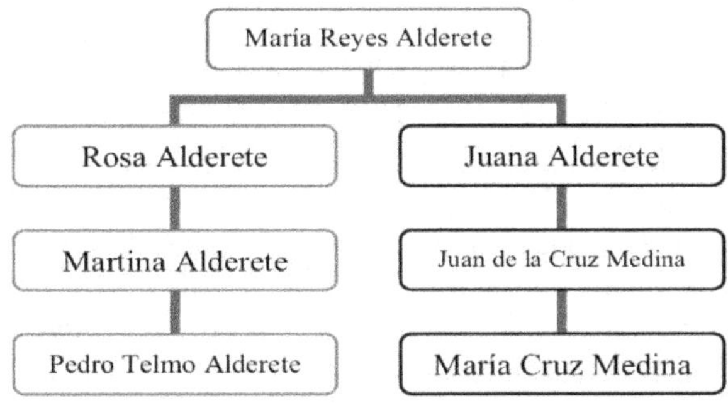

947. En Leales, el 12 de abril de 1879. Se presentó Juan Pablo Pérez, vecino de Mancopa, h.l. de Ponciano Pérez y de Ubalda Valdez. Pretende c.m. con Dalmira Villagra, h.l. de Anastasio Villagra y de Corina Juárez, difunta, vecina de Mancopa. T: Cupertino Roldán, vecino de El Chilcal, jornalero, casado y Remigio González, vecino de Laguna Blanca, labrador, casado.

948. En Leales, el 18 de abril de 1879. Se presentó Juan Pablo Medina, vecino de Santa Rosa, h.l. de Santos Medina, difunto y de Andrea Roldán. Pretende c.m. con Lucinda Rodríguez, vecina de Santa Rosa, viuda de Rosa Aguiero, h.n. de Hermenegildo Rodríguez. T: Ignacio Lugones, vecino de Santa Rosa, labrador, casado y Prudencio Menes, vecino de Santa Rosa labrador, casado.

949. En Leales, el 21 de abril de 1879. Se presentó José Manuel Pérez vecino de Mancopa, h.l. de Mateo Pérez, y de Nazaria Medina, difuntos. Pretende c.m. con Nicanor Montero, vecina de Mancopa, h.l. de Juan Montero y de Estefanía Juárez. T: Pastor Robles, vecino de Mancoa, labrador, viudo y Eufrasio Valdez, vecino de Mancopa, labrador, casado.

950. En Leales, el 23 de abril de 1879. Se presentó Atenor Caro, vecino de Los Quemados, h.l. de Gregorio Caro y de Protacia Herrera, difuntos. Pretende c.m. con Laurentina Acosta, vecina de Los Acostillas, h.l. de Fermín Acosta y de Dorotea Acosta. T: Pedro Herrera, vecino de Los Quemados, labrador, casado y Tomás Morales, vecino de Santa Rosa, labrador, casado.

951. En Leales, el 24 de abril de 1879. Se presentó Segundo Tagles, vecino de La Esquina, h.l. de Pedro Pablo Tagles y de Mercedes González, viudo de Leocadia Palomino. Pretende c.m. con Dolores Pereira, h.l. de Olegario Pereira y de Damiana Corbalán. T: Isidro Palavecino, vecino de La Esquina, labrador, soltero y Matías Barbosa, vecino de La Esquina, labrador, casado.

952. En Leales, el 24 de agosto de 1879. Se presentó Ildefonso Agüero, vecino de El Chilcal, h.l. de Cecilio Agüero y de Ana Frías. Pretende c.m.

con María Núñez, h.l. de Inocencio Núñez y de Silveria Juárez, vecina de La Soledad, viuda de Ramón Relaño, el que fue sepultado en el cementerio de Los Gómez. T: Manuel Palacios, vecino de El Chilcal, labrador, soltero y Leocadio González, vecino de El Chilcal, labrador, casado.

953. En Leales, el 24 de abril de 1879. Se presentó Juan Crisóstomo Montero, vecino de Mancopa, viudo de Petrona Pérez, h.l. de Juan Montero y de Estefanía Juárez, difuntos. Pretende c.m. con Celestina Montenegro, vecina del Chilcal, viuda de Marcos Lizárraga, h.l. de Facundo Montenegro y de Claudia Díaz, difuntos. T: Remigio González, vecino de Laguna Blanca, labrador, casado e Isidro Roldan, vecino de El Chilcal, criador, casado.

954. En Leales, el 1 de mayo de 1879. Se presentó Tomás Almirón, vecino de Laguna Blanca, h.l. de Mariano Albornoz y de Dolores Frías. Pretende c.m. con Petrona Juárez, vecina de Talacocha, h.n. de María Juárez, difunta. T: Remigio González, vecino de Laguna Blanca, labrador, casado y Telésforo Juárez, vecino de Talacocha, criador, soltero.

955. En Leales, el 2 de mayo de 1879. Se presentó José Pio Ardiles, vecino de Los Gómez, h.l. de Nepomuceno Ardiles y de Santos Toledo, difunta. Pretende c.m. con Juana Décima, vecina del Vizcacheral, h.n. de Polonia Décima, difunta. T: Lorenzo Costilla, vecino de El Vizcacheral, criador, casado y Tomás Alderete, vecino de Mista, labrador, casado.

956. En Leales, el 12 de mayo de 1879. Se presentó José Mariano Lazarte, vecino de Los Herrera, h.l. de Juan Felipe Lazarte y de Jerónima Ruiz. Pretende c.m. con Sacramento Frías, h.n. de Francisca Frías, vecina de la Punta del Monte. T: Audón Aguirre, vecino de Los Puestos, labrador, casado y Juan de Dios Arrieta, vecino de La Florida, criador, soltero.

957. En Leales, el 28 de mayo de 1879. Se presentó Manuel Rojas, vecino de La Cañada, h.n. de María Juana Rojas, difunta. Pretende c.m. con María del Señor Carranza, h.n. de María Carranza. T: Ramón Ponce, vecino de la ciudad, comerciante, casado y Felipe Cabrera, vecino de los Sotelo, criador, soltero.

958. En Leales, el 4 de junio de 1879. Se presentó Nazario Frías, vecino de Viclo, h.l. de Nazario Frías y de Rufina Jiménez. Pretende c.m. con Ercilia Sotelo, vecina de Viclo, h.l. de Nepomuceno Sotelo, difunto y de Ignacia Sosa. Los contrayentes se encuentran ligados por un impedimento por consanguinidad en tercer grado. La Pretendida tiene unos 25 años, es muy pobre y su madre está cargada con el peso de 9 hijos más. T: Melitón Montero, vecino de Viclo, carpintero, casado y Felipe Cabrera, vecino de Los Sotelo, criador, soltero.

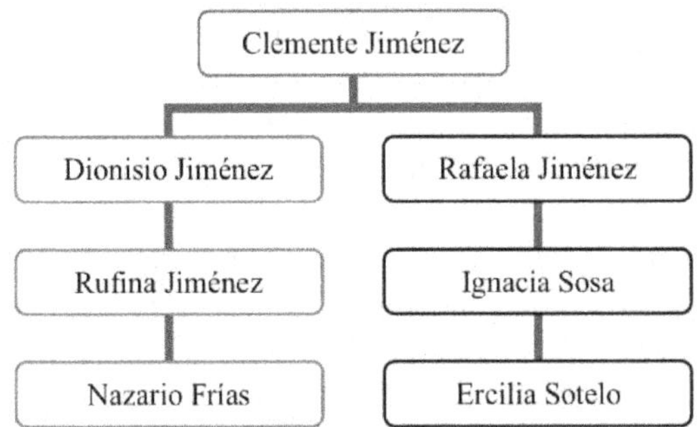

959. En Leales, el 5 de junio de 1879. Se presentó Fernando Herrera, vecino de Los Quemados, viudo de Sinforosa Galván, h.l. de Valentín Herrera y de Carmen Juárez. Pretende c.m. con Gregoria Jiménez, viuda de Luis Antonio Herrera, h.l. de Justo Jiménez y de María de la Cruz Alderete, difuntos. Los contrayentes se encuentran ligados por un impedimento por afinidad lícito en segundo grado. La pretendida tiene un pasar apenas regular, que consiste en unos cuantos animales de campo y no tiene quien los cuide, la novia tiene unos 40 años y tiene 3 hijos. La pretendida se encuentra embarazada. T: Facundo Corbalán, vecino de Chucho Huasi, labrador, viudo y Facundo López, vecino de Los Quemados, labrador, soltero.

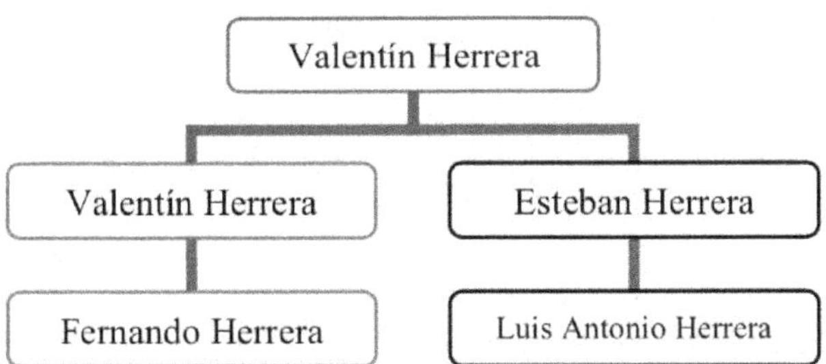

960. En Leales, el 10 de junio de 1879. Se presentó Claudio Ávila, vecino de Los Puestos, h.n. de Candelaria Ávila. Pretende c.m. con Victoria Herrera, vecina de Los Puestos, viuda de Juan de Dios Zelaya, h.l. de Apolinar Herrera, difunto y de María Saavedra. T: Jesús María Aguirre, vecino Los Puestos, criador, soltero y Justo Aguirre, vecino de Los Puestos, criador, soltero.

961. En Leales, el 21 de junio de 1879. Se presentó Jerónimo Zelaya, vecino de El Rincón, viudo de Segunda Jiménez, h.l. de Juan de la Cruz Zelaya, difunto y de Bartolina Leguizamón. Pretende c.m. con Mercedes Alderete, h.l. de Ramón Alderete y de Juana Campero, vecinos de Los

Acosta. T: Pedro Lizárraga, vecino de Los Acosta, labrador, casado y José Campero, vecino de Los Sueldos, labrador, casado.

962. En Leales, el 11 de julio de 1879. Se presentó Durban Soria, vecino de La Encrucijada, h.n. de Rosa Soria. Pretende c.m. con Rosalía Palomino, h.l. de Venancio Palomino y de Mercedes Ponce, vecinos de Los Acosta. T: Dionisio Lizárraga, vecino de la Loma Verde, criador, soltero y Gregorio Rojas, vecino de la Loma Verde, labrador, soltero.

963. En Leales, el 12 de julio de 1879. Se presentó José María Suárez, vecino de La Fronterita, h.l. de Tiburcio Suárez y de Andrea López, difuntos. Pretende c.m. con Carlota Juárez, h.l. de Telésforo Juárez y de Mercedes Bazán. T: Lindor Fernández, vecino de la Laguna Blanca, criador, casado y Norberto Albornoz, vecino de Laguna Blanca, labrador, casado.

964. En Leales, el 13 de agosto de 1879. Se presentó Lindor Juárez, vecino de Leales, h.l. de Pascual Juárez y de Toribia Cantrera. Pretende c.m. con Aparicia Viza, h.n. de Remigia Visa, difunta, vecina de Leales. T: Bartolomé Leguizamón, vecino de Leales, labrador, casado y Ceferino Ardiles, vecino de Leales, labrador, casado.

965. En Leales, el 20 de agosto de 1879. Se presentó José Manuel Correa, vecino de Los Romanos, h.l. de Eusebio Correa y de Santos Torres, difuntos. Pretende c.m. con Isabel Ardiles, vecina del Campo Azul, h.l. de Juan Ardiles y de Basilia Amaya. T: Casimiro Islas, vecino de Los Gómez, labrador, casado y Norberto Argañaráz, vecino de El Campo Azul, criador, soltero.

966. En Leales, el 2 de septiembre de 1879. Se presentó Agustín Bravo, vecino de Santa Rosa, h.n. de Delfina Bravo. Pretende c.m. con Inocencia Silva, h.l. de Toribio Silva, difunto y de Norberta Cantrera, vecina de Santa Rosa. T: Andrés González, vecino de Leales, labrador, casado y Ramón Arrieta, vecino de Santa Rosa, labrador, casado.

967. En Leales, el 3 de septiembre de 1879. Se presentó Clemente Vaca, vecino de Los Sueldos, h.l. de Clemente Vaca, difunto y de Rosa Valor. Pretende c.m. con Clotilde Ortiz, vecina de Los Sueldos, h.n. de Mercedes Ortiz, difunta. T: Electo Pérez, vecino de Los Sueldos, labrador, casado y Baltasar Rojas, vecino de Los Sueldos, labrador, soltero.

968. En Leales, el 4 de septiembre de 1879. Se presentó Octaviano Décima, vecino de Los Décima, h.l. de Mariano Décima y de Juana Paula Lizárraga, difuntos. Pretende c.m. con María Macedonia Ruiz, vecina de Los Décima, h.l. de Venancio Décima y de Andrea Valdez, difuntos. T: Juan Pedro Herrera, vecino de Los Décima, jornalero, soltero y Juan Gil Aguirre, vecino de Los Aguirre, labrador, casado.

969. En Leales, el 4 de septiembre de 1879. Se presentó Amadeo Ortiz, vecino de Los Sueldos, h.n. de Mercedes Ortiz, difunta. Pretende c.m. con

Etelvina Villafañe, vecina de Los Sueldos, h.n. de Paula Ortiz. T: Manuel Juárez, vecino de Los Sueldos y Baltasar Rojas, vecino de Los Sueldos, labrador, soltero.

970. En Leales, el 2 de octubre de 1879. Se presentó Antonio Montero, vecino de Las Tusquitas, viudo de María Jiménez, h.l. de José María Montero y de Manuela Sotelo. Pretende c.m. con Epifanía Quintero, h.l. de Juan de la Rosa Quintero y de Petrona Suárez. T: Anselmo Juárez, vecino de Los Tres Pozos, carpintero, casado y José Gaspar Villafañe, vecino de La Costa, labrador, casado.

971. En Leales, el 2 de octubre de 1879. Se presentó Miguel Lazarte, vecino de El Naranjito, h.l. de Manuel Lazarte, difunto y de Fermina Décima. Pretende c.m. con Filomena Coronel, vecina de Los Brito h.l. de Valeriano Coronel y de Mercedes Arce. T: José Aurelio Aguirre, vecino de Los Brito, labrador, soltero y Miguel Villagra, vecino de Los Brito, labrador, casado.

972. En Leales, el 13 de octubre de 1879. Se presentó Félix Argañaráz, vecino de Mista, h.l. de Ubaldo Argañaráz y de Bárbara Romano, viudo de Ascensión Ponce. Pretende c.m. con Andrea Borquez, vecina de Mista, h.l. de Feliciano Borquez y de Bonifacio Valdez. T: Jacobo Huidobro, vecino de Lules, labrador, viudo y Enrique Huidobro, vecino de Lules, labrador, viudo.

973. En Leales, el 14 de octubre de 1878. Se presentó Bartolomé Sid, vecino de El Campo Azul, h.n. de Antonia Sid, difunta. Pretende c.m. con Petrona Palomar, h.n. de Dolores Palomar. Los pretendientes se encuentran ligados por un impedimento por afinidad ilícita en segundo grado. La pretendida tiene 24 años, es pobre y su madre tiene 9 hijos más. T: José Antonio Almarás vecino de El Campo Azul, labrador, casado y Delfín Villarreal, vecino de Las Cañadas, labrador, soltero.

974. En Leales, el 20 de noviembre de 1879. Se presentó Luciano Almarás, vecino de El Campo Azul, h.l. de José Almarás y de Micaela Palomar, difunta. Pretende c.m. con María Cruz Jiménez, vecina del Campo Azul, h.l. de Francisco Jiménez, difunto y de Basilia Ardiles. T: Benjamín Rojas, vecino de El Campo Azul, labrador, casado y Froilán Quintana, vecino de Las Cañadas, labrador, casado.

975. En Leales, el 25 de noviembre de 1879. Se presentó Fernando Argañaráz, vecino de Los Romanos, h.n. de Dolores Argañaráz, difunta. Pretende c.m. con Honoria Ruiz, vecina de Los Gramajo, h.n. de Teodora Ruiz, difunta. T: Agustín Aguirre, vecino de Los Gramajo, labrador, casado y Mariano Gómez, vecino de Los Gómez, criador, casado.

976. En Leales, el 26 de noviembre de 1879. Se presentó Fidel Sallas, vecino de Los Décima, h.l. de José Bruno Sallas y de Francisca Ruiz. Pretende c.m. con Casilda Décima, vecina de Los Décima, h.l. de Bautista

Décima y de Casimira Ballón. T: Manuel Figueroa, vecino de Los Décima, labrador, casado y José Manuel Díaz, vecino de Los Décima, labrador, casado.

977. En Leales, el 26 de noviembre de 1879. Se presentó Juan Bautista Brito, vecino de Las Cañadas, h.n. de Marcelina Brito. Pretende c.m. con Bernarda Medina, vecina de Las Cañadas, h.n. de Ceferina Medina, difunta. T: Cipriano Acosta, vecino de Los Acostillas, labrador, casado y Zenón Ardiles, vecino de Los Gómez, labrador, soltero.

978. En Leales, el 5 de diciembre de 1879. Se presentó Alejandro Juárez, vecino de El Arenal, h.n. de Tránsito Juárez. Pretende c.m. con Cayetana Ardiles, h.l. de Nepomuceno Ardiles y de Santos Toledo, difunta. T: Telésforo Acosta, vecino de Los Acostillas, labrador, casado y Tomás Alderete, vecino de Mista, labrador, casado.

979. En Leales, el 13 de diciembre de 1879. Se presentó Pedro Nolasco Ruiz, h.l. de Juan Bautista Ruiz y de Ángela Juárez, vecino de Los Puestos. Pretende c.m. con Zoila Díaz, vecina de Los Puestos, h.l. de Anselmo Díaz y de María del Señor Herrera. T: Audelino Aguirre, vecino de Los Puestos, jornalero, casado y Durban Medina, vecino de Los Puestos, labrador, casado.

980. En Leales, el 13 de diciembre de 1879. Se presentó Juan Pedro Herrera, vecino de Los Brito, h.n. de Mónica Herrera, difunta. Pretende c.m. con Indalecia Ance, h.n. de Borja Ance, difunta, vecina de Los Brito. T: Samuel Bravo, vecino de Yalapa, labrador, soltero y Florencio Pedraza, vecino de Yalapa, jornalero, soltero.

981. En Leales, el 20 de diciembre de 1879. Se presentó Manuel Antonio Juárez, vecino de Los Lunarejos, h.n. de Isidora Juárez. Pretende c.m. con Loreto Lazarte, vecina de Los Romanos, h.l. de Hilario Lazarte, difunto y de Marcelina Correa. T: Norberto Argañaráz, vecino de Los Lunarejos, labrador, soltero y Rufino Medina, vecino de Los Lunarejos, labrador, casado.

982. En Leales, el 27 de diciembre de 1879. Se presentó Eusebio Ballón, vecino de las Barrancas, viudo de Reyes Toro, h.l. de Francisco Ballón y de Mauricia Medina. Pretende c.m. con Apolonia Concha, de 26 años vecina de Las Barrancas, h.n. de Juana Concha, difunta. Los pretendientes se encuentran ligados por un impedimento por consanguinidad de cuarto grado con atingencia al tercero. La pretendida es pobre. T: Agapito Paz, vecino de Las Barrancas, labrador, casado y José Feliz Ferreira, vecino de El Tala, labrador, viudo.

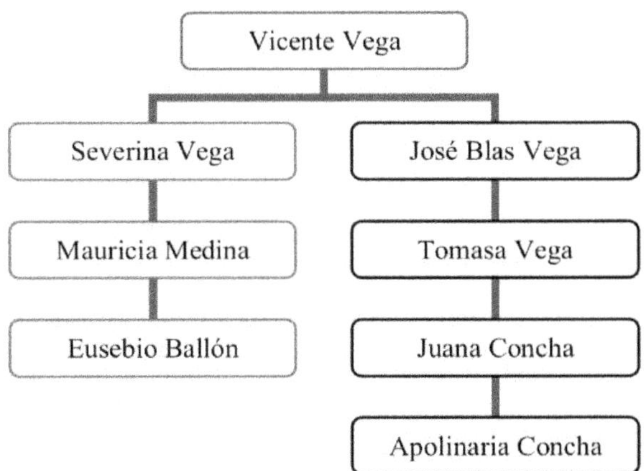

Vicente Vega
Severina Vega
José Blas Vega
Mauricia Medina
Tomasa Vega
Eusebio Ballón
Juana Concha
Apolinaria Concha

Cuarta Parte: 1880 - 1900

983. En Leales, el 1 de enero de 1880. Se presentó Manuel José Décima, vecino de El Vizcacheral, h.n. de Petrona Décima, difunta, viudo de Damiana Ponce. Pretende c.m. con Micaela Amaya, h.n. de Trinidad Amaya. T: Lorenzo Costilla, vecino de El Vizcacheral, labrador, casado y Francisco Correa, vecino de Teja Huasi, violinista, viudo.

984. En Leales, el 9 de enero de 1880. Se presentó Ignacio Rojas, vecino de Las Cañadas, h.n. de Mercedes Rojas, difunta. Pretende c.m. con Antonia Lazarte, vecina de Las Cañadas, h.l. de Ruperto Lazarte y de Santos Leguizamón. T: Juan Felipe Leguizamón, vecino de las Cañadas, jornalero, viudo y Alejandro Juárez, vecino de El Arenal, jornalero, soltero.

985. En Leales, el 15 de enero de 1880. Se presentó Asencio Juárez, vecino de Mista, h.l. de Tiburcio Juárez y de Bartolina Guerrero. Pretende c.m. con Rosalía Gambarte, h.n. de Feliciana Gambarte, difunta. T: Placido Valdez, vecino de Mista, labrador, casado y Julián Gutiérrez, vecino de Mixta, labrador, soltero.

986. En Leales, el 16 de enero de 1880. Se presentó Laurencio Ávila, vecino del curato de Famaillá, en la Puerta Grande, viudo de Florinda Acuña. Pretende c.m. con Mónica Ibarra, h.l. de Evaristo Ibarra y de Eusebia Luna, vecina de Los Tres Pozos. T: Belisario Escoba, vecino de Famaillá, labrador, casado y Hermenegildo Rodríguez, vecino de Famaillá, labrador, soltero.

987. En Leales, el 16 de enero de 1880. Se presentó Gervasio Roldán, vecino de Santa Rosa, h.l. de Florencio Roldán y de Natividad Ballón. Pretende c.m. con Ercilia Aragón, vecina de La Ceja, h.l. de Pedro Aragón y de Bernardina Herrera. T: Mariano Guerrero, vecino de Santa Rosa, labrador, casado y Juan Santos Silva, vecino Santa Rosa, labrador, soltero.

988. En Leales, el 17 de enero de 1880. Se presentó Vidal Jiménez, vecino de Cóndor Huasi, h.l. de Florentino Jiménez y de Francisca González. Pretende c.m. con Micaela Valdez, h.n. de Manuela Valdez, difunta. T: Marcos Sánchez, vecino de Cóndor Huasi, labrador, casado y Florencio Lizárraga, vecino de Cóndor Huasi, labrador, casado.

989. En Leales, el 5 de febrero de 1880. Se presentó Juan Felipe Soria, vecino de Leales, h.n. de Benigna Soria. Pretende c.m. con Victoriana Mendoza, h.l. de Pedro Mendoza y de Mercedes Ponce, vecino de Leales. T: Lorenzo González, vecino de Leales, sastre, viudo y Timoteo Medina, vecino de Santa Rosa, labrador, casado.

990. En Leales, el 14 de febrero de 1880. Se presentó Federico Lazarte, vecino de Los Puestos, h.l. de Julián Lazarte y de Serafina Corbalán, difuntos, viudo de Virginia Herrera. Pretende c.m. con Faboriana Sid, h.l. de Fernando Sid y de Lorenza Zelaya. T: Félix Lazarte, vecino de La Encrucijada, labrador, soltero y Estanislao Aguirre, vecino de Los Puestos, criador, soltero.

991. En Leales, el 21 de febrero de 1880. Se presentó Luis Antonio Jiménez, vecino de Los Quemados, h.l. de Fabián Jiménez y de Ignacia Caro. Pretende c.m. con Micaela Caro, vecina de Cuchihuasi, h.l. de Eustaquio Caro y de Nicolasa Brito. T: Facundo López, vecino de Los Quemados, labrador, soltero y Pedro Barrionuevo, vecino de Los Quemados, jornalero, viudo.

992. En Leales, el 21 de febrero de 1880. Se presentó Matías Romano, vecino de Los Romanos, h.l. de Ambrosio Romano, difunto y de Vicencia Salazar. Pretende c.m. con Lorenza Rivadeneira, h.n. de Antonia Rivadeneira. T: Avelino Soria, vecino de Los Romanos jornalero, casado y David Valdez, vecino de Los Romanos, labrador, soltero.

993. En Leales, el 28 de febrero de 1880. Se presentó Silvestre Herrera, vecino de Agua Azul, viudo de Águeda Valdez, h.l. de Juan José Herrera y de Benigna Aguirre. Pretende c.m. con Eduviges Juárez, vecina de Agua Azul, h.l. de Tiburcio Juárez y de Bárbara Ponce, difuntos. T: Borja Rojas, vecino de Loma Verde, jornalero, casado y Bartolomé Rojas, vecino de Loma Verde, labrador, viudo.

994. En Leales, el 28 de febrero de 1880. Se presentó Inocencio Juárez, vecino de Agua Azul, h.l. de Tiburcio Juárez y de Bartolina Guerrero, difunta. Pretende c.m. con Beatriz Herrera, vecina de Agua Azul, h.l. de Silvestre Herrera y de Águeda Argañaráz, difunta. T: Borja Rojas, vecino de la Loma Verde, jornalero, casado y Eliseo Argañaráz, vecino de Mista, criador, soltero.

995. En Leales, el 1 de marzo de 1880. Se presentó Vicente Lastra, vecino de Los Tres Pozos, h.l. de Marcos Lastra y de Nicolasa Díaz, difuntos. Pretende c.m. con Delina Juárez, de 16 años, vecina de los Tres Pozos, h.l. de Santiago Juárez, difunto y de Reyes Díaz. Los pretendientes se encuentran ligados por un impedimento por consanguinidad en cuarto grado con atingencia al tercero. La pretendida es pobre, con 8 hermanos. T: Jesús María Osores, vecino de Los Villagra, labrador, casado y Felipe Cabrera, vecino de Los Pozuelos, labrador, soltero.

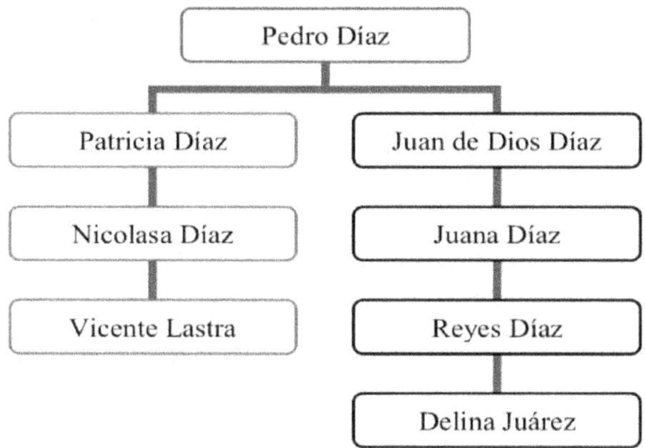

996. En Leales, el 20 de marzo de 1880. Se presentó José vega, vecino de Santa Rosa, h.l. de segundo Vega y de Teresa Roldán, difuntos. Pretende c.m. con Lizarda Pomo, h.l. de Delfín Pomo y de Pilar Venencia, vecina de Santa Rosa. T: Miguel Trejo, vecino de Santa Rosa, jornalero, casado y Timoteo Medina, vecino Santa Rosa, labrador, casado.

997. En Leales, el 3 de abril de 1880. Se presentó Lucas Díaz, vecino de Leales, h.n. de Jesús Díaz. Pretende c.m. con María Juana Leal, h.l. de Andrés Leal, difunto y de María del Señor Núñez. T: Félix José Caro, vecino de Chañar Pozo, labrador, casado y Lindor Juárez, vecino de Leales, jornalero, casado.

998. En Leales, el 10 de abril de 1880. Se presentó Isaac Caro, vecino de Cuchi Huasi, h.n. de Andrea Caro. Pretende c.m. con Clotilde Rosa Cajal, h.l. de Alejo Cajal y de Custodia Figueroa, vecina de las Palmitas. T: Víctor Caro, vecino de Cuchi Huasi, labrador, soltero y Federico Corbalán, vecino de Cuchi Huasi, jornalero, casado.

999. En Leales, el 12 de abril de 1880. Se presentó Cesario Suárez, vecino de La Fronterita, h.l. de Dalmasio Suárez y de Gregoria Palavecino. Pretende c.m. con Luisa Iglesia, feligresa del curato de la Parroquia de La Victoria, vecina de El Naranjito, h.l. de Ventura Iglesia y de Estefanía Díaz. T: Pastor Robles, vecino de Mancopa, labrador, casado y Reyes Palacios, vecino de El Chilcal, jornalero, soltero.

1000.   En Leales, el 13 de abril de 1880. Se presentó Pedro Pascual Herrera, vecino de Leales, h.l. de Teodoro Herrera y de Antonia Gómez, difuntos. Pretende c.m. con Constantina Acosta, h.l. de Francisco Acosta y de Cristina Gómez, vecina de Leales. Los contrayentes están ligados por dos impedimentos por consanguinidad, uno en segundo grado y otro en tercer grado. La pretendida tiene 25 años, es pobre y sus padres tienen 3 hijos más. T: Rosario Visa, vecino de Leales, jornalero, casado y Lindor Juárez, vecino de Leales, jornalero, soltero.

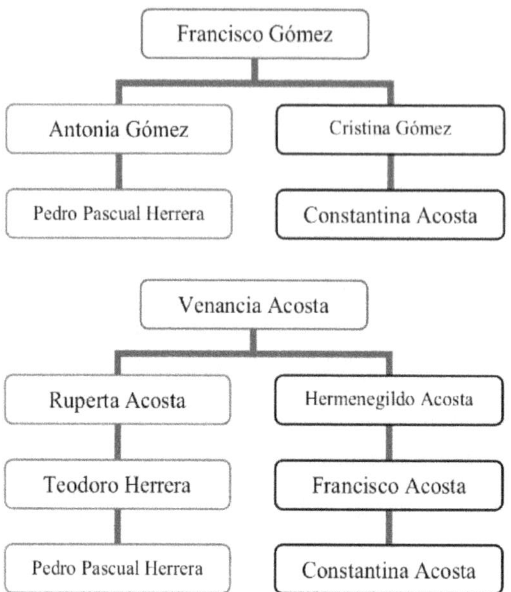

1001. En Leales, el 14 de abril de 1880. Se presentó Manuel Valdez, vecino de Los Brito, h.n. de Faustina Valdez. Pretende c.m. con Juana Garzón, vecina de Los Brito, h.n. de Bartolina Garzón, difunta. T: Belisario Medina, vecino de Los Brito, labrador casado y José Ignacio Lazarte, vecino de Los Brito, labrador, casado.

1002. En Leales, el 15 de abril de 1880. Se presentó Reyes Palacios, h.l. de Cándido Palacios y de Melchora Olea. Pretende c.m. con Tomasa Agüero, h.l. de Cecilio Agüero y de Ana María Frías. T: Ambrosio González, vecino de El Chilcal, labrador, soltero y Remigio González, vecino de Laguna Blanca, labrador, casado.

1003. En Leales, el 16 de abril de 1880. Se presentó Juan Romano, vecino de El Cortaderal, h.l. de José Antonio Romano y de Josefa González, difunta. Pretende c.m. con Dolores Juárez, h.l. de Juan Gil Juárez y de Remigia Ávila, vecina de Mancopa. (Firman los pretendientes). T: Pedro Barburi, vecino de Balderrama, labrador, casado y Remigio González, vecino de Laguna Blanca, jornalero, casado.

1004. En Leales, el 20 de abril de 1880. Se presentó Eduardo Correa, vecino de El Naranjito, h.n. de Genoveva Correa. Pretende c.m. con María Ponce, vecina de Cóndor Huasi, h.n. de Fermina Ponce. T: José María González, vecino de Cóndor Huasi, labrador, casado y Pedro González, vecino de El Naranjito, jornalero, casado.

1005. En Leales, el 1 de mayo de 1880. Se presentó Rufino González, vecino de Yalapa, h.n. de Martina González, difunta. Pretende c.m. con

Cesaria Romano, vecina de Yalapa, h.l. de Ambrosio Romano y de Placida Parra, difuntos. T: Manuel Castillo, vecino de Yalapa, labrador, casado y Samuel Bravo, vecino de Yalapa, labrador, soltero.

1006. En Leales, el 1 de mayo de 1880. Se presentó Gumersindo González, vecino de Yalapa, h.n. de Martina González, difunta. Pretende c.m. con Silveria Pedraza, vecina de Yalapa, h.l. de Manuel Pedraza y de Hermenegildo Arrieta, difuntos. T: Samuel Bravo, vecino de Yalapa, labrador, soltero y Manuel Castillo, vecino de Yalapa, labrador, casado.

1007. En Tucumán, el 15 de mayo de 1880. Se presentó Honorio Lastra, vecino de esta ciudad, h.l. de Dionisio Lastra y de Genoveva Robles. Pretende c.m. con Petrona Frías, vecina de El Naranjito, en el curato de Leales, h.l. de Bonifacio Frías, difunto y de Elías González, vecinos del Chilcal. T: Carlos Aguilar, vecino de Tucumán, de 24 años, peón, soltero y Gabriel López, vecino de esta ciudad, de 40 años, sastre.

1008. En Leales, el 3 de junio de 1880. Se presentó Patricio Herrera, vecino de la Florida, h.l. de Justino Herrera y de Rosa Cabrera, viudo de Juana Díaz. Pretende c.m. con Tránsito Albarracín, h.n. de Sinforosa Albarracín, vecina de La Florida. T: Justo Aguirre, vecino de Los Puestos, criador, soltero y José Audelino Aguirre, vecino de lo, labrador, soltero.

1009. En Leales, el 5 de junio de 1880. Se presentó Juan Asencio Coronel, vecino de Yalapa, h.l. de Paulino Coronel y de Candelaria Romano. Pretende c.m. con Leocadia Rivadeneira, h.n. de Desideria Rivadeneira, difunta. T: Crespín Paz, vecino de Yalapa, labrador, casado y Benito Chávez, vecino de Yalapa, labrador, casado.

1010. En Leales, el 5 de junio de 1880. Se presentó Ramón Alverdi, vecino de la Florida, h.n. de Manuela Alberdi, difunta. Pretende c.m. con Jesús Bulacias, h.n. de Mauricia Bulacias, difunta, vecina de La Florida. T: Celestino Rodríguez, vecino de El Barrialito, criador, casado y Justo Aguirre, vecino de Los Puestos, criador, soltero.

1011. En Leales, el 7 de junio de 1880. Se presentó Martín Frías, vecino de El Barrialito, h.n. de Valentina Frías, difunta. Pretende c.m. con Francisca Frías, h.l. de Ricardo Frías y de Tomasa Sánchez, difuntos. Los contrayentes se encuentran ligados por un impedimento por afinidad en segundo grado. La pretendida tiene más de 50 años y casi siempre se encuentra enferma, los pretendientes ya tienen 6 hijos. T: Casildo Aguirre, vecino de Los Puestos, criador, viudo y Cornelio Herrera, vecino de Los Puestos, labrador, casado.

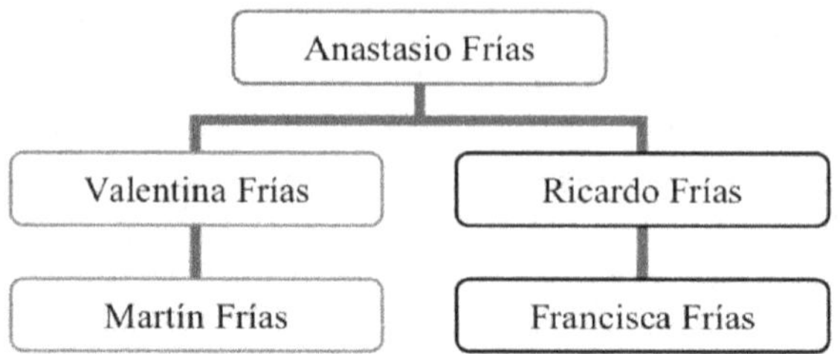

1012. En Leales, el 11 de junio de 1880. Se presentó D. Solano Frías, vecino de Orán, h.l. de D. Basilio Frías y de Da. Carolina Sid, difuntos. Pretende c.m. con Da. Gregoria Argañaráz, vecina de Uturunco, h.l. de D. Gregorio Argañaráz y de Da. Gabriela Quintana. T: Domingo Juárez, vecino de Oran, criador, casado y Sebastián Lazarte, vecino de las Encrucijadas, labrador, casado.

1013. En Leales, el 9 de julio de 1880. Se presentó Abel Cantrera, vecino de La Ceja, h.l. de Mariano Cantrera, difunto y de Liboria Núñez. Pretende c.m. con Mercedes Ponce, h.l. de Pedro Ponce y de Juana Paula Medina, difunta, vecinos de Los Rodríguez. T: Maximiano Zenón, vecino de Las Cañitas, labrador, casado y Lucas Días, vecino de Leales, jornalero, casado.

1014. En Leales, el 13 de julio de 1880. Se presentó Cruz Socaire, vecino de Los Rosales, en el curato de Rosario, h.l. de Fortunato Socaire, difunto y de María Jesús Aparicio. Pretende c.m. con Josefa Ponce, h.l. de Sixto Ponce y de Jerónima Medrano, vecinos de Cóndor Huasi. T: Miguel Aguilar, labrador, casado, vecino de Cóndor Huasi y Genuario Juárez, vecino de Cóndor Huasi, labrador, soltero.

1015. En Leales, el 13 de julio de 1880. Se presentó Manuel Pomo, vecino de Leales, h.l. de Martiniano Pomo y de Petrona Morán. Pretende c.m. con Juana Paula Herrera, vecina de La Ceja, h.l. de Teodoro Herrera y de Antonia Gómez. T: Nazario Faciano, vecino de Santa Rosa, labrador, casado y Cristóbal Carrasco, vecino de Leales, jornalero, casado.

1016. En Leales, el 17 de julio de 1880. Se presentó D. Mateo Correa, vecino de El Río Colorado, en el curato de Famaillá, h.l. de D. Mateo Correa y de Da. Bartolina Romano, viudo de Da. Delfina Paz. Pretende c.m. con Da. Audelina Serrisuela, vecina de Los Sueldos, h.l. de D. Mariano Serrisuela y de Da. Petrona Campero. (Firma el pretendiente) Testigo: Benjamín Soria, vecino de Los Sueldos, labrador, casado. (No figura el segundo testigo)

1017. En Leales, el 30 de julio de 1880. Se presentó Manuel José Romero, vecino de Leales, h.n. de Carmen Romero. Pretende c.m. con Escolástica Herrera, vecina de Leales, h.l. de Teodoro Herrera, difunto y de Antonia

Gómez. T: José Escabon, vecino de Leales, natural de Italia, comerciante, soltero y Juan Esteban Juárez, vecino de Leales, labrador, soltero.

1018. En Leales, el 19 de agosto de 1880. Se presentó Jacinto Medina, vecino de La Estancia Vieja, h.l. de Pedro Juan Medina y de Rita Romero. Pretende c.m. con Lucinda Ponce, h.n. de Gregoria Ponce, vecina de Quilmes. T: José Rojas, vecino de los Sueldos, criador, soltero y Benjamín Soria, vecino de Los Sueldos, labrador, casado.

1019. En Leales, el 11 de septiembre de 1880. Se presentó Alvino Medina, vecino de la Loma Verde, h.n. de Ruperta Medina, difunta. Pretende c.m. con Sandalia Rojas, h.l. de Francisco Borja Rojas y de Cruz Núñez, vecinos de la Loma Verde. T: Silverio Rosales, vecino de Lules, labrador, casado y Félix Rosa Véliz, vecino de los Sueldos, labrador, soltero.

1020. En Leales, el 13 de septiembre de 1880. se presentó D. Francisco Campero, vecino de Santa Rosa, h.l. de D. Juan Campero y de Da. Isabel Espinosa. Pretende c.m. con Da. Amalia Campero, vecina de Santa Rosa, h.l. de D. Ignacio Campero y de Da. Petrona Pomo, difunta. Los contrayentes se encuentran ligados por un impedimento por consanguinidad en segundo grado. La pretendida tiene unos 22 años, el padre tiene cuatro hijos más y no la puede atender por tener que ocuparse de sus intereses en el campo. (Firman los pretendientes) T: Benjamín Soria, vecino de Los Sueldos, labrador, casado y Cristóbal Carrasco, vecino de Leales, jornalero, casado.

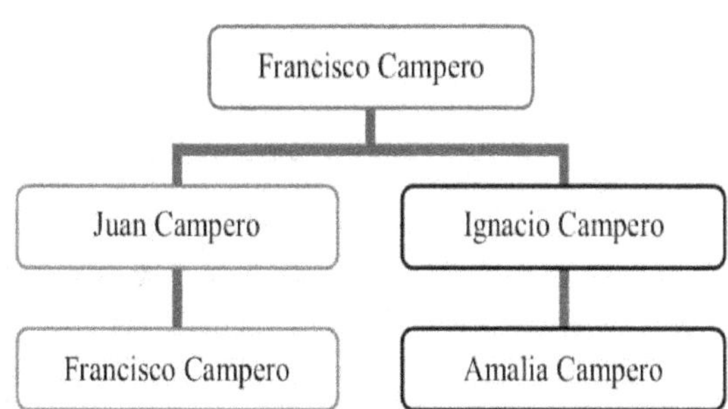

1021. En Tucumán, el 28 de octubre de 1880. Se presentó Justiniano Velásquez, vecino de Ranchillos, h.l. de Salustiano Velásquez y de Juliana Rosa. Pretende c.m. con Lastenia Montero, h.n. de Micaela Montero, difunta, vecina de Leales. T: Ramón Díaz, vecino de esta ciudad, albañil, de 40 años y Felipe Heredia, de 46 años, vecino de esta ciudad, procurado, casado.

1022. En Leales, el 30 de octubre de 1880. Se presentó D. Justiniano Velásquez, vecino del curato de la Victoria, h.l. de D. Salustiano Velásquez y de Da. Juliana Rosa, vecinos del Cevilar. Pretende c.m. con Da. Lastenia Montero, h.n. de Da. Micaela Montero, difunta, vecina de Mancopa. T: Pedro José Véliz, vecino de Mancopa, labrador, casado y Napoleón Romano, vecino de El Cortaderal, labrador, casado.

1023. En Leales, el 30 de octubre de 1880. Se presentó José Aguirre, vecino de Leales, h.l. de José Aguirre y de Prudencia Figueroa, difuntos. Pretende c.m. con Carmen Medina, vecina de Santa Rosa, h.l. de Santos Medina, difunto y de Andrea Roldán. T: Timoteo Medina, vecino de Santa Rosa, labrador, casado y Nicolás Pomo, vecino de Santa Rosa, labrador, casado.

1024. En Leales, el 6 de noviembre de 1880. Se presentó Silverio Viza, vecino de Los Acostillas, h.n. de Mercedes Viza, difunta. Pretende c.m. con Juana Rodríguez, h.n. de Manuela Rodríguez, vecina de Los Acostillas. T: Celestino Ponce, vecino de Las Cañadas, labrador, casado y Doroteo Acosta, vecino de Los Acostillas, labrador, soltero.

1025. En Leales, el 1 de diciembre de 1880. Se presentó Eliseo Borquez, vecino de Mista, h.n. de Andrea Borquez. Pretende c.m. con Florinda Roldan, h.l. de Juan Pablo Roldán y de Carmen Pérez, difunta. Los contrayentes se encuentran ligados por un impedimento por consanguinidad en tercer grado. La pretendida tiene unos 16 años, su padre es pobre y tiene 3 hermanos más.

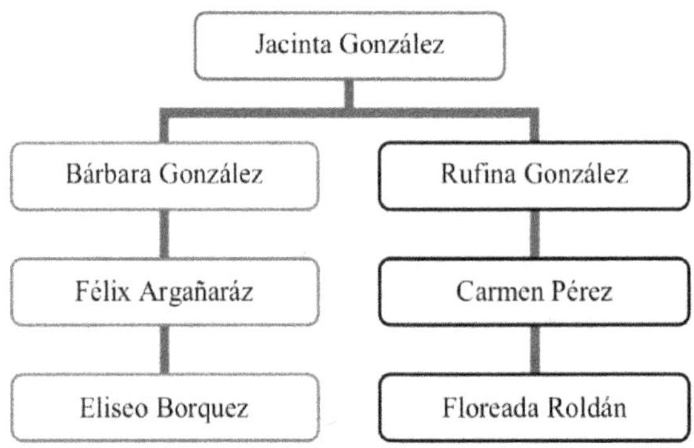

1026. En Leales, el 9 de diciembre de 1880. Se presentó D. Abran Campero, vecino de Los Sueldos, h.l. de D. Francisco Campero y de Da. Juana Delgado, difuntos. Pretende c.m. con Da. Rosario Costa, vecina de Sandes, h.l. de D. Estratón Costa y de Da. Rosario Gutiérrez. (Firman los contrayentes). T: Pompilio Gil, vecino de Leales, natural de la ciudad y Cesario Correa, vecino de Los Puestos, criador, viudo.

1027. En Leales, el 10 de diciembre de 1880. Se presentó Juan Alberto Ruiz, vecino de la Bajada del Gallo, h.l. de Calixto Ruiz y de María Andrea Roldán. Pretende c.m. con Dominga Pedraza, vecina de la Bajada del

Gallo, h.l. de Nicolás Pedraza y de Dionisia Luna. T: Celedonio Rodríguez, vecino de Los Romanos, labrador, casado y Gregorio Torres, vecino de los Gramajo, labrador, soltero.

1028. En Leales, el 1 de enero de 1881. Se presentó Pedro Celestino Leal, vecino de El Cortaderal, h.l. de Celestino Leal y de Nicéfora Lizárraga. Pretende c.m. con Cupertina Pérez, h.l. de Martiniano Pérez y de Bailona Reinoso, vecinos de Laguna Blanca. T: Dalmasio Suárez, vecino de La Fronterita, criador, casado y Griseldo Salazar, vecino de El Cortaderal, labrador, viudo.

1029. En Leales, el 1 de enero de 1881. Se presentó Pedro Arrieta, vecino de Santa Rosa, h.l. de Ramón Arrieta y de Fortunata Pérez. Pretende c.m. con Juana Roldán, vecina de Santa Rosa, h.l. de Florencio Roldán y de Natividad Vallejo. T: Miguel Trejo, vecino Santa Rosa, labrador, casado y José María Medina, vecino de Santa Rosa, labrador, casado.

1030. En Leales, el 1 de enero de 1881. Se presentó Juan Gil Aldana, vecino de Leales, h.l. de Pascual Aldana y de Rosa Ponce. Pretende c.m. con Audelina Caro, h.n. de María Caro, vecina de Leales. T: Jesús Arias, vecino de Simoca, labrador, casado y Lucas Díaz, vecino de Leales, jornalero, casado.

1031. En Leales, el 2 de enero de 1881. Se presentó Eudoro Albarracín, vecino de Mista, h.l. de Dionisio Albarracín y de Juana Amaya. Pretende c.m. con Adelaida Borquez, vecina de Mista, h.n. de Andrea Borquez. T: Bibiano Quintana, vecino de Mista, labrador, soltero y Gabino Bustamante, vecino de Chicligasta, jornalero, viudo.

1032. En Leales, el 2 de enero de 1881. Se presentó Gregorio Frías, vecino de Los Gramajo, h.l. de Deogracias Gramajo, difunto y de Petrona Valdez. Pretende c.m. con María Santos Herrera, h.n. de Gertrudis Herrera, vecina de los Gramajo. T: Juan Alberto Ruiz, vecino de Las Bajadas, labrador, casado y Pedro Lizondo, vecino de Los Romanos, labrador, soltero.

1033. En Leales, el 4 de enero de 1881. Se presentó Victoriano Ardiles, h.n. de Dorotea Ardiles, vecino de Los Gómez. Pretende c.m. con Nieves Gómez, vecina de Los Gómez, h.n. de Valentina Gómez. T: Miguel Véliz, vecino de Los Gómez, jornalero, soltero y Cipriano Acosta, vecino de Los Acostillas, labrador, casado.

1034. En Leales, el 14 de enero de 1881. Se presentó Bautista Décima, vecino de Los Brito, h.l. de Laureano Décima y Lorenza Décima, difuntos. Pretende c.m. con Catalina Aguirre, h.l. de Juan de Dios Aguirre y de Juana García. T: Abraham Díaz, vecino de Los Brito, labrador, casado y José Félix Montenegro, vecino de Los Décima, jornalero, casado.

1035. En Leales, el 19 de enero de 1881. Se presentó José Leal, vecino de Las Cañadas, h.l. de Felipe Leal, difunto y de Margarita Acosta. Pretende c.m. con Eleuterio Leguizamón, h.l. de Félix Leguizamón y de Manuela Villarreal, difunta. T: Ignacio Rojas, vecino de las Cañadas, jornalero, casado y Mariano Gómez, vecino de Los Gómez, criador, casado.

1036. En Leales, el 5 de febrero de 1881. Se presentó Agapito Pérez, vecino de Los Rodríguez, h.n. de Marcelina Pérez. Pretende c.m. con Emilia Caro, h.n. de María Caro, vecina de Los Rodríguez. T: Lucas Díaz, vecino de Leales, labrador, casado y Juan Antonio Rodríguez, vecino de Leales, labrador, casado.

1037. En Leales, el 15 de febrero de 1881. Se presentó Fabriciano Brito, vecino de Mista, h.l. de Florencio Brito y de María del Señor Juárez, difuntos. Pretende c.m. con Hermelinda Juárez, vecina de Suncho Pozo, h.n. de María Juárez. T: Froilán Brito, vecino de Suncho Pozo, jornalero, casado y Juan Galo Ávila, vecino de Mista, criador, viudo.

1038. En Leales, el 19 de febrero de 1881. Se presentó Agustín Correa, vecino de Famaillá, h.l. de Juan Correa, difunto y de Salomé Gómez, vecinos del Río Colorado. Pretende c.m. con Romelia Argañaráz, h.l. de Juan Ángel Argañaráz y de Fernanda Alderete, vecina de Las Pirguas. T: Mateo Gómez, vecino de El Río Colorado, labrador, casado y Fidel Roldán, vecino de El Río Colorado, labrador, soltero.

1039. En Leales, el 5 de marzo de 1881. Se presentó Manuel Pedraza, vecino de Yalapa, h.l. de Bernardino Pedraza y de Narcisa Correa. Pretende c.m. con Delina Romano, h.n. de Cristina Romano. T: Agapito Paz, vecino de Las Barrancas, labrador, viudo y Crespín Paz, vecino de Yalapa, labrador, casado.

1040. En Leales, el 11 de marzo de 1881. Se presentó Javier Véliz, vecino de Cóndor Huasi, viudo de Teodora Pérez, h.l. de Ceferino Véliz y de Jesús Lizárraga. Pretende c.m. con Magdalena Sánchez, h.n. de María Sánchez. T: Andrés Juárez, vecino de Cóndor Huasi, labrador, casado e Indalecio Medrano, vecino de Cóndor Huasi, jornalero, casado.

1041. En Leales, el 16 de marzo de 1881. Se presentó D. Juan Nepomuceno González, vecino de Agua Azul, h.l. de D. Luis Antonio González y de Da. Manuela Heredia. Pretende c.m. con Da. Delfina Sosa, vecina de la ciudad de Tucumán, viuda de D. Egidio López, h.l. de D. Bernardo Sosa y de Da. Simona Antolín. (Firma el pretendiente) T: Eusebio Juárez, vecino de Mista, labrador, casado y Viviano Quintana, vecino de El Agua Azul, labrador, soltero.

1042. En Leales, el 18 de marzo de 1881. Se presentó Pedro Miguel Vega, vecino de Santa Rosa, h.l. de Toribio Vega, difunto y de Tadea Serrisuela. Pretende c.m. con Marcelina Juárez, h.n. de Josefa Juárez, viuda de Robustiano Aguirre. T: Audón Acuña, vecino de Santa Rosa labrador, casado y Prudencio Menes, vecino de Santa Rosa, jornalero, casado.

1043. En Leales, el 19 de marzo de 1881. Se presentó Juan Santos Silva, vecino de Santa Rosa, h.l. de Toribio Silva y de Norberta Cantrera. Pretende c.m. con Carlota Vallejo, h.l. de Francisco Vallejo y de Alejandra Brito, vecina de Las Cañitas. T: Audón Acuña, vecino de Santa Rosa, labrador, casado y Pedro Arrieta, vecino de Santa Rosa, labrador, casado.

1044. En Leales, el 23 de marzo de 1881. Se presentó Juan Esteban Juárez, vecino de Leales, h.l. de Pascual Juárez y de Toribia Cantrera. Pretende c.m. con Gabriela Lazarte, h.l. de Silverio Lazarte y de Borja Véliz, difuntos, vecina de Leales. T: Miguel López, vecino de Leales, abastecedor, casado y Manuel José Romero, vecino de Leales, abastecedor, casado.

1045. En Leales, el 23 de marzo de 1881. Se presentó Eustaquio Romano, vecino de Santa Rosa, viudo de Beatriz Vega, h.n. de Viviana Romano, difunta. Pretende c.m. con Florinda Ponce, h.l. de Bernardo Ponce y de Isabel Soria. T: Tomás Morales, vecino de Santa Rosa, jornalero, casado y Pedro Miguel Vega, vecino de Santa Rosa, jornalero, soltero.

1046. En Leales, el 24 de marzo de 1881. Se presentó Francisco Caro, vecino de Los Rodríguez, h.n. de Rosalía Caro. Pretende c.m. con Segunda Quintana, vecina de Los Rodríguez, h.l. de Ruperto Quintana y de Reimunda Montenegro, difuntos. T: Pedro Juan Ponce, vecino de Los Rodríguez, jornalero, casado y Lindor Juárez, vecino de Leales, jornalero, casado.

1047. En Leales, el 1 de abril de 1881. Se presentó Juan Bautista Ortiz, vecino de Santa Rosa, h.l. de Esteban Ortiz y de Santos Olarte, difuntos. Pretende c.m. con Jesús Cantos, h.n. de Eusebia Cantos, vecina de Santa Rosa. T: Pedro Miguel Vega, vecino de Santa Rosa, labrador, casado y Severo Celis, vecino de Santa Rosa, labrador, casado.

1048. En Leales, el 5 de abril de 1881. Se presentó D. Juan Vidas, h.l. de D. Alejo Vidas y de Da. Justa N. de Vidas (sic), vecinos de Austria. Pretende c.m. con Da. Lizarda Delgado, h.l. de D. Demetrio Delgado, difunto y de Da. Candelaria Núñez, vecina de Leales. T: Serapio Ocaranza, vecino de Balderrama, labrador, casado y Juan Pedro Caro, vecino de Balderrama, labrador, casado. Los T. declaran conocer al pretendiente hace 6 años en Leales.

1049. En Leales, el 7 de abril de 1881. Se presentó Facundo López, vecino de Los Quemados, h.l. de Dalmasio López y de Saturnina Galván, difuntos. Pretende c.m. con Jesús Reyes, vecina de Los Quemados, viuda de Eloy Rodríguez, h.l. de Ramón Reyes y de Dominga Herrera. T: Eustaquio Caro, vecino de Leales, labrador, casado y Luis Jiménez, vecino de Leales, labrador, casado.

1050. En Leales, el 18 de abril de 1881. Se presentó Estratón Herrera, vecino de Los Quemados, h.l. de Luis Antonio Herrera, difunto y de

Gregoria Jiménez. Pretende c.m. con Anatolia Jiménez, h.l. de Agapito Jiménez y de Petrona Herrera. Los contrayentes están ligados por un impedimento de consanguinidad en tercer grado. La pretendida tiene unos 20 años, es pobre y tiene 3 hermanos. T: Fortunato Gómez, vecino de Cuchi Huasi, carpintero, casado y Eustaquio Caro, vecino de Leales, labrador, casado.

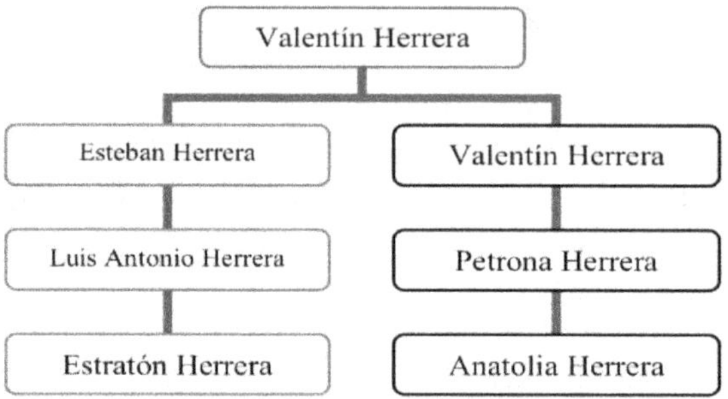

1051. En Leales, el 20 de abril de 1881. Se presentó Ezequiel Aráoz, vecino de La Fronterita, h.l. de Felipe Aráoz y de Lorenza Rosales. Pretende c.m. con Josefa Leguizamón, vecina de Entre Ríos, en Leales, h.l. de Patricio Leguizamón y de Dominga Viza. T: José Audelino Aguirre, vecino de …, labrador, soltero y Lindor Juárez, vecino de Leales, labrador, casado.

1052. En Leales, el 4 de julio de 1881. Se presentó D. Policarpo Figueroa, vecino de Ovanta, h.l. de D. José Miguel Figueroa y de Da. Jesús Fernández, difuntos. Pretende c.m. con Da. Mercedes Fernández, viuda de D. Luis Antonio Gómez, h.l. de D. Domingo Fernández, difunto y de Da. Francisca Quintana. Los pretendientes se encuentran ligados por un impedimento por consanguinidad en segundo grado. La pretendida tune unos 28 años, tienes solo algunos animales de campo y tiene 3 hijos.

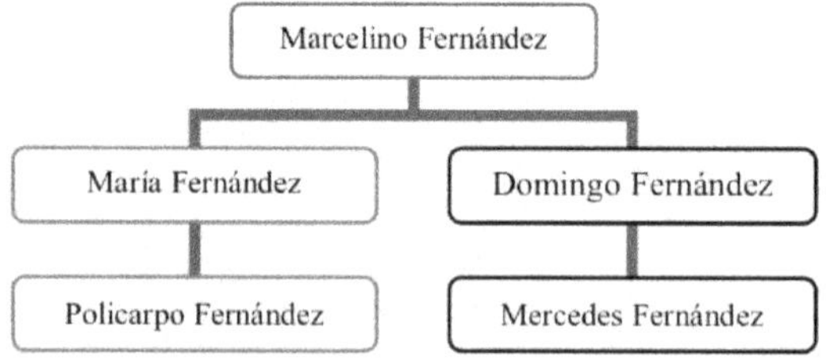

1053. En Leales, el 20 de julio de 1881. Se presentó Segundo Lorenzo Sánchez, vecino de Viclo, h.l. de Laureano Sánchez y de Inocencia Jiménez, difunta. Pretende c.m. con Lizarda Díaz, h.n. de Juana Díaz, difunta. T: Melitón Montero, vecino de Viclo, carpintero, casado y Domingo Juárez, vecino de Orán, labrador, casado.

1054.   En Leales, el 23 de julio de 1881. Se presentó D. Valentín Gómez, vecino de Los Lunarejos, h.l. de D. Víctor Gómez, y de Da. Cruz Guardiz. Pretende c.m. con Da. Eusebia Gómez, vecina de Los Lunarejos, h.l. de D. Romualdo Gómez y de Da. Cruz Argañaráz, difuntos. T: Francisco Quintana, vecino de los Lunarejos, labrador, viudo y Justino Décima, vecino de El Campo Grande, labrador, casado.

1055.   En Leales, el 30 de julio de 1881. Se presentó Napoleón Molina, vecino de Los Puestos, h.n. de Justa Medina. Pretende c.m. con Tránsito Robles, h.n. de Ceferina Robles, vecina de Mancopa. T: Trinidad Lizondo, vecino de El Puesto Chico, criador, casado.

1056.   En Leales, el 4 de agosto de 1881. Se presentó José Berón López, h.n. de Juliana López, vecino de La Fronterita. Pretende c.m. con María Agüero, h.l. de Lino Agüero, difunta y de Rafaela Frías, vecinos de la ciudad de Tucumán. T: Julián Alarcón, vecino de La Fronterita, criador, casado y Telésforo Juárez, labrador, soltero.

1057.   En Leales, el 13 de agosto de 1881. Se presentó Durban Medina, vecino de Los Puestos, h.l. de Agapito Medina, difunto y de Manuela Herrera. Pretende c.m. con Eulogia Aguirre, vecina de Los Puestos, h.l. de Casildo Aguirre y de Petrona Cajal. T: Rufino Corbalán, vecino de Los Puestos, criador, casado y Cipriano Aguirre, vecino de Los Puestos, zapatero, casado.

1058.   En Leales, el 25 de agosto de 1881. Se presentó Adolfo Lizárraga, vecino de la Loma Verde, viudo de Mercedes Juárez, h.n. de Silvestra Juárez. Pretende c.m. con Reimunda Medina, vecina de la Loma Verde, h.l. de Miguel Medina y de Claudia Núñez. T: Telésforo Décima, vecino de Vilca Pozo, criador, casado y Ventura Orozco, vecino de la ciudad de Tucumán, lomillero, viudo.

1059.   En Leales, el 26 de agosto de 1881. Se presentó Ezequiel Caro. Vecino de Cuchihuasi, h.l. de Leocadio Caro y de Isidora Soria, difunta. Pretende c.m. con Candelaria Rodríguez, h.l. de Juan Mariano Rodríguez, difunto y de Delfina Viza. T: Facundo Corbalán, vecino de Cuchihuasi, labrador, soltero y Luis Jiménez, vecino de Leales, labrador, casado.

1060.   En Leales, el 2 de septiembre de 1881. Se presentó Siríaco Leguizamón, vecino de El Arenal, h.l. de José Manuel Leguizamón y de Saturnina Cantrera. Pretende c.m. con Mercedes Nieva, vecina del Arenal, h.n. de Escolástica Nieva. T: Mariano Gómez, vecino de Los Gómez, criador, casado y Melitón Ardiles, vecino de Los Gómez, labrador, casado.

1061.   En Leales, el 3 de septiembre de 1881. Se presentó Zenón Gómez, h.l. de Luis Antonio Gómez y de Sebastiana Islas, difuntos. Pretende c.m. con Santos Juárez, vecina del Arenal, h.n. de Tránsito Juárez. T: Fortunato Herrera, vecino de Los Gómez, labrador, viudo y Zenón Brandán, vecino de Los Gómez, labrador, casado.

1062. En Leales, el 15 de septiembre de 1881. Se presentó Juan de Dios Valdez, vecino del curato de Famaillá, en el lugar El Tala, h.l. de José Valdez y de Rafaela Torres. Pretende c.m. con Mercedes Abaleron, h.l. de Bernardo Abaleron y de Francisca González, vecinos de Las Pirguas. T: Ramón Arrieta, vecino de Río Colorado, labrador, casado y José Alderete, vecino de Las Pirguas, labrador, casado.

1063. En Leales, el 26 de septiembre de 1881. Se presentó Mauro Saavedra, vecino de San Antonio, h.n. de Ana Saavedra. Pretende c.m. con Fabriciana Valdez, vecina de los Britos, h.n. de Faustina Valdez. T: Saturnino Vallejo, vecino de Los Brito, labrador, casado y Rosario Juárez, vecino de Los Brito, labrador, soltero.

1064. En Leales, el 1 de octubre de 1881. Se presentó Justo Gómez, vecino de Los Gómez, h.n. de Valentina Gómez. Pretende c.m. con Carmen Rocha, h.n. de Dionisia Rocha, difunta, vecina de Los Romanos. T: José Manuel Correa, vecino de Los Romanos, labrador, casado y Germán Amaya, vecino de Los Gómez, labrador, viudo.

1065. En Leales, el 8 de octubre de 1881. Se presentó Jesús Pérez, vecino de Quilmes, h.l. de José Manuel Pérez y de Lorenza Ponce. Pretende c.m. con Hermenegildo Villa, h.l. de Severino Villa y de Nicasia Concha. (Firman los contrayentes) T: José Audón Salinas, vecino de Quilmes, labrador, casado y José María Juárez, vecino de Quilmes, carpintero casado.

1066. En Leales, el 13 de octubre de 1881. Se presentó Juan de Dios Campos, vecino de Mancopa, h.n. de Cecilia Campos. Pretende c.m. con Juana Fernández, h.n. de Apolinaria Fernández, vecina de Mancopa. T: Pedro Antonio Véliz, vecino de Mancopa, labrador, casado y Pastor Robles, vecino de Mancopa, labrador, viudo.

1067. En Leales, el 19 de octubre de 1881. Se presentó Pedro Pablo Montero, vecino de Mancopa, h.l. de Gregorio Montero y de Manuela Forales. Pretende c.m. con Ercilia Villagra, de 25 años, vecina de Mancopa, h.l. de Anastasio Villagra, difunto y de Corina Juárez. Los contrayentes están ligados por un parentesco por consanguinidad en tercer grado. T: Pedro Barburi, vecino de Balderrama, labrador, casado y Juan Barburi, vecino de Balderrama, jornalero, casado.

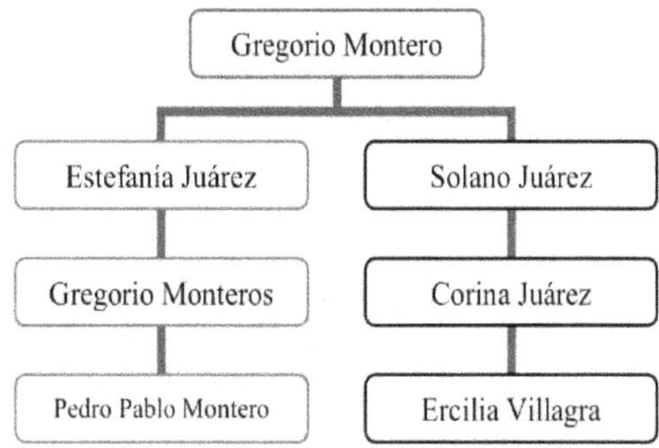

1068. En Leales, el 30 de octubre de 1881. Se presentó Atenor Leal, vecino de La Fronterita, h.n. de Clemencia Leal. Pretende c.m. con Hermelinda Juárez, vecina de Laguna Blanca, h.l. de Mateo Juárez y de Paula Bazán, difunta. T: Andrés Aragón, vecino de Mancopa, labrador, casado e Ignacio Pérez, vecino de La Fronterita, labrador, casado.

1069. En Leales, el 5 de noviembre de 1881. Se presentó David Valdez, vecino de Famaillá, h.l. de Esteban Valdez y de Andrea Arias, vecinos de Los Tres Pozos. Pretende c.m. con Rosaura Rodríguez, h.l. de Serafín Rodríguez y de Gabriela Lescano. (Firman los contrayentes) T: Napoleón Ocaranza, vecino de Río Colorado, labrador, casado y Damián Luna, vecino de Los Sueldos, labrador, casado.

1070. En Leales, el 10 de noviembre de 1881. Se presentó Raquel Díaz, vecino de los Tres Pozos, h.l. de Domingo Díaz y de Univencia Núñez, difunta. Pretende c.m. con Florinda Juárez, h.l. de Anselmo Juárez y de Gregoria Jiménez. (Firman los contrayentes) T: Felipe Cabrera, vecino de Los Pozuelos, criador, soltero y Nicasio Montero, vecino de Los Pozuelos, jornalero, soltero.

1071. En Leales, el 3 de diciembre de 1881. Se presentó Salvador Echagarai, vecino de Santa Rosa, h.n. de Manuela Echagarai, difunta. Pretende c.m. con Petronila Arias, h.n. de Mercedes Arias, difunta. T: Timoteo Medina, vecino de Santa Rosa, labrador, casado y Nicolás José Pomo, vecino de Santa Rosa labrador, casado.

1072. En Leales, el 5 de diciembre de 1881. Se presentó Audón Argañaráz, vecino de El Vizcacheral, h.l. de Feliciano Argañaráz y de Ángela Zelaya. Pretende c.m. con Filomena Costilla, h.l. de Lorenzo Costilla y de Mercedes Costilla. T: Juan Ardiles, vecino de Los Gómez, labrador, casado y Zenón Brandán, vecino de Los Gómez, labrador, casado.

1073. En Leales, el 9 de diciembre de 1881. Se presentó Agustín Brandán, vecino de Las Cañadas, h.n. de Tomasa Brandán, difunta. Pretende c.m. con Filomena Madrid, h.l. de Ignacio Madrid y de Bernarda Ponce. T:

Javier Argañaráz, vecino de Los Gómez, labrador, casado y Francisco Ponce, vecino de Chañar Muyo, labrador, soltero.

1074. En Leales, el 10 de diciembre de 1881. Se presentó Silverio Herrera, vecino de Mista, h.l. de Ricardo Herrera y de Josefa Aguilar, difuntos. Pretende c.m. con Teófila Rojas, h.n. de Carmen Rojas. Los contrayentes se encuentran ligados por un impedimento por consanguinidad en segundo grado ya que la madre del pretendiente es hermana del padre natural de la pretendida. La pretendida se encuentra embarazada. T: Mariano Gómez, vecino de Los Gómez, criador, casado y Roque Argañaráz, vecino de Los Gómez, criador, casado.

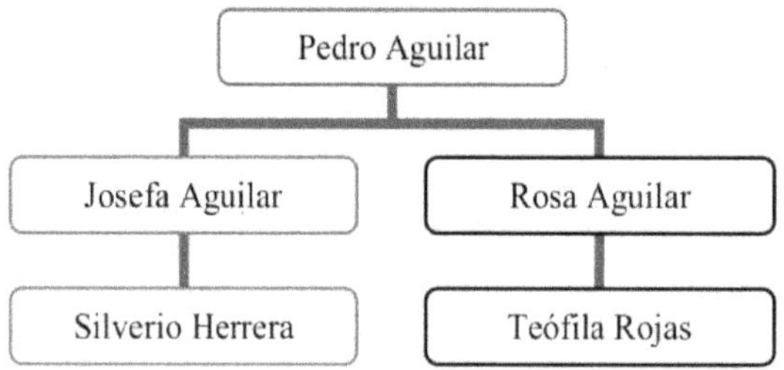

1075. En Leales, el 10 de diciembre de 1881. Se presentó Onofre Valdez, vecino de Los Brito, h.l. de Dionisio Valdez, difunto y de Isidora Cisneros. Pretende c.m. con Liberata Arce, h.n. de Borja Arce, difunta, vecina de Los Brito. T: Juan Nicasio Bravo, vecino de Los Brito labrador, viudo y Juan Tomás Romero, vecino de Los Brito, labrador, casado.

1076. En Leales, el 20 de diciembre de 1881. Se presentó Luis Valdez, vecino de Los Días, h.n. de Gregoria Valdez, difunta. Pretende c.m. con Salomé Lazarte, h.l. de Ambrosio Lazarte y de Rosa Lazarte. (Firma el pretendiente) T: Manuel Antonio Ortiz, vecino de Los Díaz, labrador, casado y Jesús María Ocampo, vecino de Las Barrancas, labrador, casado.

1077. En Leales, el 21 de diciembre de 1881. Se presentó Manuel Antonio Valdez, vecino del curato de la Victoria, h.n. de Marcelina Valdez, vecina de Ranchillos. Pretende c.m. con Concepción Corbalán, h.l. de Pío Corbalán y de Juana Jurado. T: Benjamín Campero, vecino de Los Sueldos, criador, casado y Anacleto Acosta, vecino de Los Sueldos, sastre, casado.

1078. En Leales, el 22 de diciembre de 1881. Se presentó Facundo Luna, vecino de La Ceja, viudo de Braulio Jiménez, h.n. de Francisca Luna, difunta. Pretende c.m. con Francisca Zelaya, h.n. de Plácida Zelaya. Vecina del Campos Grande. T: Mariano Gómez, vecino de Los Gómez, criador, casado y Roque Argañaráz vecino de Los Gómez, criador, casado.

1079. En Leales, el 1 de enero de 1882. Se presentó Fortunato Rivadeneira, h.n. de Anastasia Rivadeneira, vecino de Los Romanos. Pretende c.m. con Emeteria Correa, h.l. de Domingo Correa y de Rita

Romano, vecina de Los Romanos. T: Pedro Juan Aguirre, vecino de Yucuchiri, labrador, viudo y Victoriano Ardiles, vecino de Los Gómez.

1080. En Leales, el 2 de enero de 1882. Se presentó Sinforoso Juárez, vecino de Cabramisqui, h.l. de Tiburcio Juárez y de Bartolina Guerrero, difunto. Pretende c.m. con Aurelia Díaz, h.l. de Esteban Díaz y de Casimira Décima, difuntos, vecinos del Vizcacheral. T: José Francisco Quintana, vecino de El Campo Azul, labrador, casado y Adolfo Lizárraga, vecino de La Loma Verde, labrador, casado.

1081. En Leales, el 4 de enero de 1882. Se presentó Luis Acosta, vecino de Los Zelaya, h.l. de José Luis Acosta y de Placida Luna. Pretende c.m. con Consolación Juárez, vecina de Vilca Pozo, h.l. de Dominga Juárez, difunta, viuda de Lindor Cisterna. T: Adolfo Lizárraga, vecino de Loma verde, labrador, casado y Adrián cantos, vecino de Los Zelaya, jornalero, casado.

1082. En Leales, el 14 de enero de 1882. Se presentó Cipriano Mendoza, vecino de Leales, h.l. de Lucas Mendoza y de Juana Zapata. Pretende c.m. con Juana Medina, vecina de Leales, h.l. de Domingo Medina y de Manuela Romano, difunta. (Firma el pretendiente) T: Ruperto Brito, vecino de Laguna Blanca, criador, casado y Juan Esteban Juárez, vecino de Leales, jornalero, casado.

1083. En Leales, el 25 de enero de 1882. Se presentó Víctor Márquez, vecino de El Rincón, h.n. de Elena Márquez, difunta. Pretende c.m. con Crisanta Acosta, h.n. de Ramona Acosta, vecina de La Esquina. T: Damián Luna, vecino de El Río Colorado, labrador, casado y Electo Pérez, vecino de Los Sueldos, labrador, casado.

1084. En Leales, el 1 de febrero de 1882. Se presentó Isaac Pedraza, vecino de Yalapa, h.l. de Laureano Pedraza y de Francisca Argañaráz. Pretende c.m. con Delia Romano, vecina de Yalapa, h.n. de Cristina Romano. T: José Manuel Díaz, vecino de Los Décima, labrador, casado y Jobino Ruiz, vecino de Yalapa, labrador, casado.

1085. En Leales, el 1 de febrero de 1882. Se presentó Ruperto Quintana, vecino de Los Rodríguez, h.l. de Ruperto Quintana y Reimunda Montenegro. Pretende c.m. con Ofelia Juárez, h.n. de Pascuala Juárez, difunta. Vecina de Los Rodríguez. T: Pedro Pascual Jiménez, vecino de la Ceja, jornalero, casado y Lucas Díaz, vecino de Leales, jornalero, casado.

1086. En Leales, el 1 de febrero de 1882. Se presentó Martín Brito, vecino de las Cañadas, h.n. de Marcelina Birto. Pretende c.m. con María Lizárraga, h.l. de Tomás Lizárraga y de Venancia Juárez, difunta. T: Rosa Jiménez, vecino de Las Cañadas, labrador, casado y Avelino Juárez, vecino de Las Cañadas, jornalero, casado.

1087. En Leales, el 11 de febrero de 1882. Se presentó José Cruz Ávila, vecino del curato de Monteros, h.l. de Casimiro Ávila y de Antonia

Navarro. Pretende c.m. con Mónica Medina, vecina de Los Puestos, h.l. de Agapito Medina y de Manuela Herrera. T: Rosario Visa, vecino de Leales y Audelino Aguirre, vecino de Leales, jornalero, soltero.

1088. En Leales, el 13 de febrero de 1882. Se presentó D. Pacifico Franco, natural de Potosí, h.l. de D. Manuel Franco y de Da. Inocencia Morelí. Pretende c.m. con Da. Pilar Brito, vecina de Leales, h.l. de D. Pedro Pablo Birto y de Da. Venancia González, difuntos. (Firma el contrayente). T: Manuel Antonio Acosta, vecino de Los Zelaya, labrador, casado y Pedro Zelaya, vecino de El Vizcacheral, labrador, casado.

1089. En Leales, el 23 de febrero de 1882. Se presentó Desiderio Caro, vecino de Cuchihuasi, h.n. de Andrea Caro. Pretende c.m. con Candelaria Caro, h.l. de Bruno Caro, difunto y de Josefa Jiménez. T: Facundo Corbalán, vecino de Cuchihuasi, labrador, viudo y Aniceto Medina, vecino de Santa Rosa, labrador, casado.

1090. En Leales, el 24 de febrero de 1882. Se presentó José Romero, vecino de Santa Rosa, h.l. de Gabino Romero y de Pacifica Romano. Pretende c.m. con Electa Figueroa, vecina del Curato de Monteros, h.l. de Máximo Figueroa y de Pilar Corbalán. T: Honorio Romero, vecino de Santa Rosa, labrador, soltero y Baltasar Jiménez, vecino de Leales, labrador, soltero.

1091. En Leales, el 8 de marzo de 1882. Se presentó Hipólito Juárez, vecino de Mancopa, h.l. de Pablo Juárez y de Tomasina Rodríguez, difuntos. Pretende c.m. con Deidania Roldán, cecina de Mancopa, h.l. de Isidro Roldán y de Rosario Agüero, difunta. T: Domingo Hoyos, natural de Santiago del Estero, labrador, casado y José Manuel Pérez, vecino de Mancopa, labrador, casado.

1092. En Leales, el 11 de marzo de 1882. Se presentó Daniel Montoya, vecino de La Encrucijada, h.l. de David Montoya y de Eustaquia Soria. Sin más Datos.

1093. En Leales, el 11 de marzo de 1882. Se presentó Daniel Montoya, vecino de La Encrucijada, h.l. de David Montoya, difunto y de Eustaquia Soria. Pretende c.m. con Adelaida Frías, hija legítima de Basilio Frías y de Carolina Sid, difuntos. T: Sebastián Lazarte, vecino de La Encrucijada, labrador, casado y Zoylo Lazarte, vecino de La Encrucijada, criador, casado.

1094. En Leales, el 11 de marzo de 1882. Se presentó Froilán Mendoza, vecino de Leales, h.n. de Servanda Mendoza. Pretende c.m. con Santos Ortega, vecina de Famaillá, h.l. de Rosario Ortega y de Manuela Páez, difunta. T: José Contreras, vecino de Leales, labrador, soltero y Juan Esteban Juárez, vecino de Leales, jornalero, casado.

1095. En Leales, el 14 de marzo de 1882. Se presentó José Nicolás Rodríguez, vecino de Los Rodríguez, h.n. de Filomena Rodríguez.

Pretende c.m. con Cecilia Alderete, h.l. de Tomás Alderete y de Casilda Ponce. T: Manuel Leguizamón, vecino de Mista, jornalero, casado y Ascencio Juárez, vecino de La Carpintería, criador, casado.

1096. En Leales, el 16 de marzo de 1882. Se presentó Fanor Campero, vecino de Los Sueldos, h.l. de Silvano Campero y de Benedicta Soria, difuntos. Pretende c.m. con Emiliana Leal, vecina de Los Puestos, h.l. de Eugenio Leal y de Baldomero Lazarte, viuda de Cristóbal Toledo. T: Pedro Soria, vecino de Los Sueldos, labrador, casado y Damián Luna, vecino de Río Colorado, labrador, casado.

1097. En Leales, el 21 de marzo de 1882. Se presentó Griseldo Salazar, vecino de El Cortaderal, h.l. de José Salazar y de Javiera Brito, difuntos, viudo de Claudia Molina. Pretende c.m. con Visitación González, h.n. de Petrona González. T: Martín Villa, vecino de Quilmes, labrador, casado y Lorenzo Torres, vecino de La Ciudad, labrador, casado.

1098. En Leales, el 24 de marzo de 1882. Se presentó Pacifico Soria, vecino de El Pozo del Alto, h.l. de Jesús María Soria y de Delfina Aguirre. Pretende c.m. con Carmen Soria, h.l. de Fructuoso Soria y de Quiteria Juárez. T: Antonio Valdez, vecino de Ranchillos, labrador, casado y Lindo Fernández, vecino de Laguna Blanca, labrador, casado.

1099. En Leales, el 29 de marzo de 1882. Se presentó Cesario Ledesma, vecino de Laguna Blanca, h.l. de Cesario Ledesma y de Gabriela Figueroa. Pretende c.m. con Delina Cajal, h.l. de Alejo Cajal y de Custodia Figueroa, vecina de las Palmitas. Los contrayentes se encuentran ligados por un parentesco por consanguinidad en cuarto grado con atingencia el segundo. La pretendida tiene 6 hermanos y unos 20 años. T: Marcos Rodríguez, vecino de El Mojón, criador, casado y Atanasio Medina, vecino de Los Lescano, criador, casado.

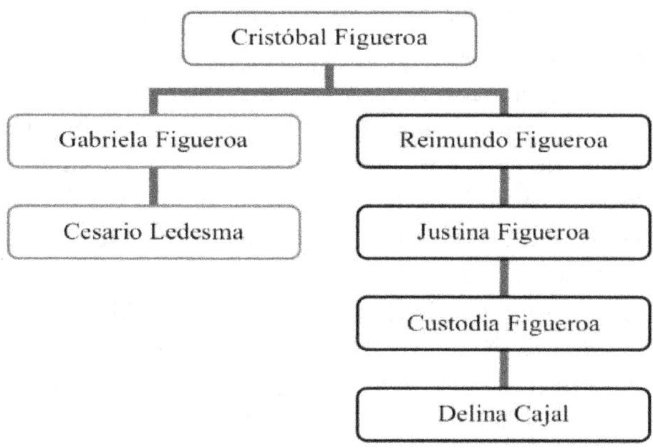

1100. En Leales, el 3 de abril de 1882. Se presentó José Ponciano Cantos, vecino de Las Cañadas, h.l. de Pablo Cantos y de Andrea Quintana, difunta. Pretende c.m. con Jesús Zelaya, h.n. de Eusebia Zelaya. (Firma el pretendiente) T: Eliseo Pérez, vecino de Los Rodríguez, criador, casado y Eliseo Jiménez, vecino de Las Pichanas, labrador, casado.

1101. En Leales, el 21 de abril de 1882. Se presentó Nicasio Montero, vecino de Las Tusquitas, h.n. de Clemencia Montero. Pretende c.m. con Remigia Juárez, vecina del Melón, viuda de Benicio Díaz, h.l. de Juan Felipe Juárez y de Salome Barbosa. T: Santiago Jiménez, vecino de Las Tusquitas, labrador, casado y Demetrio Osores, vecino de Las Tusquitas, albañil, casado.

1102. En Leales, el 3 de mayo de 1882. Se presentó Carlos Medina, vecino de Mancopa, h.l. de José Antonio Medina, difunto y de Laurecia Sánchez. Pretende c.m. con Justina Roldan, vecina de Mancopa, h.l. de Isidoro Roldan y de Rosario Agüero. T: Vicente Véliz, vecino de El Cortaderal, labrador, soltero e Hipólito Juárez, vecino de El Cortaderal, jornalero, casado.

1103. En Tucumán, el 5 de mayo de 1882. Se presentó Melitón Ibáñez, vecino de El Cavilar, h.l. de Francisco Ibáñez y de Atanasia Aguirre. Pretende c.m. con Trinidad Véliz, vecina de Mancopa, curato de Leales, h.l. de Pedro José Véliz y de María de los Ángeles Robles. T: Ángel Salguero, de 42 años, vecino de esta ciudad, sastre, viudo y Luciano Astorga, de 30 años, vecino de esta ciudad, jornalero, casado.

1104. En Tucumán, el 20 de mayo de 1882. Se presentó Juan Muñoz, vecino de Lules, en el curato de Famaillá, h.n. de Benito Muñoz y de Cayetana Ceguera, difunta. Pretende c.m. con Manuela Zamorano, vecina de Leales, h.l. de Ángel Zamorano y de Francisca Romano. (Firman los pretendientes). T: Moisés Norry, vecino de esta ciudad, comerciante, soltero y Telésforo Norry, vecino de esta ciudad, labrador, casado. (Se adjunta una nota pidiendo se dispensen las proclamas)

1105. En Leales, el 6 de junio de 1882. Se presentó Juan Celestino Guardias, vecino de los Tres Pozos, h.l. de Celestino Guardias y de Juana Quintero. Pretende c.m. con Demenciana Viza, vecina de los Acostillas, h.l. a de Crecensio Viza y de Juana Salas. T: Eleudoro Amaya, vecino de los Tres Pozos, labrador, soltero y Francelino Costilla, vecino de Los Acostillas, labrador, soltero.

1106. En Leales, el 8 de julio de 1882. Se presentó Alvino Herrera, vecino de Simoca, viudo de Aleida Córdoba, h.n. de Bruna Herrera. Pretende c.m. con Isabel Montero, vecina de Los Sueldos, viuda de Benjamín Soria, h.l. de Felipe Montero y de Faustina Toledo, difuntos. T: Vicente Ponce, vino de Los Sueldos, labrador, soltero y Benjamín Fernández, vecino de Simoca, jornalero, casado.

1107. En Leales, el 10 de julio de 1882. Se presentó Felipe Acosta, vecino de Los Acostilla, h.l. de Fermín Acosta, difunto y de Dorotea Acosta, difunta. Pretende c.m. con Martiniana Brito, vecina de Las Cañadas, h.n. de Manuela Brito. T: Celestino Ponce, vecino de Los Acostillas, labrador, casado y Pedro Romano, vecino de Los Acostillas, labrador, soltero.

1108. En Leales, el 15 de julio de 1882. Se presentó Samuel Ávila, vecino de El Puesto de la Zorra, h.l. de Fernando Ávila y de Francisca Aguirre, difunta. Pretende c.m. con Timoteo Ávila, h.l. de Lorenzo Ávila y de Mónica González, vecina del Mojón. T: Venancio Saavedra, vecino de Los Puestos, zapatero, casado y Nicanor Palavecino, vecino de Viclo, zapatero, casado.

1109. En Leales, el 25 de julio de 1882. Se presentó Eustaquio Jiménez, vecino de los Tres Pozos, h.l. de Juan José Jiménez y de Gregoria Bazán, viudo de Basilia Juárez. Pretende c.m. con Etelvina Zelaya, de unos 20 años, h.l. de Juan Félix Zelaya y de Rosa Juárez, vecinos de Los Tres Pozos. Los contrayentes están ligados por un parentesco de afinidad lícito en tercer grado con atingencia al segundo. La pretendida es pobre y tiene 9 hermanos. T: Estratón Medina, vecino de los Tres Pozos, labrador, casado y Melitón Montero, vecino de Viclo, carpintero, casado.

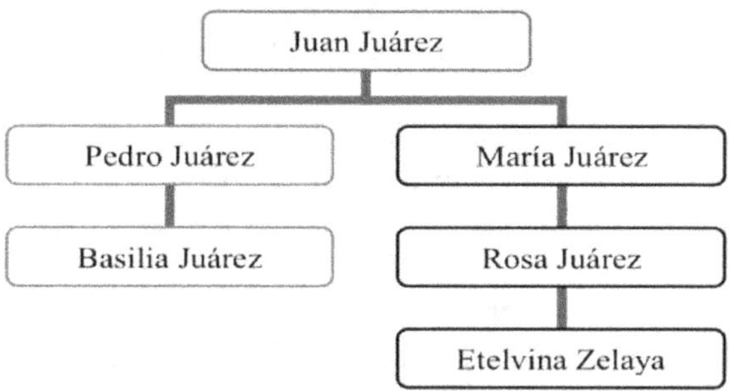

1110. En Leales, el 1 de septiembre de 1882. Se presentó Napoleón Medina, vecino de la Loma Verde, h.n. de Ruperta Medina, difunta. Pretende c.m. con Robustiana Núñez, h.n. de Andrea Núñez. T: Luis Acosta, vecino de Vilca Pozo, labrador, casado y Silverio Rosales, vecino de La Loma Verde, labrador, casado.

1111. En Leales, el 12 de septiembre de 1882. Se presentó D. Francisco Alarcón, vecino de Las Pirguas, h.l. de D. Martín Alarcón y de Da. Rosalía Zelaya, difuntos. Pretende c.m. con Da. Virginia Rojas, de unos 22 años, h.l. de D. Inocencio Rojas y de Da. Antonia Lazarte. Los contrayentes se encuentran ligados por un impedimento por consanguinidad en tercer grado. Los padres de la pretendiente tienen un pasar regular y están cargados con el peso de 10 hijos más. T: Felipe Romano, vecino de El

Puesto Chico, criador, casado y Zoylo Lazarte, vecino de La Encrucijada, criador, casado.

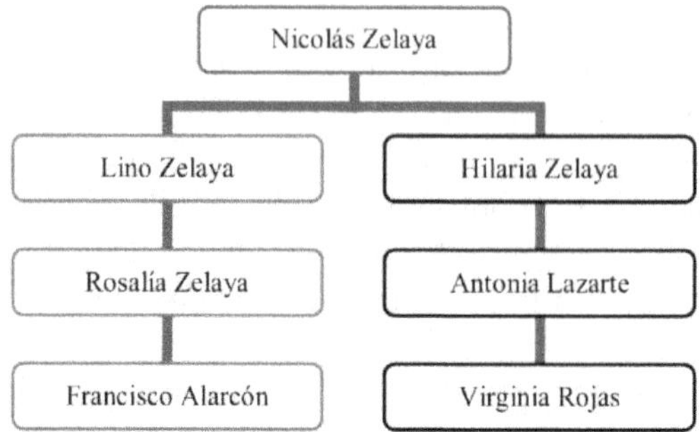

1112. En Leales, el 20 de septiembre de 1882. Se presentó José Félix Herrera, vecino de Los Puestos, h.l. de Apolinar Herrera y de María Saavedra, difuntos. Pretende c.m. con Bárbara Aguirre, viuda de Isidro Juárez, quien murió en el Partido del Caldeado, en la Provincia de Buenos Aires, h.l. de Romualdo Aguirre y de Eusebia Díaz, difuntos. T: Felipe Barrionuevo, vecino de Guasapampa, labrador, casado quien estuvo un tiempo con el primer marido de Bárbara Aguirre en Buenos Aires y al tiempo de venir le encargaron otros paisanos que avise a la familia de la muerte del mismo y Vicente Barrionuevo, vecino de Huasapampa, labrador, soltero.

1113. En Leales, el 22 de septiembre de 1882. Se presentó Feliciano Borquez, vecino de Mista, h.n. de Andrea Borquez. Pretende c.m. con Abigail Zelaya, vecina de Mista, h.l. de Justo Zelaya, difunto y de Faustina Rojas. T: Manuel Leguizamón, vecino de Mista, herrador, viudo y Justo Pérez, vecino de Mista, labrador, soltero.

1114. En Leales, el 23 de septiembre de 1882. Se presentó Clemente Saavedra, vecino de Los Puestos, h.n. de María Saavedra, viudo de Lizarda Ávila. Pretende c.m. con Moisés Ávila, de 23 años, vecina del Puesto de La Zorra, h.l. de Fernando Ávila y de Francisca Aguirre. Los contrayentes se encuentran ligados por un parentesco por afinidad lícita en primer grado ya que la difunta esposa del pretendiente fue hermana de la pretendida. Los pretendientes han convivido por mucho tiempo y ya tienen dos hijos. T: Juan Ángel Leal, vecino de Los Puestos, jornalero, casado y Eusebio Díaz, vecino de El Puesto de la Zorra, criador, soltero.

1115. En Leales, el 26 de septiembre de 1882. Se presentó José María González, vecino de los Sueldos, h.l. de Juan Blas González, difunto y de Teresa Valor, viudo de Aurora del Carmen Zamorano. Pretende c.m. con Florinda Rosa Alderete, h.n. de Micaela Alderete, viuda de Antenor

Peralta. T: Zoylo Valor, vecino de Río Colorado, labrador, casado y Víctor Márquez, vecino de Los Medina, labrador, casado.

1116. En Leales, el 30 de septiembre de 1882. Se presentó Belizardo Ibarra, vecino de El Cortaderal, h.l. de Agustín Ibarra, y de Santos Pérez. Pretende c.m. con Petrona Lizondo, vecina del Cortaderal, h.l. de Redecindo Lizondo y de Salome Robles. T: Gregorio Montero, vecino de Mancopa, labrador, casado y José Véliz, vecino de Mancopa, labrador, casado.

1117. En Leales, el 18 de noviembre de 1882. Se presentó D. José Carrión, vecino de La Ciudad, h.n. de Da. Carmen Carrión. Pretende c.m. con Da. Dalmira Rojas, vecina de Los Sueldos, h.l. de D. Pedro Rojas y de Da. Petrona Zerrizuela. T: José Audón Brandán, vecino de Quilmes, labrador, casado y Timoteo Saavedra, vecino de Los Sueldos, labrador, casado.

1118. En Leales, el 18 de noviembre de 1882. Se presentó Juan Medina, vecino de El Chañar Pozo, h.l. de Domingo Medina y de Manuela Romano, difunta. Pretende c.m. con Aurelia Caro, h.l. de Leocadio Caro y de Isidora Soria, difunta. T: Facundo Corbalán, vecino de Cuchihuasi, labrador, viudo y Federico Corbalán, vecino de Cuchi Huasi, labrador, casado.

1119. En Leales, el 5 de diciembre de 1882. Se presentó Honorio Rodríguez, vecino de Los Romanos, h.l. de Juan de Dios Rodríguez y de Ignacia Sosa. Pretende c.m. con Carmen Barrionuevo, h.n. de Silveria Barrionuevo, vecina de Los Romanos. T: Hilario Rojas, vecino de Los Romanos labrador, casado y Juan Alberto Ruiz, vecino de Las Bajadas, labrador, casado.

1120. En Leales, el 6 de diciembre de 1882. Se presentó Fermín Rivadeneira, vecino de Los Romanos, h.n. de Jesús Rivadeneira. Pretende c.m. con Rosa Sosa, h.n. de Espíritu Sosa, vecina de Los Romanos. T: Fortunato Sayas, vecino de Yalapa, criador, soltero y Juan Alberto Ruiz, vecino de Las Bajadas, labrador, casado.

1121. En Leales, el 7 de diciembre de 1882. Se presentó Alejo Medina, vecino de Chicligasta, viudo de Simona Jerez, h.l. de Cándido Medina y de Faustina Ibáñez, difuntos. Pretende c.m. con Nazaria Nieva, h.l. de Cornelio Nieva y de Josefa Rivadeneira, vecinos de Los Romanos. T: Luis González, vecino de Los Amaya, labrador, viudo y Toribio González, vecino de los Mendoza, labrador, casado.

1122. En Leales, el 16 de diciembre de 1882. Se presentó José Manuel Rivadeneira, vecino de El Arenal, h.l. de Basilio Rivadeneira y de Dalmasia Leguizamón, difunta. Pretende c.m. con Primitiva Gómez, vecina de Los Gómez-chico h.l. de Luis Antonio Gómez y de Sebastiana Islas. T: Manuel

Juárez, vecino de Los Gómez, labrador, casado y Bernardino Juárez, labrador, casado.

1123. En Leales, el 2 de enero de 1883. Se presentó Jesús María Núñez, vecino de la Loma Verde, h.l. de Pedro Núñez y de Serafina Medina, difuntos. Pretende c.m. con Norberta Núñez, de unos 20 años h.n. de Benita Núñez, difunta. Los contrayentes se encuentran ligados por un parentesco por consanguinidad en tercer grado. T: Prudencio Medina, vecino de la Loma Verde, labrador, casado y Napoleón Medina, vecino de la Loma Verde, labrador, casado.

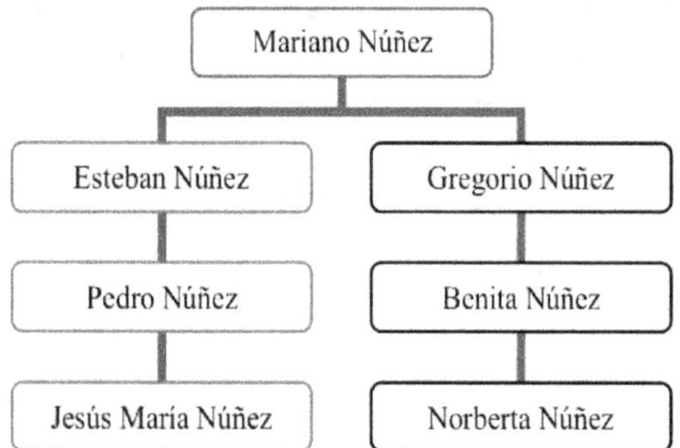

1124. En Tucumán, el 1 de mayo de 1883. Se presentó Estratón Ocaranza, de 26 años, vecino de los García en el curato de La Victoria, h.l. de Pedro García y de Nieves Bulacia. Pretende c.m. con Pascuala Pérez, de 23 años, vecina del Curato de Leales, h.l. de Carmen Pérez, difunto y de Micaela Lazarte. (Firma el pretendiente) T: Juan Feliz Gómez, vecino de la Ciudad, labrador, casado y José Rivadeo, vecino de Los García, labrador, soltero. Se adjunta una nota en donde se pide la dispensa de las proclamas.

1125. En Leales, el 12 de marzo de 1883. Se presentó Moisés González, vecino de Mancopa, h.l. de Gervasio González y de Basilia Campos. Pretende c.m. con Mercedes Campos, de unos 18 años, h.l. de Pedro Campos y de Natividad González, vecinos de Mancopa. Los contrayentes se encuentran ligados por un parentesco por consanguinidad en tercer grado, la pretendida tiene 9 hermanos. T: Miguel Robles, vecino de Mancopa, labrador, casado y Nicolás Aragón, vecino de Mancopa, labrador, casado.

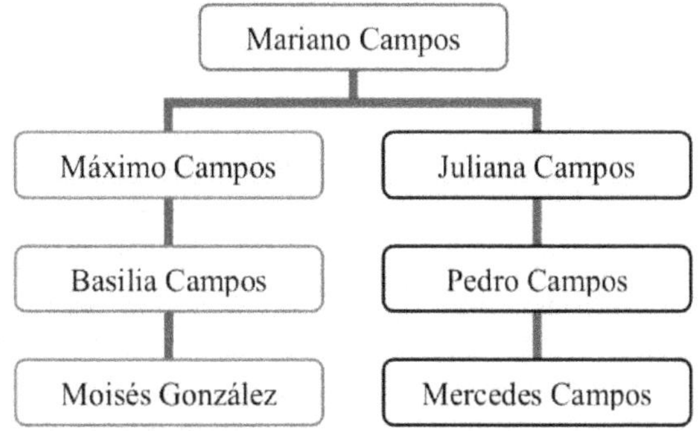

1126. En Tucumán, el 21 de marzo de 1883. Se presentó Ciriaco Juárez, vecino de Mancopa, de 35 años, h.n. de Tomasina Juárez. Pretende c.m. con Juana Pedernera, de 18 años, h.n. de Mauricia Pedernera. Los contrayentes se encuentran ligados por un parentesco por afinidad ilícito en primer grado. T: Eusebio Medina, vecino de la Ciudad, labrador, casado y Miguel Ledesma, vecino de la Ciudad, labrador, soltero.

1127. En Leales, el 26 de marzo de 1883. Se presentó Balbín Soria, vecino de Los Acosta, h.n. de Isabel Soria. Pretende c.m. con Florinda Alderete, de unos 16 años, h.l. de Ramón Alderete y de Juana Campero, vecinos de Los Acosta. Los contrayentes se encuentran ligados por un parentesco por consanguinidad en segundo grado por cuanto el padre natural del pretendiente es hermano de la madre de la pretendida. La pretendida tiene 6 hermanos. T: Pedro Soria, vecino de Los Sueldos, labrador, casado y Eliseo Palomino, vecino de Los Acosta, jornalero, soltero.

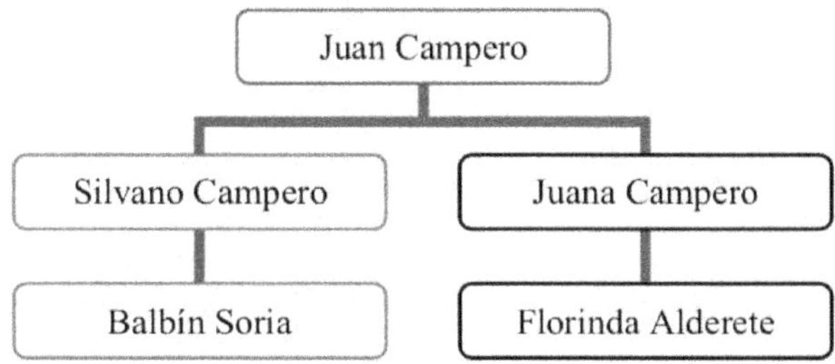

1128. En Leales, el 26 de marzo de 1883. Se presentó Andrés Aguirre, vecino de Los Puestos, h.n. de Inés Aguirre. Pretende c.m. con Delia Saavedra, de unos 24 años, h.l. de Venancio Aguirre y de Ludgarda Aguirre. Los contrayentes se encuentran ligados por un parentesco por consanguinidad en cuarto grado. La Pretendida tiene 2 hermanos más. T: Cesario Correa, vecino de Los Puestos, criador, viudo y Francisco Correa, vecino de Teja Huasi, violinista, viudo.

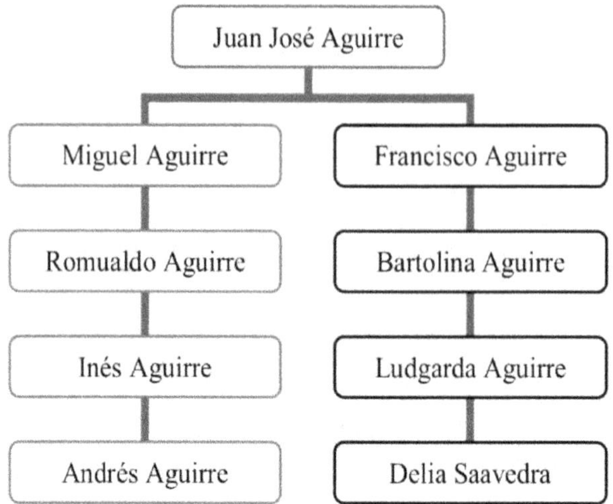

1129. En Leales, el 28 de marzo de 1883. Se presentó Felisardo Morales, vecino de Santa Rosa, h.l. de Tomás Morales y de Josefa Juárez. Pretende c.m. con Sofía Herrera, h.l. de José Santos Herrera y de Norberta Galván, difunta. Los contrayentes se encuentran ligados por un parentesco por consanguinidad en segundo grado. T: Ángel Zerrizuela, vecino de Santa Rosa, jornalero, casado y Pedro Soria, vecino de Los Sueldos, labrador, casado.

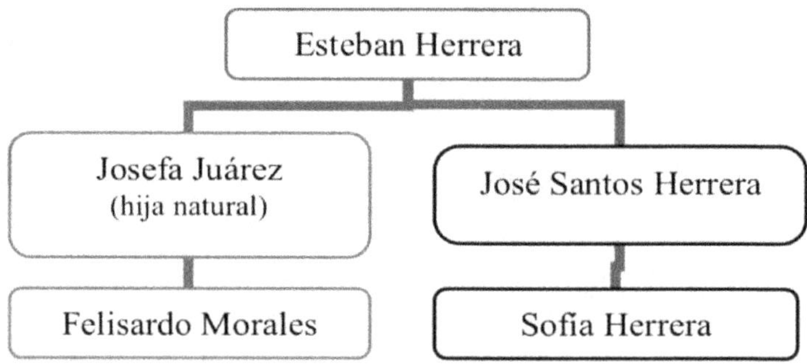

1130. En Tucumán, el 2 de abril de 1883. Se presentó Justo Fernández, de 25 años, h.l. de Eduardo Fernández y de Ponciana Santilla, vecinos del Cavilar. Pretende c.m. con Trinidad Rojas, de 22 años, h.l. de Teodoro Rojas, difunto y de Francisca Robles, vecinos del Cortaderal. T: Octaviano Robles, vecino de esta ciudad, albañil, soltero y Juan de Dios Lizárraga, vecino de esta ciudad, labrador, casado.

1131. En Leales, el 25 de mayo de 1883. Se presentó Averano Juárez, vecino de Los Tres Pozos, h.l. de Santiago Juárez, difunto y de Reyes Díaz.

Pretende c.m. con Faustina Díaz, de unos 23 años, vecina del Suncho, h.l. de Belisario Díaz, difunto y de Estefanía Jiménez. Los contrayentes se encuentran ligados por un parentesco por consanguinidad en cuarto grado. La madre de la pretendida es vieja y tiene cuatro hijos más. T: Melitón Monteros, vecino de Viclo, carpintero, casado y Juan Barbosa, vecino de Los Tres Pozos, labrador, casado.

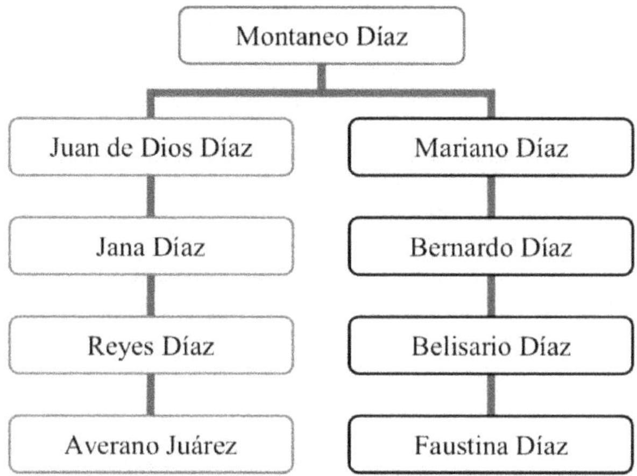

1132. En Leales, el 16 de junio de 1883. Se presentó Fortunato delgado, vecino de El Río Colorado, h.l. de Liberato Delgado y de Santos Herrera. Pretende c.m. con Candelaria Herrera, de unos 17 años, h.l. de Luis Antonio Herrera, difunto y de Gregoria Giménez. Los contrayentes se encuentran ligados por un parentesco por consanguinidad en tercer grado. La madre de la pretendida ha casado con un hombre con familia. T: Ildefonso Juárez, vecino de Vilca Pozo, labrador, casado y Facundo López, vecino de Los Quemados, labrador, casado.

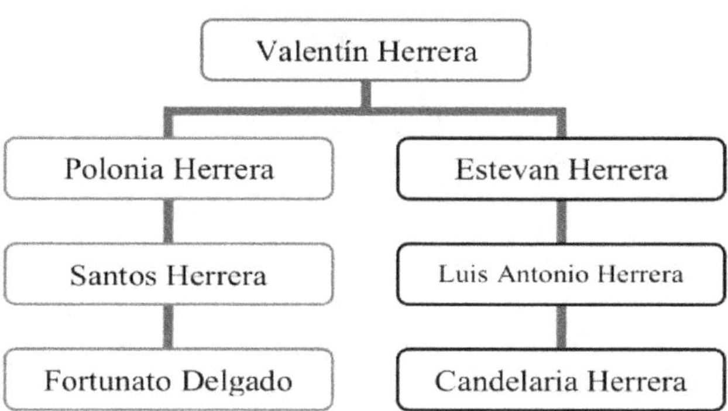

1133.   En Leales, el 7 de julio de 1883. Se presentó Francisco Campero, vecino de Los Sueldos, h.l. de Francisco Campero, difunto y de Jacoba Calderón. Pretende c.m. con Carmen Campero, h.l. de Pacífico Campero y de Liberata Gómez, difunta, vecina de Los Sueldos. Los contrayentes se encuentran ligados por un parentesco por consanguinidad en tercer grado. La pretendida tiene 6 hermanos y unos 20 años. (Firman los pretendientes) T: Damián Luna, vecino de El Río Colorado, labrador, casado y Pedro Rojas, natural de Catamarca, vecino de Los Sueldos, labrador, casado.

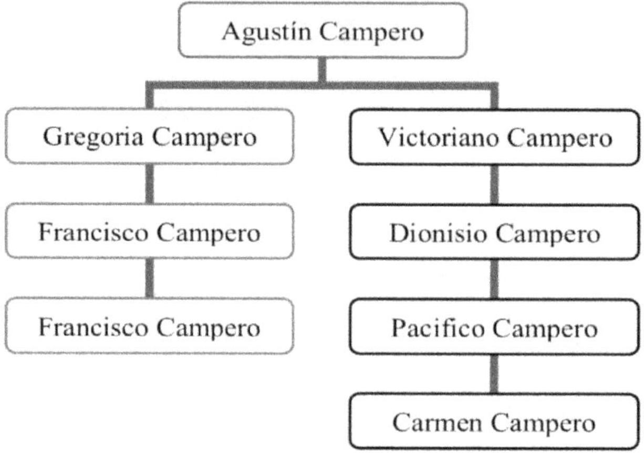

1134.   En Tucumán, el 12 de julio de 1883. Se presentó Juan Pedro Ruiz, de 27 años, h.n. de Petrona Ruiz, vecino de esta ciudad. Pretende c.m. con Josefa Arias, de 26 años, vecina de Esquina, en el curato de Leales, h.l. de Ángel Arias y de Carmen Moyano, difunta (Firman los contrayentes) T: José María Soria, Vecino de esta ciudad, carpintero, soltero y Pedro Caro, vecino de esta ciudad, sastre, casado. Hay una nota adjuntada en donde se pide que se dispensen las proclamas.

1135.   En Tucumán, el 17 de agosto de 1883. Se presentó Víctor Chávez, de 30 años, vecino de Laguna Blanca, en el curato de Leales, h.l. de Patricio Chávez, difunto y de Ángela Brito, difunta. Pretende c.m. con Dolores Cajal, de 31 años, vecina de Laguna Blanca, h.l. de Pedro Cajal, difunto y de Victoria Albornoz. T: Lizardo Lastra, vecino de esta ciudad, criador, soltero y Miguel Acosta, vecino de Laguna Blanca, labrador, soltero.

1136.   En Leales, el 8 de marzo de 1884. Se presentó Florencio Bazán, h.n. de Antonia Bazán, vecino de Viclo. Pretende c.m. con Lucia Jiménez, de unos 20 años, h.n. de Francisca Jiménez. Los contrayentes se encuentran ligados por un parentesco por consanguinidad de tercer grado con atingencia al segundo. La pretendida tiene un hermano. T: Adolfo González, vecino de El Mojón, labrador, casado y Averano Juárez, vecino de Los Tres Pozos, labrador, casado.

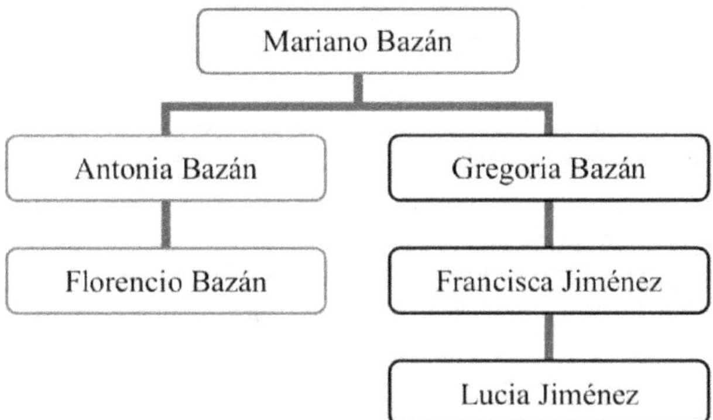

1137. En Leales, el 14 de marzo de 1884. Se presentó Pedro Luis Ponce, vecino de Los Sueldos, h.l. de Clemente Ponce y de Silveria Ponce. Pretende c.m. con Juana Zamorano, de unos 20 años, h.l. de Anacleto Zamorano, difunto y de María Rojas. Los contrayentes se encuentran ligados por un parentesco por consanguinidad en cuarto grado con atingencia al tercero. La pretendida tiene 7 hermanos. (Firman los pretendientes) T: Víctor Márquez, vecino de El Rincón, labrador, casado y Lorenzo Torres, vecino de la Ciudad, labrador, casado.

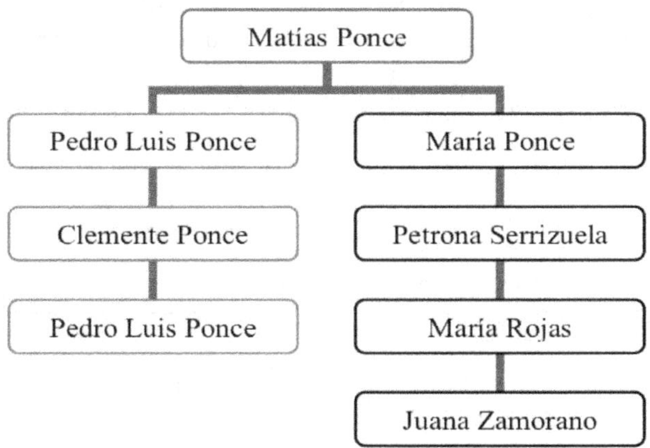

1138. En Tucumán, el 9 de mayo de 1884. Se presentó Abraham Rojas, vecino de El Cortaderal, de 23 años, h.l. de José Teodoro Rojas, difunto y de Francisca Robles. Pretende c.m. con Teodosia de Jesús Robles, de 22 años, vecina del Cortaderal, h.n. de Martina Robles. Los contrayentes se encuentran ligados por un parentesco por consanguinidad en segundo grado ya que la madre de la pretendida es hermana de la madre del pretendiente. Los contrayentes ya han tenido un hijo. T: Isidro Pérez, vecino de esta ciudad, de 50 años, labrador, casado y Liborio Robles, vecino de esta ciudad, de 28 años, jornalero, casado.

1139. En Leales, el 11 de octubre de 1884. Se presentó José Torres, vecino de Mancopa, h.l. de José León Torres, difunto y de Ignacia Andrade. Pretende c.m. con Cruz Torres, de unos 16 años, vecina de Mancopa, h.l. de Pedro Torres y de Petrona Maza, difuntos. Los contrayentes se encuentran ligados por un parentesco por consanguinidad en segundo grado. T: Pastor Robles, vecino de Mancopa, labrador, viudo y Belisario Ibarra, vecino de El Cortaderal, jornalero, casado.

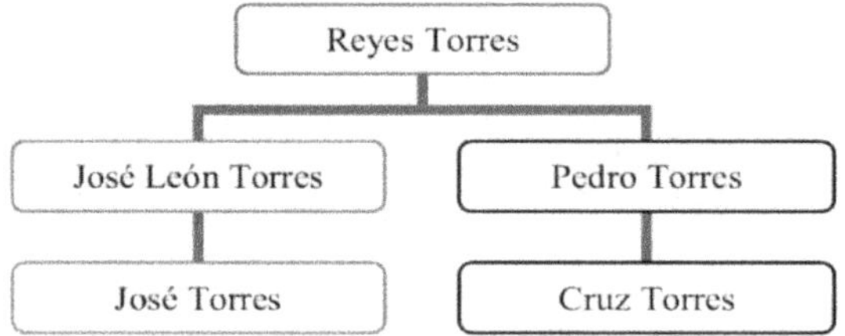

1140. En Tucumán, el 11 de diciembre de 1884. Se presentó Abdón Pérez, de 24 años, vecino de Mancopa, h.n. de Eudolia Pérez, difunta. Pretende c.m. con Clementina Pérez, de 17 años, vecina de Mancopa, h.l. de Blas Pérez y de Facunda Arias, difunta. Los contrayentes se encuentran ligados por un parentesco por consanguinidad en cuarto grado con atingencia al tercero. T: Agustín Aragón, de 27 años, vecino de esta ciudad, peón, soltero y Candelario Alderete, vecino de esta ciudad, peón, casado.

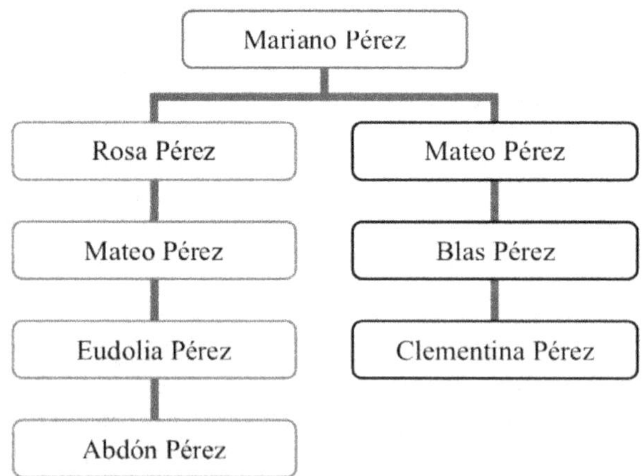

1141. En Leales, el 16 de enero de 1885. Se presentó Francelino Costilla, viudo de Moisés Correa, sepultada en el cementerio de Laguna Blanca, h.n.

de Polonia Costilla. Pretende c.m. con Fructuosa Herrera, de 27 años, h.l. de Cornelio Herrera y de Petrona Leal. Los contrayentes se encuentran ligados por un parentesco por afinidad lícito en tercer grado. La pretendida tiene 6 hermanos. T: Mariano Gómez, vecino de Los Gómez, criador, casado y Nolasco Gómez, vecino de Los Gómez, labrador, casado.

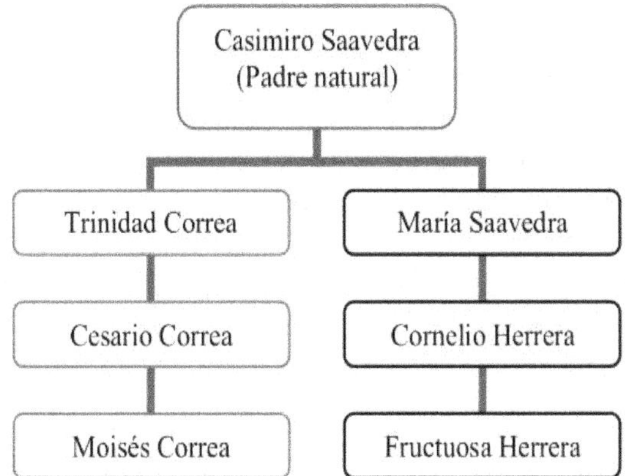

1142. En Leales, el 12 de junio de 1885. Se presentó Miguel Montero, vecino de Viclo, h.l. de Leandro Montero y de Eustaquia Cajal, difuntos. Pretende c.m. con Isidora Jiménez, de unos 25 años, h.n. de Borja Jiménez, vecina de Viclo. Los contrayentes se encuentran ligados por un parentesco por consanguinidad en cuarto grado con atingencia al tercero. La madre de la novia solo tiene algunos animales de campo y tiene una hija más. T: Nicanor Palavecino, vecino de El Suncho, zapatero, casado y Averano Juárez, vecino de Los Tres Pozos, labrador, casado.

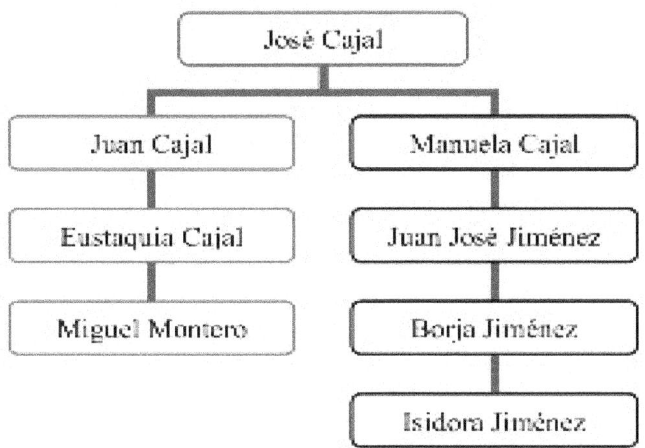

1143. En Leales, el 13 de agosto de 1885. Se presentó Mamerto Rojas, de 37 años, h.n. de María de Jesús Rojas, difunta, natural de la Provincia de Santiago del Estero. Pretende c.m. con Pastora Medina, de 18 años, h.l. de Gregorio Medina y de Santos Gómez. T: Adolfo Villa, vecino de El Cortaderal, de 25 años, labrador, casado y Manuel Palavecino, de 36 años, herrero, casado.

1144. En Leales, el 20 de agosto de 1885. Se presentó Electo Guardias, vecino de El Chañar Muyo, h.l. de Eusebio Guardias, difunto y de Salomé Ardiles. Pretende c.m. con Gregoria Argañaráz, viuda de Solano Frías, de unos 25 años, vecina de Uturunco, h.l. de Gregorio Argañaráz y de Gabriela Quintana. Los contrayentes se encuentran ligados por un parentesco por consanguinidad en tercer grado. La pretendida vive con su madre y tiene 5 hermanos. T: Francisco Nieva, vecino de El Campo Azul, criador, casado y Donato Valor, vecino de El Campo Azul, labrador, casado.

1145. En Leales, el 16 de diciembre de 1885. Se presentó Servando Pérez, vecino de Cuchihuasi, viudo de Estela Palacio, h.l. de Baltasar Pérez y de Juana Caro. Pretende c.m. con Delinarda Herrera, de unos 18 años, h.l. de Tomás Herrera y de Francisca Jiménez, vecina de los Quemados. Los contrayentes se encuentran ligados por un parentesco por consanguinidad en cuarto grado con atingencia al tercero. La pretendida tiene 7 hermanos. T: Facundo López, vecino de Los Quemados, labrador, casado y Aniceto Medina, vecino de Santa Rosa, labrador, casado.

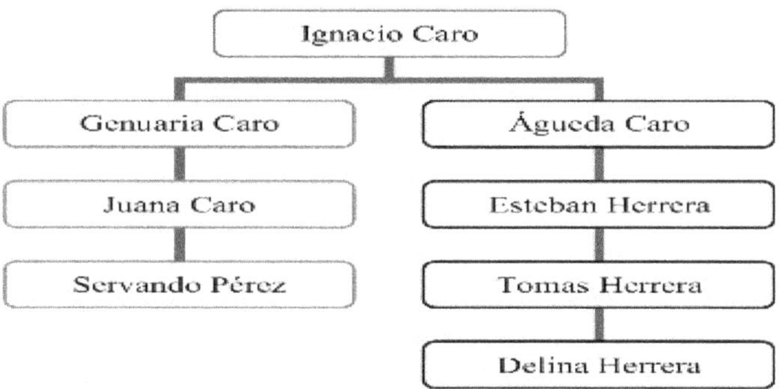

1146. En Leales, el 1 de enero de 1886. Se presentó Julián Gutiérrez, vecino de Mista, h.n. de Liberta Gutiérrez, difunta. Pretende c.m. con Rosario Juárez, h.n. de Milagro Juárez, vecina de Mista. T: Liborio Pérez, vecino de Mista, capataz, soltero y Pedro Acosta, vecino de Mista, labrador, soltero.

1147. En Leales, el 5 de enero de 1886. Se presentó Hilario Quintana, vecino de Los Gómez, h.l. de José María Quintana y de Petrona Gómez, viudo de Victoriana Argañaráz. Pretende c.m. con Virginia Caro, h.l. de Bernardo Caro y de Tomasa Juárez, vecinos del Rincón. T: Simón Leguizamón, vecino de El Rincón y Ramón Leguizamón, vecino de El Arenal.

1148. En Leales, el 20 de enero de 1886. Se presentó Placido Albornoz, vecino de La Banda, h.n. de Raimunda Albornoz, viudo de Justina Lizárraga. Pretende c.m. con Andrea Valdez, h.l. de Cayetano Valdez y de Antonia Barauna. T: Andrés Aragón, vecino de Mancopa y Pedro Montero, vecino de Mancopa, labrador, casado.

1149. En Leales, el 20 de febrero de 1886. Se presentó Rosa Díaz, vecino de los Tres Pozos, h.l. de Domingo Díaz y de María Juárez. Pretende c.m. con Delia Juárez, h.l. de Santiago Juárez y de Reyes Díaz. Los contrayentes se encuentran ligados por un parentesco por consanguinidad en segundo grado y por otro impedimento por consanguinidad en tercer grado al segundo. La pretendida tiene 9 hermanos.

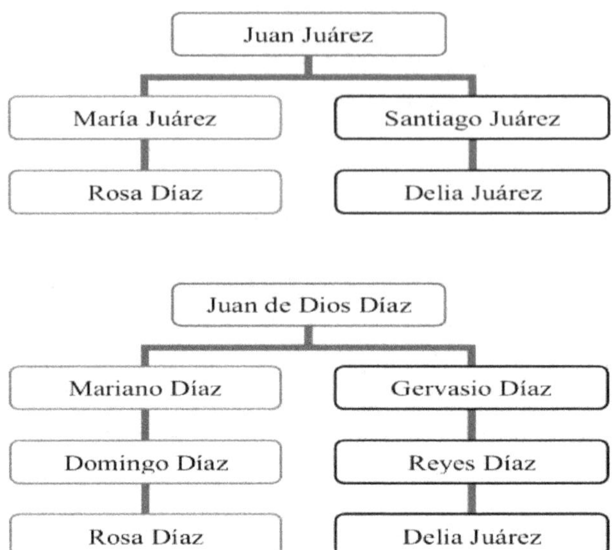

1150.   En Leales, el 4 de marzo de 1886. Se presentó Pablo Salazar, vecino de El Cortaderal, h.l. de Griseldo Salazar y de Claudia Molina. Pretende c.m. con Nisefara Acosta, h.l. de Félix Acosta, difunto y de Mariana Sid. T: Sebastián Acosta, vecino de El Cortaderal, labrador, casado y Lorenzo Torres, vecino de Los Sueldos, labrador, casado.

1151.   En Leales, el 3 de abril de 1886. Se presentó Pedro Gómez, vecino de Los Gómez, h.n. de Juana Gómez, difunta. Pretende c.m. con Deudoria Figueroa, vecina de Los Gómez, h.n. de Vicenta Figueroa. T: Manuel Juárez, vecino de Los Gómez, labrador, casado y Juan Herrera, vecino de Los Gómez, labrador, soltero.

1152.   En Leales, el 3 de abril de 1886. Se presentó Belisario Argañaráz, h.l. de Félix Argañaráz y de Andrea Borquez, viudo de Delfina Argañaráz. Pretende c.m. con Ramona Sid, h.l. de Telesforo Sid y de Justa Maltéz. T: Elías Zelaya, vecino de Las Pirguaz, jornalero, soltero y Nicasio Juárez, vecino de Las Encrucijadas, jornalero, soltero.

1153.   En Leales, el 12 de abril de 1886. Se presentó Adolfo Vallejo, vecino de Río Hondo, h.l. de Cirilo Vallejo, difunto y de Mercedes Albornoz. Pretende c.m. con Juana González, h.l. de Leocadio González y de Águeda Vargas. T: Luis Díaz, vecino de Río Hondo, gendarme, viudo y Pedro Montero, vecino de Mancopa, labrador, casado.

1154.   En Leales, el 14 de abril de 1886. Se presentó Segismundo Juárez, vecino de Camas Amontonadas, h.l. de Juan Juárez, difunto y de Celestina Juárez. Pretende c.m. con María Aragón, h.n. de Feliciana Aragón, vecina de Mancopa. T: Pedro Montero, vecino de Mancopa, labrador, casado y Luis Díaz, vecino de Río Hondo, gendarme, viudo.

1155. En Leales, el 22 de abril de 1886. Se presentó Baltasar Jiménez, vecino de Santa Rosa, h.l. de Solano Jiménez, difunto y de Dominga Soria. Pretende c.m. con Catalina Tebes, h.l. de Justo Tebes y de Crisanta Acosta. T: Miguel López, vecino de Leales, labrador, casado y Timoteo Medina, vecino de Leales, labrador, casado.

1156. En Leales, el 1 de mayo de 1886. Se presentó Silvano Chávez, vecino de la Loma Verde, h.l. de Francisco Chávez, difunto y de Manuela Arias. Pretende c.m. con Simona Soria, h.l. de Faustino Soria y de Ángela Venecia. T: Napoleón Medina, vecino de la Loma Verde, labrador, casado y Timoteo Medina, vecino de La Ceja, labrador, casado.

1157. En Leales, el 4 de mayo de 1886. Se presentó Lindor Fernández, vecino de Laguna Blanca, viudo de Margarita Ledesma, h.n. de Siríaca Fernández. Pretende c.m. con Carmen Díaz, vecina de Famaillá, h.l. de Avelino Díaz y de Genoveva Centeno, difuntos. T: Bonifacio Villa, vecino de la Esquina, labrador, casado y José María Juárez, vecino de Laguna Blanca, labrador, soltero.

1158. En Leales, el 14 de mayo de 1886. Se presentó Pastor Salinas, h.n. de Manuela Salinas, vecino de Los Sueldos. Pretende c.m. con Juana Crespín, vecina del Río Colorado, h.l. de José Crespín y de Juana Correa. T: Jacinto Medina, vecino de El Cortaderal, labrador, casado y Antonio Montero, vecino de las Tusquitas, labrador, casado.

1159. En Leales, el 18 de mayo de 1886. Se presentó Juan Santos Albornoz, vecino de El Melón, h.l. de Lorenzo Albornoz, difunto y de Mercedes Juárez. Pretende c.m. con Sofía Juárez, de 23 años, vecina del Melón, h.l. de Ramón Juárez, difunto y de Elena Ponce. Los contrayentes se encuentran ligados por un parentesco por consanguinidad cuarto grado con atingencia al tercero. La pretendida tiene 4 hermanos y ya ha tenido dos hijos con el pretendiente. T: Estratón Medina, vecino de los Tres Pozos, criador, casado y Adolfo Díaz, vecino de los tres pozos, labrador, casado.

1160. En Leales, el 29 de marzo de 1886. Se presentó Eliseo Pedraza, vecino de Yalapa, h.n. de Reimunda Pedraza. Pretende c.m. con María Pedraza, de 30 años, vecina de Yalapa, h.l. de Máximo Pedraza y de Quiteria Décima. Los contrayentes se encuentran ligados por un parentesco por consanguinidad en tercer grado con atingencia al segundo. T: Crespín Paz, vecino de Yalapa, labrador, casado y Pedro Albornoz, vecino de Las Barrancas, labrador, viudo.

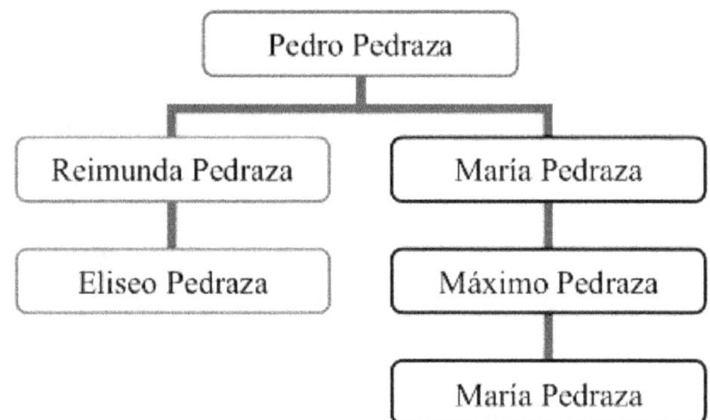

1161. En Leales, el 18 de junio de 1886. Se presentó Lindor Herrera, vecino de los Tres Pozos, h.n. de Cruz Herrera, difunta. Pretende c.m. con Hermosita Medina, de unos 34 años, h.l. de José María Medina y de Dionisia Farfán, viuda de Emiliano Juárez. Los contrayentes se encuentran ligados por un parentesco por afinidad en primer grado por ser la viuda de un hermano del pretendiente. Los pretendientes conviven y ya han tenido 4 hijos. T: Felipe Cabrera, vecino de los Pazuelos, criador, soltero y José María Díaz, vecino de Los Tres Pozos, criador, viudo.

1162.   En Leales, el 19 de junio de 1886. Se presentó Juan Robles, vecino de Mancopa, h.n. de Ceferina Robles, difunta. Pretende c.m. con Adelina Leal, h.l. de Alberto Leal y de Inés Ruiz. T: Ramón Rosa Argañaráz, vecino de La Encrucijada, labrador, casado y Servando Argañaráz, vecino de El Naranjito, labrador, soltero.

1163.   En Leales, el 20 de junio de 1886. Se presentó Miguel Guerrero, vecino de El Arenal, h.n. de Hermeneguilda Guerrero. Pretende c.m. con María del Señor Ardiles, h.l. de Nepomuceno Ardiles, difunto y de Bernardina Brandán. T: Caraciolo Guardias, vecino de Los Gómez, labrador, casado e Isidro Lizondo, vecino de El Puesto Chico, criador, soltero.

1164.   En Leales, el 8 de julio de 1886. Se presentó Atenor Ponce, vecino de Chañar Muyo, h.n. de Magdalena Ponce. Pretende c.m. con Presentación Guardias, h.l. de Eusebio Guardias, difunto y de Salomé Ardiles. T: Juan Ascencio Costilla, vecino de Los Gómez, labrador, casado y Justiniano Zelaya, vecino de Chañar Muyo, criador, casado.

1165.   En Leales, el 26 de julio de 1886. Se presentó Ezequiel Argañaráz, vecino de Mista, h.l. de Félix Argañaráz y de Andrea Borquez. Pretende c.m. con Gertrudis Gutiérrez, h.n. de María Gutiérrez, vecina de Las Pirguas. T: Manuel Leguizamón, vecino de Mista, criador, viudo y Agapito Guerrero, vecino de Mista, labrador, casado.

1166.   En Leales, el 5 de agosto de 1886. Se presentó Bruno Arroyo, vecino de Los Sueldos, h.n. de Josefa Arroyo. Pretende c.m. con Eleuteria Alfaro, vecina de Los Sueldos, viuda de Matías Rivadeneira, h.n. de Ramona Alfaro, difunta. T: Damián Luna, vecino de El Río Colorado, labrador, casado y Moisés Rojas, vecino de Los Sueldos, labrador, casado.

1167.   En Leales, el 7 de agosto de 1886. Se presentó Paulino Aragón, vecino de Leales, h.l. de Nazario Aragón y de María Navarro. Pretende c.m. con Mercedes Quintana, h.l. de Pedro Quintana y de Germana Pérez. T: Francisco Acosta, vecino de Leales, labrador, casado y Francisco Segundo Acosta, vecino de Leales, criador, casado.

1168.   En Leales, el 7 de agosto de 1886. Se presentó D. Sandalio Pereira, vecino de Famaillá, h.n. de Da. Rosa Pereira, vecino de El Río Colorado. Pretende c.m. con Da. Ricarda Valdez, h.l. de D. Atanasio Valdez y de Da. Bonifacia Toledo, difunta. T: Pedro Suárez, vecino de Quilmes, labrador, casado y Juan Figueroa, vecino de Quilmes, labrador, soltero.

1169.   En Leales, el 7 de agosto de 1886. Se presentó Eloy Romero, vecino de Leales, h.l. de Mariano Romero y de Pacifica Mendoza, difuntos. Pretende c.m. con Juana Alderete, de unos 20 años, h.l. de Silverio Alderete y de Carlota Quipildor, difunta. Los contrayentes se encuentran ligados por un parentesco por consanguinidad en tercer grado. La pretendida tiene 7 hermanos. T: José Cantrera, vecino de Leales, labrador, soltero y Jacinto Cantrera, vecino de Leales, labrador, casado.

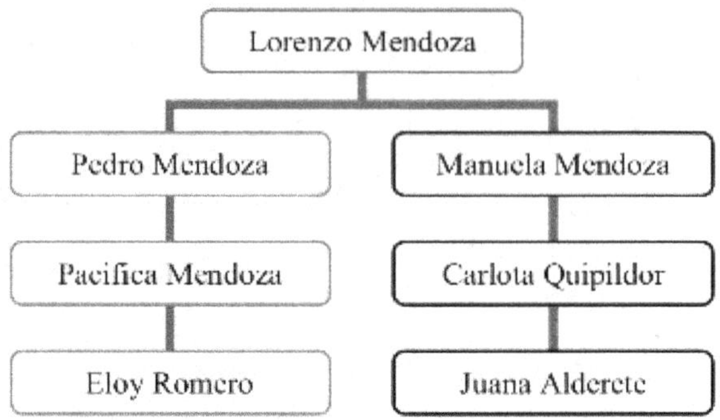

1170. En Leales, el 4 de septiembre de 1886. Se presentó Adolfo Rodríguez, vecino de Graneros, h.n. de Macedonia Rodríguez, vecino de La Madrid. Pretende c.m. con Gerardo Valdez, vecina de Mancopa, h.l. de Juan Valdez, difunto y de María Pérez. T: Pedro Miguel Robles, vecino de El Cortaderal, labrador, casado y José Antonio Robles, vecino de Mancopa, jornalero, soltero.

1171. En Leales, el 6 de septiembre de 1886. Se presentó Policarpo Rivadeneira, vecino de Los Villagra, h.l. de Gregorio Rivadeneira y de Juana Luna. Pretende c.m. con Estaurofila Valdez, vecina del Suncho, h.l. de Juan de Dios Valdez y de Guadalupe Jiménez, difunta. T: Melitón Jiménez, vecino de Viclo, carpintero, casado y Lorenzo Torres, vecino de La Ciudad, Zapatero, casado.

1172. En Leales, el 22 de septiembre de 1886. Se presentó Amadeo Juárez, vecino de El Chilcal, h.l. de Bartolomé Juárez y de María Frías. Pretende c.m. con Felisa Frías, vecina del Chilcal, h.l. de Jesús María Frías y de Gregoria Ruiz. Los contrayentes se encuentran ligados por un parentesco por consanguinidad en segundo grado. La pretendida tiene 3 hermanos u nos 20 años de edad. T: Blas Pérez, vecino de Mancopa, labrador, viudo y Jesús Pérez, vecino de Mancopa, labrador, casado.

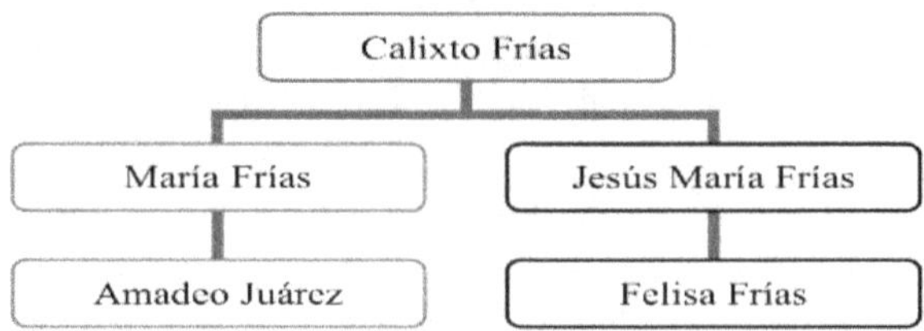

1173. En Leales, el 25 de septiembre de 1886. Se presentó Balbín Romero, vecino de Leales, h.l. de Hermenegildo Romero y de Justa Fernández, difunta. Pretende c.m. con Josefa Romano, vecina de Leales, h.l. de Cantalicio Romano y de Gregoria Díaz. Firma el pretendiente. T: Martiniano Pomo, vecino de Santa Rosa, platero, casado y José Vega, vecino de Santa Rosa, labrador, casado.

1174. En Leales, el 2 de octubre de 1886. Se presentó Juan Ángel Leal, vecino de Los Puestos, viudo de Fortunata Díaz, h.n. de Dominga Leal. Pretende c.m. con Jacinta Ruiz, vecina de Los Puestos, h.n. de Serafina Ruiz, difunta. T: Cornelio Herrera, vecino de Los Puestos, labrador, casado y Javier Corbalán, vecino de Los Puestos, labrador, casado.

1175. En Leales, el 2 de octubre de 1886. Se presentó D. José Nabor Álvarez, vecino de Amaicha, h.l. de D. Felicindo Álvarez y de Da. Jacinta Páez. Pretende c.m. con Da. Petrona Zerrizuela, vecina de Los Sueldos, h.l. de D. Mariano Zerrizuela y de Da. Petrona Campero. Firman los contrayentes. T: Damián Luna, vecino de Los Sueldos, labrador, casado y Zoylo Pérez, vecino de Amaicha, labrador, casado.

1176. En Leales, el 7 de octubre de 1886. Se presentó José Antonio Rodríguez, vecino de La Madrid, h.n. de Macedonia Rodríguez. Pretende c.m. con Victoria Robles, vecina de Mancopa, h.n. de Victoria Robles, difunta. T: Eufrasio Valdez, vecino de Mancopa, labrador, casado y Remigio González, vecino de Laguna Blanca, labrador, casado.

1177. En Leales, el 12 de octubre de 1886. Se presentó Werter Ruiz, de 28 años, vecino de Leales, h.l. de D. Valentín Ruiz y de Da. Petrona Román. Pretende c.m. con Crisanta Ruiz, de 22 años, h.n. de Micaela Núñez. Firma el pretendiente. T: D. Pedro Leal, vecino de La ciudad, de 46 años, agricultor, casado y Belisario Medina, de 35 años, vecino de La ciudad, jornalero, casado.

1178. En Leales, el 18 de noviembre de 1886. Se presentó Hilarión Lizárraga, vecino de El Cortaderal, h.l. de Tomás Lizárraga y de Pascuala Ponce, difuntos, viudo de Inocencia Medina. Pretende c.m. con Eduviges Romero, de 26 años, vecina de Quilmes, h.l. de Manuel Romero y de Lucia Jiménez, viuda de Sandalio Lazarte. Los contrayentes se encuentran ligados por un parentesco por afinidad lícita en segundo grado. Los pretendientes ya tienen dos hijos a los que quieren legitimar. T: Lorenzo Torres, vecino de La Ciudad, zapatero, casado y Marcelo Medina, vecino de Los Sueldos, labrador, casado.

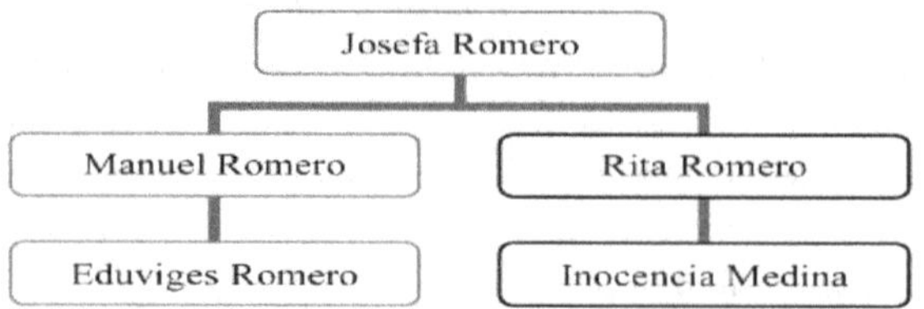

1179. En Leales, el 2 de diciembre de 1886. Se presentó Indavor Cajal, vecino de El Barrialito, h.n. de María Del Señor Cajal. Pretende c.m. con Segunda Juárez, h.l. de Ramón Juárez y de Genoveva Navarro, vecina del Barrialito. T: Ramón Alberdi, vecino de El Barrialito, labrador, casado y Mateo Roldan, vecino de El Mojón, labrador, casado.

1180. En Leales, el 18 de diciembre de 1886. Se presentó Ruperto Argañaráz, vecino de Los Romano, h.l. de José Argañaráz y de Eugenia Leal, difuntos. Pretende c.m. con Paula Romano, vecina de Los Romano, h.l. de Pascual Romano, difunto y de Lucia González. T: Bernabé Juárez, vecino de Los Lunarejos, labrador, soltero y Fermín Ardiles, vecino de El Campo Azul, jornalero, soltero.

1181. En Leales, el 11 de marzo de 1887. Se presentó Sebastián Roldán, vecino de Los Brito, viudo de Francisca Barrionuevo, h.n. de Patricia Roldán. Pretende c.m. con María Villagra, de 22 años, h.l. de Esteban Villagra y de Martina Cisneros. Los contrayentes se encuentran ligados por un parentesco por consanguinidad en tercer grado. La pretendida fue abandonada por sus padres, los que se fueron a Buenos Aires y no se sabe nada de ellos. T: Crespín Paz, vecino de Yalapa, labrador, casado y Electo Argañaráz, vecino de Los Décima, labrador, soltero.

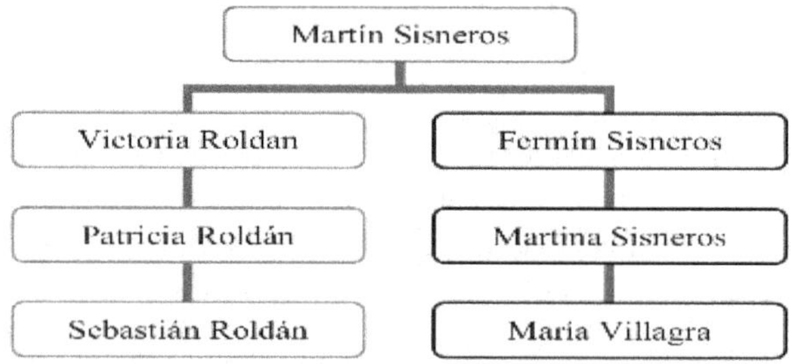

1182. En Leales, el 23 de marzo de 1887. Se presentó Segundo Herrera, vecino de Los Quemados, h.l. de Fernando Herrera y de Sinforosa Galván, difuntos. Pretende c.m. con Virginia Herrera, de 25 años, vecina de Los Quemados, h.l. ha de Tomás Herrera y de Francisca Jiménez. Los contrayentes se encuentran ligados por un parentesco por consanguinidad en tercer grado. La pretendida tiene 6 hermanos. T: Facundo Corbalán, vecino de Cuchi Huasi, labrador, viudo y Federico Corbalán, vecino de Cuchi Huasi, labrador, casado.

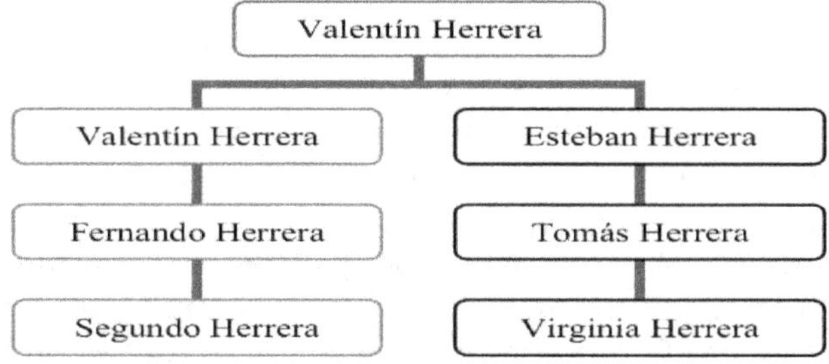

1183. En Leales, el 28 de mayo de 1887. Se presentó Salvador Juárez, vecino de Los Tres Pozos, h.l. de Anselmo Juárez y de Gregoria Jiménez. Pretende c.m. con Rosa Albornoz, h.l. de Hilario Albornoz y de Prudencia Rivadeneira, vecina de Viclo. Los contrayentes se encuentran ligados por un parentesco por consanguinidad en tercer grado con atingencia al segundo y por otro parentesco por consanguinidad en tercer grado. La pretendida tiene 7 hermanos. T: Regino Juárez, vecino de Los Tres Pozos, labrador, soltero y Estratón Medina, vecino de Los Tres Pozos, labrador, casado.

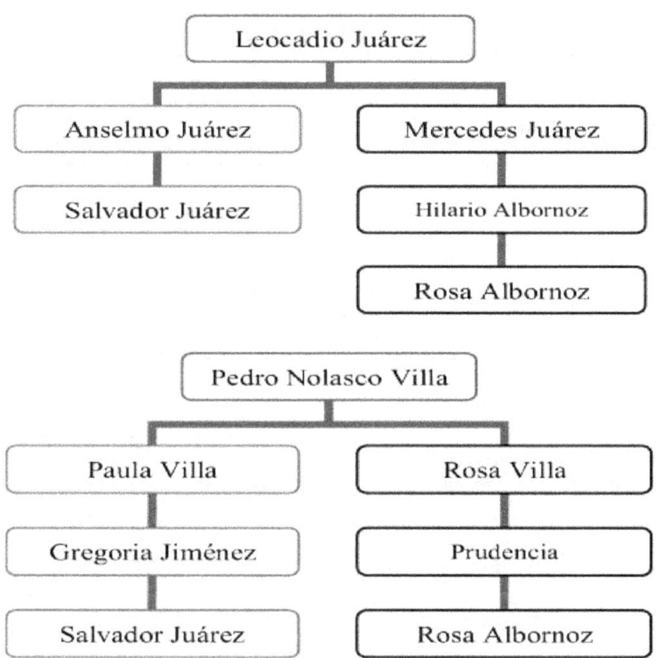

1184. En Tucumán, el 15 de septiembre de 1887. Se presentó Inocencio Mauvecin, de 35 años, vecino de esta ciudad; h.l. de Juan Ángel Mauvecin y de Mercedes Molina, difuntos, vecinos que fueron de la ciudad de Catamarca. Pretende c.m. con Demetria Correa, de 22 años, vecina de Leales, h.l. de Cesario Correa y de Leocadia Brito, difunta. Los contrayentes se encuentran ligados por un parentesco por afinidad ilícita en segundo grado ya que el pretendiente tuvo trato con una prima de la pretendida.

1185. En Leales, el 24 de septiembre de 1887. Se presentó Ermelindo Zelaya, vecino de Cuchi Huasi, h.n. de Martina Zelaya, difunta. Pretende c.m. con Clorinda Caro, vecina de Cuchi Huasi, h.n. de Rosario Caro. Los contrayentes se encuentran ligados por un parentesco por consanguinidad en cuarto grado con atingencia al tercero y por otro parentesco por consanguinidad en cuarto grado. T: Aniceto Medina, vecino de Santa Rosa, labrador, casado y Federico Corbalán, vecino de Cuchi Huasi, labrador, casado.

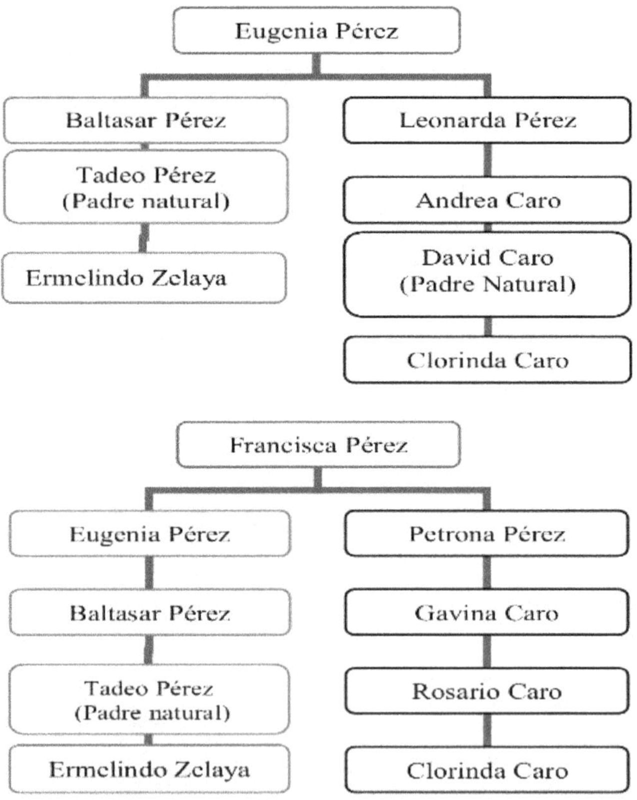

1186. En Leales, el 26 de septiembre de 1887. Se presentó Pedro Medina, vecino de Los Medina, h.l. de Luis Medina y de Celestina Sosa. Pretende c.m. con Rafaela Sotelo, de 20 años, vecina de Viclo, h.l. de Nepomuceno Sotelo, difunto y de Ignacia Sosa. Los contrayentes se encuentran ligados por un parentesco por consanguinidad en segundo grado. La pretendida tiene 7 hermanos. T: Audón Montero, vecino de Viclo, criador, casado y Laureano Sánchez, vecino de Viclo, labrador, casado.

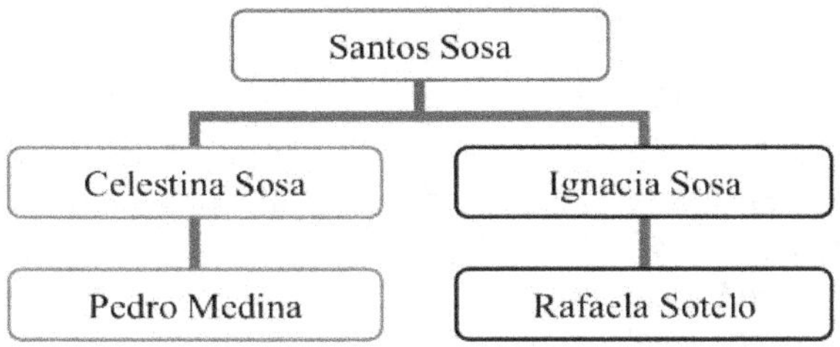

1187. En Leales, el 7 de octubre de 1887. Se presentó Beltrán Campero, vecino de Los Sueldos, h.l. de Francisco Campero, difunto y de María Núñez. Pretende c.m. con Amelia Núñez, de 18 años, vecina de Santa Rosa, h.l. de Tiburcio Núñez y de Rosa Pacheco. Los contrayentes se encuentran ligados por un parentesco por consanguinidad en segundo grado. La pretendida tiene 4 hermanos. T: Gregorio Montero, vecino de Los Sueldos, labrador, casado y Bruno Arroyo, vecino de Los Sueldos, jornalero, casado.

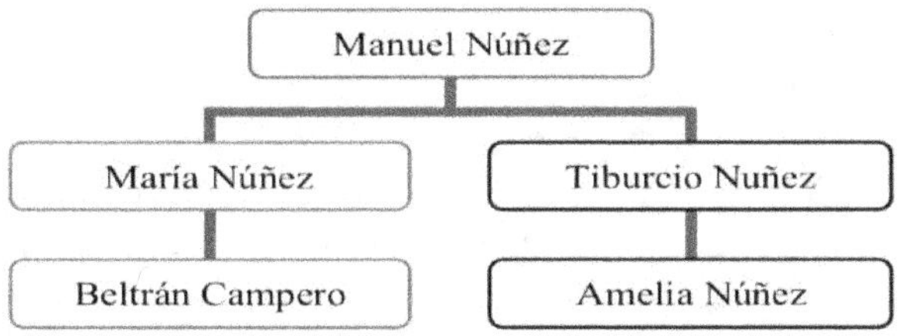

1188. En Leales, el 17 de diciembre de 1887. Se presentó Atenor Décima, vecino de Los Décima, h.l. de Bautista Décima, difunto y de Casimira Ballón, difuntos. Pretende c.m. con Delmira Argañaráz, de 17 años, vecina de Los Décima, h.l. de José Argañaráz, difunto y de Tomasina Décima. Los contrayentes se encuentran ligados por un parentesco por consanguinidad en tercer grado. La pretendida tiene un hermano. T: Remigio Lizárraga, vecino de Los Brito, labrador, casado y Jesús María Valdez, vecino de Los Décima, labrador, casado.

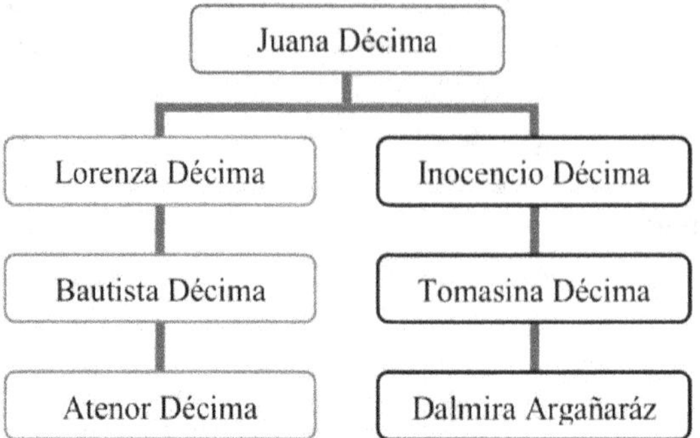

1189. En Leales, el 4 de febrero de 1888. Se presentó Pedro Toscano, vecino de La Florida, h.l. de Melitón Toscano y de Ramona Concha. Pretende c.m. con Romelia González, de unos 20 años, vecina de Yalapa, h.l. de Rufino González y de Cesárea Romano. Los contrayentes se encuentran ligados por un parentesco por afinidad ilícita en primer grado ya que el pretendiente tuvo trato con una hermana de la pretendida. T: Pedro Córdoba, vecino de Yalapa, labrador, casado y Jerónimo Leguizamón, vecino de Los Gómez, jornalero, soltero.

1190. En Leales, el 18 de abril de 1888. Se presentó Bernardo Jiménez, vecino de Los Tres Pozos, h.l. de Fortunato Jiménez, difunto y de Apolinaria Juárez. Pretende c.m. con Zoyla Miranda, de 30 años, vecina de Los Tres Pozos, h.l. de Mauricio Mirando, difunto y de Paulina Galván. Los contrayentes se encuentran ligados por un parentesco por afinidad ilícito en segundo grado con atingencia al primero. Los pretendientes ya tienen dos hijos. T: Vicente Lastra, vecino de Los Tres Pozos, criador, casado y Rosa Díaz, vecino de Los Tres Pozos, labrador, casado.

1191. En Leales, el 23 de marzo de 1888. Se presentó D. Juan Serrano, vecino de Orán, h.l. de D. Andrés Serrano y de Da. Jacinta Frías. Pretende c.m. con Da. Romelia Juárez, de 17 años, vecina de Romera Pozo, h.l. de D. Rómulo Juárez y de Da. María Vargas. Los contrayentes se encuentran ligados por dos parentescos por consanguinidad, ambos en tercer grado. La pretendida tiene 6 hermanos. Firma el pretendiente. T: Bernardino Rojas, vecino de Oran, criador, viudo y Eusebio Frías, que firma, vecino de Orán, criador, casado.

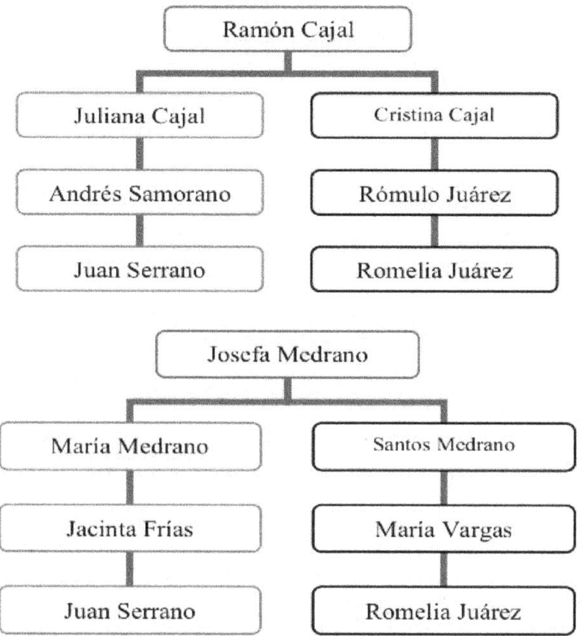

1192. En Leales, el 8 de mayo de 1888. Se presentó Antonio Brito, vecino de la Loma Verde, h.l. de Celestino Brito y de Ángela Brito. Pretende c.m. con Manuela González, de unos 20 años, vecina del Agua Azul, h.l. de Juan González y de Delfina Sosa. Los contrayentes se encuentran ligados por un parentesco por consanguinidad en tercer grado. La pretendida tiene 5 hermanos. T: Benigno Peralta, vecino de Tusca Pozo, jornalero, casado y Marcelino Juárez, vecino de Tusca Pozo, jornalero, casado.

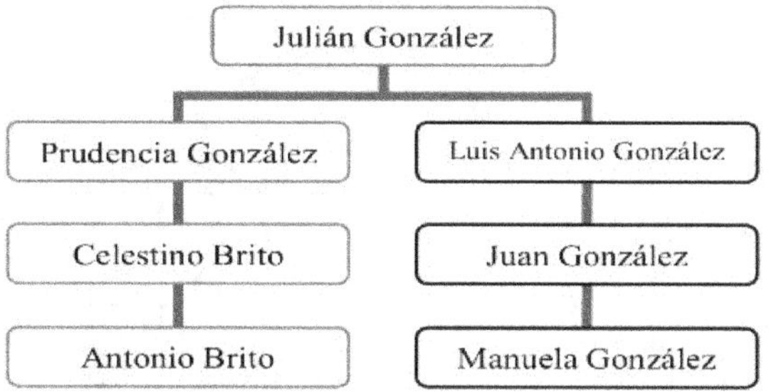

1193. En Tucumán, el 8 de mayo de 1888. Se presentó D. Lindor Torres, de 37 años, vecino de Famaillá, h.l. de D. Buenaventura Torres y de Da. Simona Aguirre. Pretende c.m. con Da. Dolores Bravo, de 55 años, vecina de Leales, h.l. de D. Pedro Bravo y de Da. Cármen Bermúdez. T: Son

Ángel Delgado, de 56 años, vecino de la ciudad, comerciante, casado y D. Nicolás Aguirre, de 56 años, vecino de la Ciudad, comerciante, viudo.

1194. En Leales, el 19 de septiembre de 1888. Se presentó Octaviano Alarcón, vecino de Entre Ríos, h.l. de Félix Alarcón y de Liberata Ponce. Pretende c.m. con Úrsula Martínez, de unos 28 años, vecina de Los Zelaya, h.l. de Feliz Martínez y de Bernardina Alderete, difuntos. Los contrayentes se encuentran ligados por un parentesco por consanguinidad en tercer grado con atingencia al segundo. T: Liborio Pérez, vecino de Mista, labrador, viudo y Atenor Herrera, vecino de Manclalado, labrador, viudo.

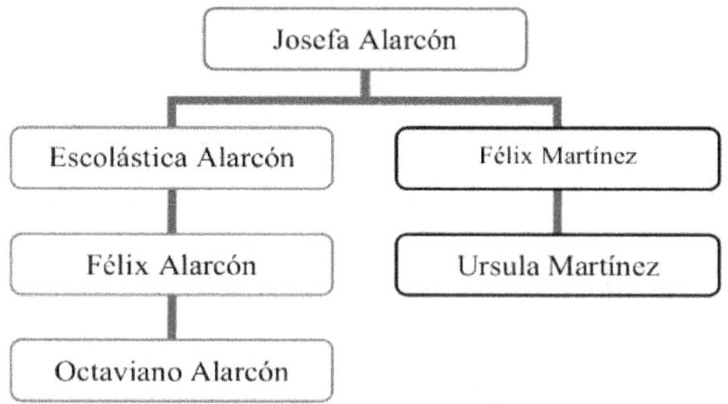

1195. En Leales, el 6 de diciembre de 1888. Se presentó Telésforo Juárez, vecino de La Fronterita, h.l. de Telesforo Juárez, difunto y de Mercedes Bazán. Pretende c.m. con Rosa Juárez, de unos 26 años, vecina de Laguna Blanca, h.l. de Mateo Juárez y de Paula Bazán, difunta. Los contrayentes se encuentran ligados por un parentesco por consanguinidad en tercer grado con atingencia al segundo. T: Ignacio Juárez, vecino de Tala Cocha, criador, casado y Matías Juárez, vecino de Tala Cocha, criador, viudo.

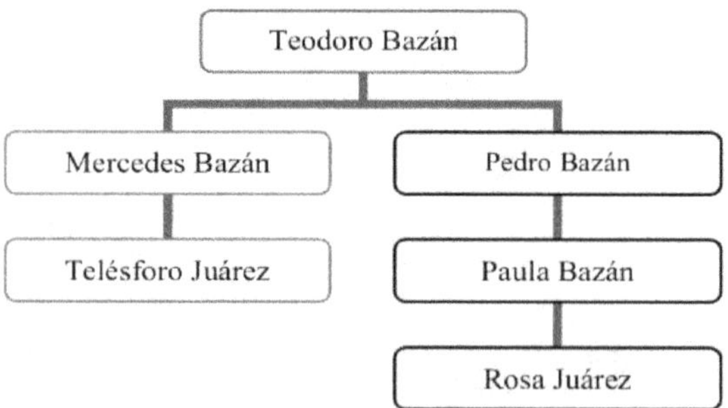

1196. En Leales, el 14 de febrero de 1889. Se presentó D. Estratón Vaca, vecino de Mancopa, h.n. de Da. Rosario Vaca, difunta. Pretende c.m. con Da. Micaela Montero, de 23 años, vecina de Mancopa, h.n. de Da. Micaela Montero, difunta. Los contrayentes se encuentran ligados por un parentesco por consanguinidad en segundo grado. Firman los contrayentes. T: Cecilio Palacios, vecino de Lules, jornalero, soltero y Vicente Véliz, vecino de Mancopa, jornalero, soltero.

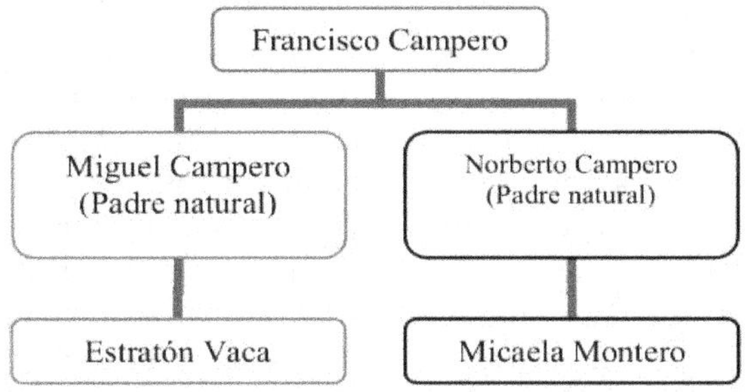

1197. En Leales, el 17 de julio de 1889. Se presentó D. Eliseo Toledo, vecino de Santa Rosa, viudo de Da. Virginia Costilla, h.l. de D. Nicolás Toledo y de Da. Francisca Zelarayán, difuntos. Pretende c.m. con Da. María Santos Zamorano, vecina de Los Gracia, en el curato de La Victoria, h.l. de D. Celestino Zamorano y de Da. Isabel Orellana. Firman los pretendientes. T: Pedro Pérez, vecino de Leales, criador, soltero y José Antonio Pérez, vecino de Leales, criador, soltero.

1198. En Leales, el 17 de enero de 1890. Se presentó Benjamín Zelaya, vecino de Las Cañitas, h.n. de Martina Zelaya, viudo de Aleida Gómez. No se aclara con quien pretende casar.

1199. En Leales, el 17 de enero de 1890. Se presentó Benjamín Zelaya, vecino de Las Cañadas, viudo de Aleida Gómez, h.n. de Martina Zelaya, difunta. Pretende c.m. con Ascensión Jiménez, de 18 años, vecina de las Cañadas, h.n. de Bernarda Jiménez, difunta. Los contrayentes se encuentran ligados por un parentesco por afinidad lícita en segundo grado. Los pretendientes han tenido una hija y la quieren legitimar. T: Timoteo Medina, vecino de Leales, criador, casado y Reyes Acosta, vecino de Leales, jornalero, soltero.

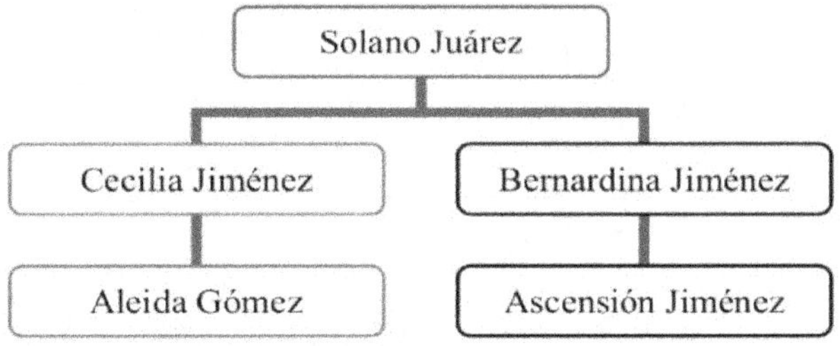

1200. En Tucumán, el 20 de enero de 1890. Se presentó Segundo Zamorano, de 27 años, vecino de Los García, h.l. de Celestino Zamora y de Isabel Orellana. Pretende c.m. con María Toledo, de 26 años, vecina de Leales, h.l. de Nicolás Toledo y de Francisca Zelarayán, difuntos. T:

Honorio Román, de 33 años, vecino de esta ciudad, jornalero, casado, y José Alderete, de 40 años, vecino de esta ciudad, jornalero, casado.

1201. En Leales, el 28 de enero de 1890. Se presentó D. Serapio Campero, vecino de Los Acosta, h.l. de D. Serapio Campero y de Da. Lucinda Campero, difuntos. Pretende c.m. con Da. Petrona Campero, de 21 años, vecina de Santa Rosa, h.l. de D. Ignacio Campero y de Da. Petrona Pomo, difunta. Los contrayentes se encuentran ligados por un parentesco por consanguinidad en segundo grado y otro, también por consanguinidad en cuarto grado con atingencia al tercero. El padre de la novia ya es viejo y es criador por lo que tiene que atender el campo constantemente y no puede cuidar de su hija. Firman los contrayentes. T: Jesús Pérez, vecino de Los Acosta, labrador, casado y Lizardo González, vecino de Santa Rosa, jornalero, soltero.

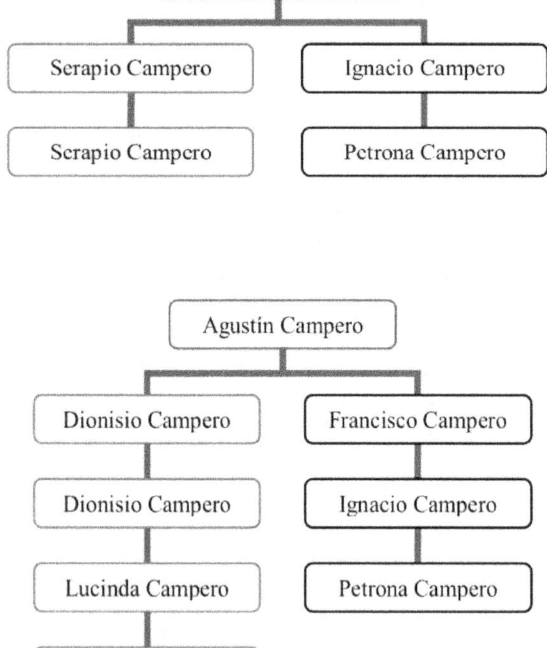

1202. En Leales, el 4 de marzo de 1890. Se presentó Adolfo Zamorano, vecino de Los Sueldos, h.n. de Antonia Zamorano, difunta. Pretende c.m. con Mercedes Zamorano, de 20 años, h.l. de Policarpo Zamorano y de Fermina Correa, vecina de Los Sueldos. Los contrayentes se encuentran ligados por un parentesco por consanguinidad en cuarto grado con atingencia al tercero. La pretendida tiene 5 hermanos. Firman los pretendientes. T: Moisés Rojas, vecino de Los Sueldos, labrador, casado y Pedro Suárez, vecino de Los Sueldos, labrador, casado.

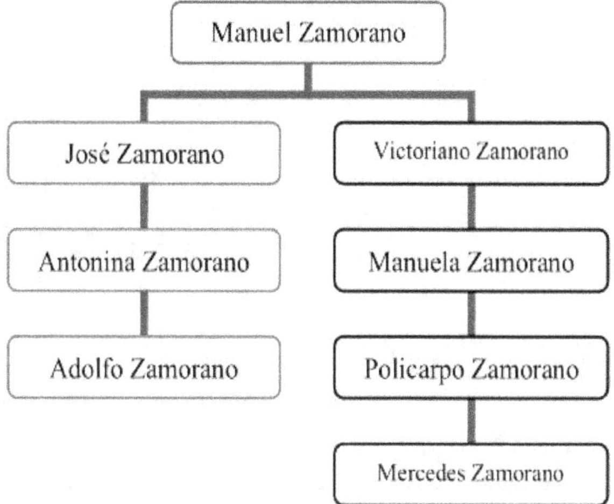

1203. En Leales, el 4 de marzo de 1890. Se presentó Hermenegildo Visa, h.n. de Remigia Visa, vecino de Entre Ríos. Pretende c.m. con Josefa Peralta, de 30 años, h.l. de Mariano Peralta y de Ángela Riarte, difuntos, vecinos de Entre Ríos, viuda de Isaac Visa. Los pretendientes están ligados por un parentesco por afinidad lícita en primer grado, ya que la pretendida fue esposa de un hermano del pretendiente. Los pretendientes ya tienen un hijo en común. T: Eliseo Jiménez, vecino de Leales, labrador casado y Abel Contreras, criador casado.

1204. En Leales, el 28 de abril de 1890. Se presentó Miguel Villafañe, h.l. de Eugenio Villafañe y de Eustaquia Villagra, difunta, vecinos de Las Gracias. Pretende c.m. con Aurora Véliz, de 24 años, h.l. de Pedro Véliz y de María Robles, vecinos de Mancopa. Los pretendientes están ligados por un parentesco por consanguinidad en cuarto grado con atingencia al tercero. La pretendida tiene 7 hermanos. T: José Juárez, vecino de Mancopa, natural de La Ciudad, labrador casado y Belisario Ibarra, vecino de Mancipa, jornalero, casado.

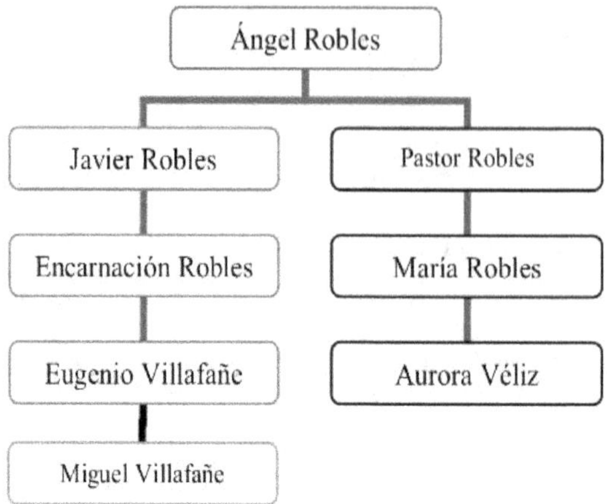

1205. En Leales, el 10 de junio de 1890. Se presentó Estratón Aguirre, de 30 años, vecino de la ciudad de Tucumán, h.l. de Esteban Aguirre y de Francisca Núñez, difuntos. Pretende c.m. con Aurelia Leal, de 23 años, vecina de Leales, h.l. de Eugenio Leal, difunto, y de Baldomero Lazarte. T: Julio Acosta, de 25 años, labrador soltero, vecino de Leales, y Aparicio Argañarás, vecino de Tucumán, labrador soltero.

1206. En Leales, el 30 de julio de 1890. Se presentó D. Ignacio Segundo Campero, h.l. de D. Ignacio Campero y de Da. Petrona Pomo, difunta, vecinos de Santa Rosa. Pretende c.m. con Da. Lucinda Campero, de 20 años, h.l. de D. Serapio Campero y de Da. Lucinda Campero, difuntos, vecinos de La Encrucijada. Los pretendientes están ligados por un parentesco por consanguinidad en segundo grado y otro impedimento, también por consanguinidad en cuarto grado con atingencia al tercero. T: Durbal Aragón, vecino de Leales, labrador casado y Javier Corbalán, vecino de Los Puestos, labrador casado.

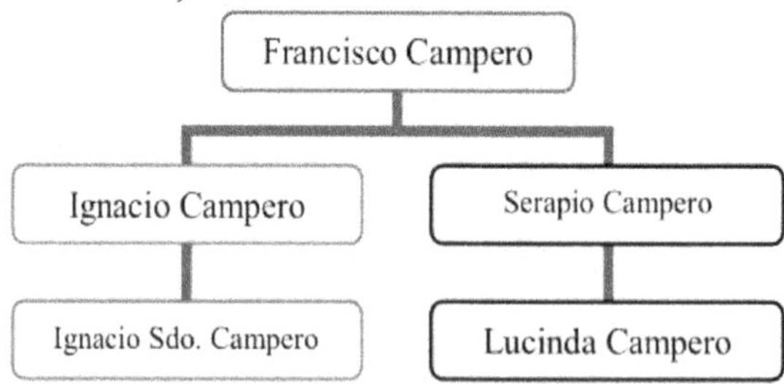

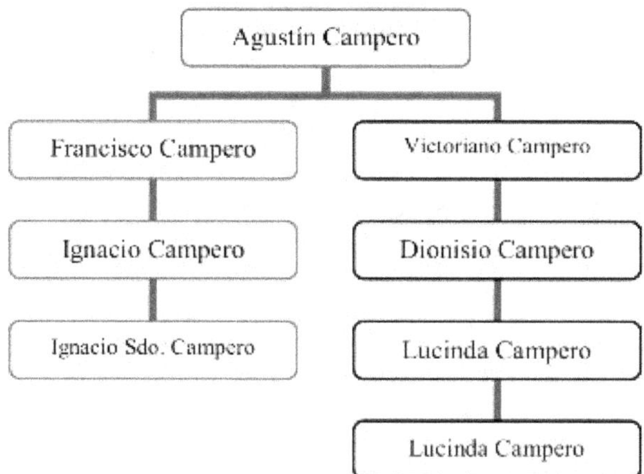

1207. En Leales, el 6 de noviembre de 1890. Se presentó Juan Corbalán, h.l. de Facundo Corbalán y de Ercilia Caro, difunta, vecinos de Cuchi Huasi. Pretende c.m. con Jesús Pérez, de 23 años, h.n. de Reyes Pérez. La pretendida tiene 4 hermanos. Los pretendientes están ligados por un parentesco por consanguinidad en segundo grado y otro, también por consanguinidad en tercer grado. T: Serapio Caro, vecino de Cuchi Huasi, jornalero viudo y Timoteo Medina, vecino de Leales, criador casado.

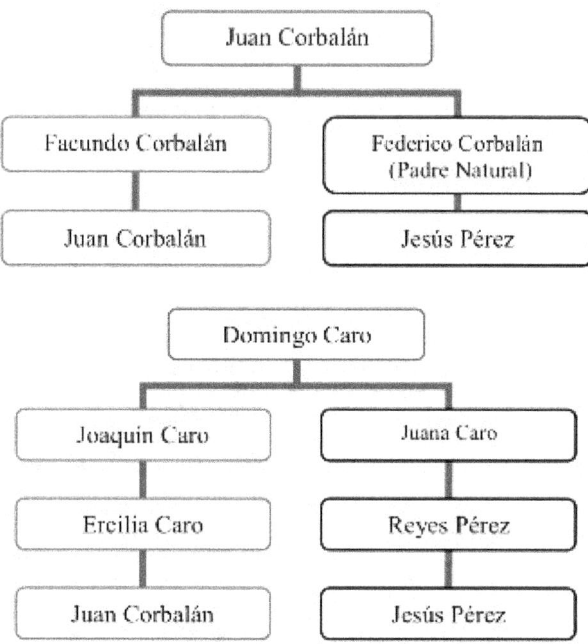

1208. En Leales, el 1 de octubre de 1891. Se presentó D. Teodosio Campero, h.l. de D. Ignacio Campero y de Petrona Pomo, difunta, vecinos de Santa Rosa. Pretende c.m. con Da. Rosaura Campero, de 30 años, h.l. de D. Juan Campero, difunto y de Da. Isabel Herrera. Los pretendientes están ligados por un parentesco por consanguinidad en segundo grado. T: Policarpo Zamorano, vecino de Los Sueldos, labrador casado y Fidel Serrisuela, vecino de Los Sueldos, labrador casado.

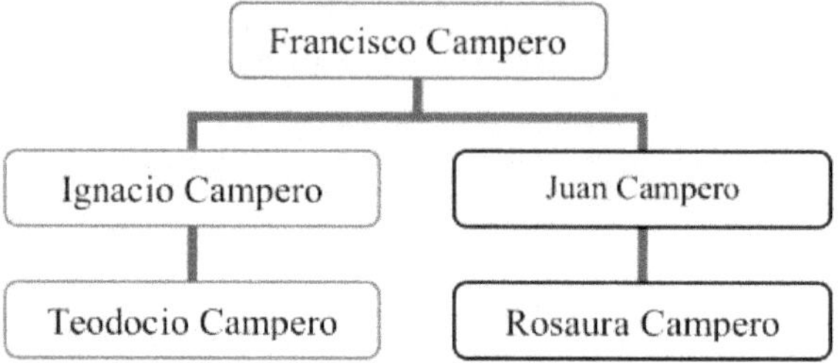

1209. En Leales, el 16 de octubre de 1891. Se presentó Cornelio Medina, h.n. de Petrona Medina, vecino de Las Pirguas. Pretende c.m. con Belisaria Pérez, de 18 años, h.l. de Liborio Pérez y de Zoila Martínez, difuntos, vecinos de Las Pirguas. Los pretendientes están ligados por un parentesco por consanguinidad en cuarto grado. T: Paulino Quintana, vecino de Chañar Muyo, labrador soltero y Julián Gutiérrez, vecino de Las Pirguas, criador casado.

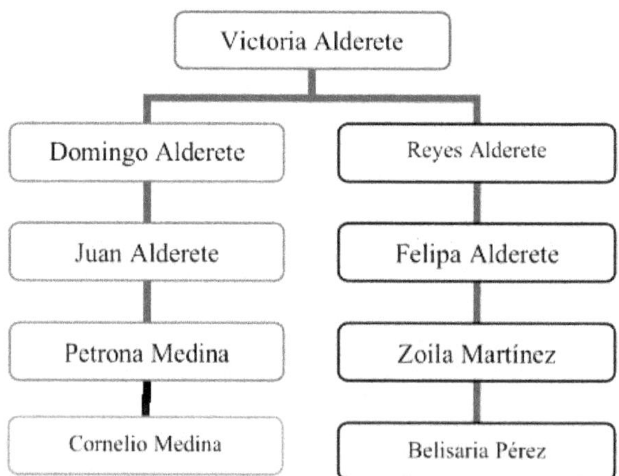

1210. En Los Sueldos, el 28 de octubre de 1891. Se presentó Hermelindo Saavedra, h.n. de Mercedes Saavedra, difunta, vecino de Quilmes. Pretende c.m. con Manuela Salinas, de 16 años, h.l. de Audón Salinas y de Catalina Pérez, difunta, vecinos de Quilmes. Los pretendientes están ligados por un parentesco por consanguinidad en tercer grado. La pretendida tiene cuatro hermanos. T: Salustiano Salinas, vecino de La Ciudad, jornalero, soltero y Eleuterio Ortiz, vecino de Los Gramajo, labrador casado.

1211. En Los Sueldos, el 6 de noviembre de 1891. Se presentó Segundo Brito, h.n. de Lorenza Brito, vecino de Leales. Pretende c.m. con Tránsito Soria, de 26 años, h.l. de Faustino Soria y de Ángela Venecia. Los pretendientes están ligados por un parentesco por consanguinidad en tercer grado. La pretendida tiene 8 hermanos. T: Serafín Villarreal, vecino de Entre Ríos, jornalero casado y José Medina, vecino de Leales, labrador casado.

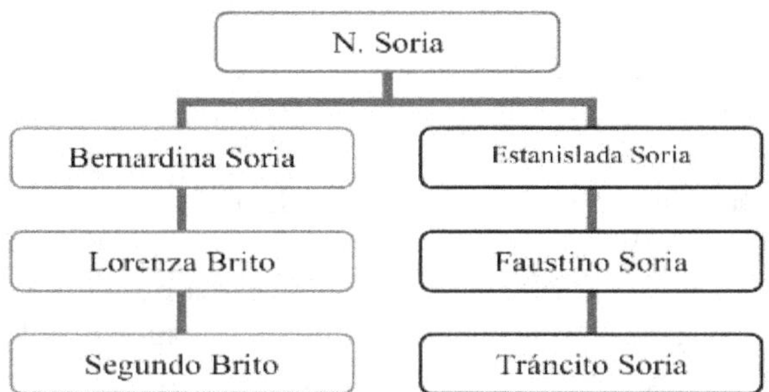

1212. En los Gómez, el 24 de diciembre de 1891. Se presentó Manuel Ponce, h.n. de Fermina Ponce, vecino de Cóndor Huasi, viudo de Demetrio Rivadeneira. Pretende c.m. con Clementina Juárez, de 33 años, h.l. de Bartolomé Juárez, difunto y de María Frías, vecinos del Chilcal. Los pretendientes están ligados por un parentesco por consanguinidad en cuarto grado. La pretendida tiene 7 hermanos. T: Norberto Albornoz, vecino de La Fronterita, labrador casado y Eustaquio Véliz, vecino de Cóndor Huasi, labrador casado.

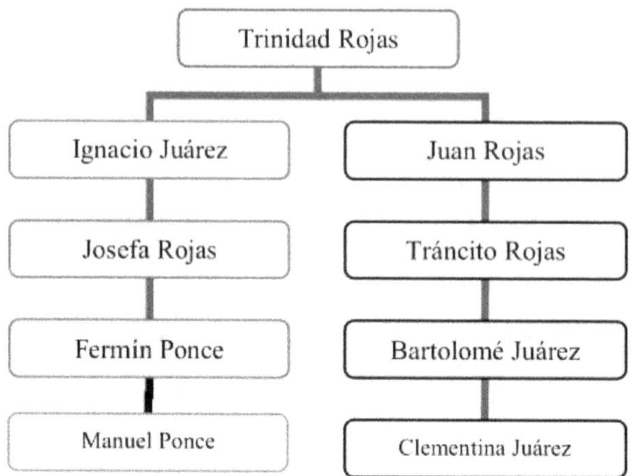

1213. En Tucumán, el 3 de enero de 1893. Se presentó Daniel Estrada, de 35 años, vecino de esta ciudad, h.l. de Daniel Estrada y de Eleuterio Aráoz, difunta, viudo de Nicolasa Alarcón. Pretende c.m. con Silvina Vaca, de 20 años, h.l. de Francisco Vaca y de Antonia Monteros, difunta. T: José Zamorano, de 45 años, natural de esta ciudad, domiciliado en La Loma Verde, comerciante, soltero y David Monteros, de 49 años, vecino de La Loma Verde, labrador casado.

1214. En los Gómez, el 7 de enero de 1893. Se presentó Tomás Medina, h.l. de Modesto Medina y de Jerónima Medina, difuntos, vecinos de los Lunarejos, viudo de Nicasia Jiménez. Pretende c.m. con Gregoria Jiménez, de 30 años, h.l. de Hilarión Jiménez y de Leandra Ibáñez, difuntos. Los pretendientes están ligados por un parentesco por afinidad lícita en primer grado por ser la pretendida hermana de la esposa anterior del pretendiente. T: Desiderio Medina, vecino de Los Gómez, labrador casado y Gregorio Argañarás, vecino de los Lunarejos, labrador soltero.

1215. En Tres Pozos, el 14 de abril de 1893. Se presentó Manuel Lazarte, h.l. de Casimiro Lazarte y de Exequiela Aguirre, vecinos de Los Puestos. Pretende c.m. con Javiera Corbalán, de 16 años, h.l. de Zacarías Corbalán y de Rosa Romero, vecinos de Los Puestos. Los pretendientes están ligados por un parentesco por consanguinidad en tercer grado. La pretendida tiene 7 hermanos. T: Durbal Medina, vecino de Los Puestos, criador casado y Manuel Medina, vecino de Los Puestos, criador casado.

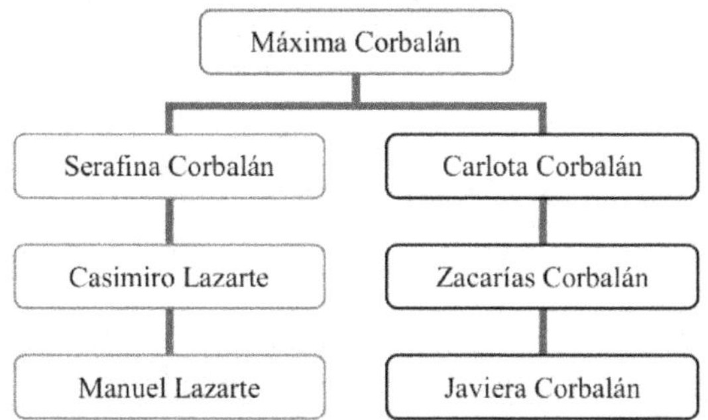

1216. En Tucumán, el 21 de abril de 1893. Se presentó Manuel Vidal, de 48 años, vecino de Leales, h.l. de Ramón Vidal y de Francisca Fernández, difuntos, viudo de Socorro Lado, fallecida en Leales unos dos años atrás. Pretende c.m. con María Santos Albornoz, de 33 años, vecina de Leales, h.l. de Hilario Albornoz y de Prudencia Rivadeneira. T: D. Eduardo Pérez, de 34 años, natural de España, comerciante, viudo y D. Tomás Ruiz, natural de España, albañil, casado de 36 años.

1217. En los Gómez, el 12 de enero de 1894. Se presentó Laureano Juárez, h.l. de Santiago Juárez, difunto y de Reyes Díaz, vecino de Los Tres Pozos. Pretende c.m. con Petrona Juárez, de 25 años, h.l. de Anselmo Juárez y de Gregoria Jiménez, vecinos de Los Tres Pozos. Los pretendientes están ligados por un parentesco por consanguinidad en tercer grado con atingencia al segundo. La pretendida tiene 5 hermanos. T: Estratón Medina, vecino de Los Tres Pozos, labrador casado y Próspero Juárez, vecino de Los Tres Pozos, labrador soltero.

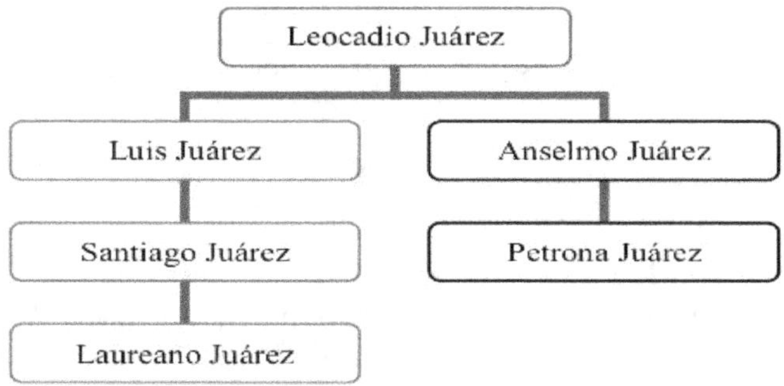

1218. En Los Sueldos, 9 de marzo de 1894. Se presentó Pedro Argañarás, h.l. de Feliciano Argañarás y de Águeda Zelaya, difuntos, vecinos de Mixta, viudo de Concepción Gramajo. Pretende c.m. con Segunda Alderete, de 23 años, h.n. de Florinda Alderete. Los pretendientes están ligados por un parentesco por consanguinidad en segundo grado con atingencia al primero. T. Jesús María Olivera, vecino de Río Colorado, labrador viudo y Santos Rojas, vecino de la Loma Verde, labrador casado.

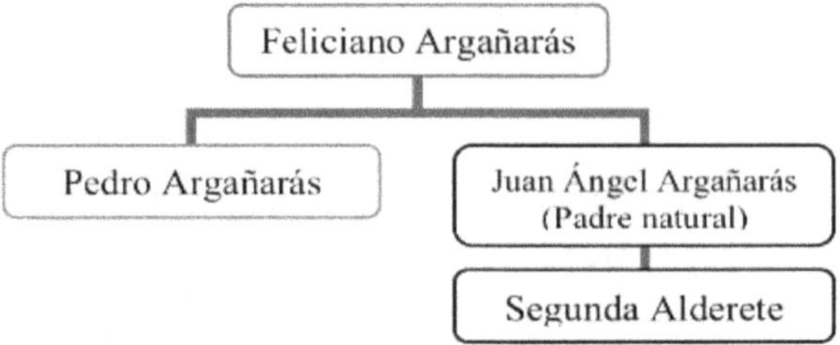

1219. En Los Sueldos, el 15 de marzo de 1894. Se presentó Manuel Juárez, h.l. de Bartolomé Juárez, difunto y de María Frías, vecinos de El Chilcal. Pretende c.m. con Regina Frías, de 18 años, h.l. de Bartolomé Frías y de Mercedes Brito, vecinos de La Soledad. Los pretendientes están ligados por un parentesco por consanguinidad en cuarto grado con atingencia al tercero. La novia tiene 7 hermanos. T: Silverio Lizárraga, vecino de La Fronterita, labrador soltero y Estratón Lizárraga, vecino de La Fronterita, labrador casado.

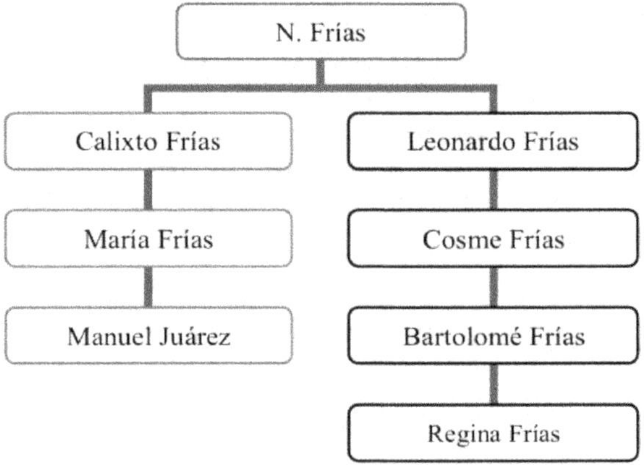

1220. En los Sueldos, 30 de marzo de 1894. Se presentó David Zamorano, h.n. de Antonia Zamorano, difunta, vecino de los Sueldos. Pretende c.m. con Cinecia Montero, de 36 años, h.l. de Felipe Montero y de Faustina Toledo, difuntos, viuda de Ascensión Campero. Los pretendientes están ligados por un parentesco por consanguinidad en segundo grado. La Pretendida tiene 7 hijos. T: Moisés Rojas, vecino de Los Sueldos, labrador casado y Adán Serrisuela, vecino de Los Sueldos, labrador casado.

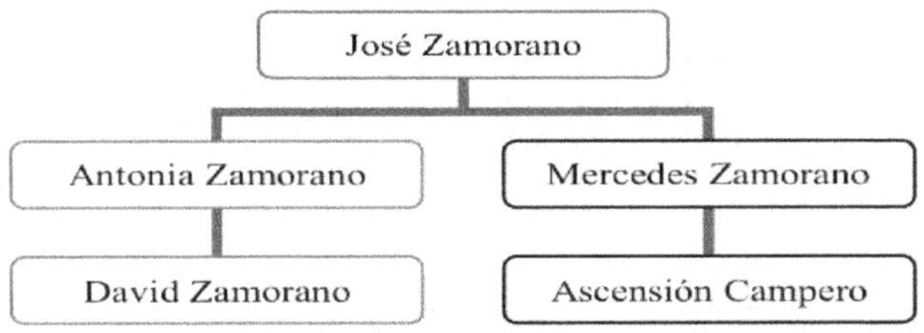

1221. En Los Sueldos, el 16 de agosto de 1894. Se presentó Pedro Lazarte, h.l. de Higinio Lazarte y de María Galván, vecinos de Quilmes. Pretende c.m. con Jesús Galván, de 19 años h.n. de Delfina Galván, vecina de Quilmes. Los pretendientes están ligados por un parentesco por consanguinidad en segundo grado. T: Pedro Urueña, vecino de Simoca, labrador casado y Fortunato Medina, vecino de Quilmes, labrador casado.

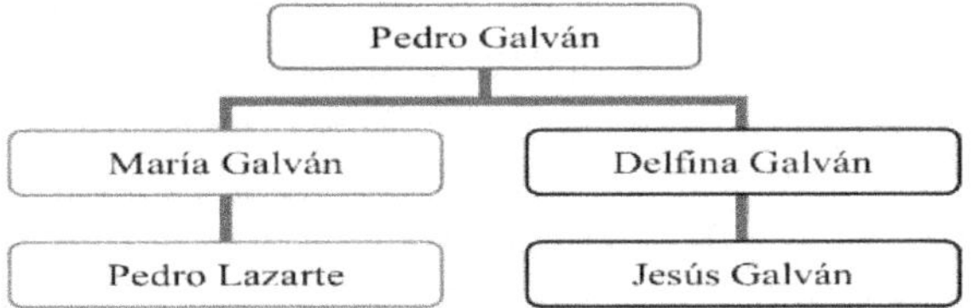

1222. En Los Sueldos, el 17 de agosto de 1994. Se presentó Sixto Campero, h.n. de Delfina Campero, difunta. Pretende c.m. con Gertrudis Núñez, de 22 años, h.n. de María Núñez. Los pretendientes están ligados por un parentesco por consanguinidad en segundo grado. La madre de la pretendida es viuda y tiene tres hijos más. T: Agustín Concha, vecino de Los Acosta, criador soltero y Baltasar rojas, vecino de Los Sueldos, labrador soltero.

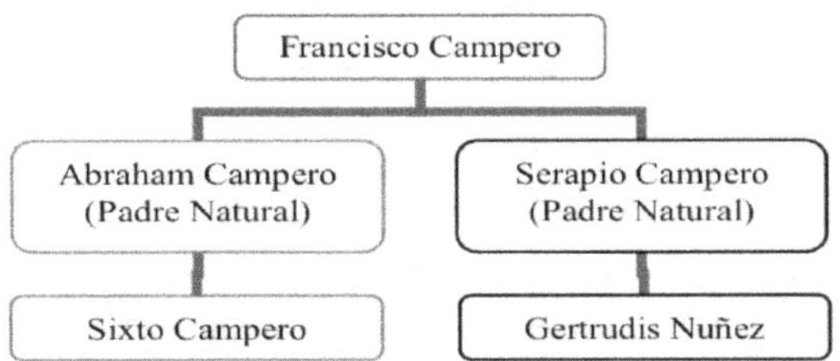

1223. En Tucumán, el 17 de octubre de 1894. Se presentó José Antoni, de 29 años, vecino de esta ciudad, h.l. de José Antoni, difunto y de Da. Adelaida Salvato, vecino de esta ciudad. Pretende c.m. con Rosa Campero, de 19 años, h.l. de Norberto Campero y de Rosa Aguirre, vecina de esta ciudad. T: Ricardo Costa, vecino de esta ciudad, de 29 años, agricultor, soltero y Genaro Álvarez, vecino de esta ciudad, educacionista, soltero de 29 años.

1224. En Los Gómez, el 28 de diciembre de 1894. Se presentó D. Federico Juárez, h.l. de D. Severo Juárez y de Da. Mercedes Juárez, vecinos de Los Tres Pozos. Pretende c.m. con Da. Ernestina Lastra, de 23 años, h.l. de D. Benjamín Lastra y de Da. Faborina Juárez, difunta. Los pretendientes están ligados por un parentesco por consanguinidad en tercer grado.

1225. En Leales, el 12 de febrero de 1895. Se presentó D. José Mariano Brito, h.l. de D. Luis Brito y de Da. Elías Lizárraga, difuntos, vecinos de Mista, viudo de Da. Hilaria Zelaya. Pretende c.m. con Da. Etelvina Ponce, de 32 años, h.l. de D. Inocencio Ponce y de Da. Milagro Borquez. Los pretendientes están ligados por un parentesco por consanguinidad en tercer grado con atingencia al segundo. Los pretendientes ya tienen tres hijos. T: Sinforoso González, vecino de Agua Azul, criador soltero y Pompilio Gil, vecino de La Ciudad, criador casado.

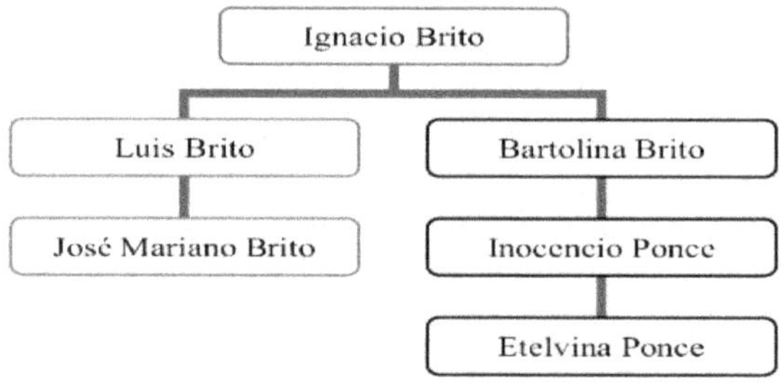

1226. En Los Sueldos, el 13 de marzo de 1895. Se presentó Juan Manuel Ardiles, h.l. de Juan Ardiles y de María Ardiles, vecinos de El Arenal. Pretende c.m. con Elisa Ardiles, de 18 años, h.n. de María Ardiles, vecinas del Campo azul. Los pretendientes están ligados por un parentesco por consanguinidad en cuarto grado. La pretendida tiene 3 hermanos. T: Sebastián Juárez, vecino de Los Gómez, labrador casado y Juan Ponce, vecino de Los Gómez, jornalero soltero.

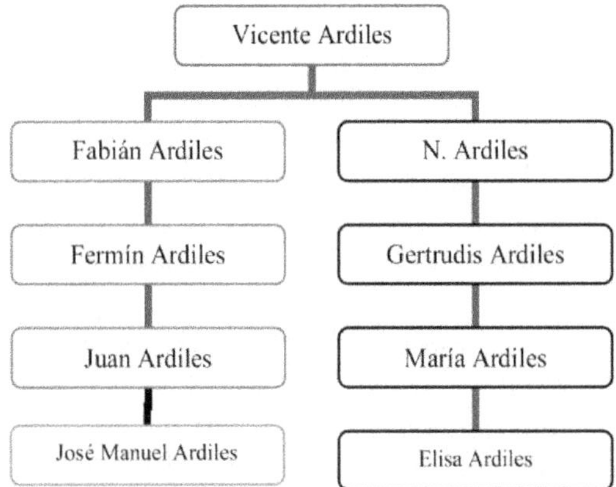

1227. En Los Sueldos, el 19 de marzo de 1895. Se presentó Ángel Zamorano, h.l. Anacleto Zamorano y de María Rojas, difuntos. Pretende c.m. con Manuela Zamorano, de 22 años, h.n. de Virginia Zamorano, vecina de Los Sueldos. Los pretendientes están ligados por un parentesco por consanguinidad en cuarto grado. T: Electo Pérez, vecino de Los Sueldos, labrador casado y Javier Corbalán, vecino de Los Puestos, labrador casado.

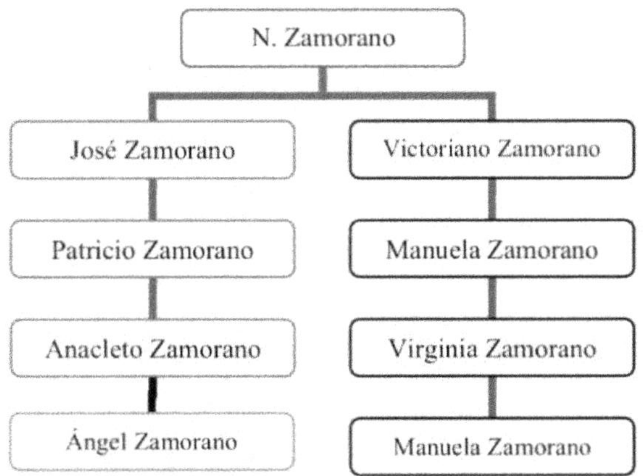

1228. En Los Sueldos, el 27 de marzo de 1895. Se presentó Abel Juárez, h.l. de Ricardo Juárez, difunto y de Zoila Arrieta. Pretende c.m. con Micaela Campero, de 20 años, h.l. de Agustín Campero y de Griselda Cabrera, difuntos. Los pretendientes están ligados por un parentesco por consanguinidad en tercer grado. T: Zenón Cuevas, vecino de El Mollar, labrador casado y Reyes Morales, vecino de El Barrialito, criador casado.

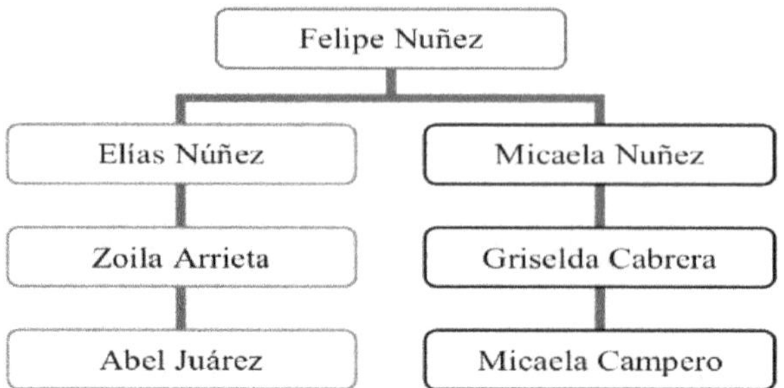

1229. En los Sueldos, el 25 de abril de 1895. Se presentó Martín Romano, h.l. de Martín Romano, difunto y de Lizarda Núñez, vecinos de Santa Rosa. Pretende c.m. con Lastenia Pacheco, de 16 años, h.n. de Catalina Pacheco, difunta, vecina de Santa Rosa. Los pretendientes están ligados por dos parentescos por consanguinidad, uno en tercer grado y otro en cuarto grado. T. Zacarías González, vecino de Santa Rosa, labrador soltero y Wertel Décima, vecino de Santa Rosa, labrador soltero.

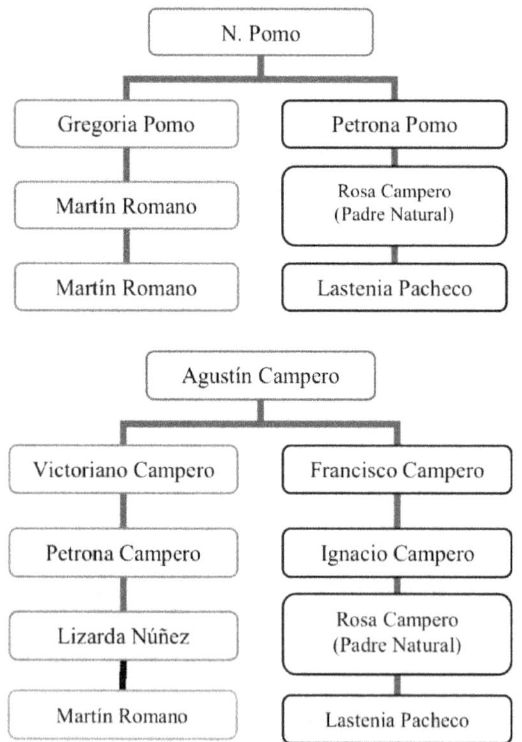

1230. En Leales, el 2 de mayo de 1895. Se presentó D. Benedicto Argañarás, h.l. de D. Gregorio, difunto y de Da. Gabriela Quintana, vecino de Uturunco, viudo de Da. Bernardina Rojas. Pretende c.m. con Da. Baldomero Juárez, de 36 años, h.l. de D. Enrique Juárez y de Da. Lorenza Cantos, vecina de Los Zelaya. Los pretendientes están ligados por un parentesco por consanguinidad en tercer grado. T: Vicente Herrera, vecino de Los Puestos, labrador casado y Joe Alarcón, vecino de Los Gómez, labrador soltero.

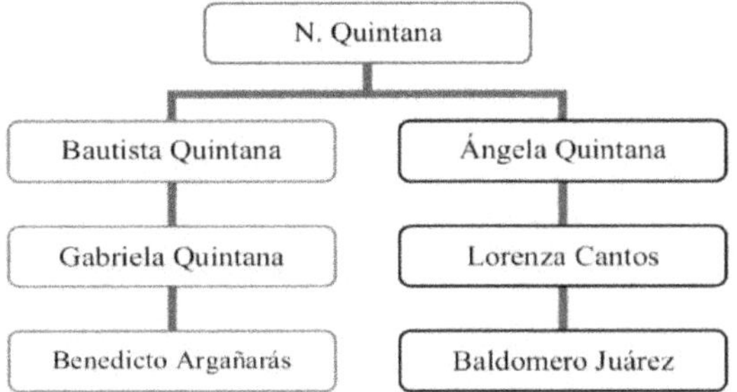

1231. En Los Sueldo, el 25 de mayo de 1895. Se presentó José Alarcón, h.l. de Celestino Alarcón y de Casimira Quinteros, difuntos, vecino de los Gómez. Pretende c.m. con Rosenda Gómez, de 26 años, h.n. de Martiniana Gómez, vecina de Los Gómez. Los pretendientes están ligados por un parentesco por consanguinidad en tercer grado. La pretendida tiene 4 hermanos. T: Benedicto Argañarás, vecino de Uturunco, criador, viudo y Silverio Rojas, vecino de El Campo Azul, labrador casado.

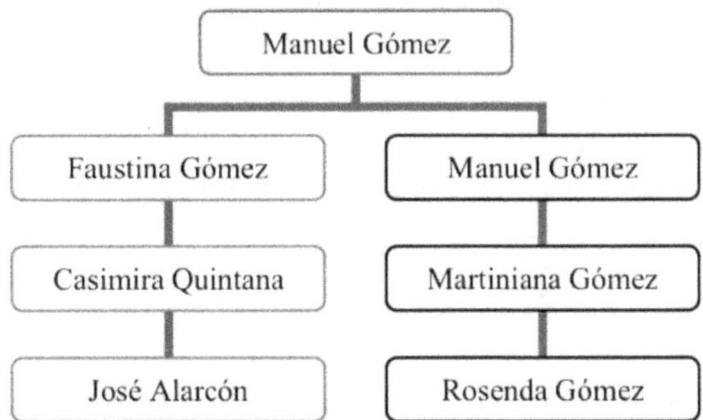

1232. En Los Sueldos, el 2 de Julio de 1895. Se presentó Juan Pedro Argañarás, h.l. de Juan de Juan de Dios Argañarás y de Marta Quintana, difuntos vecinos de Los Gómez. Pretende c.m. con Concepción Fernández, de 17 años, h.l. de Mariano Fernández y de Antonia Aguirre, difuntos, vecinos de Los Gómez. Los pretendientes están ligados por un parentesco por consanguinidad de tercer grado. T: Florencio Medina, vecino de Los Gómez, labrador casado y Gabino Bustamante, vecino de Chicligasta, carpintero, viudo.

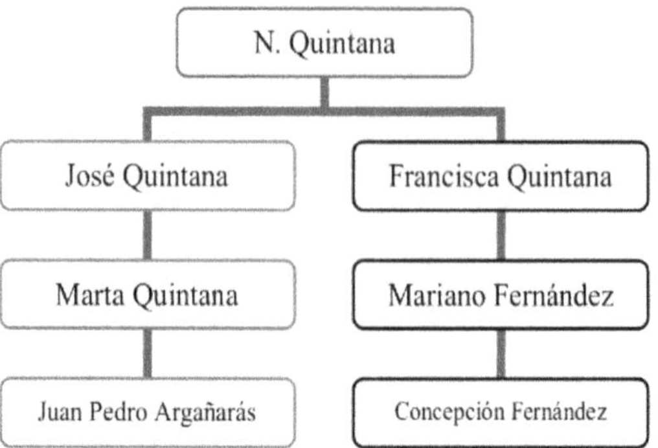

1233. En los Sueldos, el 19 de agosto de 1895. Se presentó D. Ángel Vaca, vecino de os Sueldos, h.l. de D. Silverio Vaca y de Da. Luisa Zamorano, difuntos, viudo de Da. Albiana Campero. Pretende c.m. con Da. Antonia Pérez, de 20 años, h.l. de Electo Pérez y de Da. Florinda Zamorano, vecinos de Los Sueldos. Los pretendientes están ligados por un parentesco por afinidad en tercer grado con atingencia al segundo. La pretendida tiene 4 hermanos. T: Fidel Serrisuela, vecino de Los Sueldos, labrador casado y Amadeo Acosta, vecino de Los Sueldos, labrador viudo.

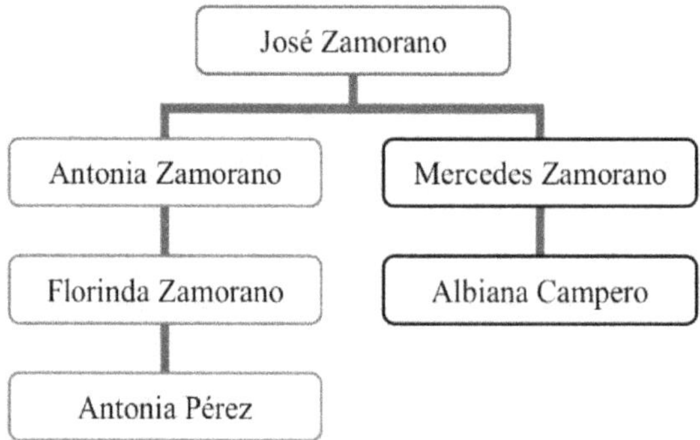

1234. En Los Sueldos, el 20 de septiembre de 1895. Se presentó Dionisio Campero, vecino de Los Sueldos, h.l. de Desiderio campero, difunto y de Amelia Alderete. Pretende c.m. con Albiana Campero, de 16 años, h.n. de Agustina Campero, vecinas de Los Sueldos. Los pretendientes están ligados por un parentesco por consanguinidad en tercer grado con atingencia al segundo. La pretendida tiene tres hermanos. T: Electo Pérez, vecino de Los Sueldos, labrador casado y David Zamorano, vecino de Los Sueldos, labrador casado.

1235. En Los Sueldos, el 7 de noviembre de 1895. Se presentó Pedro Argañarás, vecino de Los Romanos, h.l. de José Argañarás y de Eugenia Lazarte, difuntos, viudo de Pilar Lazarte. Pretende c.m. con Faustina Correa, de 29 años, vecina de Los Romanos, h.l. de Domingo Correa y de Rita Romano, viuda de Liberato Gómez. Los pretendientes están ligados por un parentesco por afinidad en segundo grado. T: Pascual Ruiz, vecino de Los Lunarejos, labrador soltero y Amadeo Ruiz, vecino de Los Herrera, labrador soltero.

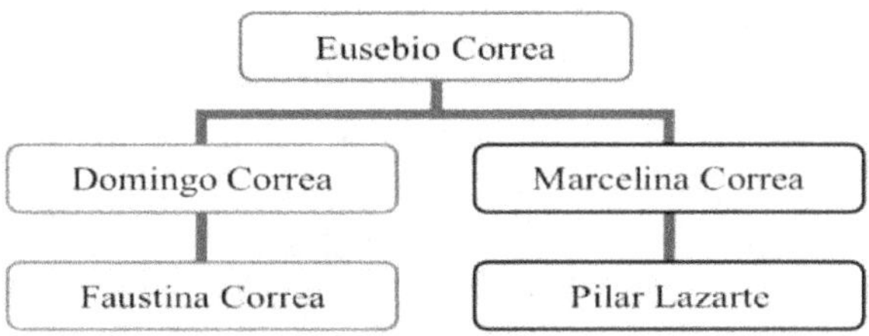

1236. En Los Gómez, el 28 de diciembre de 1895. Se presentó Melitón Medina, vecino de Los Sueldos, h.n. de Victoria Medina, viudo de Segunda Fernández. Pretende c.m. con Manuela Fernández, h.l. de Ramón Fernández, difunto y de Incolaza Ponce, vecinos de Los Sueldos. Los pretendientes están ligados por un parentesco por afinidad en primer grado ya que la pretendida es hermana de la difunta esposa del pretendiente. La pretendida tiene 2 hermanos. T: Napoleón Leal, vecino de Los Puestos, labrador casado e Isaac Medina, vecino de Las Cañadas, jornalero casado.

1237. En Los Gómez, el 3 de enero de 1896. Se presentó Ataliva Herrera, vecino de Los Gramajo, h.l. de Ángel Herrera y de Carolina Aguirre. Pretende c.m. con Lizarda Figueroa, 20 años, h.l. de Lizardo Figueroa y de Rosa Aguirre, vecinos de Los Gramajo. Los pretendientes están ligados por un parentesco por consanguinidad en tercer grado. La pretendida tiene 4 hermanos. T: Ubaldo Figueroa, vecino de los Herrera, labrador soltero y Santos Herrera, vecino de Los Herrera, labrador soltero.

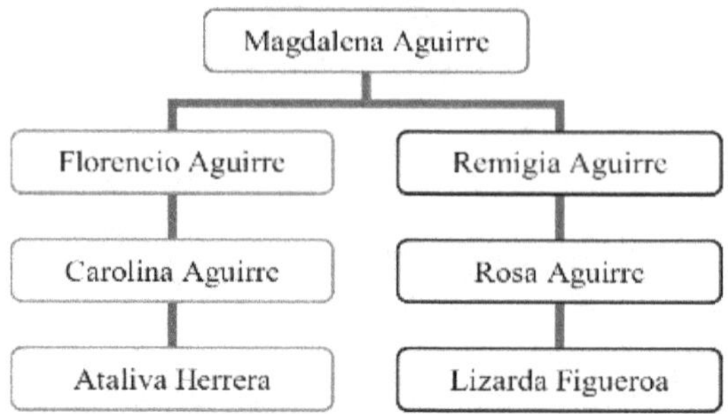

1238. En Tucumán, el 13 de agosto de 1896. Se presentó Santiago Ivaldi, de 45 años, vecino del curato de Leales, natural de Ronco Biellese en Italia, h.l. de Juan Bautista Ivaldi y de Catalina Togna, difunta, vecinos de Italia, viudo de Amabile Gilardi. Pretende c.m. con Florentina Gilardi, de 22 años, vecina de Leales, natural de Italia, h.l. de José Gilardi, difunto y de Ángela Gilardi, vecinos de Italia. Los pretendientes están ligados por un parentesco por afinidad lícita en primer grado por ser la pretendida hermana de la difunta esposa del pretendiente. T: Camilo Luis Lana, de 38 años, natural de Italia, comerciante, casado, quien conoce al pretendiente hace 8 o 10 años y Pablo Álvarez, vecino de esta ciudad, comerciante, soltero.

1239. En los Sueldos, el 21 de agosto de 1896. Se presentó Franklin Campero, vecino de Los Sueldos, h.n. de Delfina Campero, difunta. Pretende c.m. con Aurelia Núñez, de 19 años, h.n. de María Núñez, vecinas de Los Sueldos. Los pretendientes están ligados por un parentesco por consanguinidad en segundo grado. La pretendida tiene 4 hermanos. T: Pacífico Campero, vecino de Los Sueldos, labrador casado y Mariano Serrisuela, vecino de Los Sueldos, criador casado.

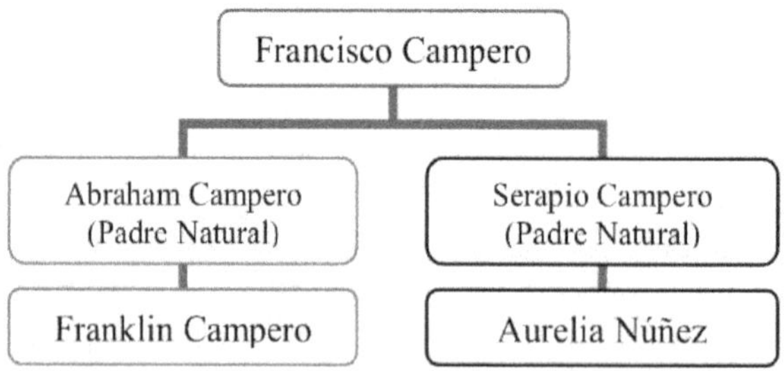

1240. En los Sueldos, el 6 de noviembre de 1896. Se presentó Beato Medina, vecino de Lo Tres Pozos, h.n. de Ignacia Medina. Pretende c.m. con Patricia Díaz, vecina de los Tres Pozos, h.l. de Adolfo Díaz y de

Hermenegildo Jiménez. Los pretendientes están ligados por un parentesco por consanguinidad en cuarto grado con atingencia el tercero. La novia tiene 9 hermanos. T: Roque Osores, vecino de Los Tres Pozos, labrador casado y Gerónimo Heredia, vecino de Las Tusquitas, criador casado.

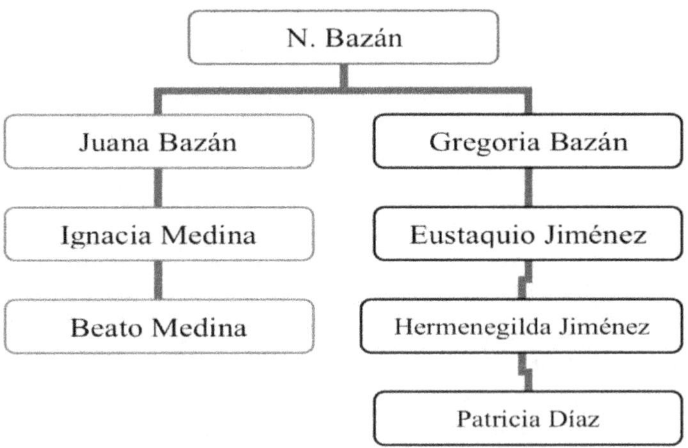

1241. En Los Sueldos, el 12 de noviembre de 1896. Se presentó Jordán Lizárraga, vecino de Tala Cocha, h.l. de Pedro Lizárraga y de Andrea Juárez, difunta. Pretende c.m. con Florinda Leal, de 25 años, h.n. de Clemencia Leal, vecinas de La Fronterita. Los pretendientes están ligados por un parentesco por consanguinidad en tercer grado can atingencia al segundo. T: Norberto Albornoz, vecino de La Fronterita, labrador casado y Alfredo Relaño, vecino de La Fronterita, labrador soltero.

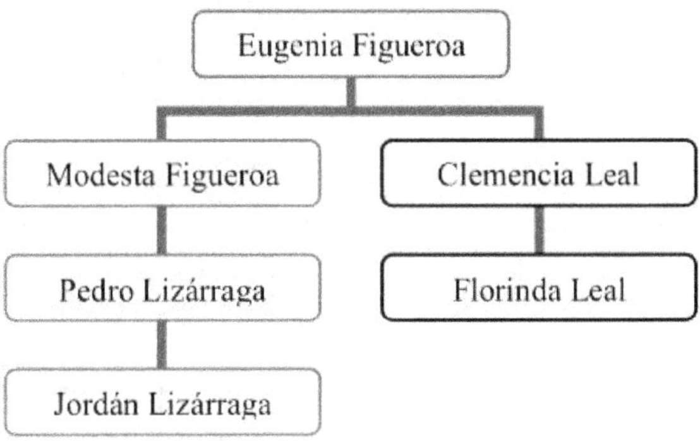

1242. En los Sueldos, el 19 de marzo de 1897. Se presentó Florentino Gómez, vecino de Los Gómez, h.l. de Luis Antonio Gómez y de Mercedes

Fernández, difuntos. Pretende c.m. con Crisanta Argañarás, de 30 años, vecina de Los Gómez, h.n. de Juana Argañarás, viuda de Eulogio Ávila. Los pretendientes están ligados por un parentesco por afinidad lícita en segundo grado. T: Baldomero Juárez, vecino de Los Gómez, labrador casado y Florencio Medina, vecino de Los Gómez, labrador casado.

1243. En Leales, el 17 de abril de 1897. Se presentó Felipe Romano, vecino de El Puesto Chico, h.l. de Felipe Romano, difunto y de Micaela Lizondo. Pretende c.m. con Manuela Romano, de 22 años, vecina del Campo Azul, h.l. de Silverio Romano y de Manuela Argañarás, difuntos. Los pretendientes están ligados por un parentesco por consanguinidad en tercer grado. T: Electo Guardias, vecino de Los Rodríguez, criador viudo y Camilo Lazarte, vecino de El Puesto Chico, labrador casado.

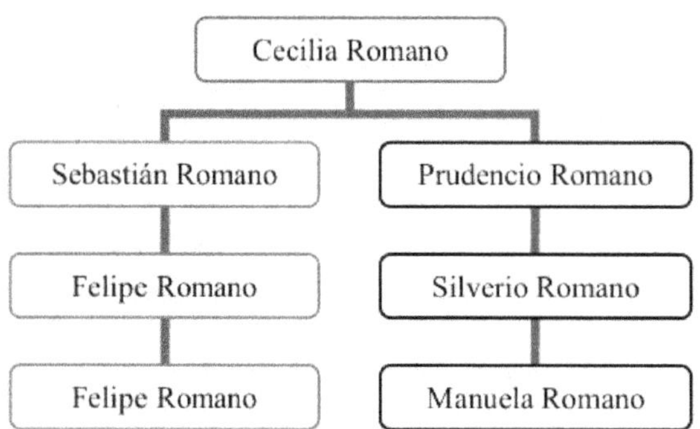

1244. En Tucumán el 19 de abril de 1897. Se presentó Manuel Escobar, de 22 años, vecino de La Banda, h.n. de Jacinta Escobar, difunta. Pretende c.m. con Marcelina Bruland de 30 años, h.n. de María Bruland, vecinas de La Esquina. T. Segundo Solorza, de 24 años, vecino de Esta Ciudad, jornalero casado y Serafín Luna, vecino de esta ciudad, jornalero casado.

1245. En los Sueldos el 28 de abril de 1897. Se presentó Manuel Ardines, h.l. de Nepomuceno Ardiles, difunto y de Bernardina Brandán, vecinos de Los Gomes. Pretende c.m. con Timotea Lazarte, de 22 años, vecina de Los Gómez, h.n. de Dominga Lazarte, difunta. Los pretendientes están ligados por un parentesco por consanguinidad en cuarto grado. T.

Francisco Cantos, vecino de Los Gómez, labrador soltero y Juan Soria, vecino de Los Gómez, labrador soltero.

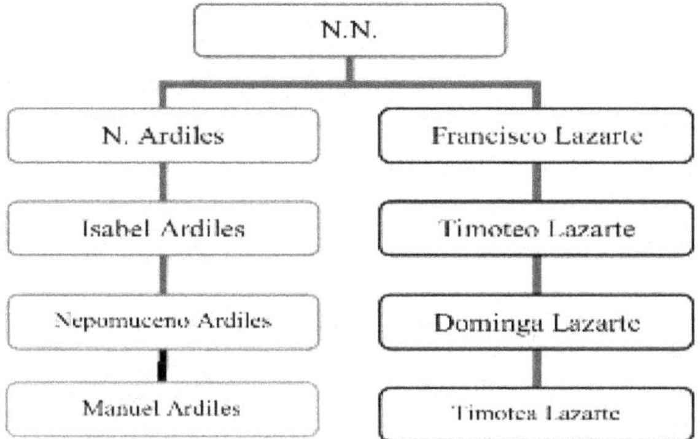

1246. En los Puestos el 25 de agosto de 1897. Se presentó Moisés Ardiles, vecino de Los Gómez, h.l. de Marcelo Ardiles y de Pilar Saavedra. Pretende c.m. Cecilia Gómez, de 22 años, vecina de Los Gómez, h.l. de Dalmasio Gómez y de Juana Argañarás. Los pretendientes están ligados por un parentesco por consanguinidad en cuarto grado con atingencia al tercero. T: Manuel Juárez, vecino de los Gómez, labrador casado y Victoriano Islas, vecino de Los Gómez, labrador casado.

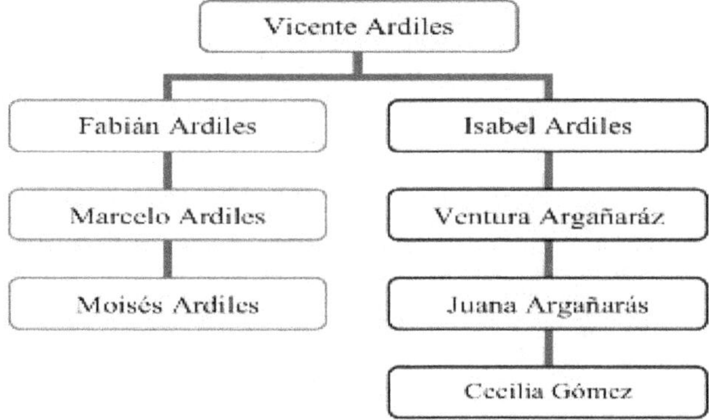

1247. En Tucumán, el 27 de octubre de 1897. Se presentó Achmet Galvaire, de 32 años, vecino de esta ciudad, h.l. de Juan Bautista Galvaire y de Valentina Lumer, difunta. Pretende c.m. con Clemencia Acosta, de (el resto está en blanco). T: Alesandre Bertón, de 26 años, vecino de esta ciudad, empleado soltero, quien conoce al novio desde la niñez y Joseph Moreau, francés, vecino de esta ciudad, mecánico, quien conoce al novio hace 5 años.

1248. En Los Gómez, el 12 de enero de 1898. Se presentó D. Ramón Gómez, vecino de Los Gómez, h.n. de Petrona Gómez, difunta. Pretende c.m. con Da. Florinda Ocampos, de 40 años, h.l. de D. Tomás Ocampos y de Catalina Núñez, difuntos, vecina de Los Lunarejos, viuda de D. Lindor Gómez. Los pretendientes están ligados por un parentesco por afinidad lícita en segundo grado. T: José Nahuel Correa, vecino de Los Romanos, criador casado y Domiciano Argañarás, vecino de El Campo Azul, criador casado.

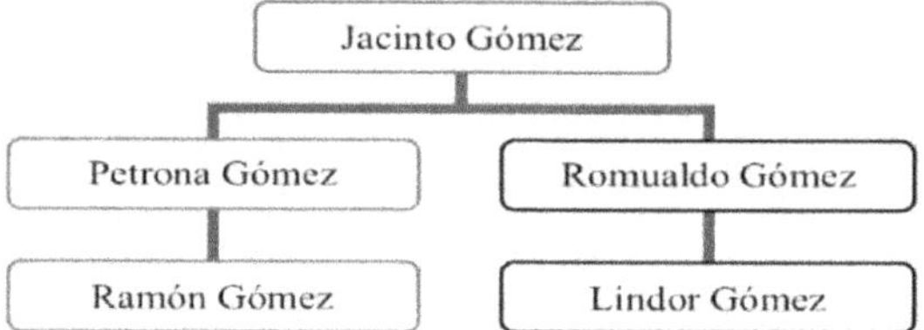

1249. En Los Gómez, el 21 de enero de 1898. Se presentó José María Quintana, vecino de Los Gómez, h.l. de Cayetano Quintana y de Rosalía Argañarás. Pretende c.m. con Leticia Leguizamón, de 22 años, vecina de Los Gómez, h.l. de Dalmasio Leguizamón y de Dominga Ruiz, difunta. Los pretendientes están ligados por un parentesco por consanguinidad en tercer grado. La novia tiene tres hermanos. T: Juan Soria, vecino de Los Gómez, labrador soltero y Manuel Juárez, vecino de Los Gómez, labrador casado.

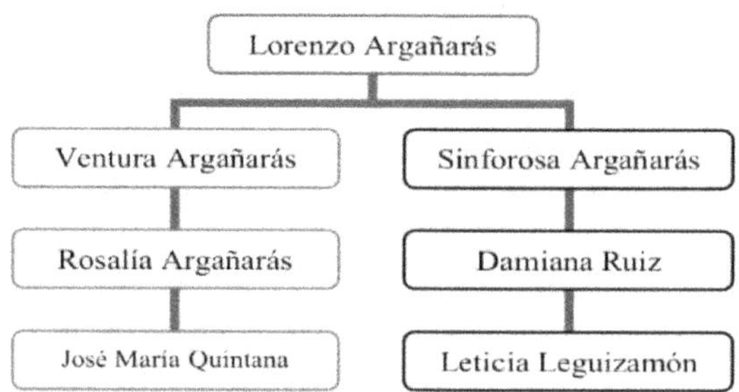

1250. En Tucumán, el 1 4 de febrero de 1898. Se presentó Juan José Herrera, de 28 años, vecino de Los Zelaya, h.l. de Ricardo Herrera y de Josefa Aguilar, difuntos. Pretende c.m. con Romualda Gómez, de 35 años, h.l. de Andrés Gómez, difunto y de Antonia Quintana. Los pretendientes están ligados por un parentesco por afinidad ilícita en primer grado por haber tenido el pretendiente trato con una hermana de la pretendida. T. Rodolfo Juárez, de 35 años, vecino de esta ciudad, labrador soltero y Santos Juárez, vecino de esta ciudad, de 31 años, labrador soltero.

1251. En Los Puestos, el 12 de mayo de 1898. Se presentó Abel Campero, vecino de Los Sueldos, h.n. de Dionisia Campero, difunta. Pretende c.m. con Aurelia Serrisuela, de más de 30 años, h.l. de Mariano Serrisuela y de Petrona Campero. Los pretendientes están ligados por un parentesco por consanguinidad en cuarto grado. Los padres de la novia son muy viejos. T: Rogelio Soria, vecino de La Encrucijada, labrador soltero y Juan C. Montero, vecino de Los Sueldos, comerciante, viudo.

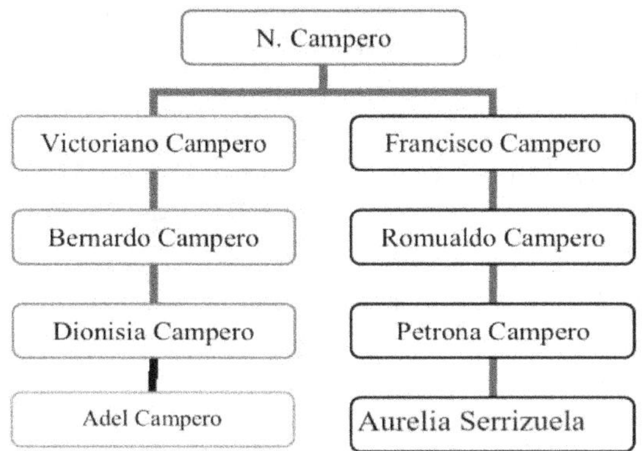

1252. En Leales, el 22 de octubre de 1898. Se presentó Benito Frías, natural de La Soledad, labrador, de 26 años, h.l. de Bartolomé Frías y de Mercedes Brito. Pretende c.m. con Dalmira Agüero, vecina del Chilcal, de 28 años, h.l. de Cecilio Agüero y de Ana María Frías, difuntos. Los pretendientes están ligados por un parentesco por consanguinidad en cuarto grado con atingencia al tercero. T: Bruno Riarte, de 40 años, vecino de La Estancia Vieja, labrador casado y Estratón Lizárraga, de 40 años, labrador casado.

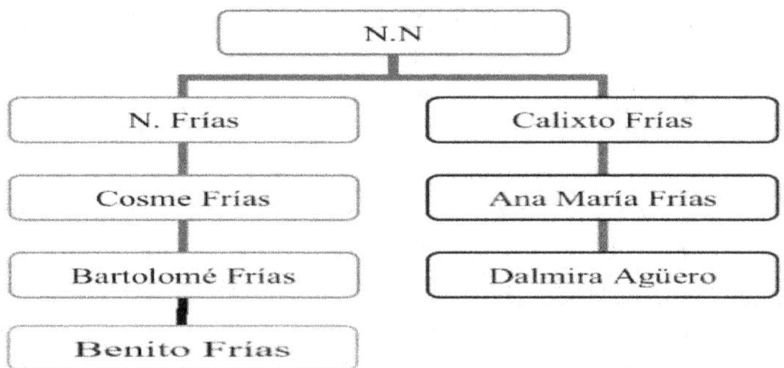

1253. En Leales, el 20 de marzo de 1899. Se presentó Segundo Sasso, viudo, h.l. de Juan Sasso y de Juana Gelome. Pretende c.m. con Da. Ernestina Salinas, h.n. de Pedro Salunas y de María Leal, "casados civilmente", vecinos de Los Romanos. T: Juan Juárez, vecino de Leales, labrador viudo y José Manuel Zelaya, vecino de Leales, criador soltero.

1254. En Leales, el 24 de marzo de 1899. Se presentó Cantalicio Valdez, h.n. de Juana Roldán. Pretende c.m. con Mercedes Agregú, h.n. de Felisa Abregú, vecina de Leales. T: Rosauro Acosta, vecino de Santa Rosa, labrador casado y Juan Esteban Juárez, vecino de Leales, labrador casado.

1255. En Leales, el 23 de marzo de 1899. Se presentó Hilario Albornoz, h.l. de Hilario Albornoz y de Oliva Heredia. Pretende c.m. con Eusebia de la Rosa, h.l. de Pedro de la Rosa y de Indalecia Palavecino, vecinos de Viclo. T: Rosario Arias, vecino de Los Tres Pozos, labrador casado y Martiniano Medrano, labrador casado.

1256. En Leales, el 5 de abril de 1899. Se presentó Alfredo Melanes, h.n. de Paula Tosca. Pretende c.m. con Rosa Brito, h.n. de Justiniano Brito. T: Leónidas Acosta, vecino de Laguna Blanca, labrador casado y Saturnino Juárez, vecino de Laguna Blanca, labrador casado.

1257. En Leales, el 10 de junio de 1899. Se presentó Tristán de Jesús Juárez, vecino de Santa Rosa, h.n. de Severa Juárez. Pretende c.m. con Clementina Ponce, h.l. de Manuel José Ponce y de Rosalía Campero, vecinos de Los Sueldos. T: Desiderio Acosta, vecino de Santa Rosa, labrador casado y Juan Juárez, vecino de Leales, labrador casado.

1258. 10 de junio de 1899. Se presentó Baldomero Cabrera, vecino de este curato, h.l. de Rufino Cabrera y de Jesús Rivadeneira. Pretende c.m. con Belisarda Ponce, h.l. de Manuel José Ponce y de Rosalía Campero. T: Desiderio Acosta, vecino de Santa Rosa, labrador casado y Juan Juárez, vecino de Leales, labrador viudo.

1259. En Leales, el 10 de junio de 1899. Se presentó José Agustín Medina, vecino de este curato, h.n. de Lorenza Medina. Pretende c.m. con Ramona Brito, vecina de Leales, h.l. de Cleofé Brito y de Beatriz Soria. T: José Agustín Acosa y Humberto Medina.

1260. En Leales, el 10 de julio de 1899. Se presentó Bernardo Pérez, vecino de Leales, h.l. de David Pérez y de Juana Ponce, difuntos. Pretende c.m. con Da. Ramona Juárez, vecina de Leales, h.l. de Avelino Juárez, difunto y de Lizarda Zelaya. T: Juan Pedro Brito y D. Juan Juárez.

1261. En Leales, el 26 de julio de 1899. Se presentó Juan Venecia, vecino de Leales, h.l. de Francisco Venecia y de Basilia Gómez. Pretende c.m. con Agustina Juárez Babiano, vecino de Leales, h.l. de Juan E. Juárez Babiano y de Bernarda Escobar de Juárez Babiano, vecinos de Quilmes. T: D. Cipriano Herrera y Doroteo Reyes.

1262. En Tucumán, el 13 de agosto de 1899. Se presentó Ramón Reyes, de 24 años, vecino de Los Quemados, labrador, h.l. de Doroteo Reyes y de Ángela Argañarás, vecinos de Leales. Pretende c.m. con Amalia Sid, vecina de Los Quemados, de 27 años, h.l. de Isaac Sid y de Etelvina Frías. Los pretendientes están ligados por un parentesco por consanguinidad en tercer grado. T: Remigio Leguizamón y José León Jiménez.

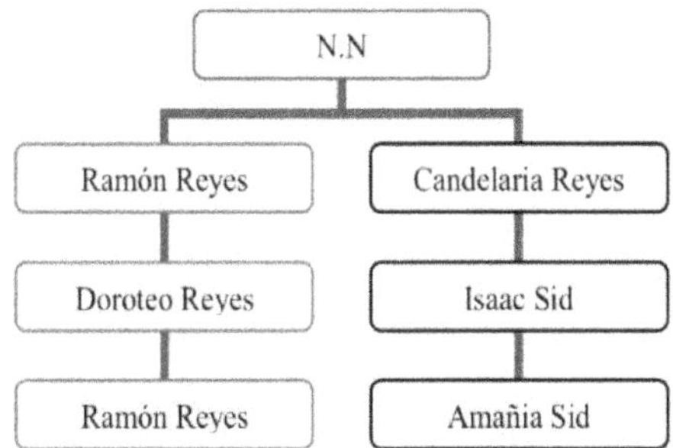

1263. En Leales, el 14 de agosto de 1899. Se presentó Federico Zelaya, vecino de la Pirgua, h.l. de Justo Zelaya y de Faustina Rojas. Pretende c.m. con Amalia Alderete, h.l. de Juan José Alderete y de María Gil. T: D. Juan Romero y D. Electo Campero.

1264. En Leales, el 18 de agosto de 1899. Se presentó José Braulio Burgos, vecino de Leales, h.l. de Ángel Burgos y de Elia Sala. Pretende c.m. con Segunda Velarde, h.n. de Petrona Velarde. T: Abelardo González y Dionisio Juárez.

1265. En Leales, el 4 de septiembre de 1899. Se presentó D. Juan Antonio Acosta, vecino de Las Cañadas, h.l. de Cipriano Acosta, difunto y de Da. Berriña Zelaya. Pretende c.m. con Mercedes Acosta, vecina de las Cañadas, h.l. de Sandalio Acosta y de Lizarda Leal. T: Marcelino Brito y Juan Agustín Zelaya.

1266. En Leales, el 5 de septiembre de 1899. Se presentó Martín Gómez, vecino de El Chical, de 30 años, labrador, h.l. de Bartolomé Gómez y de María Engracia Frías, difuntos. Pretende c.m. con Antonia Agüero, de 28 años, vecina del Chilcal, h.l. de Cecilio Agüero y de Ana María Frías. Los pretendientes están ligados por un parentesco por consanguinidad en segundo grado ya que María Frías es hermana de Ana María Frías. T: Sebastián Herrera y Lindor Montero.

1267. En Leales, el 5 de septiembre de 1899. Se presentó Juan C. Acosta, vecino de Leales, h.l. de Manuel Acosta y de Lucia Medina. Pretende c.m. con Ercilia Jiménez, h.l. de Rosa Jiménez y de Guillermo Zelaya. T: Ildefonso Acosta y Juan Santos Silva.

1268. En Los Tres Pozos, el 18 de septiembre de 1899. Se presentó D. Aurelio Juárez, vecino de Los Tres Pozos, labrador, de 28 años, h.n. de Da. Florentina Juárez. Pretende c.m. con Da. Lucinda Juárez, h.n. de Da. Lucinda Juárez, de 19 años. Los pretendientes están ligados por un parentesco por consanguinidad en cuarto grado. T: Serviliano Escobar, y Pedro Gramajo.

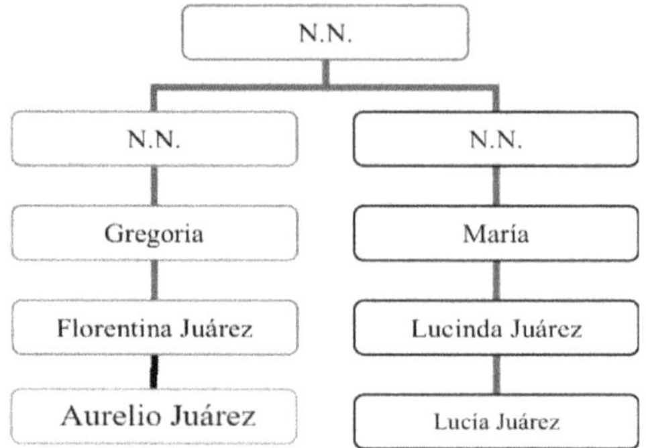

1269. En Los Tres Pozos, el 18 de septiembre de 1899. Se presentó D. Pedro Juárez, vecino de Los Tres Pozos, h.l. de Emiliano Juárez y de Hermosita Medina. Pretende c.m. con Da. Paula Romano, h.l. de D. Juan Romano y de Da. Telésfora Palavecino. T: D. Blas Pérez y Silvano Díaz.

1270. En los Tres Pozos, el 20 de septiembre de 1899. Se presentó D. Francisco Heredia, h.l. de Lucas Heredia y de Micaela Días, difuntos. Pretende c.m. con Da. María Vital Cajal, h.n. de Carmen Cajal. T: Marcos Juárez y Serviliano Juárez.

1271. En Los Tres Pozos, el 20 de septiembre de 1899. Se presentó D. Estratón Rodríguez, h.n. de Da. María Rodríguez. Pretende c.m. con Da. Amelia del Carmen Altamiranda, h.n. de Zoila Altamiranda. T: D. Vicente Lastra y D. Miguel Juárez.

1272. En Mancopa, el 28 de septiembre de 1899. Se presentó D. Fortunato de la Rosa, h.l. de Indalecio de la Rosa, difunto y de Rosario Díaz. Pretende c.m. con Da. Juana Paula Díaz, h.n. de Domitila Díaz. T: D. Gervasio de la Rosa y Manuel Serrano.

1273. En Mancopa, el 29 de septiembre de 1899. Se presentó D. Francisco Robles, h.n. de Serafina Robles, difunta. Pretende c.m. con Da. Clemencia Jeréz, h.n. de Santos Jeréz, difunta. T: D. Pedro Véliz y D. Fortunato Albarracín.

1274. En Mancopa, el 29 de septiembre de 1899. Se presentó D. Fortunato Alvardo, vecino de Mancopa, h.l. de Salustiano Alvarado, difunto y de Natividad Barbosa. Pretende c.m. con Da. Enriqueta Valdez, h.n. de Beatriz Valdez, vecina de La Esquina. T. Nicasio Serrano y Segundo Rodríguez.

1275. En Mancopa, el 29 de septiembre de 1899. Se presentó D. Pablo José Acosta, vecino de La Esquina, h.n. de Da. Elisa Acosta. Pretende c.m. con Da. Ubaldina del Carmen Moreira, h.n. de Alviana Moreira. T: D. Napoleón Rodríguez y D. Francisco Rodríguez.

1276. En Mancopa, el 30 de septiembre de 1899. Se presentó D. Francisco Rosario Rodríguez, vecino de La Esquina, h.l. de Napoleón Rodríguez y de Emiliana Aguilar. Pretende c.m. con Da. Gorgona del Cármen

Gramajo, h.l. de Jesús María Gramajo y de Juana Barbosa. T: D. Manuel Correa y Fidel García.

1277. En Mancopa, el 30 de septiembre de 1899. Se presentó D. Adolfo Robles, vecino de Mancopa, h.l. de Gabriel Robles, difunto y de Da. Juana Argañarás, difunta. Peón Pretende casar con Da. Cruz Barborini, h.l. de Juan Barborini y de Josefa Ocampo. T: D. Pedro Véliz y José Juárez.

1278. En Leales, el 30 de septiembre de 1899. Se presentó D. Felipe Sambrano, h.n. de Antonia Sambrano. Pretende c.m. con Da. Florecinda González, vecina de Los Sueldos, h.l. de Borja González y de Juana Ponce, difuntos. T: D. Manuel Acosta y D. Víctor Márquez.

1279. En Mancopa, el 30 de septiembre de 1899. Se presentó D. Pedro Ignacio Palavecino, vecino de La Esquina, h.l. de Vital Sotelo y de Nicanor Palavecino. Pretende c.m. con Josefa Barbosa, h.l. de José Barbosa y de Mercedes Ortiz. T: D. José Véliz y D. Juan de la Cruz …

1280. En Mancopa, el 1 de octubre de 1899. Se presentó D. Pedro Pablo Montero, vecino de Mancopa, h.l. de Gregorio Montero, difunto y de Manuela Corrales, viudo. Pretende c.m. con Da. Manuela Gómez, vecina de Mancopa, h.l. de Francisco Gómez, difunto y de Guadalupe Espinosa, viuda.

1281. En Mancopa, el 1 de octubre de 1899. Se presentó D. Juan de Dios García, vecino de La Esquina, h.l. de Telésforo García, difunto y de Delfina Heredia. Pretende c.m. con Ramona Nieva, vecina de La Esquina, h.l. de Damián Nieva, difunto y de Micaela Acosta. T: D. Dermidio Bulacia y D. Napoleón Rodríguez.

1282. En Mancopa, el 1 de octubre de 1899. Se presentó D. Teófilo Ocampo, vecino de Mancopa, h.n. de Josefa Ocampo. Pretende c.m. con Da. Carmen Robles, vecina de Mancopa, h.n. de Dionisia Robles. T: D. Juan Robles y D. José Rodríguez.

1283. En Mancopa, el 3 de octubre de 1899. Se presentó D. Benicio Barborini, h.n. de Da. María Barberini. Pretende c.m. con Prudencia Aragón, h.l. de Agustín Aragón, difunto y de Catalina Aranda. T: D. Pedro Vedia y D. Pedro Barborini.

1284. En Mancopa, el 3 de octubre de 1899. Se presentó D. Manuel José Acosta, vecino de Los Sueldos, h.n. de Da. Jesús Acosta. Pretende c.m. con Da. Celina Juárez, vecina de Quilmes, h.l. de Enrique Juárez, difunto y de Da. Bernarda Escobar. T: D. Eudoro Brito y D. Estratón Vega.

1285. En Mancopa, el 8 de octubre de 1899. Se presentó D. Moisés González, vecino de Mancopa, h.l. de Gervasio González y de Basilia Campero, viudo. Pretende c.m. con Valentina Argañarás, h.n. de Ángela Argañarás. T: D. Adolfo Robles y D. Basilio Juárez.

1286. En Mancopa, el 9 de octubre de 1899. Se presentó D. Manuel Campero, vecino de Mancopa, h.n. de D. Norberto Campero y de Micaela

Montero, difunta. Pretende c.m. con Da. María Guadalupe Romano, vecina de Mancopa, h.l. de D. Manuel Romano y de Da. Aurora Leal. T: D. Ciro Menotti Sisti y D. Rómulo Ponce.

1287. En Mancopa, el 10 de octubre de 1899. Se presentó D. Fabián Valdez, vecino de la Esquina, h.l. de Juan Valdez, difunto y de Mónica Robles. Pretende c.m. con Da. Josefa Villa, vecina de Mancopa, h.n. de Candelaria Villa. (En la info. mat. aparece como Billa) T: D. Wenceslao Leal y D. Timoteo Valdez.

1288. En Mancopa, el 12 de octubre de 1899. Se presentó D. Severo Gálvez, vecino de Ranchillos, h.l. de Baltasar Gálvez y de María ¿Cageo? Pretende c.m. con Da. Aurelia Rodríguez, h.l. de Elías Rodríguez y de Jesús Jiménez. T: D. Rodolfo López y Adoración Jiménez.

1289. En Mancopa, el 12 de octubre de 1899. Se presentó D. Nicolás Juárez, vecino de Mancopa, h.l. de Segismundo Juárez y de María Aragón. Pretende c.m. con Da. Salustiana Medrán, vecina de Mancipa, h.l. de Desiderio Medrán y de Liboria Medina. T: D. Pedro Barborini y D. José Baldomero Lescano.

1290. En Mancopa, el 12 de octubre de 1899. Se presentó D. Manuel Medrano, vecino de Mancopa, h.l. de Andrés Medrano y de Jacinta Frías. Pretende c.m. con Da. Mariana Ávila, vecina de Orán, h.l. de Pedro Ávila y de Mariana Orona. T: D. Miguel Juárez y D. Nicolás Juárez.

1291. En Mancopa, el 12 de octubre de 1899. Se presentó D. Isidoro Sánchez, viudo, h.n. de Da. Laurencia Sánchez. Pretende c.m. con Da. Romelia Roldán, h.l. de D. Isidoro Roldán y de Rosario Agüero, difunta. T: D. Pedro Véliz y D. Fortunato Albarracín.

1292. En Mancopa, el 12 de octubre de 1899. Se presentó Lucindo Iglesia, vecino de Mancopa, h.l. de Ventura Iglesia y de Estefanía Díaz. Pretende c.m. con Da. María Décima, h.n. de Carmen Décima. T: D. Emilio Lazarte y D. Bonifacio Juárez.

1293. En 12 de octubre de 1899. Se presentó D. Ventura Barasa, vecino de Mancopa, h.l. de Domingo Barraza y de María Robles. Pretende c.m. con Da. Feliciano Roldán, h.l. de Juan Cupertino Roldán y de Delmira Valdez. T: D. José Juárez y D. Florencio Barborini.

1294. En Mancopa, el 12 de octubre de 1899. Se presentó D. Bartolomé Núñez, h.n. de Da. Andrea Núñez. Pretende c.m. con Da. Vicenta Juárez, h.l. de Ignacio Juárez y de Magdalena Zelaya. T: D. Federico Lizárraga y D. Elisardo Rojas.

1295. En Mancopa, el 13 de octubre de 1899. Se presentó D. Ricardo Ledesma, vecino de La Soledad, h.n. de Petrona Ledesma. Pretende c.m. con Da. Benjamina Lizárraga, vecina de la Soledad, h.l. de Nicasio Lizárraga y de Manuela Frías. T: José Albornoz y D. Rosario Décima.

1296. 14 de octubre de 1899. Se presentó D. Juan Orellana, vecino de la Tala, h.l. de Miguel Orellana y de Juliana Serrano. Pretende c.m. con Da. Macedona Miranda, vecina del Agua Dulce. h.l. de Pedro Miranda y de Valentina Reina. T: D. Liborio Lizárraga y D. Faustino Ponce.

1297. En Mancopa, el 16 de octubre de 1899. Se presentó D. Gabino Jiménez, de 24 años, natural de Santiago, labrador, h.l. de Pedro Jiménez y de María Jiménez, vecino de Mancopa. Pretende c.m. con Gregoria Bohórquez, natural de Santiago, de 23 años, h.l. de Avelino Bohórquez y de María del Carmen Jiménez. Los pretendientes están ligados por un parentesco por consanguinidad en tercer grado por línea colateral. T. Basilio Véliz y Rufino Reinaga.

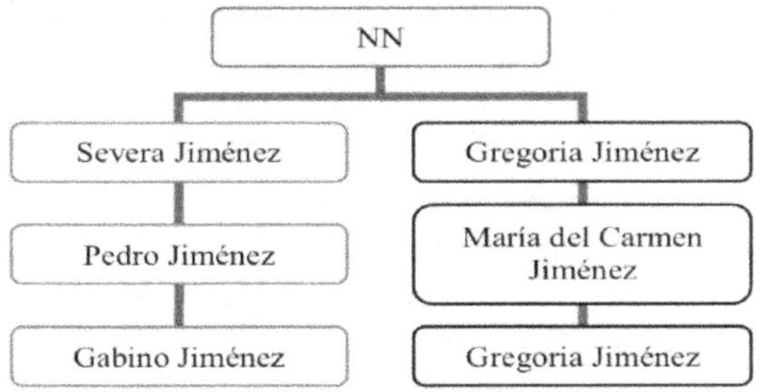

1298. En Mancopa, el 18 de octubre de 1899. Se presentó D. Donosor Medina, h.n. de María del Señor Medina. Pretende c.m. con María Marta Jiménez, h.l. de Espíritu Jiménez y de Corinda González. T: D. Gerónimo Heredia y Ramón Carrizo.

1299. En Mancopa, el 20 de octubre de 1899. Se presentó D. Pedro Celestino Quintero, vecino de Quilmes, h.n. de Antonia. Pretende c.m. con Da. Servanda Salome Pérez, vecina de Quilmes, h.l. de Prospero y de Josefa Arredondo, vecinos de Quilmes. T: D. Valerio Barrera y D. Manuel José Romano.

1300. En Mancopa, el 20 de octubre de 1899. Se presentó D. Cilenio Frías, vecino de Mancopa, h.l. de Francisco Frías y de Isabel Moyano, viudo. Pretende c.m. con Da. Petronila Serrano, vecina de Mancopa, h.n. de Valentina Serra. T. D. Gerardo de la Rosa y D. Segundo Cardozo.

1301. En Mancopa, el 26 de octubre de 1899. Se presentó José Lizárraga, vecino de La Sala, h.n. de Da. Fortunata Lizárraga. Pretende c.m. con Da. Juana Urueña, vecina de la Sala, h.n. de Juana Urueña, difunta. T: D. Miguel Lescano y D. Mateo Juárez.

1302. En la Parroquia de la Candelaria, el 17 de noviembre de 1899. Se presentó D. Juan E. Serrano, vecino de Oran, h.l. de D. Andrés Serrano y de Jacinta Frías, viudo de Romelia Juárez. Pretende c.m. con Da. Teodolina Galván, h.l. de Benedicto Galván, difunto y de Da. Pilar Leal. T: D. Dionisio Juárez y D. Juan Romero.

1303. En Leales, el 26 de noviembre de 1899. Se presentó D. Marcelino Segundo Páez, vecino de Laguna Blanca, h.l. de Marcelino Páez y de Juliana López. Pretende c.m. con Da. Romelia Lizárraga, vecina de Laguna Blanca, h.l. de Daniel Lizárraga y de Petrona Urueña. T: D. José Albornoz y D. Sebastián Herrera.

1304. En los Gómez, el 8 de diciembre de 1899. Se presentó D. Facundo Ardiles, vecino de Los Gómez, h.l. de Nepomuceno Ardiles y de Bernardina Brandán, difuntos. Pretende c.m. con Da. Manuela Ardiles, h.n. de Clementina Ardiles, difunta. T: D. Damasceno L. Rivadeneira y D. José Adán Guardia.

1305. En Los Gómez, el 8 de diciembre de 1899. Se presentó D. Adán Guardia, vecino de Los Gómez, h.n. de Da. Anastasia Guardia. Pretende c.m. con Da. Felisarda Páez, vecina de Los Gómez, h.n. de Da. Manuela Páez. T: D. Ramón Leguizamón y D. José María Quintana.

1306. En Los Gómez, el 12 de diciembre de 1899. Se presentó D. Fidel Juárez, vecino de Los Gómez, h.l. de Gabriel Juárez y de Jesús Acosta. Pretende c.m. con Da. Ramona Zelaya, vecina de Los Gómez, h.l. de Pedro Zelaya y de María Núñez, vecinos de Los Gómez. T: D. José del Carmen Romero y D. Segundo Ponce.

1307. En los Gómez, el 15 de diciembre de 1899. Se presentó D. Antenor Caro, vecino de Los Gómez, h.l. de Gregorio Gómez y de Fructuosa Herrera, viudo de Marta del Campo. Pretende c.m. con Da. Aurelia Ruiz, vecino de Los Gómez, h.l. de Venancio Ruiz y de Manuela Figueroa. T: D. Miguel Guerrero y D. Florencio Gómez.

1308. En Los Gómez, el 18 de diciembre de 1899. Se presentó D. Pedro Molina, vecino de Los romanos, h.l. de Pedro Molina y Águeda Delguero. Pretende c.m. con Da. María Leal, vecina de Los Romanos, h.n. de Gabriela Leal, difunta. T: D. Ramón Leguizamón y D. Indauro Zelaya.

1309. En los Gómez, el 18 de diciembre de 1899. Se presentó D. Eleodoro Molina, vecino de Los Romano, h.l. de Pedro Molina y de María Leal. Pretende c.m. con Da. Martina Bustos, vecina de Los Romano, h.n. de Da. Andrea Bustos. T: D. Ramón Leguizamón y D. Indauro Zelaya.

1310. En Los Gómez, el 20 de diciembre de 1899. Se presentó D. Dalmasio Leguizamón, vecino de Los Gómez, h.l. de José Leguizamón y de Saturnina Contreras, difuntos, viudo. Pretende c.m. con Da. Dominga Lizondo, vecina de Los Gómez, h.n. de Julia Lizondo. T: D. Manuel Acosta y D. Telésforo Acosta.

1311. En los Gómez, el 20 de diciembre de 1899. Se presentó D. Emiliano Acosta, vecino de La Acostilla, h.n. de Marina Acosta. Peón casado Da. Marcelina Jerez, vecina de La Acostilla, h.l. de Gabriel Jerez, difunto y de María Medina. T: D. Juan A. Lizárraga y D. Segundo Ponce.

1312. En Leales, el 20 de diciembre de 1899. Se presentó D. Leonor Acosta, vecino de La Acostilla, h.l. de Leonor Acosta y de Marta Romano. Pretende c.m. con Da. Justiniano Ruiz, vecina de la Acostilla, h.l. de Venancio Ruiz y de Manuela Figueroa. T: D. Manuel Acosta y D. Dalmasio Leguizamón.

1313. En Leales, el 1 de enero de 1900. Se presentó D. Miguel Juárez, vecino de Entre Ríos, h.n. de Santos Juárez. Pretende c.m. con Da. Eleuteria Juárez, vecina de Entre Ríos, h.n. de Electa Juárez, difunta. T: D. Ignacio Gutiérrez y D. Ramón Páez.

1314. En Leales, el 20 de enero de 1900. Se presentó D. Leopoldo Leal, vecino de La Cañada, h.n. de Petrona Leal. Pretende c.m. con Da. Francisca Zelaya, vecina de La Cañada, h.l. de Agustín Zelaya y de Paula Leal. T: D. Antenor Caro y D. Juan Acosta.

1315. El 20 de enero de 1900. Se presentó D. Eusebio Décima, h.l. de (hay un espacio en blanco) y de Florinda Argañarás. Pretende c.m. con Da. Virginia Serrezuela, h.l. de Manuel Serrisuela y de Mónica Zelaya. T: D. Ignacio Gutiérrez y D. Serafín Ballón.

1316. En Leales, el 21 de marzo de 1900. Se presentó D. Cirenio Chávez, vecino de Leales, h.l. de Víctor Chávez, difunto y de Dolores Cajal. Pretende c.m. con Da. Balbina Rojas, h.n. de Da. Florinda Rojas. T: D. Cantalicio Lizárraga y Amalio Brito.

1317. En Leales, el 30 de marzo de 1900. Se presentó D. Abraham Toscazo, h.l. de Octavio Toscazo, difunto y de Virginia Medina. Pretende c.m. con Da. Juana Quipildor, h.n. de Da. Micaela Quipildor. T: D. Andrés Juárez y D. Pedro Pablo Canto.

1318. En Leales, el 16 de mayo de 1900. Se presentó D. Abraham González, vecino de Entre Ríos, h.n. de Da. Lizarda González. Pretende c.m. con Da. Segunda Guzmán, vecina del Río Colorado, h.l. de Froilán Guzmán, difunto y de Nicasia Figueroa. T: D. Lucas Azuaga, español, y D. Fabián Monteros.

1319. En Leales, el 19 de mayo de 1900. se presentó D. Zacarías González, vecino de Santa Rosa, h.l. de Manuel González y de Florinda Vega. Pretende c.m. con Da. Delicia Fernández, h.n. de María Fernández. T: D. Amadeo Juárez y D. Primitivo Fernández.

1320. En Leales, el 19 de mayo de 1900. Se presentó D. Andrés Avelino Juárez, vecino de Leales, h.l. de Andrés Juárez, difunto y de Lizarda Zelaya. Pretende c.m. con Da. Agustina Naranjo, vecina de Leales, h.n. de Da. Segunda Naranjo. T: D. Fabián Medina y D. Gerardo Romero.

1321. En Leales, el 30 de mayo de 1900. Se presentó D. Facundo Villa, vecino de Quilmes, h.n. de Candelaria Villa, difunta. Pretende c.m. con Da. Lucia Juárez, h.l. de D. Cantalicio Juárez y de Filomena Ponce. T: D. Andrés Núñez y D. Leonor Pereyra.

1322. En Leales, el 30 de mayo de 1900. Se presentó D. Amalio Brito, vecino de Laguna Blanca, h.l. de Ubaldo Brito y de Mercedes Leal. Pretende c.m. con Da. Ramona Aguirre, vecina de Laguna Blanca, h.l. de Juan Manuel Aguirre y de Petrona Núñez. T: Manuel Brito y Alfredo Relañez.

1323. En Leales, el 14 de julio de 1900. Se presentó D. Juan Zamorano, 35 años, vecino de Los Sueldos, criador, h.l. de D. Celestino Zamorano y de Da. Isabel Orellana, difunta, viudo de Florencia Bulacio, domiciliado en Los Bulacio. Pretende c.m. con Da. Albina Campero, de 24 años, natural de Los Sueldos, h.l. de Asunción Campero, difunto y de Da. Cinecia Montero. Los pretendientes están ligados por un parentesco por consanguinidad en tercer grado con atingencia al segundo. T: Pompilio Gil, de 74 años, criador casado y Electo Pérez, de 44 años, labrador casado.

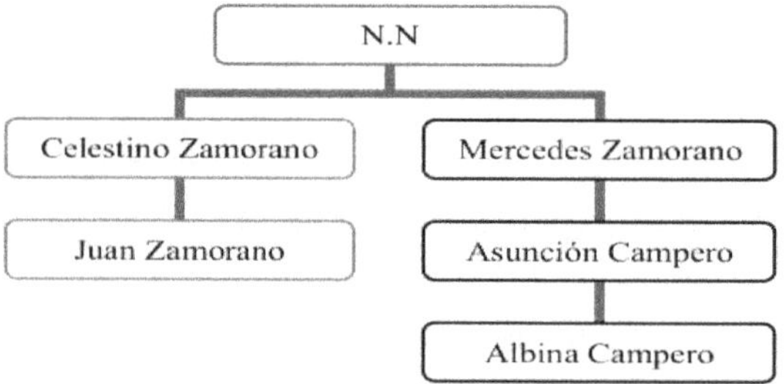

1324. En los Tres Pozos, el 14 de septiembre de 1900. Se presentó D. Adán Juárez, de 26 años, labrador, natural de Los Tres Pozos, soltero, h.n. de Florentina Juárez. Pretende c.m. con Da. Rosa Delicia Juárez, de 22 años, natural de Los Tres Pozos, h.n. de Lucinda Juárez. Los pretendientes están ligados por dos parentescos por consanguinidad, uno de tercer grado con atingencia al cuarto y otro de cuarto grado. T: D. Benjamín Lastra, de 56 años y D. Ernesto Lastra, de 26 años.

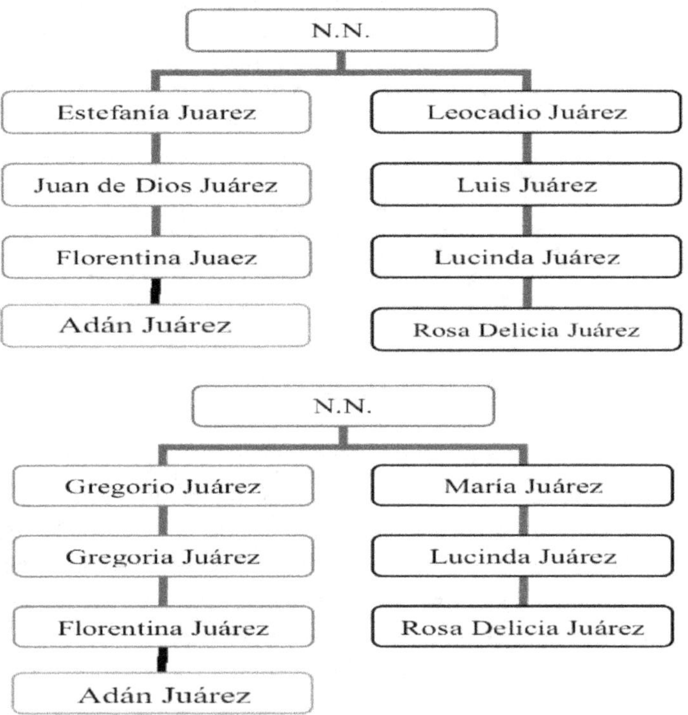

En los Tres Pozos, 28 de septiembre de 1900. Se presentó D. Wenceslao Silvestre Sir, de 28 años, natural de La Encrucijada, h.l. de D. Telésforo Sir y de Da. Justa Maltés, difuntos, vecinos de Leales. Pretende c.m. con Da. Dorila Maltés, natural de La Soledad, h.l. de Reyes Maltes y de Delfina Sir. Los pretendientes están ligados por dos parentescos por consanguinidad en segundo grado. T: D. Guillermo Medina y D. Fabriciano Frías.

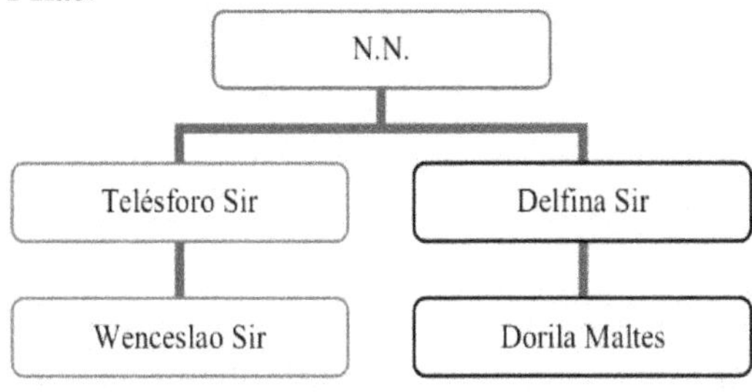

1325. En Leales, el 5 de octubre de 1900. Se presentó D. Nicolás Agüero, de 30 años, vecino de Ovando, h.l. de Tomás Agüero, difunto y de Salomé

Medina. Pretende c.m. con Da. Ofelia Medina, de 25 años, h.l. de Luis Medina, difunto y de Celestina Sosa. Los pretendientes están ligados por un parentesco por consanguinidad en tercer grado con atingencia al segundo. T: D. Domingo Juárez y D. Mercedes Agüero.

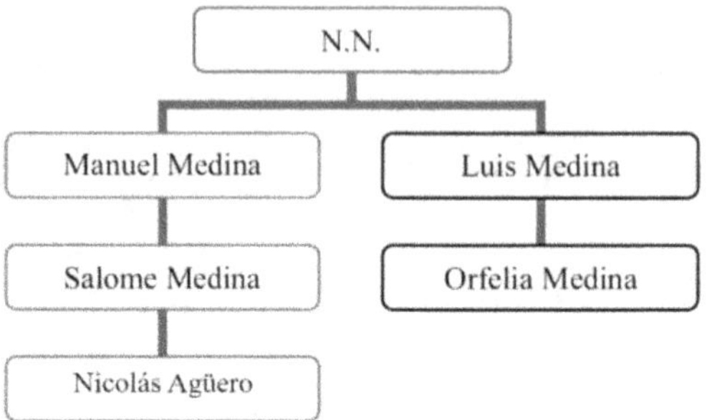

1326. En Mancopa, el 9 de octubre de 1900. Se presentó D. Juan Santos Torres, de 23 años, natural de Mancopa, h.l. de Celedonio Torres y de Fermina Ibarra, vecinos de Leales. Pretende c.m. con Da. Beatriz del Carmen Torres, de 23 años, h.l. de Manuel Gregorio Torres, difunto y de Simona Ibáñez. Los pretendientes están ligados por un parentesco por consanguinidad en tercer grado. T: D. Pedro Robles y Bartolo Cajal.

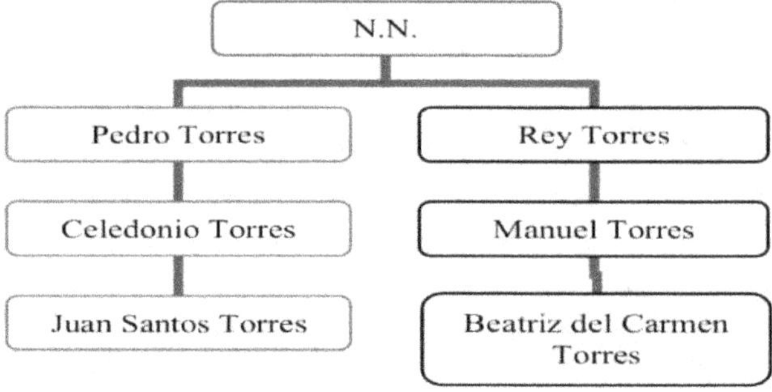

Índice de las Informaciones Matrimoniales

Aguirre, Atanasio, 485
Aguirre, Bárbara, 1112
Aguirre, Benita, 721
Aguirre, Benita, 722
Aguirre, Candelaria, 128
Aguirre, Catalina, 1034
Aguirre, Cipriano, 674
Aguirre, Ciriaco, 263
Aguirre, Claudio, 845
Aguirre, Consolación, 577
Aguirre, Da Exequiela, 496
Aguirre, Da. Ángela, 688
Aguirre, Da. Liberata, 553
Aguirre, Da. Magdalena, 10
Aguirre, Da. Ramona, 1322
Aguirre, Delmira, 587
Aguirre, Eduarda, 616
Aguirre, Eduviges, 488
Aguirre, Eleuteria, 454
Aguirre, Emperatriz, 619
Aguirre, Esteban, 112
Aguirre, Estratón, 1205
Aguirre, Eulogia, 1057
Aguirre, Francisca, 859
Aguirre, Francisco Cornelio, 31
Aguirre, Germana, 938
Aguirre, Jacinto, 134
Aguirre, Jesús, 454
Aguirre, José, 1023
Aguirre, José Agustín, 464
Aguirre, José Santos, 327
Aguirre, José Santos, 882
Aguirre, Jovinda, 606
Aguirre, Juan Alberto, 240
Aguirre, Justino, 408
Aguirre, Lutgarda, 578
Aguirre, María Carolina, 629
Aguirre, María Dorotea, 12
Aguirre, Martina, 542
Aguirre, Martiniana, 828
Aguirre, Miguel, 423
Aguirre, Pantaleón, 72
Aguirre, Patricio, 417
Aguirre, Pedro N., 412
Aguirre, Placida, 451

Aguirre, Robustiano, 567
Aguirre, Rodulfo, 714
Aguirre, Rosa, 80
Aguirre, Tránsito, 862
Aguirre, Vital, 432
Alarcón, Celestino, 311
Alarcón, D. Francisco, 1111
Alarcón, Da. Felipa, 315
Alarcón, José, 1231
Alarcón, Julián, 340
Alarcón, Manuela, 430
Alarcón, Manuela, 657
Alarcón, Maria, 673
Alarcón, Octaviano, 1194
Albarracín, Eudoro, 1031
Albarracín, Juan de la Cruz, 827
Albarracín, Moisés, 612
Albarracín, Moisés, 878
Albarracín, Trancito, 1008
Albarrasín, José Andrés, 484
Albarrasín, María, 493
Alberdi, Ramón, 1010
Albornoz, Agapito, 357.
Albornoz, Ana María, 71
Albornoz, Ángel Mariano, 144
Albornoz, Angelino, 851
Albornoz, Cayetano, 76
Albornoz, Da. Victoria, 94
Albornoz, Hilario, 253
Albornoz, Hilario, 1255
Albornoz, Juan Santos, 1159
Albornoz, Juan Simón, 775
Albornoz, María Santos, 1216
Albornoz, Norberto, 940
Albornoz, Patricio, 793
Albornoz, Placido, 1148
Albornoz, Rosa, 1183
Albornoz, Sandalio, 491
Albornoz, Silveria, 143
Aldana, Juan Gil, 1030
Alderete, Amalia, 1263
Alderete, Carmelo, 432
Alderete, Cecilia, 1095
Alderete, Clementina, 614
Alderete, Da. Amelia, 623

Correa, Francisca, 728
Correa, Francisco, 786
Correa, Jesús, 810
Correa, José Manuel, 965
Correa, Juan Evangelista, 352
Correa, Leonarda, 467
Correa, Pantaleón, 410
Correa, Rufino, 603
Correa, Victoriano, 29
Cortés, María Leona, 189
Costa, Da. Bernarda, 924
Costa, Da. Rosario, 1026
Costilla, Benigna, 309
Costilla, Catalina, 560
Costilla, Filomena, 1072
Costilla, Francelino, 1141
Costilla, José Francisco, 317
Costilla, José Mariano, 463
Costilla, Polonia, 690
Costilla, Raimundo, 421
Costillas, Eloy, 608
Crespín, Adelaida, 861
Crespín, Juana, 1158
Décima, Abraham, 656
Décima, Atenor, 1188
Décima, Bautista, 1034
Décima, Casilda, 976
Décima, Casimira, 75
Décima, Celedonia, 845
Décima, D. Eusebio, 1315
Décima, Da. María, 1292
Décima, Damiana, 190
Décima, Germana, 205
Décima, Inocencia, 571
Décima, José, 30
Décima, José, 574
Décima, José Mariano, 938
Décima, Juana, 955
Décima, Justino, 333
Décima, Manuel José, 522
Décima, Manuel José, 983
Décima, María Ignacia, 18
Décima, María Salomé, 450
Décima, Nieves, 417
Décima, Octaviano, 968

Décima, Silverio, 863
Décima, Telésforo, 599
Delgado, Candelaria, 922
Delgado, Da. Lizarda, 1048
Delgado, Da. Mercedes, 107
Delgado, Fortunato, 1132
Delgado, Manuel, 616
Delgado, Miguel, 759
Días, María de Jesús, 473
Díaz, ¿Ginesa?, 605
Díaz, Adolfo, 647
Díaz, Alejandra, 34
Díaz, Antonio, 205
Díaz, Aurelia, 833
Díaz, Aurelia, 1080
Díaz, Benjamina, 654
Díaz, Carmen, 1157
Díaz, Clemencia, 797
Díaz, Da. Constantina, 920
Díaz, Da. Juana Paula, 1272
Díaz, Eusebio, 99
Díaz, Evancio, 610
Díaz, Faustina, 1131
Díaz, Fortunata, 628
Díaz, Gregoria, 252
Díaz, Jacobo, 447
Díaz, José Daniel, 125
Díaz, José Esteban, 75
Díaz, José María, 394
Díaz, Josefa, 648
Díaz, Josefa, 827
Díaz, Juana Paula, 727
Díaz, Justo, 917
Díaz, Leonarda, 88
Díaz, Lizarda, 1053
Díaz, Lucas, 997
Díaz, Magdalena, 413
Díaz, Manuela, 131
Díaz, Marco José, 849
Díaz, María Eduviges, 925
Díaz, Patricia, 1240
Díaz, Pedro Pablo, 687
Díaz, Ramona, 11
Díaz, Raquel, 1070
Díaz, Reyes, 851

Gómez, Luis Antonio, 453
Gómez, Ma Jerónima, 145
Gómez, Martín, 1266
Gómez, Mercedes, 137
Gómez, Nieves, 1033
Gómez, Pedro, 708
Gómez, Pedro, 818
Gómez, Pedro, 1151
Gómez, Pilar, 235
Gómez, Primitiva, 1122
Gómez, Ramón, 150
Gómez, Ramona, 624
Gómez, Romualda, 1250
Gómez, Rosa Irene, 285
Gómez, Rosenda, 1231
Gómez, Teresa, 481
Gómez, Valentina, 265
Gómez, Ventura, 622
Gómez, Zenón, 1061
Gómez., Damacio, 594
Gonzáles, Dionisia, 568
Gonzáles, Eustaquia, 186
Gonzáles, José Manuel, 181
Gonzáles, Manuel Antonio, 535
Gonzáles, Margarita, 173
González, ¿Cecilia?, 135
González, Ambrosio, 9
González, Andrés, 751
González, Avelino, 223
González, Borja, 155
González, D. Abraham, 1318
González, D. Antonio, 15
González, D. Juan Nepomuceno, 1041
González, D. Moisés, 1285
González, D. Zacarías, 1319
González, Da Ercilia, 879
González, Da. Florinda, 1278
González, Da. Manuela, 74
González, Eleuterio, 492
González, Elisa, 836
González, Evaristo, 541
González, Facundo, 419
González, Faustina, 491
González, Florinda, 631

González, Gumersindo, 1006
González, Isabel, 161
González, José María, 378
González, José María, 1115
González, Josefa, 502
González, Juan Onofre, 353
González, Juana, 1153
González, Julián, 728
González, Leocadio, 342
González, Leocario (sic), 220
González, Lorenzo, 468
González, Lorenzo, 846
González, Manuel, 456
González, Manuela, 1192
González, Mateo, 465
González, Mercedes, 765
González, Moisés, 1125
González, Pedro Miguel, 919
González, Reimunda, 660
González, Remigio, 903
González, Romelia, 1189
González, Rufino, 1005
González, Silveria, 327
González, Silvestre, 725
González, Silvestre, 873
González, Vicenta, 250
González, Visitación, 1097
Gramajo, Da. Gorgona del Cármen, 1276
Guardia, Antonio, 231
Guardia, D. Adán, 1305
Guardia, Francisca, 126
Guardia, Juan Gil, 133
Guardia, Juan Gil, 284
Guardia, María Juana, 284
Guardia, Nicasia, 507
Guardias, Cirilo, 543
Guardias, Electo, 1144
Guardias, Feliciano, 545
Guardias, Juan Celestino, 1105
Guardias, Presentación, 1164
Guerra, Narcisa, 709
Guerrera, Pedro, 907
Guerrero, Bartolina, 92
Guerrero, Miguel, 1163

Lazarte, María Ildefonsa, 707
Lazarte, Micaela, 188
Lazarte, Micaela, 580
Lazarte, Micaela, 768
Lazarte, Miguel, 971
Lazarte, Pedro, 1221
Lazarte, Pedro Celestino, 54
Lazarte, Pilar, 590
Lazarte, Rosalía, 649
Lazarte, Salomé, 1076
Lazarte, Sandalio, 739
Lazarte, Senovio, 896
Lazarte, Silvestre, 178
Lazarte, Sofía, 927
Lazarte, Timotea, 1245
Lazarte, Zoilo, 717
Leaguizamón, Ciríaco, 1060
Leal, Adelina, 1162
Leal, Atenor, 1068
Leal, Aurelia, 1205
Leal, Aurora, 570
Leal, Constantino, 857
Leal, D. Clemente, 41
Leal, D. Leopoldo, 1314
Leal, Da. María, 1308
Leal, Da. Mercedes, 650
Leal, Emeteria, 517
Leal, Emiliana, 1096
Leal, Esmiriana, 942
Leal, Eugenio, 214
Leal, Felipa, 689
Leal, Florencio, 245
Leal, Florencio, 645
Leal, Florinda, 1241
Leal, José, 1035
Leal, Josefa, 52
Leal, Juan Ángel, 238
Leal, Juan Ángel, 628
Leal, Juan Ángel, 1174
Leal, Leona, 866
Leal, Magdalena, 705
Leal, María Juana, 997
Leal, Mercedes, 734
Leal, Patricio, 926
Leal, Pedro Celestino, 1028

Leal, Petrona, 641
Leal, Raimundo, 730
Leal, Sandalio, 929
Ledesma, Belisario, 677
Ledesma, Cesario, 1099
Ledesma, D. Ricardo, 1295
Ledesma, Esteban, 659
Ledesma, Justo Pastor, 305
Ledesma, Margarita, 905
Leguizamo, Cipriano, 146
Leguizamo, Eleuterio, 201
Leguizamo, Fructuosa, 202
Leguizamo, José, 109
Leguizamo, Ma. Ascensión, 216
Leguizamo, Petrona, 930
Leguizamón, Avelarda, 779
Leguizamón, Bartolomé, 841
Leguizamón, Candela, 474
Leguizamón, Ceferina, 504
Leguizamón, Claudio, 52
Leguizamón, D. Dalmacio, 1310
Leguizamón, Dionisio, 562
Leguizamón, Eleuterio, 1035
Leguizamón, Felipa, 913
Leguizamón, Hilario, 257
Leguizamón, Josefa, 1051
Leguizamón, Leticia, 1249
Leguizamón, Ma Emencia, 618
Leguizamón, Raimundo, 738
Leguizamón, Ricarda, 316
Leguizamón, Rosario, 366
Leguizamón, Saturnina, 637
Leguizamón, Simón, 489
Leguizamón, Timoteo, 546
Leguizamón, Victoriana, 813
Leiva, Hilaria, 632
Leiva, Victoria, 132
Lencina, Fabriciana, 554
Lencina, Francisco, 503
Lescano, Basilia, 725
Lescano, D. Sebastián, 45
Lescano, Jacinto, 694
Lescano, Jesús, 743
Lescano, María, 20
Lescano, Presencia, 855

Mauvecin, Inocencio, 1184
Maza, Eulogio, 784
Maza, Miguel, 831
Maza, Roque, 471
Medina, Alejo, 1121
Medina, Alvino, 1019
Medina, Aniceto, 633
Medina, Anselma, 442
Medina, Anselma, 601
Medina, Beato, 1240
Medina, Belisario, 661
Medina, Benjamina, 396
Medina, Bernarda, 977
Medina, Carlos, 1102
Medina, Carmen, 1023
Medina, Ceferina, 236
Medina, Celestino, 482
Medina, Cesaria, 498
Medina, Clementina, 418
Medina, Cleofé, 564
Medina, Cornelio, 1209
Medina, D. Donosor, 1298
Medina, D. José María, 172
Medina, Da. Faustina, 51
Medina, Da. Ofelia, 1326
Medina, Damacio, 713
Medina, Desiderio, 848
Medina, Domingo, 592
Medina, Durban, 1057
Medina, Elsuaria, 777
Medina, Estratón, 605
Medina, Florinda, 915
Medina, Gregorio, 480
Medina, Gualberta, 788
Medina, Gualberto, 331
Medina, Hermosina, 458
Medina, Hermosita, 1161
Medina, Honoria, 16
Medina, Inocencia, 678
Medina, Isaac, 913
Medina, Isabel, 506
Medina, Isidro, 933
Medina, Jacinto, 932
Medina, Jacinto, 1018
Medina, José Adolfo, 549

Medina, José Agustín, 213
Medina, José Agustín, 1259
Medina, José María, 621
Medina, José Mariano, 886
Medina, José Tomás, 34
Medina, Juan, 359
Medina, Juan, 1118
Medina, Juan Antonio, 62
Medina, Juan Pablo, 948
Medina, Juana, 1082
Medina, Juana E., 448
Medina, Juana Rosa, 943
Medina, Justa, 674
Medina, Justa, 769
Medina, Lorenzo, 288
Medina, Lucía, 515
Medina, Luciana, 391
Medina, Luisa, 449
Medina, Manuel, 370
Medina, Manuel, 607
Medina, Manuel Tomás, 828
Medina, María, 91
Medina, María Cipriana, 62
Medina, María Cruz, 946
Medina, María Isabel, 65
Medina, Melitón, 1236
Medina, Miguel, 210
Medina, Miguel, 477
Medina, Mónica, 1087
Medina, Napoleón, 1110
Medina, Nicolás, 941
Medina, Norberto, 915
Medina, Pastora, 1143
Medina, Paulina, 559
Medina, Pedro, 667
Medina, Pedro, 1186
Medina, Pedro Antonio, 478
Medina, Pedro Juan, 934
Medina, Petrona, 86
Medina, Ponciano, 884
Medina, Prudencio, 939
Medina, Raimundo, 146
Medina, Ramón, 584
Medina, Ramona, 773
Medina, Reimunda, 1058

Palavecino, Benjamina, 791
Palavecino, D. Pedro Igo, 1279
Palavecino, Da. Indalecia, 475
Palavecino, Eustaquio, 598
Palavecino, Hipólita, 368
Palavecino, Indalecio, 269
Palavecino, Mercedes, 675
Palavecino, Nicanor, 575
Palavecino, Sotelo, 863
Palles?, María Antonia, 85
Palomar, Hermenegilda, 100
Palomar, Hilario, 544
Palomar, Juliana, 231
Palomar, Petrona, 973
Palomar, Sabina, 714
Palomar, Sacarías, 679
Palomares, Ma del Tránsito, 191
Palomino, Lizarda, 793
Palomino, Rafaela, 89
Palomino, Rosalía, 962
Payes, María de Jesús, 168
Paz, Alejo, 829
Paz, Josefa, 787
Pedernera, Juana, 1126
Pedraza, Daniel, 431
Pedraza, Dominga, 1027
Pedraza, Eliseo, 1160
Pedraza, Isaac, 1084
Pedraza, Juan Celestino, 14
Pedraza, Manuel, 1039
Pedraza, María, 1160
Pedraza, Nicolás, 266
Pedraza, Silveria, 1006
Peralta, Antenor, 916
Peralta, Faustino, 264
Peralta, Josefa, 706
Peralta, Josefa, 1203
Peralta, Ramona, 237
Peralta, Tomás, 21
Pereira, Ángela, 655
Pereira, Benedicto, 336
Pereira, Carolina, 746
Pereira, Carolina, 747
Pereira, D. Sandalio, 1168
Pereira, Dolores, 951

Pereira, Eliseo, 749
Pereira, Eliseo, 750
Pereira, Olegaria, 699
Pereyra, Saturnina, 597
Pérez, Abdón, 1140
Pérez, Agapito, 1036
Pérez, Antonia, 643
Pérez, Audelina, 919
Pérez, Bailona, 900
Pérez, Belisaria, 1209
Pérez, Bernardo, 923
Pérez, Bernardo, 1260
Pérez, Bibiana, 325
Pérez, Carmen, 552
Pérez, Carmen, 858
Pérez, Catalina, 106
Pérez, Clementina, 1140
Pérez, Cupertina, 1028
Pérez, D. Martiniano, 259
Pérez, Da. Antonia, 1233
Pérez, Da. Servanda Salome, 1299
Pérez, Dalmira, 548
Pérez, Demetrio, 804
Pérez, Eliseo, 455
Pérez, Escolástica, 263
Pérez, Ezequiel, 771
Pérez, Francisca, 97
Pérez, Francisco, 943
Pérez, Germana, 200
Pérez, Isabel, 213
Pérez, Jesús, 1065
Pérez, Jesús, 1207
Pérez, José Manuel, 37
Pérez, José Manuel, 949
Pérez, Juan Pablo, 947
Pérez, Liborio, 744
Pérez, María Carmen, 72
Pérez, María del Señor, 162
Pérez, Pascuala, 1124
Pérez, Paula, 83
Pérez, Petrona, 156
Pérez, Petrona, 390
Pérez, Placido, 685
Pérez, Ricardo, 95

Rodríguez, Marcos, 241
Rodríguez, Marcos, 389
Rodríguez, Napoleón, 404
Rodríguez, Nicéfora, 871
Rodríguez, Rosaura, 1069
Rodríguez, Tomasa, 576
Rojas, Abraham, 1138
Rojas, Alberto, 532
Rojas, Ambrosio, 384
Rojas, Benjamín, 794
Rojas, Celedonia, 745
Rojas, Celestina, 530
Rojas, Clara, 61
Rojas, Consolación, 336
Rojas, D. José Teodor, 154
Rojas, D. Juan, 70
Rojas, Da. Balbina, 1316
Rojas, Da. Bernardina, 615
Rojas, Da. Dalmira, 1117
Rojas, Da. Virginia, 1111
Rojas, Esteban, 660
Rojas, Fanor, 910
Rojas, Faustina, 180
Rojas, Ignacio, 984
Rojas, José Andrés, 100
Rojas, Josefina, 298
Rojas, Lucinda, 229
Rojas, Mamerto, 1143
Rojas, Manuel, 488
Rojas, Manuel, 957
Rojas, María, 726
Rojas, María de Los Reyes, 159
Rojas, Mercedes, 627
Rojas, Pascual, 519
Rojas, Pascual, 530
Rojas, Pedro, 898
Rojas, Pilar, 881
Rojas, Rosa, 911
Rojas, Rosalía, 503
Rojas, Sandalia, 1019
Rojas, Silverio, 85
Rojas, Silverio, 836
Rojas, Teófila, 1074
Rojas, Trinidad, 1130
Rojas, Zoila, 394

Roldan, Asunción, 380
Roldan, Blas, 639
Roldan, Florinda, 1025
Roldan, José Blas, 487
Roldan, José Reyes, 479
Roldan, José Santos, 170
Roldan, Juan, 77
Roldan, Juan Bautista, 152
Roldan, Juan Pedro, 552
Roldan, Justina, 1102
Roldan, María, 425
Roldan, María Antonia, 436
Roldan, Nicanor, 715
Roldan, Petrona, 588
Roldan, Petrona, 910
Roldán, Andrea, 170
Roldán, Andrés A., 399
Roldán, Carmen, 702
Roldán, Ceferina, 370
Roldán, Da. Feliciano, 1293
Roldán, Da. Romelia, 1291
Roldán, Deidania, 1091
Roldán, Fabriciana, 273
Roldán, Fermín, 22
Roldán, Gervasio, 987
Roldán, Isidro, 281.
Roldán, Isidro, 906
Roldán, Joaquina, 842
Roldán, Josefa, 277
Roldán, Juan, 47
Roldán, Juan, 918
Roldán, Juana, 1029
Roldán, Manuel, 815
Roldán, María, 56
Roldán, María del Rosario, 23
Roldán, Nicolás, 763
Roldán, Rodulfo, 766
Roldán, Saturnina, 445
Roldán, Sebastián, 1181
Roldán, Vicenta, 196
Romano, Francisco, 323
Romano, Ángel, 283
Romano, Apolinaria, 421
Romano, Audolina, 569
Romano, Cantalisio, 252

Romano, Catalina, 45
Romano, Cesaria, 1005
Romano, Cristina, 388
Romano, Da. Eustaquia, 57
Romano, Da. Francisca, 764
Romano, Da.Ma Guad. 1286
Romano, Da. Paula, 1269
Romano, Delia, 1084
Romano, Delina, 1039
Romano, Elena, 357.
Romano, Eustaquio, 512
Romano, Eustaquio, 1045
Romano, Ezequiel, 591
Romano, Felipe, 1243
Romano, Felipe S., 411
Romano, Francisco, 323
Romano, Francisco, 442
Romano, Gregorio, 931
Romano, José, 420
Romano, José Ambrosio, 619
Romano, José Antonio, 222
Romano, Josefa, 1173
Romano, Juan, 1003
Romano, Juan Felipe, 925
Romano, Juan Isidro, 306
Romano, Lucas, 190
Romano, Manuel, 570
Romano, Manuela, 1243
Romano, María Santos, 73
Romano, Martín, 1229
Romano, Martiniano, 261
Romano, Matías, 992
Romano, Napoleón, 734
Romano, Pacifica, 248
Romano, Paula, 1180
Romano, Tiburcia, 110
Romero, Balbín, 1173
Romero, Eduviges, 739
Romero, Eduviges, 1178
Romero, Eloy, 1169
Romero, Gabino, 248
Romero, Hermenegildo, 774
Romero, José, 1090
Romero, Juan de la Cruz, 332
Romero, Juan Romas, 707

Romero, Manuel José, 1017
Romero, Mercedes, 821
Romero, Pascuala, 717
Romero, Rosa, 885
Romero, Santos, 218
Romero, Santos, 500
Romero, Virginia, 896
Rosa, D. Fortunato de la, 1272
Rosa, D. Pedro de la, 475
Rosa, Eusebia de la, 1255
Rosa, Luis, 569
Ruiz, Antonio, 132
Ruiz, Audona, 848
Ruiz, Bartolina, 84
Ruiz, Catalina, 854
Ruiz, Cirilo, 159
Ruiz, Crisanta, 1177
Ruiz, D. Lorenzo, 60
Ruiz, Da. Aurelia, 1307
Ruiz, Da. Justiniano, 1312
Ruiz, Diego, 35
Ruiz, Filiberto, 529
Ruiz, Francisca, 412
Ruiz, Gerómina, 117
Ruiz, Honoria, 975
Ruiz, Inés, 240
Ruiz, Jacinta, 1174
Ruiz, José Bernardo, 179
Ruiz, José Ignacio, 18
Ruiz, José Manuel, 347
Ruiz, Jovin, 461
Ruiz, Juan Alberto, 1027
Ruiz, Juan Pedro, 1134
Ruiz, Laureana, 751
Ruiz, Lindor Rosa, 348
Ruiz, Manuel, 388
Ruiz, Manuel Indalecio, 351
Ruiz, María Andrea, 13
Ruiz, María Juana, 17
Ruiz, María Juana, 431
Ruiz, María Macedonia, 968
Ruiz, María Rita, 527
Ruiz, Martín, 756
Ruiz, Nicasio, 509.
Ruiz, Nicolás, 337

Solórzano, Rosario, 24
Soraire, Cruz, 1014
Soraire, Manuel José, 424
Soraire, Ricardo, 250
Soria, Balbín, 1127
Soria, Beatriz, 789
Soria, Benedicta, 209
Soria, Carmen, 1098
Soria, Crisanta, 732
Soria, Da. Leonarda, 46
Soria, Donato, 251
Soria, Durban, 962
Soria, Eugenio, 782
Soria, Eustaquia, 386
Soria, Fernanda, 752
Soria, Francisco, 692
Soria, Ignacio, 196
Soria, Juan Felipe, 989
Soria, María, 67
Soria, María, 486
Soria, Nieves, 556
Soria, Pacifico, 1098
Soria, Sandalio, 798
Soria, Sandalio, 801
Soria, Simona, 1156
Soria, Trancito, 1211
Sosa, Da. Delfina, 1041
Sosa, Da. Rosa, 120
Sosa, Evangelista, 280
Sosa, Rosa, 1120
Sosa, Rufina, 30
Sosa, Salomón, 669
Sotelo, Ercilia, 958
Sotelo, Fidel, 700
Sotelo, Francisco, 8
Sotelo, Juan Francisco, 853
Sotelo, Justina, 680
Sotelo, Nicolasa, 244
Sotelo, Niséfora, 428
Sotelo, Rafaela, 1186
Sotelo, Ramón, 583
Sotelo, Rosario, 359
Sotelo, Vital, 575
Suárez, Cesario, 999
Suárez, Domingo, 470

Suárez, José María, 963
Suárez, María del Señor, 644
Suárez, Petrona, 547
Tagles, Segundo, 951
Teves, Catalina, 1155
Teves, Justo, 39
Teves, Lucinda, 792
Teves, Rosario, 278
Tevez, Rosario, 551
Toledo, Cristóbal, 942
Toledo, D. Eliseo, 764
Toledo, D. Eliseo, 1197
Toledo, D. Juan Bautista, 613
Toledo, D. Rufo, 803
Toledo, D. Victor, 811
Toledo, Da. Calixta, 904
Toledo, Eliseo, 1197
Toledo, José Agustín, 229
Toledo, Juan Alberto, 517
Toledo, Juan Gil, 427
Toledo, María, 1200
Toledo, Rosario, 427
Torales, Juan Domingo, 162
Torres, Aurora, 582
Torres, Celedonio, 729
Torres, Cruz, 1139
Torres, D. Juan Santos, 1327
Torres, D. Lindor, 1193
Torres, Da. Beatriz del Carmen, 1327
Torres, Deogracia, 165
Torres, José, 1139
Torres, Lorenzo, 493
Toscano, Bernabela, 141
Toscano, D. Bernardino, 383
Toscano, D. Juan Pedro, 904
Toscano, Da. María Santos, 124
Toscano, Da. Salustiana, 704
Toscano, Josefa, 611
Toscano, Olegario, 17
Toscano, Pedro, 1189
Toscazo, D. Abraham, 1317
Trejo, Miguel, 380
Trejo, Miguel, 856
Urueña, Da. Juana, 1301

Contenido

Gerardo L. Flores Ivaldi

ISBN 978-987-88-8011-2